表与里

大明王朝276年兴衰史

何孝荣 等 著

北京联合出版公司
Beijing United Publishing Co.,Ltd.

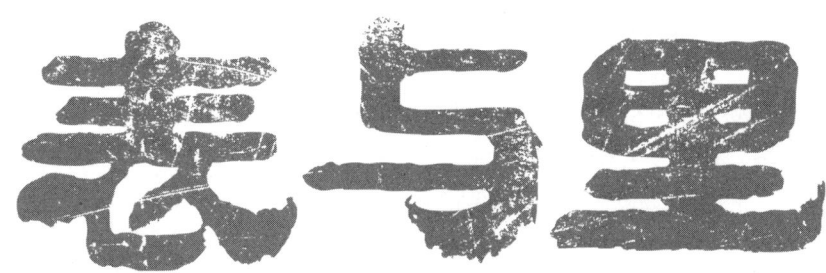

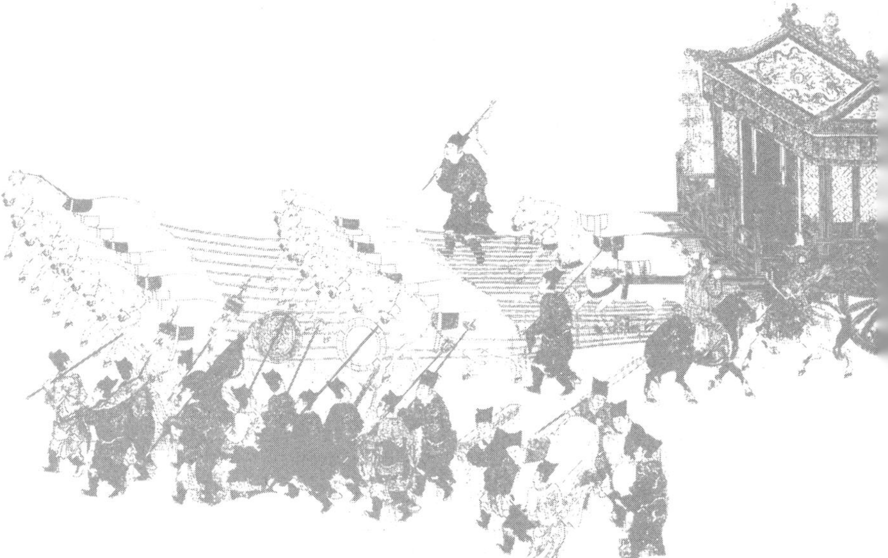

图书在版编目（CIP）数据

表与里：大明王朝276年兴衰史 / 何孝荣等著. --北京：北京联合出版公司，2025.7. -- ISBN 978-7-5596-8069-3

Ⅰ.K248.09

中国国家版本馆CIP数据核字第2024W4U918号

表与里：大明王朝276年兴衰史
作　　者：何孝荣 等
出 品 人：赵红仕
责任编辑：徐　樟
营销编辑：张　楠
封面设计：曲　洋
责任编审：赵　娜

北京联合出版公司出版
（北京市西城区德外大街83号楼9层 100088）
北京华景时代文化传媒有限公司发行
北京文昌阁彩色印刷有限责任公司印刷　　新华书店经销
字数377千字　　880毫米×1230毫米　　1/32　　15.5印张
2025年7月第1版　　2025年7月第1次印刷
ISBN 978-7-5596-8069-3
定价：68.00元

版权所有，侵权必究
未经书面许可，不得以任何方式转载、复制、翻印本书部分或全部内容。
本书若有质量问题，请与本公司图书销售中心联系调换。电话：（010）83626929

导言

自 1368 年明太祖朱元璋称帝，至 1644 年明思宗朱由检自杀，明朝在中国历史上共存在了 276 年。明朝处于中国古代社会后期阶段。这一时期，专制主义中央集权空前强化，传统的政治、经济、文化发展到极度成熟，明朝成为中国古代最强盛的朝代之一，也是当时世界上最强盛的国家之一。明朝中后期，江南地区的一些手工业部门出现了雇佣制生产关系和早期工业化现象，朝野官民人等蔑视礼教、追求个性解放风气盛行，形成一股启蒙思潮，社会风俗也表现出由俭入奢、冲击传统等级制度的特点，明朝呈现出由古代传统社会向近代社会转型的新气象。

一、明朝帝系

明朝先后有16位皇帝，其中明英宗两次登基，所以共经历了17个分朝代（年号）的统治。

明朝灭亡后，明朝的一些宗室在江南、华南及西南地区先后建立了弘光、鲁监国、隆武、绍武、永历等割据政权，打着明朝旗号，企图延续和恢复明朝统治，史称"南明"。南明诸政权建立、存续于清朝统治初期，其史事一般归入清史范围。

明朝诸帝及分朝代情况，我们制成《明帝世系表》如下：

明帝世系表

庙号	帝名	即位身份	年号	年号年代	谥号	陵名
太祖	朱元璋	开国皇帝	洪武	1368—1398	高	孝陵
建文帝（惠帝）①	朱允炆	皇太孙	建文	1399—1402	惠	不知所终
成祖（太宗）②	朱棣	太祖子、燕王、建文帝叔	永乐	1403—1424	文	长陵
仁宗	朱高炽	皇太子	洪熙	1425	昭	献陵
宣宗	朱瞻基	皇太子	宣德	1426—1435	章	景陵
英宗	朱祁镇	皇太子	正统	1436—1449		
景泰帝（景帝、代宗）③	朱祁钰	宣宗子、郕王、英宗弟	景泰	1450—1457	景	以亲王礼葬景泰陵
英宗	朱祁镇	太上皇	天顺	1457—1464	睿	裕陵
宪宗	朱见深	皇太子	成化	1465—1487	纯	茂陵

---

① 按："靖难之役"后，建文帝不知所终。明成祖夺得帝位，否定建文朝，故建文帝无庙号、谥号。明神宗、明思宗时，曾议加庙号、谥号，不果。清高宗时，追谥"恭闵惠"。后人习称其为"建文帝""明惠帝"等。
② 按：明成祖去世后，明仁宗上庙号为"太宗"；明世宗时，改庙号为"成祖"。
③ 按："夺门之变"后，景泰帝被废，仍为郕王。不久死，明英宗赐谥号"戾"，"以亲王礼葬西山"。明宪宗时，改谥号"恭仁康定景"。南明弘光时，上庙号为"代宗"。后人习称其为"景泰帝""景帝""明代宗"等。

续表

庙号	帝名	即位身份	年号	年号年代	谥号	陵名
孝宗	朱祐樘	皇太子	弘治	1488—1505	敬	泰陵
武宗	朱厚照	皇太子	正德	1506—1521	毅	康陵
世宗	朱厚熜	宪宗孙、孝宗侄、兴献王世子、武宗堂弟	嘉靖	1522—1566	肃	永陵
穆宗	朱载坖①	裕王	隆庆	1567—1572	庄	昭陵
神宗	朱翊钧	皇太子	万历	1573—1620	显	定陵
光宗	朱常洛	皇太子	泰昌	1620	贞	庆陵
熹宗	朱由校	皇长子	天启	1621—1627	悊	德陵
崇祯帝(思宗)②	朱由检	光宗子、信王、熹宗弟	崇祯	1628—1644	愍	思陵

二、明朝历史分期

对明朝历史分期问题,当代学者有诸多研究和讨论,提出了一些不同观点。有的学者以成化、弘治或者正德年间为界,将明朝分为前期、后期两个阶段。有的学者将明朝分为三个阶段:洪武元年(1368)至正统七年(1442)为明朝前期,是开创时期;正统七年至万历十年(1582)为明朝中期,是积弱与改革时期;万历十年至崇祯十七年(1644)为明朝后期,是衰败时期。有的学者提出将明朝分为四个阶段:洪武元年至正统七年为开创期,正统七年至正德十六年(1521)为腐化期,正德十六年至万历十年为整顿期,万历十年至崇祯十七年为衰敝期。还有的

---

① 按:明穆宗名字,《明史·穆宗本纪》作"载垕",后世多从之,实误。据《明世宗实录》卷200,嘉靖十六年五月己卯朔条:"上命皇第三子名载坖,第四子名载圳";再据隆庆时大学士、嘉靖三十一年曾以翰林院检讨"充裕邸讲读官"的陈以勤记:裕王"乃生而命名,从元从土,若曰首出九域,君意也"([明]许国:《许文穆公集》卷5《明光禄大夫柱国少傅兼太子太师吏部尚书武英殿大学士赠太保谥文端松谷陈公墓志铭》)。可见,明穆宗名"载坖",而非"载垕"。
② 按:李自成农民军攻入北京后,明思宗自杀,被与周皇后合葬于田贵妃墓中。清世祖时,改以皇帝礼葬,称"思陵",庙号"怀宗",谥号"端",后改谥"庄烈愍"。南明弘光时,先后上庙号"思宗""毅宗"。后人习称其为"明思宗""崇祯帝"等。

学者从政治史的角度也将明朝分为四个阶段,即洪武元年至宣德十年(1435)为第一阶段,是明朝政治形成确立并稳步发展时期;正统元年至正德十六年为第二阶段,是明朝政治退化倒转、社会秩序日趋混乱时期;嘉靖元年(1522)至万历十年为第三阶段,是明朝政治改革逐渐深入、改革势力与腐败势力激烈斗争时期;万历十一年至崇祯十七年为第四阶段,是明朝政治迅速败坏、局面逐渐失控时期。这些分期和观点各有依据,见仁见智,皆有其合理之处,给我们以启发。

我们根据明朝历史发展的特点,兼顾每个朝代的完整性,将明朝历史分为这样三个时期:

1. 明朝前期,即洪武元年(1368)至宣德十年(1435),是明朝建立、巩固和强盛时期。明太祖借助元末农民大起义推翻元朝统治,并战胜起义群雄,建立明朝,实现国家统一,创设政治、军事、法律等各项制度,包括中央废除丞相制度,以五府六部直接对皇帝负责,地方废除行中书省,改行三司,军事上创建卫所制,实行军屯,制定颁布《大明律》《大诰》等,重典治国,确立程朱理学的统治地位,设立学校,推行科举,强化专制主义中央集权,编定户籍和赋役制度,奖励垦荒,发展生产。明成祖迁都北京,确立内阁制,发展经济,编修《永乐大典》和三部"理学大全",并五征漠北,加强对西藏、贵州、东北等地统治,派遣郑和下西洋。明仁宗、明宣宗注重守成,整顿吏治,蠲免赈济,鼓励垦荒,在边防、外交方面推行收缩战略,对蒙古以防御为主,在安南撤兵许其独立,停止郑和下西洋,创造和平稳定的外部环境。时社会安定,经济发展,国力强盛,致成"永宣盛世","新明朝"得以建立和巩固。《明史·宣宗本纪赞》称,"盖明兴至是历年六十,民气渐舒,蒸然有治平之象矣"。

2. 明朝中期，即正统元年（1436）至嘉靖四十五年（1566），是明朝混乱、衰弱时期。此时期的皇帝基本上庸惰荒嬉，怠于政事，政治素质差。其间，虽有明孝宗勤政，致成"弘治中兴"，明世宗初年革弊布新，但都持续时间短，成效有限。内阁和司礼监双轨辅政体制形成，朝臣阿附皇帝或专权宦官，争斗不已，一些宦官干政专权，政治日益黑暗腐朽。卫所制逐渐废坏，武备废弛，"南倭北虏"肆虐，甚至导致"土木之变"和"庚戌之变"。土地兼并剧烈，社会矛盾激化，各地流民、农民起义以及边疆少数民族起事反抗不断。农业、手工业发展，商品经济繁荣，白银日益货币化。程朱理学僵化保守，王守仁创立心学。官民崇奢弃俭、逾礼越制现象日益突出，也冲击着传统等级秩序。《明史·武宗本纪赞》称，"明自正统以来，国势浸弱"，至嘉靖时期，《明史·世宗本纪赞》称，"百余年富庶治平之业，因以渐替"，明朝面临着严重的统治危机。

3. 明朝后期，即隆庆元年（1567）至崇祯十七年（1644），是明朝改革、衰败时期。隆庆元年至万历十年，明穆宗君臣，尤其是明神宗时首辅张居正等人，进行了大刀阔斧的改革，整顿吏治，整饬边防，清丈土地，推行"一条鞭法"，使明朝暂时摆脱了严重的统治危机，国力再趋强盛。但是，张居正去世以后，明神宗长期怠政，廷臣党争不已。天启年间，明熹宗昏庸，廷臣党争剧烈，宦官魏忠贤逐渐专权，明朝政治黑暗腐朽至极。明思宗虽然勤政求治，但是急躁刚愎，不得其法，明朝统治危机加剧。统治者横征暴敛，"三饷加派"更使广大民众纷纷破产，社会矛盾激化。后金（清）在东北崛起，农民起义军在西北蔓延，尤其是后金（清）军在东北的进攻以及几次越长城袭扰京畿等地，将明朝精兵宿将歼灭殆尽。与此同时，生产继续发展，商品经济繁荣，全国性市场初步形成，在江南地区的一些手工业部门出现了雇佣制生产关系和早期工业化现象。王学后学盛行，泰州学派李贽等人倡言反对传统礼教，追求个性解放，风靡天下，形成一股强劲的启蒙思潮。在社会习俗方面，官民人等逾礼越制现象更为普遍。这些都预示着，正如《明史·庄烈帝本纪赞》所说，明朝"大势已倾，积习难挽"，"莫可救"，从而最终灭亡。

三、明朝的历史地位

纵观明朝，一方面传统的政治、经济、文化发展到烂熟；另一方面，生产关系、思想文化中出现了新因素，社会呈现出由古代向近代转型的新气象。

第一，明朝疆域辽阔。明朝尤其是明朝前期统治者奋发作为，通过军事统一、和平招抚、分封羁縻等政策和手段并用，不仅实现对内地两京十三布政司的直接统治，而且对北部蒙古高原、西北至哈密、东北至黑龙江下游奴儿干都司（治在今俄罗斯特林地区）、西南至西藏等广大少数民族地区进行羁縻统治。明朝的疆域，最盛时北至贝加尔湖以北，东北至外兴安岭以北、库页岛，西北至额尔齐斯河上游，西达哈密，西南至西藏，南到西沙和南沙群岛。明朝与清朝一起奠定了现代中国版图。

第二，明朝专制主义中央集权空前强化，维护了国家的长期统一强盛。明初，明太祖废除丞相制，将相权收归皇权，皇权之下形成中央以五府六部为主体、地方以各省三司为主体的官制结构，实现了完全的皇权专制独裁。仁宣以后，内阁制度定型，由阁臣承担票拟，宫中司礼监秉笔太监代理批红，形成中枢政治运作的双轨辅政格局。但是，无论是内阁，还是司礼监，都只是协助皇帝处理章奏的秘书和代言机构，国家军政大权始终牢牢掌握在皇帝手中，这使明朝皇帝专制超越了以往任何朝代。明朝中期以后，即使皇帝怠政，不上朝，不亲自批阅奏章，但国家机器仍能大体维持正常运转。应该说，明朝专制主义中央集权空前的强化，加强了对民众的控制，阻碍了中国社会的进步。但是，在当时条件下，它仍有利于国家稳定统一、生产发展和进步，以及民众生活安定。明朝能够维持276年统治，自秦以来仅次于唐朝的289年，而又无唐朝后期的割据分裂，且能保持统一强盛，应该说空前强化的专制主义中央集权发挥了主要作用。

第三，明朝生产发展，商品经济繁荣，经济发展水平超越宋元。明朝统治者鼓励垦荒，推广农业生产技术，兴修水利，使农业和手工业得到空前发展，生产力的总体水平超过宋元时代。明朝耕地面积，根据统计，洪武末期约466万余顷，弘治末期约558万余顷，至万历末期达到约916万余顷，这是清朝雍正年间都未超越的数据。明朝人口，有人研究指出，15世纪为8500万，16世纪达到13000万，这也是此前各朝无法比拟的。庞大的耕地面积、人口数量，既是生产尤其是农业生产发展的标志，又为生产发展提供了大量劳动力。明朝中期以后，白银逐渐货币化，商业日益繁荣，农村集市贸易盛行，各地大量工商业市镇崛起，地域性商帮出现，全国性市场初步形成，在江南地区的一些手工业部门出现了雇佣制生产关系和早期工业化样貌，成为明朝社会由古代向近代转型趋向的鲜明特征。这些也都表明，明朝是中国古代最强盛的朝代之一。

第四，明朝文化各领域在继承和总结前代成就的基础上，又取得新的成就。在科学技术领域，吴有性的瘟疫学说、李时珍的《本草纲目》、徐光启的《农政全书》、宋应星的《天工开物》等都是中国古代乃至世界科技史上的突出成就。在文学艺术领域，适应商品经济发展和士民需要的小说空前繁荣，后人公认的中国古典四大名著中的三部——《三国演义》《水浒传》《西游记》，长篇世情小说《金瓶梅》，白话短篇小说集"三言二拍"，都产生于明朝。再如，戏曲中的昆曲、汤显祖的《牡丹亭》等，也都是中国乃至世界文学艺术史中的瑰宝。不少作品抨击"天理"即传统礼教，肯定商人、士民的合理需求和欲望，追求个性解放，体现出启蒙思潮的涌现。在哲学思想领域，王守仁提倡心学，宣扬"心即理""致良知""知行合一"等命题。王学后学泰州学派李贽等倡言个性，蔑视礼教，成为明清时期早期启蒙思潮的先驱和旗帜，对中国思想界产生很大影响。应该说，这些文化成就都是空前的。

第五，明朝疆域辽阔，人口众多，国力强盛，文化发达，也是当时世界上最强盛的国家之一。永乐至宣德年间，郑和七下西洋，远涉东南亚、南亚、西亚以及东非等30余国和地区，宣布明朝"威德"。《明史·成祖本纪赞》称，时"四方宾服，受朝命而入贡者殆三十国。幅员之广，远迈汉唐"。明朝中后期，虽然武备废弛，但正德时打败了来犯广东沿海的葡萄牙殖民者，嘉靖时消灭了长期肆虐东南沿海的倭寇，万历时驱逐了侵犯朝鲜的强大的日本侵略军，明朝军事实力雄视世界。再从商业贸易来说，明朝中期以后，商品经济发达，中外贸易兴盛，白银大量流入中国。据统计，1540—1644年间，日本所产白银约7500吨，绝大部分输入中国；1570—1644年间，美洲白银输入中国约12620吨，占其产量一半（或说1/3）。有人估计，明朝经济占世界经济份额的60%，中国主导和控制着全球的经济。

总之，传统的政治、经济、文化在明朝发展到了极度成熟的地步，同时生产关系、思想文化中出现新因素，明朝社会呈现出由古代向近代转型的新气象。正如美国汉学家史景迁所指出的："1600年的中国，是当时世界上所有统一国家中疆域最为广袤、统治经验最为丰富的国家，其版图之辽阔无与伦比。……中国一亿二千万的人口远远超过所有欧洲国家人口的总和。……16世纪晚期，明朝似乎进入了辉煌的顶峰。其文化艺术成就引人注目，城市与商业的繁荣别开生面，中国的印刷技术、制瓷和丝织业发展水平更使同时期的欧洲难以望其项背。"不过，由于明朝后期政治极其黑暗腐朽，经济剥削极为沉重，民不聊生，加上军政废坏不堪，明朝统治已经难以为继，终而被明末农民大起义和清兵夹击推翻，明朝社会由古代向近代转型的趋向被打断。所谓明朝是闭关自守和停滞的社会，是中国古代历史上没有多少特点的朝代、政治最黑暗的时代，以及清兵入关打断中国历史发展进程等观点，并不符合历史实际。

四、关于本书

自20世纪80年代中期以来，我学习、讲授和研究明清史已近四十年。在长期的教学和研究中，我深感缺少一部在内容、体量、叙述等方面都适合大众了解明史的通识读本。因此，当三年前出版单位前来天津约稿时，我非常愉快地接受了这本书的编写任务。

本书的写作，我有"全""新""适"三字的追求。所谓"全"，就是全面讲述明朝历史，介绍明朝从前期的建立、巩固和强盛，到中期的混乱、衰弱，再到后期的改革、衰败的历史进程，展示明朝帝系、明史分期、明朝历史地位等明史重大问题，阐述明朝政治、经济、军事、文化、民族关系、对外交流及社会生活等各个面向，使读者获得明朝历史的全面知识。所谓"新"，就是反映当前明史研究的一些相关研究成果，如近年来讨论的明朝历史地位问题，明太祖的民族、相貌和文字狱问题，白银货币化、江南早期工业化问题等，以及我自己的一些研究心得，如明史分期、"新明朝"、明光宗死因、明朝宗教等，多吸收入书中。所谓"适"，就是从内容到体量再到文字叙述都尽力适合大众了解明史的通识需要，为此全书设计了十三讲，基本契合当今高校授课时长和一般读者的阅读周期，文字力求通俗易懂，尽量将古文史料转换为通俗易懂的白话文，对一些明史故事也适当引入，试图增强读者的阅读兴趣。

本书的写作，由我拟定各讲题目，撰写导言、第九讲、第十讲、第十二讲，博士生马季承担了第一讲、第三讲、第四讲、第五讲（合作）、第十一讲的初稿写作，侯振龙承担了第二讲、第五讲（合作）、第六讲、第七讲、第八讲、第十三讲的初稿写作。这些初稿都经过我反复修改，有的甚至推倒重写。

本书的写作，我们参考了前贤时哲的大量专著和论文。这些论著，主要有南炳文《明史》（上、下）等，个别论著在书中引用时作了注释，还有不少参考论著因限于教材和通识读物体例而未能提及，对此我们都表示感谢。

本书的写作长达三年。感谢出版单位的宽容和不断鼓励，使我们得以耐心写作并反复修改。当然，书中还有诸多不足和免不了的失误，都由我本人负责。我们也期待得到各位学者和方家的批评指正。

何孝荣

2023 年 10 月 17 日于杨柳青

第一讲　大明王朝开基定制

一、元末农民大起义 / 002

二、明朝的建立与专制皇权的加强　/ 005

三、经济政策初见效果　/ 016

四、明太祖的贤内助马皇后　/ 024

五、明太祖的开基定制功绩　/ 026

六、明太祖的民族、相貌和文字狱考辨　/ 027

第二讲　以强盛之姿傲视世界

一、建文帝的短暂统治 / 038

二、明成祖继续强化专制皇权　/ 043

三、天子守国门，奋发作为于边疆与国际　/ 052

四、仁宣之治　/ 061

五、"新明朝"的建立和巩固　/ 068

第三讲 明朝中期的奇葩皇帝与统治危机

一、懵懂昏庸的明英宗 /072

二、恋位贪储的景泰帝 /081

三、痴迷"姐弟恋"的明宪宗 /084

四、"弘治中兴"的明孝宗 /091

五、荒嬉爱玩的明武宗 /095

六、崇道好长生的明世宗 /101

第四讲 烽烟四起,南倭北虏

一、倭寇侵掠东南沿海 /114

二、鞑靼袭扰北部边境和"庚戌之变" /121

三、此起彼伏的民众起事 /126

四、西南边疆,风波不断 /135

五、葡萄牙殖民者东来和侵占澳门 /140

第五讲 变法图强,隆万改革

一、钱权隐患,统治危机 /144

二、短暂的隆庆改革 /148

三、大明第一首辅张居正改革 /157

第六讲 民熙物阜：明朝中后期的经济发展与繁荣

一、农业继续发展 / 176

二、手工业不断进步 / 183

三、商品经济的繁荣 / 188

四、区域与市镇经济的兴盛 / 195

第七讲 天崩地坼：明朝后期的社会矛盾激化与明朝灭亡

一、明神宗怠政贪财和廷臣党争 / 206

二、明光宗的除弊和暴卒 / 220

三、明熹宗庸懦昏聩与魏忠贤专政 / 223

四、性急刚愎的崇祯帝与明朝灭亡 / 231

五、社会矛盾全面激化 / 237

六、后金崛起与明清战争 / 244

七、明末农民起义推翻明朝统治 / 249

第八讲 双轨辅政的"权力游戏"

一、明朝独创的内阁 / 256

二、当帝王重用宦官 / 267

三、内阁和司礼监的双轨运作机制 / 274

第九讲 总结创新的科技文化

一、科技成就，光耀史册 /286

二、文学艺术，异彩纷呈 /295

三、官史衰落，私史活跃 /310

四、互争高下的程朱理学和王学 /315

第十讲 越来越世俗化的宗教

一、宗教风貌别具一格 /330

二、佛教的衰落与复兴 /334

三、道教的式微 /349

四、伊斯兰教的发展 /356

五、天主教的传播 /359

六、民间秘密宗教蓬勃兴起 /365

第十一讲 多民族，共融合

一、大一统的民族政策 /376

二、对北方蒙古族的抚和防 /381

三、西南地区的抚剿和改土归流 /386

四、西北地区的经营与失控 /390

五、"多封众建"的藏区 /394

六、东北诸部族的招抚与决裂 /399

第十二讲 西来东往：明朝的中外文化交流

一、中国文化进一步影响朝鲜　/ 406

二、与日本的双向文化交流　/ 415

三、中国文化在越南的传播　/ 422

四、中国与其他亚非国家的文化交流　/ 427

五、天主教传教士来华与中西文化交流　/ 434

六、与拉丁美洲文化交流的新篇章　/ 444

第十三讲 芸芸众生：明朝人的日常生活习俗

一、逾越等级、追求奢美的服饰习俗　/ 450

二、突破身份、讲究豪丽的居宅习俗　/ 455

三、重视门第和聘礼的婚姻习俗　/ 457

四、大操大办、做法事超度的丧葬习俗　/ 463

五、千奇百怪的陋习劣俗　/ 468

六、一年四季的节令习俗　/ 474

第一讲 大明王朝开基定制

洪武元年（1368）正月，朱元璋在应天（今江苏南京）称帝，建立明朝，年号洪武。洪武年间，明太祖创立各项制度，重典治国，轻徭薄赋，大力发展生产，使中国社会迅速走上安定发展之路。

一、元末农民大起义

元朝后期,社会矛盾激化,统治危机加剧,爆发了元末农民大起义。

(一)元末社会矛盾与统治危机

元朝由崛起于漠北草原的蒙古贵族建立。至元八年(1271),忽必烈改蒙古国号为"大元",正式建立元朝。至元十六年,元朝攻灭南宋,统一全国。

元朝政治黑暗腐朽。为了争夺帝位,元朝统治集团内部时常发动宫廷政变和武装冲突。从至元三十一年元世祖忽必烈去世,到元统元年(1333)元顺帝即位,四十年间换了十个皇帝。权臣参与争夺,互相攻杀,统治集团内部矛盾尖锐。大小官员贪贿不法,"官以幸求,罪以赂免"[①],鱼肉百姓。元朝推行"四等人制",汉人、南人遭到恣意欺凌、压榨,"驱口"、匠户被大肆奴役、剥削,也造成了尖锐的民族矛盾和阶级矛盾。

元朝土地兼并剧烈。统治者侵夺大批土地,将其作为"官田"赏赐给贵族官员和寺庙。大小地主疯狂兼并土地,"江南富户侵占民田,以致贫者流离转徙"[②],民不聊生。元朝赋税,主要有税粮和科差两项,税额繁

---

① 《元史》卷26《仁宗本纪三》。
② 《元史》卷20《成宗本纪三》。

重,各种杂税名目繁多。杂泛差役,如筑城、开河、运输等,随时征发。元朝政府和各级地主敲骨吸髓的剥削和压迫,使广大百姓穷困破产。

元朝后期自然灾害频发。特别是元顺帝即位后,灾荒更为频仍。元统二年,苏、松、嘉、常等地区发生水旱疾疫,饥民达57万余户。至元二年(1336),江浙一带又爆发旱灾。至正四年(1344),黄河泛滥,河南、河北、山东沿河地带大批农田被淹。次年,又发生瘟疫,病死者相继。沉重的赋役负担,加上天灾连绵,导致社会矛盾激化,各地小规模反抗和起义此起彼伏。

(二)元末农民大起义的爆发

元末黄河年久失修,决口泛滥,严重威胁沿河两岸百万民众的生计,也影响到元政府的经济命脉——漕运。至正十一年(1351),元朝政府征发北方13路共15万民夫治理黄河。河工民夫皆是穷困饥民,劳役繁重,"手足血流肌肉裂",而微薄的工食费又多被官吏克扣,苦不堪言。当时盛行的白莲教趁机宣传,鼓动民夫,韩山童、刘福通等白莲教领袖以"复宋"为口号,五月在颍州(今安徽阜阳)发动起义。他们头戴红巾,称红巾军。起义军多次打败元朝军队的镇压,势力不断壮大。至正十五年二月,刘福通在亳州奉韩山童之子韩林儿为皇帝,号小明王,建元龙凤,国号宋。

各地贫苦民众纷纷起义响应。至正十一年八月,彭莹玉、徐寿辉等人在蕲州发动起义。十月,徐寿辉称帝,国号天完。不久,陆续占领湖北、湖南、江西地区。在濠州,至正十二年二月,定远土豪郭子兴"聚众烧香",率众起义。在高邮,至正十三年正月,泰州白驹场(今属江苏东台)盐户张士诚等人起义,很快发展到上万人,相继攻占泰州、兴化、高邮等地，建国大周。至正十六年，张士诚渡江南下，先后攻占平江（今江苏苏州）、湖州、杭州等江南地区。另外，至正八年，方国珍等在黄岩起义，活跃于浙江沿海地区。

（三）朱元璋战胜群雄

明太祖朱元璋，元文宗天历元年（1328）出生于濠州钟离（今安徽凤阳）一个贫苦农家，按家族排行取名"重八"。他小时候给地主家放牛，饱受欺压，一家子艰难维生。至正四年（1344），江淮地区爆发特大旱灾、蝗灾，不久又闹起瘟疫，大批民众饿死或染疾而亡。朱重八父母、长兄相继而死，迫于生计，他入当地皇觉寺为僧。但灾荒继续扩大，寺庙也难以为继。青年朱重八只得托钵云游，在皖西豫东一带讨饭三年多，"突朝烟而急进，暮投古寺以趋跄"[①]，饱尝世间风霜冷暖之苦。

至正八年，朱重八回到皇觉寺，又勉强过着青灯古佛、檀施难继的生活。至正十一年，元末农民大起义的战火烧到了濠州，皇觉寺被官军焚毁，朱重八失去生活的依靠。恰好，当时已参加郭子兴红巾军的老乡汤和写信，劝他参军。经过一番内心挣扎，朱重八决定走造反之路，投奔了郭子兴红巾军。

在军中，朱重八作战勇猛，颇具谋略，很快得到郭子兴的赏识和重用，郭子兴还将养女马氏嫁给他。有了地位和身份，朱重八也正式取了官名"朱元璋"。此后，他先后被提拔为镇抚、总管。至正十五年，郭子兴病死，朱元璋实际掌握了这支部队。四月，朱元璋接受了龙凤政权领导，受封为左副元帅。不久，朱元璋率部渡过长江。至正十六年三月，朱元璋攻占集庆（今江苏南京），改集庆路为应天府。龙凤政权授其为

---

① 明太祖：《明太祖文集》卷14《皇陵碑》。

江南等处行中书省平章政事。稍后,朱元璋陆续攻占镇江、宁国、池州、徽州、扬州等地,在江南站稳了脚跟。

其时,应天西面湖广地区有徐寿辉及部将陈友谅部,东面有张士诚部,实力均超过朱元璋,各割据一方,彼此争斗。不久,陈友谅杀徐寿辉,自立为主。至正二十年,陈友谅率大兵东下,约张士诚共击应天。朱元璋采纳谋士刘基的建议,在应天设重兵伏击,击退陈友谅军。而张士诚表面答应夹攻应天,却拖延出兵,坐观成败。至正二十三年,陈友谅再次带领大军,与朱元璋在鄱阳湖大战。朱元璋采用火攻战术,全歼敌军主力,陈友谅也被射死。至正二十四年二月,陈友谅子陈理与部属投降。至正二十五年十月,朱元璋调集大军进攻张士诚。至正二十七年九月,朱元璋军攻破平江,消灭了张士诚势力。随后,朱元璋出兵打败浙江沿海的方国珍部。至此,江南半壁天下,尽归朱元璋所有。

二、明朝的建立与专制皇权的加强

明太祖朱元璋建立明朝,统一全国,创设各项制度,实行重典治国,加强专制皇权,维护明朝统治。

(一)明朝的建立和统一

朱元璋攻取应天以后,虽然仍尊奉小明王和龙凤政权,但实已为独立的江南政权势力。至正二十四年(1364)正月,他自立为吴王,建置百官。二十六年十二月,他杀小明王,从此不再使用龙凤年号,宣布改明年为吴元年。二十七年(吴元年)十二月,朱元璋宣布,明年正月即皇帝位,建元洪武,国号大明。洪武元年(1368)正月初四,朱元璋在应天即位为帝，为明太祖，以应天为京师。明朝正式建立。

先是，至正二十七年十月，朱元璋命徐达为征虏大将军，常遇春为副将，率领25万大军北上伐元。在讨元檄文中，他明确提出"驱逐胡虏，恢复中华，立纲陈纪，救济斯民"的口号，以求获得北方广大贫苦民众、地主阶级的支持，分化元朝统治集团。对于部队进军，朱元璋制定了先攻取山东、河南等地，断其羽翼，再拔潼关，后进兵元都的战略方针。徐达、常遇春按照部署，顺利进军，仅三个月即下山东，然后取河南，拔潼关，形成对元大都（今北京）的三面包围之势。

洪武元年，徐达、常遇春引兵进攻大都。七月，明军攻至河西务。二十七日，进占通州。元顺帝弃城北逃元上都（址在今内蒙古自治区锡林郭勒盟正蓝旗上都镇）。八月初二，徐达军攻克大都。这样，元朝统治被推翻，历时17年之久的元末农民战争也宣告结束。

洪武二年，徐达平定山西、陕西等地，驱除了元将扩廓帖木儿势力。洪武四年、十五年，明将傅友德先后平定四川明昇政权、云南元梁王把匝剌瓦尔密以及大理段氏割据势力。洪武二十年，占据辽东的元将纳哈出向明大将军蓝玉投降。这样，明朝基本上完成了对全国的统一。

（二）创设各项制度

1. 创设政治制度

明朝建立之初，政治制度承袭元朝。在中央设中书省，总理全国政务，最高行政长官为左、右丞相，下置平章政事、左右丞、参知政事等。中书省下设吏、户、礼、兵、刑、工六部，各部以尚书为最高长官。设大都督府，置左、右都督，统领全国军队。又设御史台，置御史大夫，掌管监察。在地方设行中书省，总管一省事务。这套政治制度下，中书省、大都督府、行中书省权力很大，容易导致臣下专权。作为从百战中拼杀出来的强势君主，明太祖不能容忍君权旁落，使自己成为傀儡皇帝。于是，追统一战争顺利进行、政权大体稳固后，他开始对中央和地方官制加以改革，加强专制皇权。

首先是地方设立三司，实行府、县二级制。洪武九年（1376）六月，明太祖下令，改行中书省为承宣布政使司，设布政使，"掌一省之政"，主管地方民政和财政。除京城直辖区以外，全国先后设置了十三个布政司。各布政司辖区大体相当于元朝行中书省，所以仍习称为行省，或简称省。同时，在各布政司设提刑按察使司，置按察使，"掌一省刑名按劾之事"，负责司法；设都指挥使司，置都指挥使，"掌一方之军政"，负责军事[①]。由此，地方由大权独揽、具有割据性的行中书省，分为布政司、按察司与都司"三司"，互不统辖，相互牵制，直接向中央负责，强化了中央集权。

元朝在行省下设路、州、县三级地方行政机构，少数地区设有散府。明太祖下令，将元朝的路改为府，又将元朝的散府大部分改为散州，府、州、县的长官分别为知府、知州、知县。如此，布政司以下的地方行政机构，由元朝的三级制简化为府（直隶州）、县（府属州）二级制，提高了行政效率，又加强了朝廷对地方的控制。

其次是废除中书省和丞相制度。中书省总揽中央和地方大权，中书省丞相为百官之长，辅佐皇帝总理百政，权力极大，极易擅政结党，对专制皇权构成严重威胁。洪武十三年正月，胡惟庸案爆发，为明太祖裁撤中书省，废除丞相制度提供了契机。

胡惟庸，定远人，随朱元璋起兵，有才略，然"阴刻险鸷"。吴元

---

① 《明史》卷75《职官志四·布政司、按察司》、卷76《职官志五·都司》。

年（1367），任太常寺少卿。后任中书省参知政事，代任中书省左丞相。洪武六年正月，右丞相汪广洋左迁广东参政，明太祖"难其人，久不置相"，胡惟庸"独专省事"。七月，补为右丞相，"久之，进左丞相"①。任丞相期间，胡惟庸专权擅政，结党营私，排除异己，生杀黜陟，或不奏径行，内外各部门封事入奏，胡惟庸"先取视之，有病己者辄匿不闻"，朝内文武百官依附者众多，引起明太祖强烈反感和警惕。洪武十三年正月，御史中丞涂节告发胡惟庸阴谋造反。经审讯，明太祖定罪"蠹害政治，谋危社稷"，将其处死。同时，明太祖宣布，"革去中书省，升六部，仿古六卿之制"②，即废除宰相，将中书省权力分属吏、户、礼、兵、刑、工六部，六部成为直接向皇帝负责、总理全国政务的最高一级行政机构。

明太祖将废除丞相制度作为"祖制"，写入《皇明祖训》，严厉叮嘱后世子孙皇帝遵行：

今我朝罢丞相，设五府、六部、都察院、通政司、大理寺等衙门，分理天下庶务，彼此颉颃，不敢相压，事皆朝廷总之，所以稳当。以后子孙做皇帝时，并不许立丞相。臣下敢有奏请设立者，文武群臣即时劾奏，将犯人凌迟，全家处死。③

这样，中国历史上延续了近1700多年的丞相制度自此废除。皇帝兼使丞相职权，皇权得到空前加强。

再次是设立六科、都察院等，加强监察。洪武六年三月，明太祖在吏、户、礼、兵、刑、工六部中设六科，每科设给事中二人，所入章奏

---

① 《明史》卷308《胡惟庸传》。
② 《明太祖实录》卷129，洪武十三年正月甲午、戊戌、己亥。
③ 明太祖：《皇明祖训·首章》。

皆许封驳，"凡朝政军事及举劾官员，皆许联署以闻"①。六科给事中成为与御史台并立的又一监察机构，二者互相制约。

洪武十三年，明太祖在废中书省、升六部职权的同时，下令废除御史大夫一职，不久罢去御史台。洪武十五年，设立都察院，以监察都御史为长官。次年，又改设左、右都御史为长官，秩同六部长官。都御史职专纠劾百司，辩明冤枉，提督各道，下设十三道监察御史，"代天子巡狩"，凡政事得失，军民利病，允许直言无避，"大事奏裁，小事立断"②。都御史与六部尚书合称"七卿"，职权极大，又与六科彼此分权，相互牵制。

洪武十四年，设置大理寺，长官为大理寺卿，掌审谳平反刑狱政令，与刑部、都察院合称"三法司"，相互牵制，强化君主专制。此外，洪武十年设通政司，以通政使为长官，掌受内外章疏敷奏封驳之事，参与议大政、大狱及会推文武大臣等事。七卿加上大理寺卿、通政使，合称"九卿"。

2. 建立军事制度

创建卫所制。明朝建立前，朱元璋就废除军队原来的各翼编制，改行卫所制度。明朝建国后，刘基"奏立军卫法"，自京师至于郡县皆立卫所。卫所根据地方大小、位置重要程度设置，大体防区在一府之内的设所，一府以上者设卫。一卫额定5600人，长官为指挥使。一卫辖5个千户所，一千户所额定1120人，长官为千户。一个千户所辖10个百户所，一百户所额定112人，长官为百户。百户下又分为2个总旗和10个小旗，每总旗额定50人，每小旗额定10人。据统计，洪武二十六年

---

① ［清］夏燮：《明通鉴》卷5，洪武六年三月。
② 《明史》卷73《职官志二·都察院》。

（1393），全国共设17个都司、1个留守司、329个内外卫、65个守御千户所，合计士兵180余万人。

改大都督府为五军都督府。明初设大都督府，举凡部队的征发调动、将帅任命、战争决策，均由其掌管。洪武十三年（1380），明太祖改大都督府为五军都督府，分设左、右、中、前、后五军都督府，各领所属都司和卫所军队。明太祖规定，五军都督府主管军籍、军政，兵部掌军官铨选和军令。如此"兵部有出兵之令，而无统兵之权；五军有统军之权，而无出兵之令"①，相互牵制，使军权集中到皇帝手中。遇有事征调，兵士分统于诸将，无事则散还各卫，管军官员不许擅自调用，违者"俱论如律"。

推行军户和屯田制度。为保证军队的兵源及供给，明朝下令，凡军士皆世袭，单独编定户籍，称军户。军户分辖于各个卫所，一般是由军户长子到卫所服役当兵，称"正军"，妻子相随，其余家庭成员如次子、三子等分居原籍，编入里甲，称"贴军"（"军余""余丁"）。军户世代承袭，不能脱籍。正军死亡，余丁顶补。全家死亡，便从原籍勾族人顶充。

各地卫所实行屯田。军士分为屯田与守城两部分，屯田者专事耕垦，供应军粮；守城者专务防守操练。军士守城与屯种比例，大致是边地三分守城、七分屯种，内地二分守城、八分屯种。明初，军队基本上屯守兼顾，每军受田五十亩，屯田收入成为军饷的重要来源。明太祖曾自豪地说："吾京师养兵百万，要令不废百姓一粒米。"②可见明初军屯数额之大、收获之丰。

---

① ［清］孙承泽：《春明梦余录》卷30《五军都督府》。
② ［明］陆深：《俨山外集》卷28《同异录》。

3. 确立程朱理学的统治地位

明太祖尊孔崇儒，倡导以儒家思想充当社会的主流意识形态。登基伊始，他即下诏在国子学祭祀孔子，遣使赴曲阜致祭，诏孔子第五十六世孙孔希学袭封衍圣公，品秩由元朝的正三品升为正二品。洪武十五年（1382），明太祖又诏全国通祀孔子。

为了维护和加强皇权，明太祖甚至下令罢黜孟子配享，删定《孟子节文》。孟子是孔子学说最重要的继承者和发扬者之一，在儒学史上与孔子并称"孔孟"，作为"四书"之一的《孟子》具有神圣崇高的地位。孟子提倡"民贵君轻"，主张如果君主为恶，士民可以"寇仇"视之。在明太祖看来，这是"对君不逊"，大逆不道。洪武二年，明太祖命罢黜孟子"配享"孔庙。因大臣激烈反对，"旋复"配享①。但是，他对孟子的看法并未改变。据说，他曾经怒言："使此老在今日，宁得免耶！"② 至洪武二十七年十月，明太祖命翰林学士刘三吾重新删订《孟子》，将其中"词气之间抑扬太过者"80 余条尽行删削，成书《孟子节文》，颁行天下，专制跋扈至极。到永乐年间，因官员反对和顾忌儒学传统，明成祖才下令废止《孟子节文》，恢复全本《孟子》。

作为儒学改造流派的程朱理学，将传统的伦理纲常化为主宰万物的精神实体"天理"，提倡"读书穷理"，要求士民"存天理，灭人欲"等，因而更适应中国古代社会后期统治者建立和稳定统治秩序的需求。为此，明太祖大力提倡程朱理学，重用金华朱学正宗传人宋濂、王祎等人，让他们参与国家大政，制礼作乐。他"一宗朱氏之学，令学者非五

---

① 《明史》卷 139《钱唐传》。
② ［清］全祖望：《鲒埼亭集》卷 35《辨钱尚书争孟子事》。

经孔孟之书不读,非濂洛关闽之学不讲"①。这样,程朱理学成为明朝官方哲学和统治思想。

4. 设立学校,推行科举

早在元朝至正二十五年(1365)九月,朱元璋就"置国子学,以故集庆路学为之"②,即后来的京师国子学。洪武十五年(1382),改名为国子监。国子监由各级官员负责管理,如祭酒、监丞、博士、助教等。在地方,各府、州、县也分别设学,学官在府为教授,州为学正,县为教谕,其下设训导若干人。各级学校的学习内容,包括儒家经典、史籍文献以及《大诰》等法律条文。此外,洪武八年、十六年,明太祖还两次要求各地方建立社学,"延师儒以教民间子弟"③,补充基层教育的不足。

明太祖以科举取士,实行三级考试制度,即乡试、会试和殿试。乡试为科举选官的最初一级,基本三年一开科,考试的地点在各省的省会城市,也称"省试",因在八月举行,故称"秋试""秋闱"。通过乡试者,称为举人,即获得了选官的资格,有资格参加下一级的会试。会试一般在乡试后的第二年二月举行,地点在京师贡院,由礼部主持,称为"礼部试""春闱"。通过录取者称贡士。殿试,也称"廷试",由皇帝在殿廷之上亲自策问被录取的贡士,确立名次等第,称为"天子门生""进士"。进士被任用到中央各部门和地方为官,加入明王朝官僚体系中,成为朝廷统治体系的一部分。

---

① [清]陈鼎:《东林列传》卷2《高攀龙传》。
② 《明太祖实录》卷17,乙巳九月丙辰朔。
③ [明]俞汝楫:《礼部志稿》卷24《社学》。

（三）重典治国，重案诛杀

1.《大明律》和《大诰》的颁行

早在吴元年（1367）十月，朱元璋即考虑"正纲纪，立法度"，下令中书省以《唐律》为蓝本，定律令。十二月，书成，计令145条、律285条。明太祖命择涉"民间所行事宜"者加以注释，名为《律令直解》，颁行天下。洪武六年（1373）夏，明太祖又命将续修而成的《律令宪纲》颁行全国。十二月，明太祖进而命刑部尚书刘惟谦详定《大明律》，其本人也参与讨论。洪武七年二月，《大明律》成，"篇目一准于唐"，"采用旧律二百八十八条，续律百二十八条，旧令改律三十六条，因事制律三十一条，掇《唐律》以补遗百二十三条，合六百有六条"[①]。其后，对律条陆续有增损修订者。至洪武三十年，《大明律》正式颁布，共30卷，460条。

《大明律》包含名例律、吏律、户律、礼律、兵律、刑律、工律七部分，名例律列括"五刑""十恶""八议"等，是全律的纲领，其他各律则按部门所管规定了触犯刑律条规及其处罚，以维护明朝的专制统治。与《唐律》相比，《大明律》在结构上更为合理，文字更为简明；在内容上，经济、军事、行政、诉讼方面的立法更为充实；在量刑上，体现出罪轻者更轻、罪重者加重的特点，事关典礼及风俗教化等事定罪较轻，而触及"贼盗"及有关帑项钱粮等事定罪较重，体现出其作为明朝国家机器，以镇压各种反抗和"不法"行为，维护明朝统治的鲜明特色。总体上说，《大明律》贯彻了"慎刑""宽刑"的原则。

不过，面对元朝"纵弛"、明初各种反抗和勋戚官员"不法"行为，

---

① 《明史》卷93《刑法志一》。

明太祖决定施用重典，法外用刑。洪武十八年，明太祖陆续制定《大诰》四编（《大诰》《大诰续编》《大诰三编》《大诰武臣》），汇集官民犯罪遭到重处的案例来解释律条。《大诰》相较于《大明律》量刑大大加重，如早已废除的肉刑、断指、割鼻、断手、阉割等酷刑被重新编录，对"情犯深重、灼然无疑"的"奸顽刁诈之徒"实行"法外加刑"[①]。明太祖要求，全国臣民人户一本《大诰》三编（《大诰》《大诰续编》《大诰三编》，也统称为《大诰》），官民要熟读为戒；官民犯罪后，如家有《大诰》，可减轻处罚；全国乡里普遍教读《大诰》，礼部举行背诵比赛，将严刑治国的政策理念传达到每家每户。

2. 胡蓝之狱

明太祖起于淮西，一起跟随他打天下、立下汗马功劳的淮西将领文士，在明初都封公拜相，加官进爵，一跃成为明朝开国元勋。但是，这些功臣宿将大多文化水平不高，往往自恃功劳，骄纵妄为，逾越法纪。如淮西勋贵核心人物李善长，"外宽和，内多忮刻"[②]，倾轧奏黜非淮西集团的官员。不少功臣宿将手握兵权，能征惯战，也让明太祖时时猜忌，担心他们不法乃至造反。

全国大体平定后，明太祖开始大肆诛杀不法妄为的淮西功臣宿将。洪武十三年（1380），中书省左丞相胡惟庸因专权擅政伏诛。其后，明太祖扩大诛杀面，陆续公布胡惟庸所谓"通倭"、"通虏"、谋反等罪证，大批功臣宿将、文武官员牵连到案中，遭到诛杀。如李善长被定为与胡惟庸勾结，"知逆谋"，不检举揭发，家口七十余人被杀。吉安侯陆仲亨、延安侯唐胜宗、平凉侯费聚等皆同坐胡党，御史大夫陈宁、中丞

---

① 《明太祖实录》卷239，洪武二十八年六月己丑。
② 《明史》卷127《李善长传》。

涂节等皆受牵连，或诛或罚。明太祖还编写《昭示奸党录》，布告天下。胡惟庸案株连蔓引，"数年未靖"，坐诛者达三万余人。

蓝玉，定远人，常遇春妻弟。因骁勇善战，"所向皆捷"，由管军镇抚累升至大都督府佥事。明初常遇春、徐达死后，蓝玉"数总大军，多立功"，进封凉国公，是当时最主要的武臣之一。但蓝玉自恃功伐，专恣暴横，越礼犯分，欺占民田，"多蓄庄奴、假子，乘势暴横"①，使明太祖颇为不满，也很忌惮。于是，洪武二十六年，他以"谋反"罪处死蓝玉，夷灭三族。他又以"蓝党"为罪名，将一大批将领官员及其子弟牵连在内，予以诛杀，并将刑讯口供辑为《逆臣录》，公布于众。蓝玉案，明太祖共杀一公、十三侯、二伯等，包括吏部尚书詹徽、户部侍郎傅友文、开国公常昇、景川侯曹震等；后颖国公傅友德、定远侯王弼、宋国公冯胜等也先后坐"蓝党"赐死，共杀二万余人。

洪武末年，功臣宿将被牵连诛杀殆尽，存者唯耿炳文及武定侯郭英等，淮西勋贵势力对皇权的威胁基本消除。

3. 空印案和郭桓案

洪武时期，各府州县需将各地的户口、钱粮等统计数字逐年上报，布政司再报中央户部等审核，户部、各布政司与各府州县的收支款项数字符合，才能最终结账。各布政司衙门距京师远者六七千里，近者也有数百里。各地收支统计数字呈递到户部，若发现数字差错，则需回各地重新填报表册，加盖原衙门大印。这样，往往耗时上月甚至上年，错过报账日期。于是，各地方官员为了便利和节省时间，都会带上已经盖好官印的空白表册至京，以备被户部驳回时重新填用。洪武九年（1376），

---

① 《明史》卷132《蓝玉传》。

明太祖了解到官员们以空白印纸在京造账，怒斥有贪污舞弊现象，下令对内而尚书，外而参政等官，以及知府、县令署印者，或处死，或充军。包括户部尚书（时户部设五科，每科皆设尚书、侍郎各一人）等主官、地方布政司参政、府州县主官及佐贰官受惩者数百人，"中外老成，荡然一空"①。

洪武十八年三月，有人告发户部侍郎郭桓勾结北平布政司、按察司官员，侵盗官粮，贪赃舞弊。明太祖下令严加审讯，追赃到底。于是，"自六部左右侍郎下皆死，赃七百万，词连直省诸官吏，系死者数万人。核赃所寄借遍天下，民中人之家大抵皆破"②。因案件牵连过多，打击面太大，引起了许多官僚、地主的不满与恐慌，他们纷纷讦告御史、审讯官诬陷牵连，明太祖又杀原审官，以平众怒。

明太祖利用空印案、郭桓案，诛杀官员数万人，其中不乏大批贪官污吏，此举无疑有助于澄清吏治，维护明朝统治，加强了专制主义中央集权。但是，胡蓝之狱、空印案、郭桓案中也有相当多无辜的将领、官员被罗织入案，遭到诛杀、重惩，打击扩大化色彩浓厚，负面效应也很大。

三、经济政策初见效果

自元末农民大起义以来，历经近二十年战乱，各地多田土荒芜，人口锐减，中原诸州"受祸最惨，积骸成丘，居民鲜少"③，呈现出一片凋敝

---

① ［明］郑士利：《论考校钱粮封事》，载［明］程敏政：《明文衡》卷6《奏议》。
② 《明史》卷94《刑法志二》。
③ 《明太祖实录》卷176，洪武十八年十一月乙亥。

的景象。明太祖轻徭薄赋，大力恢复和发展生产，使国家经济、民众生活逐渐改观。

（一）编定户籍和赋役制度

洪武三年（1370），明太祖下令："今天下已定，而民数未核实，其命户部籍天下户口，每户给以户帖。"① 于是，户部制户籍、户帖，各地登记民人户籍，交户部留存，户帖交由各户主收执。户帖内容包括户主姓名、籍贯、丁口、财产等，凡呈报不实者，一概充军。

在此基础上，洪武十四年，明太祖命府州县官将民户分为上、中、下三等，编制黄册。黄册以户为单位，详细登载各户乡贯、姓名、年龄、丁口、田宅、资产，并按照各户从事职业，划定户籍，主要分为民、军、匠三大类。明朝规定，政府把户帖发给各户每年填报，经地方官稽察核实各项变动，逐年累计，十年一造黄册。黄册共造四份，一份上送户部，布政司、府、县各存一份。因送户部的册子表面用黄纸，故称"黄册"或"户口黄册"。又因其为政府向民众征收赋役的依据，称"赋役黄册"。黄册的编造，奠定了明朝户籍制度，加强了对户口的控制。

同时，明太祖在全国推行里甲制。里甲制度规定，以相邻110户为一里，一里之中，推丁粮多者10人为里长，余100户为十甲，岁役里长1人，甲首10人，管摄一里之事，里甲民户互相作保。每年徭役由里长1人、甲首1人率其余9家充当，充役次序以丁粮多寡排定，十年轮派一遍。第二轮根据丁粮变迁升降状况，重新登记造册，排定轮役次序。在城镇，称坊和厢，编制的方法相同。里甲制度是黄册制度的保证，也是最基层的社会组织单位。明朝政府将所有民户编制入里甲，比较准确

---

① 《明太祖实录》卷58，洪武三年十一月辛亥。

地调查出全国的土地、人口、财产状况，为国家户籍管理、赋役征收提供了完备的依据。

但是，一些地主富户、官员吏役等千方百计隐瞒诡寄田产，以逃避赋役。为此，洪武二十年，明廷又下令在全国范围内大规模地丈量土地，根据税粮多少，划分若干区，每区设粮长4人，由他们带领里甲耆民逐亩丈量，丈量后绘制田地图形，标注田主姓名、丈尺、面积、四至、官田、民田等信息，编上字号，因所编图形看似鱼鳞，故称"鱼鳞图"。各图合订成图册，称"鱼鳞图册"。赋役黄册以户为主，鱼鳞图册以土田为主，二者相互配合、相互补充，有效地避免了地主逃漏赋役、课役不均等弊端。

明初的赋役征收，上承唐宋以来两税制。田赋分夏税与秋粮两次缴纳，夏税缴纳不过八月，秋粮不过次年二月。赋税征收以米、麦为主，丝绢与钞次之，前者称为"本色"，后者称为"折色"。明太祖实行轻徭薄赋、休养生息的政策，"凡官田亩税五升三合五勺，民田减二升，重租田八升五合五勺，没官田一斗二升"，相对于元末而言基本保持在低税率的水平。不过，在江南苏州、松江、嘉兴、湖州地区，明太祖据说"怒其为张士诚守"，将当地豪族富民土田皆没收为"官田"，"按私租簿为税额"，"亩税有二三石者"。这就是广为人知的苏松重赋。据统计，当时苏州一府秋粮即达274.6万余石，"自民粮十五万石外，皆官田粮，官粮岁额与浙江通省埒，其重犹如此"①。

为了征收田赋，明太祖建立粮长制。此前，田赋征收由州县官吏直接催督，农民背负粮钞等亲赴州县缴纳，州县官往往借机多征滥取。一些农民不愿或不能亲往缴纳，遂委托"揽纳户"代办，"揽纳"者往往营

---

① 《明史》卷78《食货志二·赋役》。

私舞弊，盘剥侵吞。洪武四年，明太祖下令，在江浙一带每纳粮 10000 石为一区，每区设粮长 1 名，由政府指派区内田地多、纳粮多的大户担任，负责本区田赋催征、经收和解运。后来，在江西、福建、湖广等地陆续设立粮长。各地征收的税粮分为两部分：一部分留在地方开支，称"存留"；另一部分运到京师或其他指定地区仓口，称"起运"。粮长解运税粮至京师，常蒙明太祖召见，一些粮长还被提拔为官。在地方，粮长也参与编制黄册和鱼鳞图册。

徭役的征发，洪武初期在江南应天等十八府州，江西九江、饶州、南康等三府，实行计田出夫的"均工夫役"，"田一顷出丁夫一人，不及顷者以他田足之"，"每岁农隙赴京，供役三十日遣归"。黄册制度建立后，徭役征发也推及全国，徭役总体上分为正役和杂役两大类。正役以里甲为单位轮充，每年由里长 1 名带领一甲 10 户应役（"见年"），其余 9 里长与 9 甲人户在此后九年依次应役（"排年"）。正役包括协助粮长催征税粮，协助官府维持治安，支应官府公用等。官府其他各种征派之役则为杂役，又称"杂泛"①。

（二）发展农业生产

1. 鼓励垦荒

洪武元年（1368）八月，明太祖颁布大赦诏，宣布"各处荒闲田地，许令诸人开垦，永为己业"，免除三年赋役，然后"依民田起科税粮"②。元末皇室、贵族、地主占有大量官田，至此明朝政府不予承认。不仅如

---

① 《明史》卷78《食货志二·赋役》。
② ［明］孔贞运：《皇明诏制》卷1。

此，明太祖还强令将荒田空地分给农民耕垦。如北方郡县，"近城之地多荒芜"，明太祖下令，招揽乡民开垦，"户率十五亩，又给地二亩，与之种蔬，有余力者不限"[①]。在南方，如苏州府太仓，"见丁授田一十六亩"。他又规定，在陕西、河南、山东、北平等布政司与淮安、扬州、庐州等府，鼓励农民垦荒，官府不得着急起科。明太祖一再强调，农桑是"衣食之本"，下令将官员考课直接和农桑治绩相结合，"违者降罚"[②]。

2. 大规模推行屯田

为了进一步开垦荒地，恢复农业生产，明太祖推行"移民就宽乡"政策，即将无田或少田的农民迁移至田多人少的"宽乡"屯田，丁多田少的民户分丁迁移。如洪武四年（1371），大将军徐达一次迁徙北平山后民35800余户，散处卫府，给予田地耕种。另外，还招募民众屯田，主要对象为未入籍的流民，或发罪人屯田。屯田的移民，官府授予田地，"永为己业"，迁徙时发给移民路费，在屯区官府一般分发耕牛、农具和种子，免屯区移民三年赋役。

移民屯田者流向广泛，"东自辽左，北抵宣、大，西至甘肃，南尽滇、蜀，极于交阯"[③]。其中，迁至山东、河南及北平的移民较多。其次为南京、凤阳和泗州等地，移民的数量亦庞大，如洪武七年移江南民至凤阳者一次便多达14万人。据统计，洪武一朝移民有数字可考者为160余万人，实际数量可能远远超过此数。

除民屯外，明朝还大力开展军屯、商屯。军屯已见前述。驻扎在边境的大量军队，战守任务繁重，边地土贫，粮饷难以实现自给。为了保

[①] 《明太祖实录》卷53，洪武三年六月丁丑。
[②] 《明太祖实录》卷77，洪武五年十二月甲戌朔。
[③] 《明史》卷77《食货志一·田制》。

障边军军需，洪武三年六月，山西行省率先倡行"开中法"，得到明太祖批准，并迅速推广到各省。具体地说，就是明廷规定商人将一定数量的粮食运至边境粮仓，可向官府换取一定数量的盐引支盐，至指定地区贩卖取利，称"开中法"。其后，不少商人为获盐引，贩盐获取重利，遂雇人在边地开荒屯种，就近运输获引，成为商屯。商屯的出现，对供应边防粮饷与边疆开发起到了积极的作用，促进了农业生产的恢复和发展。

3. 兴修水利

明太祖十分重视地方水利建设。洪武二十七年（1394），他分遣国子监生等往赴各地，"督修水利"。他多次下令，对民众条陈水利事宜者要及时陈奏，对于不重视水利建设的官员加以严惩。明太祖下令，严惩破坏水利设施者，《大明律》专门立有"盗决河防"律条："故决河防者，杖一百、徒三年。故决圩岸陂塘，减二等。漂失赃重者，准窃盗论，免刺。因而杀伤人者，以故杀伤论。"在明太祖大力提倡和支持下，洪武年间兴修水利取得很大成绩。据统计，仅从洪武二十七年派国子监生到各地督修水利，至洪武二十八年底，就"开天下郡县塘堰凡四万九百八十七处、河四千一百六十二处、陂渠堤岸五千四十八处"[①]。水利的兴修，对保障和促进农业生产、保障民众生活发挥了很大作用。

4. 推广种植经济作物

早在江南政权时期，朱元璋就下令，凡农民有田五至十亩者，"栽桑、麻、木棉各半亩，十亩以上者倍之，其田多者率以是为差"，地方

---

① 《明太祖实录》卷243，洪武二十八年十二月。

官要"亲临督劝,惰不如令者有罚"①。洪武元年(1368)四月,中书省奏准桑、麻等纳税标准,"麻亩科八两,木棉亩四两,栽桑者以四年有成,乃征其租"②。洪武十八年,明太祖下令民间种植桑、麻不必起科,免除赋税。此后,明太祖还几次下令种植桑麻,免除其税。

对于执行朝廷种植桑、麻等经济作物法令各异者,明太祖分别加以奖惩。洪武元年正月,他专门颁发诏书,斥责地方官员报告治绩,没有种植农桑、设立学校项目,下令以后必须申报,违者惩治。洪武三十年九月,他下令各地民间每时置一鼓,到植桑时月,"晨起击鼓会田所",怠惰者里老督责,"里老不劝督者罚"③。明太祖鼓励、督促经济植物的种植,为手工业的发展提供了更多的原料。

(三)发展工商业

明太祖奉行"重农抑商"政策,以农为本。但是,无论是生产和消费,都离不开工商业。因此,明太祖在一定程度上采取措施,发展工商业。

1. 匠户制度改革

元朝实行匠户制度,将大批手工业者金为系官匠户,子孙世袭,终年为官府服役,形同工奴。明初沿袭元朝匠户制,但对其进行了较大幅度的改革。明初规定,工部所辖工匠实行轮班制,各地工匠三年一班,每班三个月,轮流赴京服役,由政府支给月粮,服役之外的其余时间可以"自由趁作"。这样,轮班匠得以有更多的劳动时间,投入到社会生

---

① 《明太祖实录》卷17,乙巳六月乙卯。
② 《明太祖实录》卷31,洪武元年四月辛丑。
③ [清]谷应泰:《明史纪事本末》卷14《开国规模》。

产中。此外，有坐户匠，他们在固定的地方做工，仍然归工部征调。洪武时期，命在京工匠赴工者，"月给薪米盐蔬，休工者停给，听其营生勿拘"。当时在京工匠五千余人，"皆便之"[①]。相较于元朝匠户制，明朝匠户所受剥削大为减轻，调动了手工业者的生产积极性。

2. 恤商政策

元朝征收商税，税率"二十税一"。江南政权时期，朱元璋宣布商税"三十而取一"，实行轻税政策，"过者以违令论"[②]。明朝建国后，明太祖重申并坚持"三十税一"。为了便利商业贸易，明朝政府校勘度量衡、稽考牙侩和评定物价。洪武十三年（1380），明太祖又下令裁撤税收额米不足五百石的364个税课司局，并规定除书籍、农具免税以外，"如军民嫁娶丧祭之物，舟车丝布之类，皆勿税"[③]，扩大商业免税范围。

3. 货币发行

吴政权时期，朱元璋即在应天设宝源局，铸"大中通宝"钱。明朝建立后，明太祖换铸"洪武通宝"钱，制分：当十、当五、当三、当二、当一等。其中"当十"钱重一两，余递减至重一钱。明太祖又在各省设宝泉局，与京师宝源局共同负责铸钱。后因铜矿开采较少，无法满足社会经济发展和铸币需要，加之铜钱体量较重，不便携带远行，商人多"沿元之旧习用钞"。洪武七年（1374），明太祖遂设立宝钞提举司。次年，他下令中书省"造大明宝钞，命民间通行"[④]，发行纸币，与铜钱并用。大明宝钞分一贯、五百文、四百文、三百文、一百文等。洪武十三

---

① 《明太祖实录》卷118，洪武十一年五月壬午。
② 《明史》卷81《食货志五·商税》。
③ 《明太祖实录》卷132，洪武十三年六月戊寅。
④ 《明史》卷81《食货志五·钱钞》。

年废中书省后，铸钱归工部，造钞归户部。洪武二十二年，又增造小钞，自十文至五十文，便利民用。为了保证钞币的流通，洪武八年下令，民间不得以金银物货交易，违者治罪。洪武十八年，命全国官员禄米也改发钞币。

大明宝钞的发行，适应了明初社会经济发展的需要，对商业的恢复与繁荣起到了助推作用。但是，明廷在全国范围内发行宝钞，缺乏贵金属或其他物资作准备金。到洪武后期，出现宝钞发行量过滥现象。如洪武二十三年，全国金、银课收入仅金200两、银29830余两，而当时一年造钞6946599锭（洪武十八年），合银3400多万两。差距如此之大，宝钞币值难以保障。此外，宝钞印刷粗糙，市场上伪钞频出。两浙以钞一贯折钱250文，币值下降四分之三。宝钞信用越发低落，币值日跌，物价上涨，竟发展至宝钞滞停不行。到洪武三十年，杭州诸郡商贾的货物交易，一概以金银定价，贵金属白银逐渐取代宝钞而成为主要货币，大明宝钞的发行以失败而告终。

四、明太祖的贤内助马皇后

马氏是宿州人，早年父母双亡，被郭子兴收为义女，视如己出，养育长大。她通书史，有见识。朱元璋参军后，有勇有谋，郭子兴把马氏嫁给了他。起初，朱元璋经常被郭子兴猜忌，马氏越发小心孝顺，侍奉郭子兴夫人，替朱元璋辩解美言。有一次，朱元璋被郭子兴关了起来，断绝饮食。马氏从厨房偷拿了几块炊饼，揣在怀里，送给朱元璋吃。炊饼刚蒸出来很热，她皮肤都被烫伤了。朱元璋独立领军以后，带兵在前方打仗，马氏和将士妻妾们在后方缝衣做鞋，供应粮草。朱元璋雄猜好杀，马氏经常嘱咐他"定天下以不杀人为本"，朱元璋称善。

洪武元年（1368）正月，马氏被立为皇后。她严守本分，不干预朝政，而能对明太祖治国理政有所劝谏。明太祖前殿议事，常急躁暴怒，回宫后，马皇后则好言劝慰，慢慢平复他的怒气。侍讲学士宋濂当过太子老师，退休后因为孙子犯罪被牵连逮捕，明太祖要杀他。马皇后听说后劝道："民间为子弟请老师教读书，尚且能以礼相待，善始善终，何况天子之家呢！"明太祖不听，还是要杀宋濂。不久用膳，马皇后既不喝酒，也不吃肉，明太祖忙问何故，马皇后说："我为宋先生祈福！"明太祖被她说动了，第二天下令免宋濂死罪，改为发配。明太祖曾经下令役使重刑犯修城，犯人苦累，多死亡，马皇后劝谏，明太祖下令赦免。她关心民众疾苦，经常询问百姓安危。遇到水旱灾害，她带领宫中妃嫔素食祈祷。太学生数千人，有国家廪食供养，马皇后建议还要厚待他们的妻子儿女，于是明太祖下令设立红板仓，积储粮食，用于赏赐太学生家人。明太祖经常对大臣们称赞马皇后贤惠，将她比作唐太宗的长孙皇后。马皇后则说："夫妇相保易，君臣相保难。我希望陛下不要忘记君臣同患难，而我哪里能和长孙皇后相比呢？"

马皇后统率后宫，严格要求妃嫔宫女遵守古训，命人抄录宋代宫中家法，让她们阅读学习，不准干预朝政。妃嫔宫女被明太祖宠幸有孕者，马皇后都厚待善护，生子则如同己出。明太祖每天用膳，都是马皇后亲自查看照应。她平时穿宽大粗布衣服，旧了也舍不得更换。明太祖要访求马皇后的族人，封官进爵。马皇后表示："爵禄不能私自封给后妃之家。"力辞而止。但是，每次说起早亡的父母，她都悲哀流泪。

洪武十五年八月，马皇后病重，大臣们要为她祈祷，访求良医。马皇后对明太祖说："生死是命，祈祷能有什么用，医生也难以起死回生。"她实际是担心服药无效，明太祖会怪罪医生，因此拒绝了。不久，马皇后病逝，终年五十一岁。明太祖悲哀恸哭，从此不再册立皇后。他还选择高僧，随诸子侄藩王到各地，为马皇后念经祈福。宫人们思念马皇后，也写歌唱赞："我后圣慈，化行家邦。抚我育我，怀德难忘。怀德难忘，于万斯年。毖彼下泉，悠悠苍天！"①

马皇后不干预朝政，反对大肆封赏外戚，潜移默化成为明朝"家法"，使明朝没有出现后妃干政、外戚势大专权的局面。

五、明太祖的开基定制功绩

明太祖推翻元朝统治，建立明朝，实现了全国的统一和安定，创建政治、军事、经济等各项制度，轻徭薄赋，发展农业、手工业和商业生产，恢复和发展社会经济，维护了明朝统治，推动了中国历史的发展和进步。

明太祖建立各项制度，加强专制统治。他调整国家机构，在中央废丞相制度，行政权力下分六部，集权于皇帝；在地方撤行省，设三司，实现行政、司法和军事三大系统的相互牵制，强化了专制主义中央集权制度。他建立卫所制度，制定《大明律》，确立程朱理学为统治思想，设立学校，推行科举，建章立制，奠定明王朝近三百年的基业。他诛杀跋扈不法功臣宿将，严惩贪官污吏，尽管存在扩大化问题，却也使得洪武年间不再出现武将造反割据局面，吏治逐渐清明，对生产发展、民众生活改善以及明王朝统治巩固都有积极作用。

经济上，明太祖轻徭薄赋，发展生产，迅速医治元末农民大起义以

---

① 《明史》卷113《后妃传一·孝慈高皇后》。

来的战争创伤，推动了社会经济的恢复和发展。洪武年间，大量荒芜田地得到开垦，"每岁中书省奏天下垦田数，少者亩以千计，多者至二十余万"，成为纳粮缴税的耕地。洪武二十六年（1393），"核天下土田，总八百五十万七千六百二十三顷，盖骎骎无弃土矣"①。与此同时，国家田赋收入大量增加。洪武二十六年，全国岁入 3200 多万石，较之元朝岁入 1200 万石，增加了近两倍。随着战乱平息、社会经济恢复和发展，洪武年间人户数额急剧增加。洪武二十六年，全国户数 10652870 户，口 60545812 人，比元朝极盛时期增加 195 万户、700 万人。社会获得安定发展，民众生活水平提高，国家也从元末的残破不堪走向发展强盛，成为东亚首屈一指的强国。

总之，明太祖是中国历史上一位杰出皇帝，对中国历史的发展和进步起到重要作用。对于他的功绩和历史地位，清朝康熙皇帝予以高度评价，亲为明孝陵题碑"治隆唐宋"。南京明孝陵享殿内有联曰："戡乱安民得统正，还符汉祖；立纲陈纪遗模远，更胜唐宗。"横批曰："开基定制。"正是对明太祖以及洪武朝的精当评价！

六、明太祖的民族、相貌和文字狱考辨

明太祖的民族、相貌和文字狱等问题，明清以来一直为人们所谈论和争议。

---

① 《明史》卷 77《食货志一·田制》。

（一）明太祖的民族

一般认为，明太祖朱元璋是汉族人，他建立的明朝也是汉族王朝。但是，民间也有传说认为明太祖是回族。这一传说始于何时、出于何人，现在已不甚清楚。回族历史学家白寿彝在1946年出版的《中国伊斯兰史纲要》书中提到："有了（明朝）某帝暗中信（伊斯兰）教的传说"，并就此注释说，父老相传，明太祖原是回族，"建文帝的出走，系赴天方朝觐。又颇有人相信，武宗也信教"①。其后，陆续有学者和史学爱好者重提此事，并提出一些论据，不过没有引起多大关注。2004年，语言学家周有光在中国现代文学馆讲座后，回答听众问题时说道："现在新的考证说明太祖朱元璋不是汉族而是回族，这已经证明了。"②此言立即在学术界和民间引起很大反响。不少学者和民间文史爱好者纷纷加入讨论，报刊尤其网络上争论激烈，朱元璋族属问题迅速成为当时的一个学术热点。

大体说来，认同明太祖是回族的学者和人士，提供和罗列的史料依据主要有：（1）元末凤阳北城皆汉民，南城尽回民，朱元璋出生于凤阳南城朱氏族群内，故应是回民；（2）据说朱元璋当初埋葬去世的父母和大哥尸首，是用白布裹起而埋葬的，这是穆斯林风俗；（3）朱元璋原配妻子姓马，且不裹脚，应是回民，而当时回民是不嫁汉人的；（4）朱元璋曾出家为僧的皇觉寺，原是一座清真寺，其出家为僧实际是在清真寺里做经堂学生；（5）由于朱家皇族是回民，所以明朝对穆斯林很重用；（6）朱明王朝尊奉穆斯林的一些生活习惯，如明武宗禁食猪肉等，不一而足。

更多的专家学者和文史爱好者不认同朱元璋是回民、朱明皇室是穆

---

① 白寿彝：《中国伊斯兰史纲要》，载《白寿彝文集》第3卷《民族宗教论集（上）》，河南大学出版社2008年版，第370页。
② 周有光：《百岁老人周有光答客问》，《中华读书报》2005年1月22日。

斯林的说法。明史学家陈梧桐发表文章反驳指出：第一，朱元璋及其前辈、后裔都不信仰伊斯兰教，而是崇信佛教、道教，明朝建国后有限度地提倡伊斯兰教，并不是朱元璋信奉伊斯兰教，而是出于他"因俗而治"的民族政策需要，伊斯兰教地位无法同佛教、道教相比，"有明一代始终未见明廷为之设置机构，委任官职，也未见采编刊刻过任何有关的伊斯兰教的撰述"①。第二，在风俗习惯上，回族不仅信仰伊斯兰教，而且也受到伊斯兰信仰和文化的影响，例如在饮食习惯上禁食猪肉，在丧葬习俗中主张速葬，停尸不得超过3天，并实行土葬，不用棺材，尸体冲洗后以白布缠裹，由阿訇主持殡葬。但不论朱元璋本人还是他的前辈、后裔，都未见有这种风俗习惯。第三，朱元璋在吴元年（1367）十月发布《谕中原檄》，提出"驱逐胡虏，恢复中华，立纲陈纪，救济斯民"，把蒙古人和包括回族人在内的色目人都蔑称为"胡虏"，同列为驱逐对象。第四，明朝建立后，朱元璋仍未能摆脱历代汉族王朝统治者的"内诸夏而外夷狄"的大汉族主义思想束缚，对包括蒙古族等少数民族仍持歧视的态度。

还有不少学者、文史爱好者也对朱元璋是回民、朱明皇室是穆斯林的说法提出批评意见，补充了一些论据，如元末朱元璋家并不住在凤阳城内，而是在农村；说朱元璋的长相像回族人，并不科学；朱元璋当初埋葬父母、大哥，因为无钱买棺材，用的是破旧衣裳裹尸，而非白布，明太祖《皇陵碑》中就有"殡无棺椁，被体恶裳"之说；朱元璋原配妻子姓马，且不裹脚，也不一定就是回民；朱元璋出家为僧，有史籍明确记载；建文帝在燕军攻入南京后，是否脱逃是个疑问，而且即使脱逃，民间传说也都是他削发为僧、浪迹江湖或隐居山林，未见有远赴天方朝觐的记载；明武宗禁食猪肉，是因为他觉得"朱""猪"同音，而且武宗本人极度崇奉藏

---

① 陈梧桐：《朱元璋民族成份考辨》，《史林》2005年第3期。

传佛教,以"大庆法王"自居,根本不可能是个穆斯林;等等。

总之,根据现有资料和相关研究判断,明太祖朱元璋是汉族,所谓他是回民、朱明皇室是穆斯林的说法尚不足以使人信服。

(二)明太祖的相貌

明朝时期,就出现了明太祖俊、丑两类肖像画。万历年间曾任中书舍人的张萱说:"先大夫令滇时,从黔国邸中模高皇御容,龙形虬髯,左脸有十二黑子,其状甚奇,与世俗所传相同,似为真矣。余直西省,始得内府所藏高、成二祖御容,高皇帝乃美丈夫也,须髯皆如银丝可数,不甚修,无所谓龙形虬髯、十二黑子也。"① 即张萱的父亲曾从云南黔国公府邸中模画出明太祖的画像,为龙形虬髯、脸上有麻子的丑像,而他自己在内阁见到的则是宫内所藏的明太祖"美丈夫"的俊像。实际上,明朝宫廷中收藏的明太祖画像,俊、丑都有。清朝南薰殿承继明朝宫廷收藏的历代帝后画像,据记载明太祖"二像均有之","一为温文儒雅、五官端正者;一为雄豪奇伟、深目长颊者"。甚至明太祖的陵寝明孝陵享堂中,"尚同时供此二像"②。

现今存世的明清时期所绘明太祖肖像画,在国家博物馆、台北故宫博物院有十数件,民间所收藏者也不在少数。这些画像虽有明太祖壮年与晚年之别,但就其造型与构图,大致可分为两类:一类为天庭饱满、神态庄重、英武慈祥的俊像,如台北故宫博物院所藏明太祖全身坐像及晚年半身像等;一类为下颌凸出、脸颊拉长、面颊布满黑斑(俗称麻子)的丑像(有人称为"猪龙"形象),如国家博物馆所藏明太祖全身坐像

---

① [明]张萱:《疑耀》卷1《高皇帝像》。
② 赵汝珍:《古董辨疑》,潘岱标点,江苏广陵古籍刻印社1997年版,第226页。

及民间所藏半身像等。两类画像有霄壤之别，造型无丝毫相近之处，判若两人，这在历代帝王肖像画中称得上绝无仅有。

那么，端庄沉稳的俊像、怪异瓢脸的丑像，哪一个才是明太祖真正的相貌？根据《明太祖实录》记载，郭子兴初见投奔参军的朱元璋，"状貌奇伟，异常人"；陶安第一次见朱元璋，称其"龙姿凤质，非常人也"；朱元璋曾做梦，"人以璧置于项，既而项肉隐起，微痛，疑其疾也，以药傅之，无验。后遂成骨隆然，甚异"①。《明史》本纪也记载朱元璋"姿貌雄杰，奇骨贯顶，志意廓然，人莫能测"。从这些记载来看，怪异瓢脸的丑像接近明太祖真实相貌。因此，后人指出："明太祖亦同常人，绝不能有二像，是其中必有一伪"，"以理推之，当以深目长颊者为真。盖此像迹近侮辱，含有'朱''猪'之意。若非真像，在专制时代，无人敢为之。况其子孙又奉祀之，其必为真像，盖可知也"②。

当然，后世对明太祖相貌的争议一直存在，也有不少学者主张端庄沉稳的俊像为真。他们的依据包括：这一类画像收藏于明朝宫廷中，明太祖后世子孙不会供奉假像祭祀；还有学者从遗传学的角度，提出其后明朝诸帝均无怪异瓢脸的丑像长相，而都与朱元璋端庄沉稳的俊像差不多；还有学者根据张岱编撰的《越人三不朽图赞》中所收洪武年间曾任兵部侍郎的陈思道画像（方脸正像），及其小传称陈思道"貌酷肖御容"，认为端庄沉稳的俊像为明太祖真实相貌。其实，如前所述，明朝宫廷乃至明孝陵中都是俊、丑画像并存；以明太祖后代子孙皇帝长相饱满周正来推导明太祖长相端庄沉稳并无说服力，因为他的儿孙长相可能更多随其生母后妃（后妃基本上是美女），而不一定像明太祖，其后代

---

① 《明太祖实录》卷1、卷3、卷28，壬辰闰三月甲戌朔、乙未夏四月壬寅、吴元年十二月戊申。
② 赵汝珍：《古董辨疑》，潘岱标点，江苏广陵古籍刻印社1997年版，第226页。

接续传承更是如此；而仔细审辨《越人三不朽图赞》中的陈思道画像，虽然可能经过了美化，仍然可见其颧骨较高，长脸，再变化一点也可成瓢形脸，就如明太祖怪异瓢脸的丑像一样。

（三）明太祖和文字狱

谈到明太祖，无论是专家还是普通读者，都对他所谓的严行文字狱、滥杀儒官文士的故事印象深刻，津津乐道。

明太祖好猜忌，个性横暴，严惩、杀死了许多文武大臣和将领军官，记载于《大诰》三编及《明太祖实录》等官书。明朝中期以后，众多的野史杂记，如黄溥的《闲中今古录》、徐祯卿的《剪胜野闻》、梁亿的《传信录》、郎瑛的《七修类稿》等，大量记载明太祖因儒臣十数人所进呈贺表千忤格式和文字忌讳，加以残酷杀戮。至清朝赵翼汇集其记载，列举洪武年间儒学教授林元亮等十二人，以及儒士徐一夔、僧人来复等均因触犯明太祖文字忌讳被斩故事，成《明初文字之祸》一文：

明祖通文义，固属天纵。然其初学问未深，往往以文字疑误杀人，亦已不少。《朝野异闻录》，三司卫所进表笺，皆令教官为之，当时以嫌疑见法者：浙江府学教授林元亮为海门卫作《谢增俸表》，以表内"作则垂宪"诛。北平府学训导赵伯宁为都司作《万寿表》，以"垂子孙而作则"诛。福州府学训导林伯璟为按察使撰《贺冬表》，以"仪则天下"诛。桂林府学训导蒋质为布、按作《正旦贺表》，以"建中作则"诛。常州府学训导蒋镇为本府作《正旦贺表》，以"睿性生知"诛。澧州学正孟清为本府作《贺冬表》，以"圣德作则"诛。陈州学训导周冕为本州作《万寿表》，以"寿域千秋"诛。怀庆府学训导吕睿为本府作《谢赐马表》，以"遥瞻帝扉"诛。祥符县学教谕贾翥为本县作《正旦贺表》,以"取法象魏"诛。亳州训导林云为本府作《谢东宫赐宴笺》,以"式君父以班爵禄"诛。尉氏县教谕许元为本府作《万寿贺表》,以"体乾法坤,藻饰太平"诛。德安府学训导吴宪为本府作《贺立太孙表》,以"永绍亿年,天下有道,望拜青门"诛。盖"则"音嫌于"贼"也,"生知"嫌于"僧"也,"帝扉"嫌于"帝非"也,"法坤"嫌于"发髡"也,"有道"嫌于"有盗"也,"藻饰太平"嫌于"早失太平"也。《闲中今古录》又载,杭州教授徐一夔贺表有"光天之下,天生圣人,为世作则"等语,帝览之大怒,曰:"'生'者,'僧'也,以我尝为僧也。'光'则剃发也,'则'字音近'贼'也。"遂斩之。礼臣大惧,因请降表式,帝乃自为文播天下。又僧来复谢恩诗,有"殊域"及"自惭无德颂陶唐"之句,帝曰:"汝用'殊'字,是谓我'歹朱'也。又言'无德颂陶唐',是谓我'无德,虽欲以陶唐颂我而不能也'。"遂斩之。案是时文字之祸起于一言。时帝意右文,诸勋臣不平,上语之曰:"世乱用武,世治宜文,非偏也。"诸臣曰:"但文人善讥讪,如张九四厚礼文儒,及请撰名,则曰'士诚'。"上曰:"此名亦美。"曰:"《孟子》有'士诚小人也'之句。彼安知之!"上由此览天下章奏,动生疑忌,而文字之祸起云。[①]

所谓表笺,就是遇元旦、冬至等节日,皇帝、皇后(太后)生日和上尊号,以及册立东宫等礼节时,内外文武衙门所进呈的祝贺文字,"表"主要用于皇帝,"笺"用于东宫。根据上引记载,明太祖起初文化水平不高,信用文官,勋臣武将于是拿文人讥讪捉弄张士诚的事例提醒明太祖。明太祖遂严密检查,将儒学官员所作表笺中涉及的字词,如"则""生""寿""帝扉""取法""式君父""法

---

① [清]赵翼:《廿二史劄记校证》卷32《明史·明初文字之祸》,王树民校证,中华书局2013年版,第779—780页。

坤""藻饰太平""有道""光""殊""无德颂陶唐"等，分别附会解读为"贼""僧""兽""帝非""去发""弑君父""发髡""早失太平""有盗""剃发""歹朱""无德，虽欲以陶唐颂我而不能"等，是攻击他曾经出家为僧，造反为"盗贼"，诅咒他及明朝。这些文字狱事例说得有名有姓，活灵活现，把明太祖无知残暴的形象刻画得栩栩如生。其后，这些记载为后人广泛征引，尤其是吴晗的《朱元璋传》、丁易的《明代特务政治》等征引解说，多次出版发行，使明太祖严行文字狱、残杀无辜儒官文士的"事迹"流传极广，人多信之。

其实，所谓明太祖严行文字狱的"事迹"多为编造，并不是史实。首先，明初官书《大诰》三编、《明太祖实录》等对明太祖大杀文武大臣和将领军官事迹并不避讳，反而直书特书，而对明太祖严行文字狱的事迹没有记载，这些事例只是散见于明朝中期以后的野史杂记，而它们的记述多数真实性不高，已为治史者证实。其次，十余位儒官因表笺文字触犯明太祖忌讳被杀事迹，除了诸野史杂记互相传抄以外，别无旁证，不知其罹祸年月及地点。而在当时，明太祖实际上并不隐讳其早年为僧之事，无论是《皇陵碑》还是其文集中诸多文章都可为证。第三，明太祖严行文字狱中提到的徐一夔被斩事迹，实际上明人所撰其传记中并没有记载。徐一夔曾作《上虞顾君墓志铭》，文中"顾君"葬于至正十九年（1359），"既葬三十有五年"，其子求徐一夔"请铭"①。即洪武二十六年（1393）徐一夔尚在世，时年七十五岁，为作墓志铭。又有文林郎湖广房县知县齐某，生于"元至元丁卯"（疑为丁丑，即至元三年，1337），"其卒也，明洪武戊寅"即洪武三十一年，"以明年二月"即建

---

① ［明］徐一夔：《徐一夔集·始丰稿》卷13《上虞顾君墓志铭》，徐永恩点校，浙江古籍出版社2017版，第348页。

文元年（1399）"祔葬考墓左"①，徐一夔也应请为作墓志铭。也就是说，起码建文元年，徐一夔尚存于世，不可能因文字狱在洪武年间被斩。再看来复，也并没有因为文字狱被杀。明末钱谦益见到明太祖审讯、处置僧人所编《清教录》，其中记载道："洪武二十四年，山西太原府捕获胡党僧智聪，供称胡丞相谋举事时，随（宗）泐季潭长老及（来）复见心等往来胡府，复见心坐凌迟死，时年七十三岁。"②也就是说，来复是洪武二十四年被牵连进所谓的胡惟庸谋反案遭诛的，不是堕于文字狱被杀的。③另外，洪武六年起，明太祖数次颁布表笺格式和字讳回避事例，因此儒学官员也不太可能"罔无所知或故意触犯忌讳，而按实录所记，虽有过犯但加责罚而无处以极刑"。④

可见，明朝中期以后野史杂记乃至清朝赵翼《廿二史劄记》所记明太祖文字狱故事，抵牾矛盾，荒诞可笑，不可视为史实。这些编造的文字狱故事，实际上是明朝中期以后的一些文人对奉行严刑峻法政策的明太祖的诬陷。

---

① ［明］徐一夔：《徐一夔集·始丰稿补遗·故文林郎湖广房县知县齐公墓志铭》，徐永恩点校，浙江古籍出版社2017年版，第405页。
② ［清］钱谦益：《牧斋初学集》卷86《跋清教录》。
③ 参阅何孝荣：《元末明初名僧来复事迹考》，载杭州文史研究会编《15世纪以来长三角地区社会变迁与转型》，杭州出版社2022年版，第493—515页。
④ 参阅［美］陈学霖：《明太祖文字狱案考疑》，载中国社会科学院历史研究所明史研究室编《明史研究论丛》第五辑，江苏古籍出版社1991年版，第418—450页。

第二讲 以强盛之姿傲视世界

建文帝实行复古改革，但改革举措窒碍难行，且削藩失败，被推翻统治。明成祖继续强化专制主义中央集权，迁都北京，确立内阁制，发展经济，编修《永乐大典》和三部"理学大全"，经略边疆，拓展外交。明仁宗、明宣宗整顿吏治，蠲免赈济，鼓励垦荒，在边防、外交方面推行收缩战略。明朝成功实现了由开创向守成的转变。永乐、洪熙、宣德时期，明王朝进入"永宣盛世"，"新明朝"得以建立、巩固和发展。

一、建文帝的短暂统治

建文帝朱允炆实行复古改革，推行宽仁之政，着力削除藩王势力。燕王朱棣发动"靖难之役"，推翻了建文帝统治。

（一）建文帝继位及改革

洪武三十一年（1398）闰五月初十，明太祖去世，享年71岁，葬于孝陵。太子朱标早在洪武二十五年（1392）去世，皇太孙朱允炆继位，改明年为建文元年（1399），为建文帝。

朱允炆是皇太子朱标次子，生于洪武十年十一月，母吕氏。朱标妃常氏于洪武七年十月生嫡长子雄英，但洪武十五年五月死，朱允炆遂成为朱标长子。相传，朱允炆颅顶是偏的，明太祖称其为"半边月儿"。他聪颖好学，且生性至孝。十四岁时，朱标生病，他小心侍候，昼夜不离。两年后，朱标去世，他"居丧毁瘠"，哀恸守礼。同年九月，明太祖册立其为皇太孙，作为皇位继承人。朱允炆自幼常与学士们研讨学问，饱受儒家思想熏陶，性格仁慈宽厚。被立为皇太孙后，明太祖让他历习政事，省决章奏，加以行政锻炼。朱允炆对刑事案件多有减免，并改定律令中严苛条例73则，得到明太祖肯定，"天下莫不颂德焉"①。

《周礼》规定,帝王去世,嗣君应服丧三年。至汉文帝以日易月,改成三十六日,为后世君主所效法。明太祖去世,建文帝坚持服丧三年,上朝穿麻布冕服,退朝齐衰杖绖。同时,他以明太祖遗诏的名义,命令各地藩王们在封地服丧,不得进京吊唁。藩王们多为建文帝叔辈,不少人势力雄厚。正值政权交替、主少国疑之际,建文帝此举有着预防不测的考量。为皇太孙时,他就对藩王坐拥重兵表示担忧,请教东宫伴读黄子澄,黄子澄答曰:"诸王仅有护兵,才足自守。万一有变,以六师临之,谁其能支?"② 可以说,礼制问题是建文帝关注的重点,藩王问题则是其心腹之患,这两方面遂成为其日后改革的主要方面。

洪武年间,明太祖励精图治,政局稳定,经济逐步恢复发展。但是,由于明太祖以严猛治国,施行严刑重典,朝廷和官场弥漫着肃杀低沉之气。有鉴于此,建文帝宣布:"永惟宽猛之宜,诞布维新之政。"③ 他起用汉中府学教授方孝孺为侍读学士,倚重兵部尚书齐泰、太常寺卿兼翰林学士黄子澄,宽仁为政,推行复古改制。措施有:

其一,调整官制。明太祖废除丞相后,将分掌天下政务的六部尚书定为正二品,节制中外诸军事的五军都督府左右都督定为正一品,体现了重武轻文的特点。建文帝"归重左班",提高文官地位。他升六部尚书为正一品,尚书下增设左右侍中,位侍郎上,秩正二品。他又扩大文职编制,翰林院增设学士承旨、文渊阁待诏、拾遗、补缺等官,詹事府增置资德院,加强文官的咨询、谏诤职能。

其二,宽刑省狱。建文帝平反冤狱,赦免洪武时期牵连获罪的官员

---

① 《明史》卷4《恭闵帝本纪》。
② [明]郑晓:《吾学编·建文逊国臣记》卷1《太常卿黄子澄》。
③ [明]郑晓:《吾学编·大政记》卷10《建文逊国记》。

以及"黥军",任用被误逮的功臣子弟,减轻严刑峻法。这样,建文年间囚犯数量大幅度减少。《明史·刑法志》载:"建文帝继体守文,专欲以仁义化民。元年,刑部报囚,减太祖时十三矣。"

其三,轻徭薄赋。洪武年间,江浙一带尤其苏松地区田赋较重,数额比民田高出数倍甚至近十倍,加重了当地地主和民众的负担。建文帝对江南赋税政策进行调整,规定官田征收赋额每亩不得超过一斗,基本上拉平了官、民田的赋额。对长期拖欠而难以征收的"逋赋",则加以蠲免。这些,为其赢得了江南地区的民心。

其四,推行削藩。明太祖分封诸子为王,给予封地、军队护卫,以藩屏皇室、巩固边防,藩王们拥有了政治、军事、经济特权。一些藩王勇武跋扈,不守法度,还有一些藩王如燕王朱棣甚至觊觎皇位,对皇权形成严重威胁。建文帝在齐泰、黄子澄的建议下,"以次削夺诸王",一年之间,"周、代、湘、齐、岷五王相继以罪废"[①]。然后,他剑指燕王朱棣,下诏削夺其王号。

总之,建文帝为了缓和社会矛盾,巩固明朝统治和皇权,推行系列改革,取得一定成效,"四载宽政解严霜",为人所称颂和爱戴。但从整体效果来看,建文帝的改革是失败的。上述调整官制等措施其实是其礼制改革的一部分。除此之外,他将大量工作放在了改名上。他依《周礼》改定宫中殿名、门名,修改官署名称,如都察院改为御史府,通政使司改为通政使寺,大理寺改为大理司,六科给事中都改名为左、右拾遗,去除六部下属诸司名号之前的"清吏"二字,去除殿阁大学士的"大"字,均带有浓重的复古色彩,流于形式,无裨时政。他听从方孝孺的意见,甚至要恢复西周"井田制",根本无法施行。还有一些改革措施虽

---

① 《明史》卷141《齐泰传》。

然利于民生，但也未得到认真落实，沦为空文。而在关键的削藩问题上，建文帝未分清轻重缓急，先从五个力量较小的藩王开始，而对实力最大的燕王朱棣的削夺行动迟缓，使其得以准备，发动叛乱，战争中建文帝的选将用兵策略也频频失误，最终被朱棣推翻。

（二）"靖难之役"

燕王朱棣生于元朝至正二十年（1360），是明太祖朱元璋第四子。洪武三年（1370）受封燕王，十三年就藩于元朝故都北平（今北京）。当时北元势力不断剽掠边境，窥伺中原，是明朝北部大患。朱棣与秦王朱樉（明太祖第二子）、晋王朱㭎（明太祖第三子）等塞王逐渐参与了北边对蒙古的作战，军事才能、实力逐渐增长。洪武二十三年，朱棣奉命带兵攻打北元太尉乃儿不花，败之，自此为明太祖所倚信。随着羽翼渐丰，朱棣萌生出夺取帝位的野心，而为其出谋划策的是北平庆寿寺住持道衍。

道衍本是江南禅宗高僧，精通佛教、儒学，习得兵法。洪武十五年，马皇后去世，明太祖选择一些高僧随各藩王至封地，为马皇后诵经荐福，道衍被选从燕王朱棣，担任北平庆寿寺住持。后道衍探知朱棣觊觎皇位，遂与共谋，"出入府中，迹甚密，时时屏人语"[①]。道衍还推荐术士袁珙为朱棣看相，称其有"太平天子"之相，加以鼓动。洪武三十一年，明太祖驾崩，建文帝继位。时秦王朱樉、晋王朱㭎均先卒，朱棣成为在世亲王中最年长者，实力也最强大，为强藩之首。

建文帝与齐泰、黄子澄等筹划削藩。齐泰提议先从实力和威胁最大的燕王开始，而黄子澄认为周、齐、湘、代、岷诸王多有不法，削之有

[①] 《明史》卷145《姚广孝传》。

名，周王又是燕王同母弟，削周即削燕手足。建文帝采纳黄子澄意见，执政一年间便将五王渐次削除。同时，他命北平左布政使张昺、都指挥使谢贵密切监视朱棣，又将燕王府护卫精锐调离，并派将领练兵于山海关、临清，以作准备。朱棣则通过装病制造假象，麻痹朝廷。在道衍谋划下，他"阴选将校，勾军卒，收材勇异能之士"，组织军队。燕王府本为元朝皇宫，高墙深围，道衍"穴地作重屋，缭以厚垣，密甃瓴甋瓶缶，日夜铸军器，蓄鹅鸭乱其声"①，练兵其中。

建文元年（1399）七月，建文帝下诏削夺朱棣王号，逮捕燕王府官属。朱棣得知后，用计擒杀张昺、谢贵，正式起兵，占领北平。他援引明太祖《皇明祖训》中"凡朝廷新天子正位，……如朝无正臣，内有奸恶，则亲王训兵待命，天子密诏诸王统领镇兵讨平之"训谕，指责建文帝被奸臣齐泰、黄子澄等人蒙蔽，宣布"清君侧之恶，扶国家于既坏"②，即所谓"靖难"。

燕王朱棣起兵初，迅速攻占居庸关、怀来、密云、遵化、永平等北平周围一带地区。此时，建文帝君臣正忙于复古改制，齐泰、黄子澄都是书生，不知兵事，元勋宿将在洪武年间已被诛戮殆尽，建文帝乃以老将耿炳文为主帅，领兵13万伐燕。耿炳文军到达真定（今河北正定），遭到燕军突袭和包围，大败。建文帝又根据黄子澄之荐，再派曹国公李景隆统领朝廷军队。李景隆是纨绔子弟，并无军事指挥才能。当他抵达前线时，朱棣已解围，北袭大宁（今内蒙古宁城），尽收宁王朱权的8万护卫兵将，并取得蒙古朵颜三卫骑兵的支持。李景隆调集50万大军乘虚攻北平，燕世子朱高炽在道衍等辅佐下，坚守城池。十一月，燕王回

---

① 《明史》卷145《姚广孝传》。
② 《明太宗实录》卷2，建文元年七月丁丑。

援北平，内外夹击，大破朝廷军，李景隆败走。

建文二年四月，燕军10余万与李景隆军60万激战于白沟河（今河北雄县北），朝廷兵马虽众，但政令不齐，纷纷败溃。九月，建文帝再以盛庸代李景隆为大将军，领兵北伐。建文三年，燕兵数次南下，与朝廷军在北平、山东一带交战，互有胜负。建文帝仁柔，竟诏令前线军中："毋使负杀叔父名。"这道诏令束缚了前线将士手脚，他们"相顾愕眙，不敢发一矢"①。夹河之战中，朱棣及十余骑兵被盛庸军队包围，朱棣奋力冲杀，朝廷军队却无人敢上前死杀，朱棣最后得以从容而退。即便如此，几年之中，燕军所控制区域不过北平、保定、永平三府。恰好这时，被建文帝黜责的一些宦官自京师逃奔燕军，告以京师空虚。道衍得报，立即提出："毋下城邑，疾趋京师。京师单弱，势必举。"②于是，朱棣在建文三年十二月复出师南下，直取京师。至建文四年六月初三，燕军自扬州瓜洲渡江，围攻京城。十三日，谷王朱橞与李景隆开金川门迎降。宫中火起，建文帝不知所踪。"靖难之役"以燕王朱棣胜利而告终。

二、明成祖继续强化专制皇权

明成祖朱棣继续强化专制皇权，迁都北京，恢复和发展经济，巩固明朝统治。

（一）明成祖登基及继续削藩

燕王朱棣取得"靖难之役"胜利，进入京城。建文四年（1402）六

---

① 《明史》卷5《成祖本纪一》。
② 《明史》卷145《姚广孝传》。

月十七日，朱棣先拜谒孝陵，后于奉天殿即皇帝位，是为明太宗，嘉靖时改庙号为明成祖。他下诏将当年——建文四年改为洪武三十五年，明年为永乐元年，以昭示其继承太祖之统。

明成祖对跟随他征战的将士论功行赏，共封2公、16侯、17伯，给予铁券、岁禄，荫及子孙。其中"靖难"军师道衍，"论功以为第一"，先授为僧录司左善世，后令复姓姚，赐名广孝，任命为太子少师。至此，继太祖封爵之后，明初第二批新兴的军功贵族应运而生，佐太祖定天下者曰"开国辅运推诚"功臣，从成祖起兵"靖难"者曰"奉天靖难推诚"功臣。

在大封功臣的同时，明成祖把维护建文帝统治的群臣指为"奸党"，"大索齐泰、黄子澄、方孝孺等五十余人"①，加以追究治罪。此前，齐泰被建文帝派出京城，听闻京城失守，试图逃到外郡筹兵。为躲避燕军缉捕，据说他将所乘白马用墨染成黑色，但跑了一段路程，白马出汗导致墨色脱尽，终被认出，"遂被执赴京"，遭诛杀。方孝孺对儒学、文章有极深造诣，建文帝时"国家大政事辄咨之"，"靖难"时朝廷讨伐诏檄"皆出其手"，进兵谋略多听其议，是建文帝的主要谋士。朱棣往攻京城时，道衍以方孝孺为托，说："城下之日，彼必不降，幸勿杀之。杀孝孺，天下读书种子绝矣。"迨京城下，朱棣欲使方孝孺为其草拟即位诏书，哪知方孝孺忠于建文帝，坚不奉命。朱棣怒，"命磔诸市"②，方孝孺亲属受株连者据说多达847人。后世称其被诛十族，即除了亲属九族之外，还有朋友门生算作一族，实为编造杜撰。御史大夫练子宁被缚至阙下，出语不逊，朱棣大怒，命磔之，并诛杀练氏族人151人，流放数百

---

① 《明史》卷5《成祖本纪一》。
② 《明史》卷141《方孝孺传》。

人。御史大夫景清先是假意迎降，以原官留任，在早朝时密谋行刺明成祖，败露后被剥皮实草，"命赤其族，籍其乡，转相扳染，谓之瓜蔓抄，村里为墟"[①]。明成祖对建文忠臣们实施了残酷的诛杀和迫害，其亲友也被处死或流放，妻女则籍没为奴，沦为乐户。

不久，明成祖下令重修《明太祖实录》。《明太祖实录》始修于建文元年正月，建文三年十二月修成，以编年体形式详细记载了明太祖自出生至驾崩间政治、军事、经济、文化、民族及对外交往等各方面事迹和状况，其中对燕王朱棣等藩王事迹多有记载和揭露。至此，明成祖下令重修，篡改实录中不利于他的记载，并对建文帝进行诬谤，制造自己篡位的正义性和合法性。至永乐十六年（1418）五月，《明太祖实录》经过两次重修，才使明成祖满意，令为定本留传。

明成祖以维护"祖制"为旗号发动"靖难之役"，登基后立刻废除建文帝改革措施，标榜重归洪武旧制。其中之一，就是宣布恢复被建文帝削除的藩王，并给予大量赏赐，借以换取他们的支持。不过，当皇位稳固后，明成祖同样担心藩王威胁，也开始恩威并施，继续削藩。

明成祖主要采取四种手段削弱、削除藩王的权力。其一，将统兵的塞王内迁，如将宁王朱权由大宁改封南昌，谷王朱橞由宣府（今河北张家口）改封长沙，辽王朱植由广宁（今辽宁北镇）改封荆州。削除塞王后，他派遣亲信宦官分任监军，负责监督镇边的武将，加强对他们的控制，武将守边制度确定下来。其二，制定严苛的"藩禁"政策，限制藩王权力。明成祖对藩王省墓、入朝等事均作了严格限定，藩王及其子孙自此不士、不农、不工、不商，只能作为宗室享受一定的经济待遇，不得随意走动和离开王府、交结官民。其三，渐次削去藩王护卫。如永乐

---

① ［清］谷应泰：《明史纪事本末》卷18《壬午殉难》。

元年，以代王朱桂行为不轨，削夺三护卫；永乐六年，削夺岷王朱楩护卫，并罢其官属。其四，削除藩国。齐王朱榑性情凶暴，怙恶不悛，且阴蓄刺客，广招异人，永乐四年被留置在京，削护卫，同年八月与其子一并被废为庶人；谷王朱橞肆意横行，招匿亡命，造战舰弓弩，谋为不轨，永乐十五年正月与其二子皆被废为庶人。这样，明成祖剥夺了藩王的政治、军事特权，仅保留其经济特权，使他们基本不再对皇权构成威胁。

（二）迁都北京

明太祖以应天为根据地建立政权，紧邻东南财赋中心，且有龙盘虎踞之险要，明初遂定为都城，改称京师。但应天偏安江南，不利于统治全国，尤其不利于应对来自漠北的残元势力的威胁。因此，明太祖又以汴梁（今河南开封）为北京，以临濠（今安徽凤阳）为中都，还曾派太子朱标巡视河洛和关中，有意将都城迁往凤阳、汴梁或西安，但因年老体衰、民力穷困作罢。

永乐元年（1403）正月，明成祖"以北平为北京"[①]，决意迁都北京。永乐七年以后，他多次北巡，长期居住在北京，而令皇太子朱高炽监国京师。他在北京设行在六部，奏章都要送往批发，北京成为实际上的政治中心。明成祖决意迁都北京，是多方权衡的结果。其一，巩固皇位。明初以应天为都城，建文帝奉行宽仁之政，得到全国尤其是江南士民普遍拥戴和支持，而明成祖则以叛乱夺位，因此遭到不少人尤其是江南士民的抵触乃至反对。北京是明成祖"龙兴"之地，经营多年，当地官民对他没有敌视情绪，甚至会因为迁都于此而对他更为拥护，有利于明成

---

① 《明史》卷6《成祖本纪二》。

祖巩固皇位。其二，心理压力。应天是洪武、建文都城，明成祖生活在京城宫中，坐在皇位上，甚至想到死后葬在明太祖身旁，都有很大的心理压力，所以他在决定迁都之时便开始在北京营造陵寝。其三，抵御蒙古。明太祖定都应天，因此以军将尤其是塞王镇守北边，防御北元势力。明成祖夺得帝位，又内迁塞王，北方防御蒙古的军事力量顿时撤减。为了抵御强大的北元势力，迁都北京、"天子守边"（天子守国门）无疑是一妙招。为此，明成祖集中人力、物力、财力，为迁都做了充分准备。

迁都意味着整个中央统治机构、军队和大量民众随迁北京，由于宋朝已完成中国经济重心南移，明朝政府在经济上必须依赖江南，所谓"百司庶府，卫士编氓，一仰漕于东南"[①]。此前，南方粮食、物资主要是通过海运输往北方。但海上风大浪急，而且东部沿海一带倭寇横行，致使海运风险大、损耗高。为此，明成祖决定疏浚淤塞不通的南北运河，改行漕运。永乐九年，他命工部尚书宋礼征发民夫30万人，疏浚山东境内会通河淤塞地段，并解决其水量调节问题。永乐十三年，明成祖因会通河全面通航，决定停止海运，改走内河漕运，命平江伯陈瑄负责。陈瑄建造浅船2000余艘，起初运输粮食200万石，后逐渐增加到500万石。陈瑄又开凿清江浦，解决运河南段河道运输难题。至此，大运河南北贯通，南方的粮食、物资源源不断地运往北京等地，为迁都奠定了基础。

明成祖对北京周边防御进行了周密部署，先是将山西行都司官兵迁往北京，又下令将大宁都司官兵迁往保定，调营州五屯卫于顺义、蓟州、平谷、香河、三河。他还多次敕边将屯戍练兵，修缮城池，严为戒备，

[①] ［清］傅维鳞：《明书》卷69《河漕志》。

"重门御暴之意,常凛凛也"①。

永乐四年闰七月,明成祖下诏以京师皇宫为蓝本,修建北京皇城、宫殿。他分遣大臣赴四川、湖广、江西、浙江、山西诸省采办木材,并建木厂、石厂、砖瓦厂等。此后,约有23万工匠、上百万民夫,以及大量的士兵,被征调投入营建北京城和宫殿的浩大工程中。永乐十八年,北京城建成,"凡庙社、郊祀、坛场、宫殿、门阙,规制悉如南京,而高敞壮丽过之"②。北京城布局以紫禁城为中心,以正阳门—午门—钟楼为中轴线,四周为住宅和商业区。紫禁城周长约6里(约3000米),城墙高10多米,南北长961米,东西宽753米。皇城周长18里(9000米),皇城之外是周长45里(22500米)的京城。紫禁城的建筑布局,充分体现了皇权至上和严格的等级制度,按照中国传统宫殿的"前朝后寝"规制,主要宫殿建在中轴线上,前有外朝三大殿:奉天殿、华盖殿、谨身殿;后有内廷三大宫:乾清宫、交泰殿、坤宁宫;两侧对称排列着许多组建筑,共有房屋数千间,占地达72万平方米。城外凿护城河,宽52米,全部用条石砌岸。这座帝王宫阙巍峨壮丽,金碧辉煌、雕梁画栋,是中国古代宫殿建筑的代表作之一,也是世界建筑之林的瑰宝。九月,成祖下令明年即永乐十九年改京师为"南京",北京为"京师"。十一月,成祖"以迁都北京诏天下",宣布永乐十九年正月初一迁都北京。

(三)确立内阁制

明太祖废除丞相制后,先后设置"四辅官"、殿阁大学士,以备顾

---

① 《明史》卷91《兵志三·边防》。
② 《明太宗实录》卷232,永乐十八年十二月癸亥。

问。明成祖即位后，也勤于理政，但要独自熟练处理好整个国家政务，仍力不从心。于是，他从归顺的建文朝低品级文臣中，先后选拔侍读学士解缙、胡广，编修黄淮、杨士奇，修撰杨荣，检讨金幼孜、胡俨等七人，"并直文渊阁，预机务"[①]，作为自己处理政务的顾问。

此时，阁臣的官秩只有五品，是中级官员，权位不及尚书，且"不置官属，不得专制诸司，诸司奏事亦不得相关白"[②]。但阁臣与皇帝"朝夕左右"，对国家政务、人事安排有建言献策的便利，故而颇受倚重。明成祖曾鼓励解缙等人说："代言之司，机密所系，且旦夕侍朕，裨益不在尚书下也。"[③]随着时间推移，阁臣与明成祖的关系日益紧密，逐渐得到信用，待遇亦得到提高。永乐十六年（1418）五月，文渊阁大学士胡广卒，葬礼隆重，赠礼部尚书，谥文穆，为明朝文臣得谥之始。

（四）建立厂卫机构

锦衣卫前身为仪鸾司，主要负责皇帝的队列仪仗和护卫。洪武十五年（1382），明太祖改仪鸾司为锦衣卫，并在原有职能基础上赋予其一定的侦缉权力，以监视、逮捕、审讯不法朝臣官员，称为"诏狱"。明初胡蓝之狱、郭桓案、空印案多由锦衣旗校奉命缉捕审讯。随着洪武年间"奸党"案件逐渐平息，明太祖认为锦衣卫滥用职权，擅作威福，洪武二十六年"申明其禁，诏内外狱毋得上锦衣卫，大小咸经法司"[④]，停止锦衣卫参与侦缉审讯。

"靖难之役"后，明成祖出于维护政治稳定等因素的考虑，恢复了锦

---

① 《明史》卷147《解缙传》。
② 《明史》卷72《职官志一·内阁》。
③ 《明史》卷147《解缙传》。
④ 《明史》卷95《刑法志三》。

衣卫诏狱，重新赋予其侦缉权力。当时，都御史陈瑛给建文忠臣定罪，受株连被杀者无数，其事多由锦衣卫指挥使纪纲执行。纪纲善于迎合明成祖旨意，广布校尉，每日收集军民情报，并用严刑苛法，诬陷诽谤。

永乐十八年（1420）十二月，为了加强对锦衣卫的监督和臣下的防范，明成祖又设立"东缉事厂"，简称"东厂"，令亲信宦官担任首领。东厂设于皇城东安门北，属官有掌刑千户、理刑百户各一员，由锦衣卫千户、百户担任，其下属人员都由锦衣卫拨给。此后东厂权力逐渐扩大，侵夺了大量原属锦衣卫的职权，且由宦官而非外官把持，受到皇帝格外信赖，并以一种国家常设机构的状态存在。锦衣卫和东厂并称"厂卫"，代表皇权不同程度地参与、干涉司法实践，为世人所侧目。

（五）编修《永乐大典》与三部"理学大全"

明成祖以藩王造反夺得帝位，因此大兴文治武功，努力自塑圣君英主的形象。《明太祖实录》的二次改修是显明事例。再如，永乐元年（1403）七月，他命翰林侍读学士解缙编撰一部包罗万象的大型类书："天下古今事物，散载诸事，篇帙浩穰，不易检阅。朕欲悉采书所载事物，类聚之，而统之以韵，庶几考察之便，如探囊取物。"[①] 解缙组织了近150人的编书班子，至次年十一月编成，成祖"赐名《文献大成》"。但翻阅后，明成祖发现内容"多未备"[②]。于是，他"命重修"，敕令太子少师姚广孝及刑部侍郎刘季篪、解缙为总负责。这次重修，动员了2000余人参与，包括许多僧道方士，至永乐五年十一月成书，共22937卷、

---

① 《明太宗实录》卷21，永乐元年秋七月丙子朔。
② 《明太宗实录》卷36，永乐二年十一月丁巳。

11905本,"更赐名《永乐大典》"[①]。

《永乐大典》按《洪武正韵》的韵目编排,以韵统字,以字系事,辑录上自先秦,下迄明初的七八千种古书资料。凡入辑之书,均按原书一字不差地整部、整编、整段分类编入,宋元以前之书多赖以传世。后来,清朝乾隆年间编修《四库全书》,从中辑出亡佚书籍500多种。《永乐大典》是中国古代最大类书和重要文化巨著,成为明朝繁盛文明的重要标志。

明太祖时,已确定程朱理学为官方哲学。为了进一步统一思想,加强专制统治,永乐十二年十一月,明成祖又命翰林院学士胡广、侍讲杨荣、金幼孜等纂修《五经大全》《四书大全》及《性理大全》,汇集程朱等人的"五经四书"传注以及性理著作和语录。次年九月,三书编成,共260卷,明成祖亲为作序,颁行天下,作为士子习业经典和科举考试标准。此后,"家孔孟而户程朱",程朱理学对明清时期思想文化乃至社会都产生了深远影响。

(六)恢复和发展经济

"靖难之役"历时四年之久,给明初刚刚从战乱中复苏的社会经济带来了不小的破坏,尤其是双方拉锯的华北、黄淮一带,多遭兵燹,"淮以北鞠为茂草"。

明成祖即位后,迅速将改善民生、恢复和发展经济提上日程。他命兵部出榜,晓谕军民各安生业,并派将领前往各地"整肃兵备,安抚人民",令官员分往各地巡视民情,速奏朝廷。不仅如此,明成祖还下令,停一切内外不急之务,限制急征劳役,减免受灾地区赋税,赈济灾民,

---

[①] 《明太宗实录》卷73,永乐五年十一月乙丑。

兴修水利。如永乐元年（1403），他命户部尚书夏原吉疏浚吴淞江，动员十余万人，"苏松农田大利"[①]。明成祖尤其重视屯田垦荒，颁布屯田赏罚之法，发展军屯；移民开垦荒田，耕种乏牛者官市给之，乏农具者宝源局铸造给之。永乐元年、二年，明成祖先后将直隶、苏州等十郡，浙江等九省"富民"，以及山西太原、平阳、泽、潞、辽、沁、汾民一万户，迁徙充实北京，开荒辟地，发展生产和经济。

三、天子守国门，奋发作为于边疆与国际

明成祖在对内强化专制皇权、发展生产、迁都北京的同时，又在边疆奋发作为，加强对民族地区的统治，派遣郑和出使西洋，拓展中国与亚非各国的政治、经济、文化交流与联系。

（一）五征漠北

洪武后期，蒙古势力分裂成鞑靼、瓦剌、兀良哈三大部。鞑靼占据斡难河（今鄂嫩河）、克鲁伦河、贝加尔湖南部一带，瓦剌游牧于科布多河、额尔齐斯河流域及准噶尔盆地，兀良哈主要居于西辽河、老哈河一带。建文四年（1402），元将鬼力赤杀死大汗坤帖木儿，废大元国号，改称鞑靼。至此三部完全分裂，不断发生战争。

永乐六年（1408），鞑靼知院阿鲁台杀鬼力赤，拥立元帝后裔本雅失里为汗。次年，鞑靼与瓦剌交战失利，自别失八里（今新疆吉木萨尔北）迁居胪朐河（今蒙古国克鲁伦河）流域。同年二月，明成祖派使臣

---

① 《明史》卷149《夏原吉传》。

前往鞑靼，要求"相与和好"，使臣却被本雅失里所杀，明成祖遂命淇国公丘福率精骑10万北征。八月，丘福亲领千余骑先至胪朐河南岸，击败鞑靼游兵。丘福轻信奸细之言，率诸将冒进，途中突遭鞑靼大军包围，明军全军覆没。败讯传来，明成祖震怒。永乐八年，他率50万大军，亲征漠北，在斡难河大败鞑靼，本雅失里仅以七骑逃脱。明军复东击阿鲁台，斩获无数。鞑靼经此一役，元气大伤。是年冬，鞑靼向明廷遣使贡马，表示内附。永乐十年，本雅失里被瓦剌杀，明廷遂封阿鲁台为和宁王。

鞑靼暂时衰败，西北的瓦剌军力逐渐增大。瓦剌曾在永乐七年接受明廷册封，明成祖封其首领马哈木为顺宁王，太平为贤义王，把秃孛罗为安乐王。永乐十年，马哈木刺杀本雅失里，并在蒙古旧都哈拉和林拥立一个傀儡君主。马哈木对明廷多有要挟，又骚扰边境，阻遏明朝西北通道。永乐十一年，瓦剌东征阿鲁台，进驻胪朐河。永乐十二年，明成祖率30万大军再次亲征，在忽兰忽失温（今蒙古国乌兰巴托东南）大败瓦剌，马哈木从土剌河仓皇西逃。次年春，马哈木遣使谢罪，恢复向明朝朝贡。马哈木死后，其子脱欢承袭顺宁王封爵，终永乐一朝，接受明廷管辖。

鞑靼阿鲁台趁机攻打瓦剌，并控制了兀良哈。经过几年休整，鞑靼"生聚蕃富，遂桀骜"①，改变对明朝的依附政策，不但拘留明廷使节，而且时常骚扰边境。永乐十九年，鞑靼停止朝贡，并围攻明朝北方重镇兴和（今河北张北），杀死明将王祥。永乐二十年三月，明成祖率军亲征阿鲁台，是为第三次北征。明军经开平（今内蒙古正蓝旗东北）向东北方向进军，阿鲁台逃跑，明军烧其辎重，收其牲畜，归途中又进击了兀

---

① ［清］谷应泰：《明史纪事本末》卷21《亲征漠北》。

良哈。

随后两年，明成祖对鞑靼又发起了第四、五次北征。永乐二十一年七月，明军出宣府，听闻阿鲁台被瓦剌所败，遂于十一月班师。永乐二十二年，阿鲁台进犯大同、开平，明成祖集结大军亲征，阿鲁台逃往答兰纳木儿河（今蒙古国哈剌哈河下游），明军急速追击而不得。七月十八日，明成祖在班师回京途中病逝于榆木川（今内蒙古多伦县西北）。

明成祖五征漠北，有力地打击、震慑了鞑靼与瓦剌的侵扰活动，使其朝贡臣服，是巩固明朝统治、稳定北部边疆安全的必要举措，推动了蒙汉民族的交流和融合。

（二）封授西藏政教首领

西藏在元朝时已纳入中国版图。元廷封授藏传佛教萨迦派帝师为西藏政治领袖，实行政教合一的统治，上层僧侣掌握着行政权力。洪武初年，明太祖"惩唐世吐蕃之乱，思制御之，惟因其俗尚，用僧徒化导为善，乃遣使广行招谕"①，宣布承认元廷封授的僧侣封号，并建立了乌思藏行都指挥使司和朵甘行都指挥使司。当西藏佛教上层归顺来朝贡时，明太祖先后封摄帝师喃加巴藏卜为炽盛佛宝国师、元帝师八思巴之后人公哥坚藏巴藏卜为圆智妙觉弘教大国师、僧人答力麻八剌为灌顶国师，并按照他们的要求封授了指挥同知、宣慰、招讨等官，管理西藏事务。

明成祖改变元朝独尊萨迦派的旧制，实行"多封众建"的治藏政策。当时，萨迦派逐渐衰落，噶举派兴盛，格鲁派兴起。噶玛噶举派黑帽系第五世活佛噶玛巴却贝桑布（哈立麻）"有道术"，成祖派人往迎。永乐四年（1406）噶玛巴却贝桑布至京。次年三月，封为"大宝法王"，命

---

① 《明史》卷331《西域传三·乌思藏大宝法王》。

统领全国佛教。萨迦派故元帝师后裔贡噶扎西（昆泽思巴）"有道术"，永乐十一年二月被征至京，明成祖封为"大乘法王"。明成祖又派人往征格鲁派创始人宗喀巴，宗喀巴派弟子释迦也失于永乐十二年十二月进京朝见，次年明成祖封释迦也失为"西天佛子"。这样，三大教派均得到封授，分别向明廷遣使朝贡。明成祖还先后封授了大批藏僧，包括阐化、赞善、护教、阐教、辅教等五王，二位西天佛子，九位灌顶大国师，十八位灌顶国师，"其他禅师、僧官不可悉数"①。

法王是最高等级僧侣，由明朝朝廷封授。法王以下各级僧官，也均由明朝册封、任命。僧官们代表朝廷统治藏区，定期到京城朝贡。永乐年间，在明廷督促下，阐化等王与西藏诸卫发动藏、汉人民修筑自雅州（今四川雅安）至乌思藏的驿路，使西藏与内地的联系更为便利，经济、文化交流愈加频繁，与中央政府的关系也进一步密切。

（三）贵州设省

贵州地处云贵高原东部，境内重峦叠嶂，形势险要，聚居着苗、瑶、彝、畲、侗、土家等多个少数民族。宋朝以前，历朝对贵州实行松散的羁縻统治，即笼络封授当地部族首领，借以控制其地。元朝时，贵州地区分属于湖广、四川、云南行省，普遍实行土司制度，其长官多由部族首领世袭。明太祖平定西南，先后在此设贵州卫、贵州都指挥使司，并承袭元朝土司制度，"西南夷来归者，即用原官授之"，"袭替必奉朝命，虽在万里外，皆赴阙受职"②。

然而，土司制使当地延续了大大小小的部落割据势力。土司间为争

---

① 《明史》卷331《西域传三·大慈法王》。
② 《明史》卷310《土司传》。

夺领地、承袭权,时常爆发内讧与冲突,危害驿路运行及当地安定和发展。永乐十一年(1413),思南宣慰使田宗鼎与思州宣慰使田琛争地仇杀,酿成叛乱。明成祖抓住契机,派贵州都指挥使顾成率兵5万平定叛乱,宣布废除两土司,将其辖地分为八府,设立贵州布政使司,治所在贵阳。这样,贵州结束了此前分属几省、政令不一、相互推诿掣肘以及土司部落割据的局面,进入了崭新发展阶段。驿路的开通,移民的涌入,促进了当地经济、文化的发展,社会经济结构也由领主制向地主制过渡,残存的奴隶制和原始公有制走向瓦解。

(四)建立奴儿干都司

东北地区黑龙江、乌苏里江流域自古以来就是中国领土。唐至辽、金、元时期,均在这一地区设置行政机构进行管辖。元朝设辽阳行中书省,将当地女真族等部编入户籍。明初,明太祖派遣官员招抚辽阳行省。洪武四年(1371),元平章刘益来降,明置辽东卫。七月,明朝设定辽都指挥使司。洪武八年,改为辽东都指挥使司,领有25卫,其范围东至鸭绿江,西至山海关,南至旅顺口,北至开原三万卫。洪武二十年,盘踞东北的故元太尉纳哈出归降,明军进驻松花江两岸,为统一东北地区奠定基础。

永乐元年(1403),明成祖派行人邢枢等赴黑龙江下游奴儿干(今俄罗斯特林地区)地区招抚。"奴儿干"是女真语"图画"的意思,元朝曾于此设东征元帅府。此次招抚效果显著,各部首领相率归附,被授予指挥同知等职,明廷在当地设置了奴儿干、建州等10卫。至永乐七年,明朝在鄂嫩河、嫩江、松花江、精奇里江、格林河、亨滚河、乌第河和乌苏里江流域等广大地区先后建立了132个卫所。至此,明廷基本上完成了东北地区的统一。在这种情况下，建立省级地方行政机构提上日程。

永乐七年，奴儿干官员忽剌冬奴奏请在当地设立元帅府。闰四月，明成祖下令置奴儿干都指挥使司，由东宁卫指挥康旺为都指挥同知，千户王肇舟等为都指挥佥事。奴儿干都司管辖西起鄂嫩河，东至库页岛，北达外兴安岭以北，东南濒日本海和图们江上游，大致包括现在我国的黑龙江省、吉林省、内蒙古自治区东北部，以及俄罗斯远东部分、乌苏里江以东、外兴安岭以北的广大地区。永乐九年，明廷派遣宦官亦失哈等率千余名将士，乘25艘巨船，护送康旺等官员顺黑龙江而下，到奴儿干都司治所特林就任。明廷还在元朝驿站的基础上，开通了奴儿干通往内地的驿路，其干线经辽东都司直抵北京。

从永乐七年至宣德七年（1432），亦失哈等人多次奉命巡视奴儿干及附近地区。永乐十年，亦失哈、康旺等抚慰苦夷（今库页岛）诸部，在特林修建了供奉观音菩萨的永宁寺，永乐十一年镌刻《敕修永宁寺记》碑石。宣德八年又立《重建永宁寺记》碑石，碑文用汉、蒙、女真、藏等文字书写，记录了明廷设置奴儿干都司的经过及屡次宣谕镇抚情况，反映出明廷对当地的有效管辖，以及奴儿干地区各民族间的交流。

（五）征服安南，设置行省

明初，今越南分为北部的安南和南部的占城两国，都与明朝保持朝贡关系。安南在西汉至唐朝时期为中国属郡，五代时期独立为国，后接受宋朝册封，一直与中国保持宗藩关系。安南陈朝（1225—1400）末年，国相黎季犛当权，废陈氏王族，立己子黎苍为国王，并以太上皇自居，宣称其为虞舜后裔胡公满的子孙，改姓胡氏，建立大虞朝。胡季犛禀告明廷，称陈氏已绝，由其暂理国事。当时正值"靖难之役"，建文朝廷未对胡氏篡陈一事作出回应。

明成祖即位后，安南遣使朝贺，并求封号。明成祖不知内情，于永乐元年（1403）闰十一月封胡奆（即黎苍）为安南国王。永乐二年，陈氏王弟陈天平从老挝辗转至南京，控诉黎氏父子夺位暴行。明成祖派人查问，胡奆遣使入朝谢罪，并请"迎归天平，以君事之"①。

永乐四年三月，明成祖派征南副将军黄中领兵5000护送陈天平回国。不料，胡奆却"伏兵邀杀天平，（黄）中等败还"②。七月，明成祖命成国公朱能为征夷将军，西平侯沐晟及新城侯张辅为左、右副将军，率大兵进攻安南。十月，朱能病死龙州（今属广西），张辅代总其众。十二月，张辅军行至富良江北，并与沐晟军会合，攻下多城，进克东都（今越南河内）。永乐五年五月，明军俘获胡季犛、胡奆，安南尽平。因陈氏子孙无可继立者，当年六月，明成祖诏告天下，在其地置交趾省，设交趾布政使司、都指挥使司、按察使司，下设17府、47州、157县、11卫、3所、1市舶司。命黄福以尚书兼掌布政司、按察司事，吕毅为都指挥使，黄中为副使。安南由此成为明朝的行省之一。

明朝在安南的统治遭到安南人反抗。永乐六年八月，张辅、沐晟撤兵不足半年，安南陈氏旧官简定起兵反明，称日南王，并拥立所谓陈氏后裔陈季扩为帝，成祖再命张辅领兵20万出征，简定兵败被擒。永乐十二年，陈季扩被擒，张辅受命镇守交趾。永乐十四年冬，张辅奉召还京，丰城侯李彬代为镇守，宦官马骐为监军。马骐为人贪暴，大索珍宝，明廷委任的地方官吏也多不能体恤百姓，致使安南民怨沸腾。永乐十六年正月，交趾清化府巡检官黎利起兵反抗，势力不断壮大，成为明廷统

---

① 《明太宗实录》卷43，永乐三年六月庚寅。
② 《明史》卷321《外国传二·安南》。

治交趾的最大障碍。

（六）郑和下西洋

明朝初年，明太祖主动发展与藩国的邦交关系，并在《皇明祖训》中开列了包括朝鲜、日本、琉球、安南、真腊（今柬埔寨）、暹罗（今泰国）、占城等东亚和东南亚15个"不征之国"，奉行"与远迩相安于无事，以共享太平之福"①原则，试图构建一个以明帝国为主导，等级有差、和谐友好的朝贡体系。胡惟庸案后，明朝与外国关系逐渐趋冷，与明廷保持联系的只有安南、占城、真腊、暹罗、琉球等少数国家。

明成祖注重发展与海外诸国的关系，登基一个月便遣使宣谕告知周边国家。虽然他继续实行海禁政策，但开放了洪武七年（1374）停罢的宁波、泉州、广州三个市舶司，允许各国入明朝贡。明朝以婆罗洲（加里曼丹岛）的文莱为界，文莱以东为东洋，以西为西洋。永乐三年（1405）起，明成祖又派郑和六下西洋，将明朝中外交流推展到空前的盛况。

郑和，原姓马，云南昆阳州（今昆明）人，回族，其家族世代信奉伊斯兰教。洪武十四年十二月，明军攻入云南，十一岁的马和被俘受阉，拨入燕王朱棣王府，遂从宫中宦官改信佛教。"靖难之役"中，他立有战功。明成祖即位后，赐郑姓，擢为内官监太监。他"公勤明敏，谦恭谨密，不避劳勚"②，明廷命他率领庞大的舟师出使海外诸国。

永乐三年六月十五日，郑和船队第一次下西洋。此次远航，有大小

---

① 《明太祖实录》卷37，洪武元年十二月壬辰。
② ［明］李至刚：《故马公墓志铭》，载［清］袁嘉谷《卧雪堂文集》卷9《昆阳马哈只碑跋》。

船只 208 艘，共装载 27800 余人。其中大中型宝船 63 艘，大型宝船长 44 丈 4 尺（合 140.75 米）、阔 18 丈（合 57 米），有 9 桅 12 帆，"体势巍然，巨无与敌，篷帆锚舵，非二三百人莫能举动"①。郑和率领船队从南京出发，在太仓刘家港集结，至福建福州长乐太平港驻泊开洋，出使东南亚与印度诸国。自永乐三年出使以后，郑和又率领庞大的船队于永乐五年、七年、十年、十四年、十九年及宣德五年（1430），先后六次，共计七次下西洋，远航西太平洋和印度洋，"所历占城、爪哇、真腊、旧港、暹罗、古里、满剌加、渤泥、苏门答剌、阿鲁、柯枝、大葛兰、小葛兰、西洋琐里、琐里、加异勒、阿拨把丹、南巫里、甘把里、锡兰山、喃渤利、彭亨、急兰丹、忽鲁谟斯、比剌、溜山、孙剌、木骨都束、麻林、剌撒、祖法儿、沙里湾泥、竹步、榜葛剌、天方、黎伐、那孤儿，凡三十余国"②，遍访东南亚、南亚、西亚、东非 30 多个国家和地区，最远到达红海与非洲东海岸。

郑和下西洋是人类航海史上的伟大壮举。郑和船队规模之大、航海里程之远、持续时间之久，均为当时世界之最，比欧洲人哥伦布、达·伽马等远航早近一个世纪。郑和下西洋促进了中国同亚非各国的政治、经济、文化交流，增进了各国人民之间的交往和友谊。郑和船队所到之处，首先向各国国王、部落首领等进行礼节性访问，宣读明朝皇帝诏书，赠送礼物，然后即以所携带的中国丝绸、瓷器、铁器等手工业品和铜钱等换取各国各地的土特产品，其中不少是当地的珍宝奇物。郑和船队满载中国和亚非各国手工艺品和珍贵物品，因此又被称为"宝船"。很多国家也会随之派遣使臣，甚至国王亲自前来，与中国建立邦交。郑

---

① ［明］巩珍：《西洋番国志》自序。
② 《明史》卷 304《宦官传一·郑和》。

和下西洋的壮举，书写了中国同其他国家友好交往的千古佳话。

四、仁宣之治

洪熙、宣德年间，明仁宗朱高炽、明宣宗朱瞻基发展内阁制度，整顿吏治，鼓励垦荒，在边防、外交方面推行收缩战略。

（一）明仁宗短暂执政与变革

永乐二十二年（1424）七月，明成祖在北征返回途中病逝于榆木川。九月，太子朱高炽正式登基，改明年为洪熙元年，是为明仁宗。

朱高炽是明成祖嫡长子，洪武十一年（1378）七月生于京师，母亲为燕王妃徐氏（徐皇后）。他生性端重，言行识度，喜好读书。洪武二十八年，立为燕世子。但他体态肥胖，行动不便，且讷于言，大异于朱棣尚武敏捷的性格和特点。反而是第二子朱高煦骁勇善战，能说会道，深得朱棣欢心，"以为类己"。"靖难之役"时，朱高煦随征，朱棣曾在酣战之时，许诺将来立其为太子。朱高煦得到鼓励和许诺，越发奋勇，屡立战功。朱高炽留守北平，也能团结部下，曾以万人之师，成功地守御朝廷李景隆50万大军的围攻。明成祖即位后，按制应迅速册立朱高炽为太子。但是，明成祖想册立朱高煦，难以决断。朱高煦觊觎太子之位，不断活动，一些"靖难"武臣也支持他。至永乐二年四月，在大学士解缙、黄淮等劝谏下，明成祖权衡利弊，才立朱高炽为太子，同时封朱高煦为汉王，第三子朱高燧为赵王。此后，明成祖多次北征，朱高炽留京师监国。汉王朱高煦及其党羽则中伤倾害太子，明成祖不免受其蛊惑。永乐十二年九月，明成祖北征返京师，太子朱高炽因迎驾迟缓被斥责，其亲信大学士杨士奇、黄淮及杨溥以辅导失职而下狱。朱高煦恣肆不法，甚至"私造兵器，阴养死士，招纳亡命，及漆皮为舟，教习水战等事"①，企图夺位。至永乐十五年三月，事发，明成祖将其徙封于山东乐安州（今广饶），储位之争方告一段落。

明成祖病死榆木川，朱高炽在朝臣的帮助下，先是秘不发丧，待一切安排就绪，才发布明成祖驾崩消息，然后顺利即位，排除了朱高煦借机作乱夺位的风险。自永乐二十二年八月掌权，至第二年五月去世，明仁宗朱高炽在位十个月。他一反明成祖作为，采取了与民休息的策略。永乐年间，连年用兵，开疆拓土，各项盛大活动频频举行，耗费巨大，国家出现了财政紧张与社会不稳的征兆。明仁宗听从户部尚书夏原吉等人建议，宣布停止北征蒙古，取消郑和下西洋之举，召回派往云南、交趾采办黄金和珍珠人员，暂缓诸多营建工程。

内阁制自永乐年间确立，阁臣多为明成祖亲信，辅导、护持理政有功。明仁宗执政后，召阁臣杨士奇等说："监国二十年，为谗慝所构，心之艰危，吾三人共之。"②阁臣原本品秩不高，明仁宗进杨荣为太常寺卿、金幼孜为户部侍郎，仍兼大学士，杨士奇为礼部左侍郎兼华盖殿大学士，黄淮为通政使兼武英殿大学士，"俱掌内制"，通过兼官方式将其官阶从正五品升至正三品。另一方面，明仁宗授予阁臣们公孤官衔。九月，进杨士奇少保，杨荣少傅，金幼孜少保。之后，杨荣、杨士奇、黄淮、金幼孜又先后擢为工、兵、户、礼部尚书。明初尚书握有实权，"自（杨）荣后，诸入文渊阁者皆相继晋尚书，于是阁职渐崇"③。

明成祖屠戮建文忠臣，大肆株连，积怨颇多。明仁宗纠正其残酷报

---

① 《明太宗实录》卷186，永乐十五年三月丙午。
② ［明］杨士奇：《三朝圣谕录》中。
③ ［清］夏燮：《明通鉴》卷18，永乐二十二年十二月。

复政策，强调慎用刑罚。他下诏礼部，将"建文诸臣家属在教坊司、锦衣卫、浣衣局及习匠、功臣家为奴者，悉宥为民，还其田土"[①]，又赦免了永乐时遭连坐流放边地的官员家属，并恢复一些大臣的官爵，缓和统治集团内部矛盾。

明仁宗在扭转明成祖政策方面所作的最激烈的决定是定议还都南京。自明成祖提议迁都北京，一直遭到相当多官员的反对。永乐十九年四月，迁都北京不久，突发大火，将北京奉天、华盖、谨身三大殿烧尽。朝臣中有人借此攻击迁都引来天谴，遭到明成祖严厉斥责。这场争论，实质是永乐君臣间开创与守成矛盾的爆发。明仁宗登基后，守成派朝臣夏原吉、杨荣等以物资费用供应困难为由，又提出还都南京之议。而明仁宗在永乐朝长期受压抑，对明成祖心存不满，对他的许多做法也不以为然，加上长期在南京监国而心生感情，因此也倾向于还都南京。洪熙元年（1425）三月，明仁宗下诏复都南京，北京仍称"行在"。但迁都行动尚未实施，五月，他便猝死于北京宫中，终年四十八岁，葬于献陵。

（二）明宣宗平定汉王叛乱

洪熙元年（1425）六月，太子朱瞻基即位，改明年为宣德元年，是为明宣宗。朱瞻基是明仁宗朱高炽嫡长子，建文元年（1399）二月生于北平燕王府，母亲为燕世子妃张氏（张皇太后）。他自幼聪颖，深得明成祖、徐皇后喜爱。永乐九年（1411）十一月，册立为皇太孙。永乐年间，他跟随明成祖巡幸北京，征伐蒙古，跟从大学士胡广等学习经史，明成祖夸赞他是"他日太平天子"，加以政治、军事锻炼。朱高炽太子之位的确立和巩固，一定程度上也是因为明成祖喜欢朱瞻基，希望将来

---

① 《明史》卷8《仁宗本纪》。

由朱高炽将皇位传给其子朱瞻基。

朱瞻基少时,已经知道警惕叔叔汉王朱高煦的野心。相传,明成祖曾命朱高炽、朱高煦、朱高燧兄弟以及朱瞻基一起拜谒孝陵。朱高炽体胖,且腿脚不好,由两名宦官扶行,还不时跌倒。朱高煦跟在后面,不屑地说:"前人蹉跌,后人知警。"朱瞻基跟在后面,应声接道:"更有后人知警也。"朱高煦回头一看,大惊失色。明成祖封朱高煦为汉王,朱高煦以道路险远,不肯赴云南就藩。明成祖宠爱朱高煦,同意其留住京师,又拨亲兵天策卫为护卫。朱高煦常以唐太宗自比,"与其党日伺隙谗构",所为多不法。后明成祖坚意将来传皇位给太子朱高炽,将朱高煦改封青州。朱高煦仍不愿就藩,找各种理由留住南京,同时秘密招兵买马,谋夺皇位,引起明成祖疑虑。永乐十五年三月,明成祖下令,将朱高煦徙封乐安州,限令即日成行。

明仁宗朱高炽登基十个月而病死,时在南京守备的太子朱瞻基奉诏回北京奔丧、即位。朱高煦"谋伏兵邀于路,仓卒不果"[①],企图截杀朱瞻基而未成。明宣宗即位后,表面上不以为意,仍优待之,朱高煦所请事项多"曲徇其意"。朱高煦"益自肆",不把明宣宗放在眼里。到了宣德元年(1426)八月,朱高煦干脆效仿其父朱棣当年起兵"靖难"夺取皇位之事,也上章指斥明宣宗违背洪武、永乐旧制,宣布朝臣夏原吉等为"奸臣",在封地乐安起兵叛乱。

朱高煦派亲信枚青潜至北京,约"靖难"功臣为内应。哪知"靖难"功臣已不再归心于他,而是效忠明宣宗,英国公张辅立即将枚青执送朝廷。朱高煦又邀山东都指挥使靳荣在济南共举叛帜,立五军,授太师、都督、尚书等官。山东布、按二司官员察觉朱高煦叛乱,控制了靳荣。

---

① 《明史》卷118《诸王传三·成祖诸子·汉王高煦》。

在乐安家里服丧的御史李濬闻讯,火速上京告变。起初,明宣宗打算派阳武侯薛禄率军平叛。但杨荣等认为,朱高煦在功臣中威望甚高,"宿将畏高煦,故威不足恃"①,要警惕建文帝派遣李景隆等人的教训,力主御驾亲征。八月初十日,明宣宗以蹇义、杨士奇、夏原吉、杨荣等扈从,统兵南下。而朱高煦怯战狐疑,有勇无谋,起兵后既未进攻济南,更未进军南京,仍顿兵于乐安。二十日,御驾亲征大军压境,朱高煦护卫群心涣散,不敢应战。明宣宗两次敕书谕降。二十一日,朱高煦出降。后被执送北京,废为庶人,禁锢于皇城内。宣德四年,被处死。

赵王朱高燧也曾得到明成祖宠信,与朱高煦"谋夺嫡,时时潜太子",甚至谋划毒死明成祖而抢皇位。洪熙元年,朱高燧就藩于河南彰德(今安阳),仍与朱高煦有所勾结。明宣宗班师途中,朝臣建议移兵擒拿朱高燧,明宣宗以其"反形未著",没有同意。宣德二年,明宣宗将朝臣们揭发他谋反、要求严惩的奏疏,派人都送给朱高燧阅看。朱高燧只好公开认罪,献还护卫,得以保住封国。②至此,明初藩王带来的政治动荡宣告结束,国家进入稳步发展阶段。

(三)宣德守成与战略收缩

明宣宗登基后,继续重用明仁宗留下的文臣班底。当时,大学士除了杨士奇、杨荣外,杨溥也于宣德初年入阁,他们与明宣宗关系密切,参赞机务,忠于职守,并称为"三杨"。明宣宗十分信任"三杨"内阁,授予其票拟权,即阁臣先讨论、草拟对奏章的处理意见,供皇帝参考批决,极大提高了行政效率,效果显著。另外,吏部尚书蹇义、户部尚书

---

① [清]查继佐:《罪惟录》列传卷4《汉王高煦》。
② 《明史》卷118《诸王传三·成祖诸子·赵王高燧》。

夏原吉也备受倚重，尽心辅佐朝政。明宣宗与大臣们配合默契，在内政、经济、边防、外交方面作了若干修正，使得明朝在永乐之后，继续维持盛世局面。

1. 内政方面

首先是整顿吏治。永乐末年以来，官吏冗滥，贪赃枉法，推诿塞责，吏治败坏。明宣宗任命政声卓著的顾佐为左都御史，严格考核官员，奏黜官员严暟、杨居正等20人，举荐40余人堪为御史。此后，朝廷的考核工作并未停止。宣德八年（1433），曾一次裁汰京师冗官77人。经过长期督察，官吏贪腐、怠惰之风有所收敛，纲纪肃然。同时，明宣宗积极选拔循吏人才，派往地方担任知府。宣德五年，蹇义、杨士奇等先后推荐况钟等9位知府。他们办事干练、为民谋福，深得百姓爱戴。

其次是设置巡抚官。明初各省设立三司，官员互不统属，事权不一，虽然有利于官员独立、专门处理政务，避免集权、割据，但也不可避免地导致了官员分权，行政效率迟缓低下，政府机器运转不畅。宣德五年，明宣宗命周忱、于谦等6人以侍郎衔出任南直隶、河南等地巡抚，协调三司，监督官吏，安抚军民。当时江南重赋，民众逋逃，苏州府拖欠税粮已800万石，相当于全国岁入三分之一。周忱巡抚苏、松等地，深入民间，经过调研，创立平米法，平均分摊增耗，统一使用斛器标准，减粮长三人为一人等，并与知府况钟定议，将田租减去72万石，均平、减轻了民众赋役负担。

再次是会试分设南、北卷。宋朝以后，江南教育和文化水平逐渐超过北方。明初，科举考试的会试录取者多为"南士"，"北士无进用者，故怠惰成风"，不利于国家统治。明仁宗在位时，命礼部等讨论，将各省按教育、文化水平分别划入南、北卷，各按比例录取进士。议上未行，而明仁宗去世。洪熙元年（1425）七月，明宣宗"定会试分南、北卷取士例"，将南、北卷改革加以落实，规定会试按比例录取北方士子，注重地域平衡，使"南北人才，皆入用矣"①。其后，明宣宗将南、北卷进一步发展为南、北、中卷，更加贴合全国各地教育和文化水平，扩大了统治基础。

2. 经济方面

明宣宗蠲免赈济，鼓励垦荒，兴修水利。如宣德四年（1429）六月，他听说湖广受灾，谕工部尚书吴中，将当地民众采办林木之举"斟酌裁之"，"宽一分，则民受一分之赐"②。宣德时期，蠲免赋役、发放国库钱财赈济是朝廷与民休息的有力手段。除了解决苏州重赋，又在宣德七年四月，"以山西旱，免其逋赋二百四十五万四千八百石、刍五百十三万束"③。朝廷鼓励开垦荒田、兴修水利。如宣德二年，重修泾阳洪渠堰，灌溉五县农田8400余顷；三年，修灌县都江等堰44处；六年，命北直隶民间新开荒田，不问多寡，永不起科。

3. 边防、外交方面

明宣宗推行收缩战略，创造和平稳定的外部环境。北部边疆曾是明廷关注的焦点，明成祖北征后蒙古各部势力削弱，无暇也无力南掠。明宣宗借机修复与鞑靼、瓦剌的朝贡关系，节制用兵，以防御为主。他认为，"驭夷之道，毋令扰边而已"④。在安南（交趾省），宣德初年，镇压黎利反抗的总兵陈智、王通、安远侯柳升先后受挫，损兵折将，士气沮

---

① ［明］杨士奇：《东里集》别集卷2《圣谕录（中）》。
② ［清］谷应泰：《明史纪事本末》卷28《仁宣致治》。
③ ［明］谈迁：《国榷》卷22，宣德七年四月辛丑。
④ ［清］谷应泰：《明史纪事本末》卷28《仁宣致治》。

丧。宣德二年（1427）十一月，明宣宗下令撤除对其的直接统治，承认安南立国，恢复宗藩关系。宣德五年，他命郑和再次出使西洋，但规模比永乐时缩减。这也是明朝船队最后一次下西洋。

五、"新明朝"的建立和巩固

永乐、洪熙、宣德年间，经过三代君臣励精图治，奋发作为，明朝进入繁荣强盛的"永宣盛世"，"新明朝"得以建立和巩固。

首先，永乐朝的建立开启了"新明朝"时代。明初，明太祖按照传统嫡长子继承制，册立马皇后所生嫡长子朱标为太子。后朱标病死，虽然皇长孙朱允炆"弱不更事"，但明太祖考虑到礼法伦序和安定，还是立其为皇太孙，由其继承大统。这样，不出意外的话，明朝皇位应在朱元璋—皇太孙朱允炆及其子孙后代中传承。但是，"靖难之役"打断了朱允炆子孙后代继承皇位的体系，明朝帝位改变为朱元璋—皇太孙朱允炆—朱元璋皇四子朱棣及其子孙后代传承体系。朱棣建立的永乐朝是一个改变了皇位传承顺序的"新明朝"。

说永乐朝是"新明朝"，不仅表现在皇位传承系统的变化，更表现在其治国理念、施政作为以及实际效果都已与建文朝大为不同。建文帝长于深宫，从小受到完整而良好的儒学教育，举止循礼，性格宽仁。他一改洪武后期严苛高压政策，推行宽仁之政，一定程度上反映了当时官民心声，"天下莫不颂德焉"。但是，建文帝复古改制，更定官名，欲推行井田制，企图开历史倒车，滞碍难行，徒增纷扰。他用人不当，所倚信的齐泰、黄子澄、方孝孺等均为饱读诗书的儒士，而非治国理政能手，改革操之过急，又没有抓住主要矛盾。尤其是削藩措施失误，导致实力最大的燕王朱棣得以起兵造反，国家陷入战乱。"靖难之役"中，建文帝任用的朝廷军队主帅耿炳文、李景隆，皆寡谋而不知兵，作战不力。这样的皇帝和文武大臣，即使没有"靖难之役"，面对彪悍的北元势力，恐怕也难以克敌制胜，其王朝存亡要大打问号。因此，建文朝实为一个衰弱失败的王朝，在明史、中国古代史上不值得大力肯定。

明成祖朱棣政贵务实，不事虚文。他以恢复明太祖"祖制"为名，取消建文年间的一些政治、经济制度改革；继续加强专制主义中央集权，设立内阁，稳妥削藩；疏浚运河，迁都北京，加强了北部国防力量；移民开垦北京、山东等地，发展生产，稳定社会秩序；编修《永乐大典》、三部"理学大全"等，发展文化，统一思想；积极经营边疆，五次亲征漠北，封授西藏政教首领，设省贵州，置奴儿干都司；征服安南，设置行省，派遣郑和下西洋。明成祖以雄才大略奋发作为，进一步巩固专制主义中央集权，恢复发展生产，加强与各国联系和交流，明朝国力逐渐强盛，为此后明朝统治打下坚实基础。《明史·成祖纪》称赞永乐朝"远迈汉唐"，"卓乎盛矣"。可以说，明朝从衰弱失败的建文朝，到强盛成功的永乐朝，无论是治国理念，还是施政作为，乃至实际效果，都已经明显不同。永乐朝在明朝历史上开启了一个新的时代，可称为"新明朝"。

其次，洪熙、宣德年间的守成发展，致成"仁宣之治"，标志着"新明朝"的巩固和发展。明仁宗、明宣宗年间君臣相得，扶植循良，与民休息，社会经济得到进一步发展。耕地数量是衡量农业社会发展的重要指标。据《明实录》记载，全国耕地面积，以行政系统统计言，洪武二十四年（1391）为3874746顷，洪熙元年（1425）为4167707顷，宣德十年（1435）为4270172顷，呈稳步上升趋势。与此同时，粮食产量有明显提高，宣德五年，福建汀州府积粮足可用100余年，卫所有10余年之用,"天下府州卫所,大概相同"①。时"宇内富庶,赋入盈羡,米粟自输京师数百万石外,府县仓廪蓄积甚丰,至红腐不可食"②。城市经济也呈现繁荣景象。宣德四年,京师及各地商税"增旧凡五倍",侧面反映了商业兴旺。随着商业发展,民间交易以金银作为流通货币成为经济趋势,这促成正统初年政府"弛用银之禁",白银取代纸钞成为主要货币。当时"吏称其职,政得其平,纲纪修明,仓庾充羡,闾阎乐业,岁不能灾,盖明兴至是历年六十,民气渐舒,蒸然有治平之象矣"③,史称"仁宣之治"。

以往史家、学者往往盛称"仁宣之治",与汉朝"文景之治"、唐朝"贞观之治"并相媲美。其实,明仁宗在位仅10个月,难有大的政治施展和作为;明宣宗在位10年,也以守成为主,"仁宣之治"实际上是永乐朝强盛的余绪。晚明思想家李贽认为,明朝"二百余年以来,休养生息,遂至今日,士安于饱暖,人忘其战争"④,都是明成祖建立永乐朝的功劳。因此,将强盛的永乐朝加上"仁宣之治"合称"永宣盛世",更合乎明朝历史发展的脉络逻辑,"仁宣之治"是"新明朝"的巩固和发展阶段。⑤历经永乐、洪熙、宣德三朝三十余年,"新明朝"得以建立、巩固和发展,以强盛之姿立于世界。

---

① 《明宣宗实录》卷67,宣德五年六月己丑。
② 《明史》卷78《食货志二·赋役》。
③ 《明史》卷9《宣宗本纪》。
④ [明]李贽:《续藏书》卷9《靖难功臣》。
⑤ 参阅何孝荣:《论姚广孝与"新明朝"的建立》,《史学集刊》2019年第3期。

第三讲 明朝中期的奇葩皇帝与统治危机

明朝中期,皇帝政治素质多数较差,或平庸懒惰,或荒唐嬉戏,喜好玩乐,迷恋佛道方术,政治越发黑暗腐朽,国势日渐衰弱,明朝面临着严重的统治危机。

一、懵懂昏庸的明英宗

明英宗朱祁镇幼年即位，正统前期由"三杨"辅政，后期太监王振专权，终致"土木之变"。正统年间是明朝由盛转衰的转折阶段。天顺年间，明英宗又信用武臣石亨、太监曹吉祥，导致"曹石之变"。

（一）正统前期"三杨"辅政

朱祁镇是明宣宗长子，生于宣德二年（1427）十一月，生母是一位宫女。明宣宗皇后胡氏端庄肃谨，但体弱多病，不受恩宠；孙贵妃姿色俏丽，工于心计，深得宣宗喜爱，但未生子。孙贵妃和明宣宗合谋，"阴取宫人子为己子"，取名朱祁镇，"眷宠益重"①。宣德三年二月，朱祁镇被立为太子。三月，胡皇后以无子被废，孙贵妃被册立为皇后。宣德十年正月初三，明宣宗去世，遗诏以虚龄9岁的朱祁镇继承大统，"国家重务白皇太后"。"皇太后"即明宣宗生母、明仁宗皇后张氏。

正月初十，朱祁镇即位，改明年为正统元年。二月，尊张氏为太皇太后。廷臣请求张太后垂帘听政，张太后认为有违《皇明祖训》，予以拒绝，群臣遂商定"军国大政关白太皇太后"。朝中须有主事之臣，张太后选择永乐以来资深望重的五位老臣，即英国公张辅，大学士杨士奇、

---

① 《明史》卷113《后妃传一·孝恭孙皇后》。

杨荣、杨溥，礼部尚书胡濙辅政。张太后对明英宗说："此五人先朝所简贻皇帝者，有行必与之计，非五人赞成，不可行也。"①

辅政五臣中，张辅为武臣，不熟悉政务，胡濙资历、见识不足，因此真正承担起处理国家政务的是大学士杨士奇、杨荣、杨溥，三人因住所方位不同，杨士奇称"西杨"，杨荣为"东杨"，杨溥"自署郡望曰南郡"而称"南杨"，合称"三杨"。杨士奇有学行，杨荣有才识，杨溥有雅操，张太后委政三人，"有事遣中使诣阁咨议，然后裁决"②。正统前期，"三杨"辅政，继续推行仁宣时期的统治政策，并对宣德末年的一些弊政加以改革，如释放教坊乐工和天财库夫役，减省宫廷冗费，停罢一些采办等。尤其是，朝廷兴修北京城门和宫殿，宣布"定都北京，文武诸司不称行在"③，正式确定北京的首都地位。在"三杨"辅政、张太后监护下，正统前期政治清明，延续了"永宣之治"的局面。

（二）正统后期太监王振专权

然而明英宗毕竟是一位懵懂少年，真正和他日夜相伴、陪他开心玩乐的是宫中宦官，特别是太监王振。王振，山西蔚州（治今河北蔚县）人，永乐年间以少年入宫为宦官，拨侍太子朱高炽，在宫中接受了教育。明宣宗时拨给太子宫，侍候朱祁镇读书学习。年青而又粗通文墨的王振，使朱祁镇"敬惮"，言听计从。明英宗即位初，王振能遵章守制，被明英宗依赖，也赢得张太后、"三杨"等人的信任。宣德十年（1435）九月，王振执掌司礼监，有了代明英宗批红的权力。随着权势的增加，他

---

① ［清］谷应泰：《明史纪事本末》卷29《王振用事》。
② 《明史》卷148《杨士奇传》。
③ 《明史》卷10《英宗前纪》。

目睹君幼臣老，野心大增，逐渐干政专权。

正统初期，张太后"专任三杨"，听其票拟，阁权较重。张太后还逐日查票，防止王振利用职权，废"三杨"票拟而自行批红。但是，"三杨"也各有私心和缺点。正统三年（1438），福建按察佥事廖谟杖死驿丞。驿丞为杨溥乡故，廖谟则与杨士奇同乡。案发，杨溥主张廖谟抵命，杨士奇则提出廖谟因公杀人，二人意见不一。王振表示，二杨皆挟乡私，拟判或重或轻，"宜对品降调"。张太后觉得王振断事公正，"从之"①。不久，王振甚至直接催逼"三杨"退职，说："朝廷事久劳公等，公等皆高年，倦矣。"②杨荣有才而不廉，正统五年七月，被王振指使人弹劾受宗室贿，忧愤而死。

正统七年十月张太后去世后，王振失去约束，开始专权擅政。杨士奇长子杨稷侵暴杀人，横虐官民。言官上疏弹劾杨稷，杨士奇十分狼狈，以老疾告官，正统九年三月卒。其后，在阁者马愉、高谷、曹鼐，"皆后进望轻"，杨溥"孤立"，王振"益用事"③。凡有章奏，悉出内批，由王振代笔，内阁票拟基本废置，朝政一归王振。

王振专权，残害、驱除朝中忠直官员。正统八年六月，侍讲刘球上疏反对麓川之役，又指斥王振"揽权"，王振借故将刘球逮下诏狱杀害。理学家薛瑄为王振乡人，被召为大理左少卿。但薛瑄不"趋拜"王振，后辨冤狱又得罪王振。正统八年六月，王振令人罗织罪名，下薛瑄于狱论死。国子监祭酒李时勉待王振无加礼，正统八年七月，王振诬陷他擅伐官树入家，令枷于国子监前。正统九年十月，监察御史李俨在光禄寺监收祭物，王振路过，李俨应对不跪，被下狱谪戍。大理寺丞罗绮参赞

---

① ［明］谈迁：《国榷》卷24，正统三年。
② 《明史》卷148《马愉传》。
③ 《明史》卷148《杨溥传》。

宁夏军务，以事劾王振党羽。正统十一年四月，王振党羽攻讦罗绮"不法"，又指其常骂宦官为"老奴"。罗绮被召还京，下狱谪戍。其时，忠直官员即使不遭罪谪，在朝中也难以立足，纷纷挂冠而去。正统十年，竟至"六部侍郎多缺"。

王振大肆任用邪佞阿顺之徒，结党营私。江阴（今属江苏）人徐晞，以吏员历升工部郎中，因巴结王振，越级授兵部右侍郎，镇守甘肃。正统元年二月，蒙古军队犯边，徐晞贿王振，规免其地，改为南京户部左侍郎。正统七年十二月，擢为兵部尚书。兵部事及升擢将官皆王振"主之"，徐晞"惟阿谀受成而已"①。工部郎中王佑"谄媚"王振，超升为工部右侍郎。王佑"贪淫不检"，却一直为官不倒。至正统十三年十月，王佑因"贪缘夺情"②，大概王振也看不下去，王佑才乞归致仕。徐晞、王佑"首开趋附之路"，其他官员也"势不可止"③。吏科都给事中张睿遇王振于道而跪，王振喜其长相伟岸而恭顺，正统十年九月升为户部右侍郎。光禄寺卿奈亨依附王振，正统十一年六月升为户部左侍郎。福建参政宋彰贿王振，正统十二年十一月升左布政。山西布政使石璞在王振祭扫祖茔时"极力奉承"，正统十三年五月升为工部尚书。在王振淫威下，官员"皆望风拜跪，举朝以父翁称"④。

王振专权擅政，"每事不由朝廷，出语自称圣旨"⑤，明英宗只是傀儡皇帝，酿成了明朝第一次严重的宦官专权，明朝政治迅速黑暗腐朽。

---

① ［明］雷礼：《皇明大政纪》卷11，正统十一年九月。
② 《明英宗实录》卷171，正统十三年十月庚申。
③ ［明］李贤：《古穰集》卷30《杂录》。
④ ［明］焦竑：《国朝献征录》卷117《王振本末》。
⑤ 《明英宗实录》卷191，景泰元年四月丙申。

（三）"土木之变"

正统年间，瓦剌势力大增，逐渐统一蒙古各部，屡次袭扰明朝边境。明军战斗力低下，战而多败，只能被动防守。为了攫取经济利益，瓦剌每年遣使到明朝朝贡，明朝除给予丰厚赏赐外，并与其进行茶马互市贸易。按制，瓦剌贡使每年不超过50人，至此瓦剌首领也先骤增至2000人。对于瓦剌越制朝贡，明廷起先听任由之，皆厚给赏赐，王振私下也以武器换取瓦剌良马。正统十四年（1449）春，也先派遣2000人朝贡，竟冒称3000人请赏。王振大为不满，加上当时明军对麓川与闽浙征讨报捷，使王振信心大增，遂命礼部按瓦剌贡使实际人数赏赐，又减其马价，引起也先怨恨。七月，也先大举进攻大同等地，明朝边军不敌，死伤败退。

面对也先来犯，王振大喜过望，认为自己建立边功的机会来了。他不与大臣们讨论，七月十四日即以明英宗名义，宣布御驾亲征。他期盼自己能像明成祖五征漠北、横扫蒙古残部，明宣宗亲征、兵不血刃地平定汉王朱高煦叛乱那样，带领明英宗亲征，一举荡平瓦剌也先势力。不过，朝臣们对于御驾亲征多表示担忧和反对。吏部尚书王直联合群臣上疏，提出命将增兵，加强边备，坚壁清野，"不必亲御六师，远临塞下"，作军事冒险。但王振无知无畏，全然不听。

十六日，王振裹挟明英宗，率军50余万，在军事准备很不充分、敌我实力茫然不知的情况下，匆匆离京亲征，扈从文武吏士皆仓促随同出征。一路上，风雨交加，军行困顿，随征群臣担心害怕，多次要求回军，王振或罚令他们"略阵"（巡视阵地），或罚跪，终不理会。二十八日，军队驻扎在阳和城南,"时伏尸满野,众益寒心"①。八月一日,大军抵达大同。王振还想耀兵北进,镇守太监郭敬密告以敌强我弱、明军惨败之状,王振这才害怕,慌忙下令撤军回师。

撤军时,为光耀门楣,王振邀明英宗和大军绕行其故乡蔚州。但是,军行四十里后,王振又担心大军人马踏毁家乡庄稼,遂改变主意,令军士转向宣府行进。这一折腾耽搁,给瓦剌军队尾随急追赢得了时间。八月十三日,大军抵达土木堡(今河北怀来东南),随征众臣建议进入不远处的怀来城,以防不测。王振却以千余辆辎重在后,决定驻师等待。次日,瓦剌军队追及,将明军紧紧包围。明军结营固守,附近水源却被瓦剌军切断,军心大慌。十五日,瓦剌假意议和,稍撤其军。王振中计,立即下令大军移营就水。明军将士急奔水溪,阵脚大乱,瓦剌军乘势攻击,明军大溃,明英宗被俘,王振被杀于乱军中,"官军人等死伤者数十万"②,酿成"土木之变"。

也先俘获明英宗以后,挟持其往宣府、大同等地,指使其向边将守臣说降索贿,企图不战而占夺明朝城池,敲诈勒索金银财物。但各地守城军士拒绝开门,也先阴谋未能得逞。十月初,也先又带明英宗来攻北京。明朝已立明英宗弟、郕王朱祁钰为帝。在兵部尚书于谦等人领导下,君臣上下一心,严为守备,成功抵御了瓦剌骑兵的来犯,取得北京保卫战的胜利。这样,也先手中的俘虏明英宗由奇货变成了空质,也先遂决定将其放还,与明朝重修和好,进行朝贡贸易。经过双方反复交涉,景泰元年(1450)八月,明朝从瓦剌迎回了明英宗。

---

① 《明英宗实录》卷180,正统十四年七月甲午、辛丑、壬寅、丙午。
② 《明英宗实录》卷181,正统十四年八月戊申朔、己酉、庚戌、辛酉、壬戌。

（四）"南宫复辟"和"曹石之变"

明英宗被迎回北京后，景泰帝尊之为太上皇，安排居于紫禁城外东南的南宫，实为幽禁。景泰八年（1457）正月十六日晨，武清侯石亨、副都御史徐有贞、司设监太监曹吉祥等人经过密谋，趁景泰帝病重之机，带兵撞开南宫门墙，抬上明英宗，强行进入紫禁城东华门，到奉天门升御座，再次登基为帝，史称"夺门之变""南宫复辟"。

明英宗复辟后，立即宣布改景泰八年为天顺元年（1457），削朱祁钰帝号，仍为郕王。对拥立他复辟的大小官员加以提拔任用，徐有贞以原官兼翰林学士，入阁参预机务，后封武功伯；石亨封忠国公，总管五军营，掌握京营典兵权；曹吉祥义子曹钦为都督同知。而对抵抗瓦剌、取得北京保卫战胜利和保护大明江山，以及维护景泰政局的大臣，如兵部尚书于谦、大学士王文等，则指为"奸党"，或处死或罢官。

明英宗对曹吉祥、石亨尤为宠眷。二人趁机延引大量党羽私人，称他们为"夺门"复辟立功，冒请授升官职和爵位，培植私党。石亨弟侄家人、部曲亲故冒功升迁者达4000余人。石亨之侄石彪，积功封定远侯，手握重兵，势盛而骄。他们又排挤、陷害徐有贞等人，控制朝政。石亨、曹吉祥在朝，招权纳贿，肆行无忌。明英宗稍不用其言，则怫然而怒。这样，天顺初年又形成了石、曹专权局面。

石亨专权骄横，使明英宗逐渐反感。天顺二年正月，石亨党羽、兵部尚书陈汝言被弹劾贪贿冒功，明英宗令下狱治罪。天顺三年八月，石彪又被弹劾下狱。于是，石亨、石彪等被陆续揭发，有僭越逾制、图谋不轨、欺侮藩王、贪贿冒功、奸女杀人、私役军士诸多罪行。十月，石亨罢。明英宗信用大学士李贤，与论"迎驾夺门功"，李贤表示："'迎驾'则可，'夺门'二字岂可示后？且景泰不讳，陛下即当复位，天命人心，无有不顺，何必夺门？况内府门岂可言'夺'？言'夺门'者，徒欲张大其功耳！"明英宗深以为然，下令以后"凡有奏请，不用'夺门'二字"①。这就否定了"夺门"之功。天顺四年正月，石亨罪行查清后，明英宗下令逮捕抄家。二月，石亨瘐死狱中，石彪弃世。明英宗借此清除石亨冒功党羽，朝署为之一清。

曹吉祥在正统年间几次监军，有军功。他招集蒙古军兵能骑射者百十人随征，组建私人武装。景泰年间，他又与太监刘永诚、总兵官石亨、兵部尚书于谦同任京城团营提督。"夺门之变"后，其义子曹钦、诸侄都得到封赏，曹吉祥仍督理京营军务，"朝士亦有依附希进者，权势与石亨埒"②。明英宗治石亨叔侄罪，否定"夺门"之功，曹吉祥及其党羽也感到大祸临头。他们密谋天顺五年七月初二早晨，利用怀宁侯孙镗领兵西征、入朝陛辞之机，由曹钦拥兵外入，曹吉祥以禁兵内应，起兵造反，杀明英宗，夺取帝位。七月初一夜，曹钦手下军官告变，宿于朝房的孙镗立即报告明英宗。明英宗逮捕曹吉祥，下令关闭皇城及京城九门。曹钦发现事泄，提前带兵行动，在朝房杀左都御史寇深，砍伤内阁学士李贤，攻皇城东、西长安门。但因无曹吉祥内应，他们攻门不开，遂纵火焚烧。这时，孙镗召集征西官军前来，猛攻叛军。天色渐亮，叛军抵挡不住，曹钦窜归其家。官军云集围攻，曹钦投井死，其党羽叛军"皆为众所杀"③。史称"曹石之变"。

"曹石之变"平定后，明英宗信赖大学士李贤，朝政始基本正常运转。

---

① 《明英宗实录》卷310，天顺三年十二月辛亥。
② 《明史》卷304《宦官传一·曹吉祥》。
③ 《明英宗实录》卷330，天顺五年七月庚子。

(五)祠祀王振和废除宫妃殉葬

明朝政治由前期尚称清明走向中期黑暗腐朽，国势由前期安定强盛走向中期衰危不堪，太监王振专权无疑是重要原因，"土木之变"则是标志性事件。因此，景泰帝即位初，追究王振罪恶，下令将王振本宗皆斩首，妇女给功臣家为奴，家人杖戍边卫，并清理王振党羽，人心大快。明英宗在瓦剌作俘期间，也意识到被王振等招祸。然而，复辟以后，他竟又认为王振以前恭谨侍奉，自杀殉国，是朝廷功臣。天顺元年（1457）七月，他命将王振家属充军者放回京卫。不久，又命赐王振"葬祭"，在王振生前舍宅建的智化寺中修建旌忠祠，祭祀和表彰王振之"忠"。

当然，天顺年间，明英宗也做过几件让人称道的事。其一是释放建庶人。"靖难之役"后，建文帝和太子朱文奎不知所终，幼子朱文圭时年二岁，被明成祖囚禁在中都凤阳，号"建庶人"。天顺元年十月，明英宗怜其"无罪久系"，下令释放，允许居住在凤阳，"婚娶出入使自便"，配阍者、婢妾，"给使令"①。其二是为明宣宗废皇后胡氏上谥号。胡皇后被废后，居长安宫，明宣宗赐号"静慈仙师"。正统八年（1443），胡氏去世，人畏孙太后，以嫔御礼葬于金山。天顺六年，孙太后去世。次年，明英宗为胡氏上"恭让诚顺康穆静慈章皇后"谥号，"修陵寝，不祔庙"②，做了一定程度的平反工作。其三是废除宫妃殉葬。殉葬在中国古代早已有之，就是用人或物陪葬。尤其是人殉，以活人陪葬死者，十分残忍。明太祖去世，首创本朝宫妃殉葬成例。其后，皇帝、诸王去世，皆用人殉。天顺八年正月，明英宗去世前表示："殉葬非古礼，

---

① 《明史》卷118《诸王传三·惠帝诸子·少子文圭》。
② 《明史》卷113《后妃传一·恭让胡皇后》。

仁者所不忍，众妃不要殉葬。"①宫妃殉葬之制从此废除，明英宗最终为其本不出色的形象添上了光彩的一笔。

二、恋位贪储的景泰帝

明英宗在土木堡被俘后，继位的景泰帝朱祁钰领导了北京保卫战。但他恋位贪储，终因重病而被推翻。

（一）北京保卫战

朱祁钰是明宣宗次子，母为贤妃吴氏，生于宣德三年（1428）八月。明英宗即位后，封为郕王。正统十四年（1449）七月，王振裹挟明英宗亲征瓦剌，朱祁钰留守北京。八月，"土木之变"后，举朝震骇。起初朝中不知明英宗死活，皇太后孙氏命朱祁钰监国，暂负国家总责，同时立明英宗长子、不足两岁的朱见濬（后改名见深）为太子。随着瓦剌挟持明英宗进攻明边的消息传来，形势危急，明朝需要另立新皇帝，作为国家象征，负担起抵抗瓦剌进攻和处理国事重任。当时朱见濬尚幼，难以应对军国重务。朱祁钰22岁，无论是年龄还是政治经验都是最适合承担大任者。于是，文武百官联合向孙太后谏请，立朱祁钰为帝。九月初六，朱祁钰即帝位，年号景泰，遥尊明英宗为太上皇。

瓦剌大军迅速逼近北京，景泰帝立即组织军事抵抗。他升兵部侍郎于谦为兵部尚书，主持防御。根据于谦建议，朝廷整顿京师及各地防务，厉兵秣马，派官员往直隶、山东、山西、河南各府县"招募民壮，就彼

---

① 《明英宗实录》卷361，天顺八年正月己巳。

卫所，量选官旗，兼同操练，听调策应"①。十月，瓦剌兵分两路逼近北京，北京戒严。景泰帝诏诸王兵入卫京师，命于谦提督各营军马，节制诸将士，成山侯王通、广宁伯刘安协守京城。于谦指挥诸将，领军22万，出城列于京城九门之外，悉闭诸门，表示背水一战的决心。于谦亲披甲胄，赴德胜门迎敌。瓦剌骑兵发起总攻，于谦、石亨预埋伏兵，诱敌深入，以神机营火铳、火炮齐射，大败敌军，杀也先弟孛罗帖木儿。瓦剌骑兵又转战西直门，守将都督孙镗迎战，在援军帮助下，也击退敌军。瓦剌又向彰义门发起攻击，明军挫其前锋，援军继至，杀退瓦剌军。瓦剌军连续围攻京城五天，均被击败，将沮兵疲，宣府、大同等地明朝兵马陆续赶来增援。也先惧后路被断，于是拔营退兵，转回塞外，北京之围遂解。景泰帝君臣取得了北京保卫战的胜利，明朝转危为安。

（二）拒迎、禁锢明英宗及更易太子

明朝的各地抵抗及北京保卫战，使瓦剌欲借俘虏明英宗敲诈勒索明朝的愿望落空。于是，也先希望与明朝结好，放还明英宗，恢复朝贡、贸易与马市。景泰元年（1450）五月，也先遣人与明朝议和，示意放还明英宗。但是景泰帝担心明英宗回京，自己势必要交还皇位，遂借口"也先挟诈"，拒绝和议。六月，吏部尚书王直等人窥知景泰帝心思，上疏说："奉迎上皇以归，不复事天临民。"也就是说，迎回明英宗也不会再复其位为皇帝。景泰帝心胸狭隘，仍借口防备也先有诈，再次拒绝议和、迎明英宗南归。七月，也先再遣使赴京请和，礼部尚书胡濙、吏部尚书王直等纷纷奏请议和。景泰帝愤怒地说："我非贪此位，而卿等强树焉，今复作纷纭何！"众臣无言以对，于谦说道："大位已定，孰敢他

---

① 《明英宗实录》卷183，正统十四年九月甲辰。

议！答使者，冀以舒边患，得为备耳。"①景泰帝这才安心，同意遣使与瓦剌议和。

景泰帝派右都御史杨善等为使前往瓦剌，但所给敕书仅谈及议和，又不给赏赐也先礼物。杨善变卖家产，兼以借贷，自购给也先礼物。他们到达瓦剌，说服也先放还明英宗。消息传至京城，礼部商议迎奉明英宗之礼。景泰帝令用一轿二马迎于居庸关，礼仪从简。八月十五日，明英宗回京，景泰帝安排其"入居南宫"，派靖远伯王骥严加守备，禁止其与大臣来往，日常饮食从门上小窗递进，甚至将南宫树木尽数砍伐，牢牢禁锢。

不仅如此，景泰帝也不想把皇位传给侄子、已经册立的太子朱见濬，他想改立自己的儿子朱见济为太子，让皇位在自己的子孙中流传下去。但朱见濬并无过错，不好直接废易。有一次，他试探着对太监金英说："七月初二日东宫生日也。"哪知金英磕头回答说："东宫生日是十一月初二。"景泰帝听后，"默然"②。原来，七月初二是朱见济生日，朱见濬生日为十一月初二。

不久，太监王诚、舒良为他出主意，给阁臣陈循、高谷等金银赏赐，收买他们。陈循等得到赏赐，"遂以太子为可易"。景泰三年四月，广西思明州土官都指挥使黄𤣰因为犯罪被逮捕，手下人到北京活动解救。为了讨好景泰帝，他们以黄𤣰名义上疏，请求"易建东宫，以一中外之心，绝觊觎之望"。景泰帝大喜，立即命群臣讨论，并下令释放黄𤣰，升为都督。群臣商议，或迟疑，或反对，无人敢公开出言支持。司礼太监兴安大声呵斥道："此事不可已，即以为不可者，勿署名，无持两端。"③众

---

① ［清］谷应泰：《明史纪事本末》卷33《景帝登极守御》。
② ［清］谷应泰：《明史纪事本末》卷35《南宫复辟》。
③ 《明史》卷119《诸王传四·景帝子·怀献太子见济》。

臣不敢再拖延、反对，遂签名合奏，请改换太子。五月，景泰帝下诏册立朱见济为太子，降封朱见濬为沂王。

不料，景泰四年十一月，太子朱见济夭折，景泰帝无其他儿子可再册立。朝野臣民希望能够重新册立朱见濬。景泰五年五月，御史钟同、礼部郎中章纶上疏，指出"太子薨逝，足知天命有在"，请"建复储位"①。景泰帝大怒，逮章纶、钟同下诏狱，并拷问主使者。最后，钟同被杖死，章纶一直关到明英宗复辟。七月，南京太常寺少卿廖庄也疏请复立沂王，遭杖贬。

景泰七年十二月，景泰帝病倒，诏罢元旦庆贺礼，遣武清侯石亨代行祭享太庙礼。次年正月十三日，他病情转重，再命石亨摄行郊祀大礼。大臣们眼见景泰帝病重，集议仍请册立朱见濬为太子，景泰帝"不允"。石亨与徐有贞等人密谋，于十七日凌晨发动"夺门之变"，拥明英宗复辟。明英宗即位后，下令废景泰帝，"仍为郕王"，送归西内（即西苑，今北海、中南海），不久病死，以亲王礼葬于西山。

三、痴迷"姐弟恋"的明宪宗

明宪宗朱见深迷恋年长的万贵妃，由于口吃不上朝理政，而且信用宦官汪直，崇佛好道迷方术，荒唐怠惰，政局越发黑暗腐朽。

（一）口吃不上朝

朱见深，原名朱见濬，为明英宗长子，生母为周贵妃。正统、景泰

---

① 《明史》卷162《钟同传》。

年间,他被立为太子而又被废。天顺元年(1457)三月,明英宗复辟后,重立为太子,并改名见深。天顺八年正月,明英宗去世,朱见深即位,改元成化,为明宪宗。

明宪宗纠正了天顺年间的一些错误做法。成化元年(1465)二月,明宪宗表示,于谦"实有安社稷之功,而滥受无辜之惨","其冤尤甚"①,下令平反,复官赐祭。对于景泰帝,成化十一年十二月,明宪宗为上"恭仁康定景皇帝"谥号。景泰帝祭祀礼仪,也一如明成祖、明仁宗。

但是,从小生长在忧惧中,明宪宗怕见生人,又有口吃的毛病,"玉音微吃"。临朝宣旨,诵读已熟,明宪宗能流畅琅琅。但召见大臣,商议国事,须随时问答,临机而断,他自然难以应付。因此,他不愿上朝听政,不愿单独召见大臣,凡事由司礼太监内外联络,或让各官用文字陈述。然而遇到紧急事务,君臣终须见面。成化七年,天空出现彗星,被认为是天象示警,"廷臣多言君臣否隔,宜时召大臣议政"。在阁臣彭时、商辂等坚请下,明宪宗不得已召见阁臣。起先,阁臣就一些急务请示,明宪宗简单作答。阁臣正要进一步奏报朝政,另一位阁臣万安突然跪下叩头,"呼万岁,欲出"。万安叩头喊"万岁",按照礼仪表示散朝了,显然是为明宪宗解围的。商辂等人不得已,"皆叩头退"。当时人传为笑谈,称为"万岁阁老"。此后,明宪宗"不复召见大臣矣"②。

成化中期,随着天顺遗臣彭时去世,商辂去任,万安、刘珝、刘吉组成新的三人内阁。万安无学无品,攀援万贵妃门路,进入内阁。他只知争权夺势,溜须拍马,毫无建树。刘珝为明宪宗东宫旧臣,擅夸夸其谈。刘吉有心计,"锐于营私,时为言路所攻",仍稳居内阁十八年,时

---

① 《明宪宗实录》卷14,成化元年二月己丑。
② 《明史》卷168《万安传》。

人戏称"刘绵花","以其耐弹也"①。其时,"内阁三人,安贪狡,吉阴刻,珝稍优"②,遇事不争,好和稀泥,人称"纸糊三阁老"。六部尚书尹旻、殷谦、周洪谟等也亦步亦趋,无所主见和执争,被笑谑为"泥塑六尚书"③。

(二)迷恋万贵妃

万贵妃,山东诸城人。生于宣德五年(1430),4岁入宫。天顺年间,开始服侍太子朱见深,二人结下超常的感情。朱见深17岁即位,万氏已经34岁,朱见深却对她迷恋不已。万氏"貌熊声巨,类男子",明宪宗对其百依百顺,专宠不二,形成"姐弟恋"。朝野人士颇为不解,其母周太后曾质问:"彼有何美,而承恩多?"明宪宗回答说:"彼抚摩,吾安之,不在貌也。"④

天顺八年(1464)七月,明宪宗按制册立吴氏为皇后。但仅一个月,吴皇后就因不满万氏专宠,摘过杖之,被明宪宗废黜。依序册立的王皇后吸取教训,对待万氏小心谨慎,但明宪宗也冷淡待之,"终其身不十幸"。明宪宗长年住在万氏的昭德宫。万氏飞扬跋扈,甚至插手政治。宦官们百般逢迎,"假贡献,苛敛民财,倾竭府库"⑤。即使是一些朝臣,如大学士万安,也攀附以自固。成化二年(1466),万氏生一子,明宪宗立即封为贵妃。他们企图稍等王皇后生不出儿子,或者出什么差错,让万贵妃凭生育皇长子之功取而代之。但不久,此子夭折,万贵妃此后

---

① 《明史》卷168《刘吉传》。
② 《明史》卷168《刘珝传》。
③ 《明史》卷168《刘吉传》。
④ [清]查继佐:《罪惟录》卷2《皇后列传》。
⑤ 《明史》卷113《后妃传一·万贵妃》。

再未怀孕。于是，她嫉妒横生，对宫中妃嫔怀孕者皆使堕胎。后明宪宗私幸宫女纪氏，纪氏怀孕，万贵妃也派人去堕胎。宫女欺骗万贵妃说，纪氏是肚里长了肿块，于是将纪氏谪居安乐堂。不久，纪氏生出儿子（即后来的明孝宗朱祐樘），万贵妃又派宦官张敏去溺死纪氏儿子。张敏见明宪宗尚无儿子，就把此子"藏之他室"。朱祐樘得以幸存，五六岁时未敢剪胎发。废皇后吴氏"密知其事，往来哺养"①。等到明宪宗知悉并公布朱祐樘身份后，纪氏"暴薨"，有的说是被万贵妃害死的，有的说是自缢的。即使是朱祐樘被立为太子，宫中仍害怕万贵妃毒害他。

成化二十三年春，万贵妃突然死去。明宪宗十分伤心，长叹说："万侍长去了，我亦将去矣。"他"悒悒无聊，日以不豫"②，不久也去世了。

（三）太监汪直专权

明宪宗不愿出见大臣，而信用身边宦官，尤其是太监汪直。汪直为成化初平大藤峡之役时俘获的瑶族幼童，阉割入宫，在万贵妃昭德宫服侍。他警敏乖巧，很讨万贵妃欢心，遂得明宪宗宠信，升为御马监太监。成化十二年（1476），"妖人"李子龙勾结宦官，经常潜入宫中，登万岁山张望，被锦衣卫官校发觉，伏诛。明宪宗感觉不安，"锐欲知外事"，遂令汪直换便装，带领校尉到民间秘密侦查。至成化十三年正月，明宪宗遂设立西厂，由汪直统领，侦缉官民之事。西厂设在皇城之西灵济宫旁灰厂，侦缉尉卒倍于东厂，"自京师及天下，旁午侦事，虽王府不免"③。他们不问证据，随意抓人，动辄刑讯逼供，甚至民间斗鬐鸡狗类的

---

① 《明史》卷113《后妃传一·孝穆纪太后》。
② ［明］沈德符：《万历野获编》卷3《万贵妃》。
③ 《明史》卷95《刑法志三》。

琐事辄置重法,"人情大扰"。汪直"每出,随从甚众,公卿皆避道",气焰嚣张。五月,大学士商辂等奏其罪行,明宪宗竟指责阁臣夸饰诬陷。但商辂、兵部尚书项忠等朝臣随后多揭发汪直和西厂,明宪宗不得已,"罢西厂"。

不过,明宪宗依然热衷于监视和控制臣民。六月,他"诏复开西厂",仍以汪直统领。汪直更加嚣张,让东厂官校诬奏项忠,且令言官攻讦。结果,项忠被罢。左都御史李宾、大学士商辂也都因得罪汪直被致仕。一时九卿被劾罢者,尚书董芳、薛远及侍郎滕昭、程万里等数十人。汪直以所善王越为兵部尚书兼左都御史,陈钺为右副都御史巡抚辽东。汪直觊觎军功。成化十五年,他奏请巡边,"率飞骑日驰数百里",沿边官员迎拜马首。汪直又以抚宁侯朱永为总兵,自监其军,出师北部边境,巡行一通。师还,朱永封保国公,陈钺晋右都御史,汪直加禄米,王越封威宁伯。

汪直专权跋扈,西厂肆意妄为,激起官民乃至宫中宦官的恐惧和愤怒。有个小宦官阿丑善于表演小品,一天为明宪宗表演,先扮作一个醉汉骂人,旁边人吓唬说:"皇帝来了。"阿丑一点也不害怕,谩骂如故。那人又说:"汪太监来了。"阿丑连忙躲避,说:"今人但知汪太监也。"又一次,他扮作汪直样子,手持两钺,大摇大摆地走向明宪宗,旁人问,他说:"吾将兵,仗此两钺耳。"旁人问是什么钺,答曰:"王越、陈钺也。"明宪宗听后,哈哈大笑,笑后也稍有警醒。东厂太监尚铭与汪直有过节,遂搜罗汪直泄露"禁中秘语",及与王越等"交通不法事",密报明宪宗。成化十七年秋,明宪宗命汪直、王越往宣府御敌。敌退,汪直要求班师回朝,明宪宗不许,又把他们支往大同镇守。至成化十八年三月，在官员们的弹劾下，明宪宗"罢西厂"①。汪直先被调南京御马监，后因言官持续抨击降为奉御，其他党羽也遭到惩处。

西厂被废后，尚铭又得明宪宗宠信，恣意胡为。不久，明宪宗察觉，将其谪充南京净军，没收家产。

（四）崇佛好道迷方术

明宪宗对佛教、道教"俱极崇信"②，迷恋方术，大量传升僧道、方士等为官。明宪宗崇奉的佛教，主要是藏传佛教。自永乐年间开始，明朝皇帝多数崇奉藏传佛教。他们征召藏传佛教僧人到北京，大量封授、供养。其中，法王作为藏僧的最高名号，正统以前各朝都封给藏传佛教领袖，使其在藏区化导弭患。景泰年间，景泰帝对崇信的居京藏僧也偶封法王。成化年间，明宪宗封授在京藏僧为法王者达到13位。至于封授西天佛子、灌顶大国师、灌顶国师、大国师、国师、禅师等名号，则更为频繁，成化后期往往一月数次，一次数人至数十人。成化二十一年（1485）正月，官员奏称，京城大慈恩寺、大能仁寺、大隆善护国寺三寺藏僧千余，法王七人，国师、禅师多至数十。明宪宗去世后，礼部再次统计，"传升"大慈恩等寺法王、佛子、国师等职437人，及喇嘛人等共789人。在京法王等"服食器用僭拟王者"，藏僧"日给大官酒馔牲饩至再，锦衣玉食者几千人"③，皆优厚供养。明宪宗常召藏僧入宫诵经作法，举办藏传佛教法事，祈求平安吉祥。他尤其迷恋藏传佛教中的"秘密教"（即房中术），"番僧徇用其教，以惑圣主"④。此外，他还为藏僧建

---

① 《明史》卷304《宦官传一·汪直》。
② ［明］沈德符：《万历野获编》卷27《僧道异恩》。
③ 《明宪宗实录》卷53，成化四年四月庚戌。
④ ［明］沈德符：《万历野获编·补遗》卷4《札巴坚参》。

寺造塔，大量开度藏僧行童，允许内地汉人习学藏传佛教。

明宪宗也崇奉道教。他信用江西龙虎山正一道天师张元吉。张元吉"素凶顽"，衣食住行多僭越逾制，贪婪荒淫，"夺良家子女，逼取人财物，家置狱，前后杀四十余人，有一家三人者"①。成化五年，刑部奏，张元吉律当凌迟处死，并要求取消张氏封号及禁止符箓。明宪宗不同意废除张氏正一道真人封号，将张元吉先从轻发配，后又释放还乡。其后，其子张玄庆袭封正一真人。张玄庆赴京朝贺，礼遇甚至超过衍圣公。明宪宗日常崇信的道士、方士更多。李孜省本是待选京师的小吏，"学五雷法"。成化十三年，以符箓术获明宪宗信任，明宪宗传旨授为太常寺丞。不久，传升左通政。后官至礼部侍郎，掌通政司事。李孜省经常进献符箓道书，明宪宗赐金冠、法剑、印章，宠信可与仁宣时"三杨"媲美。李孜省恃恩骄恣，树党植援，与宦官梁芳表里为奸，与万安等人勾结，淆乱朝政。邓常恩本为道录司右至灵，成化十七年传升太常寺卿。李孜省、邓常恩等奉命作法祈求雨雪，"未效则亵渎无所不至，偶会雨雪自降，则矫诬以为己功"②。另一位方士"妖僧"继晓，通"秘术"（即房中术），授僧录司左觉义，迁右善世，命为"通元翊教广善国师"。继晓"日诱帝为佛事"，明宪宗为其建大永昌寺于西市，逼徙民居数百家，费帑数十万。朝臣抨击继晓者，皆被降谪。至成化二十一年"星变"，言官"极论其罪"，继晓才被罢去，"勒为民"③。

明宪宗极度崇奉藏传佛教和道教方术，主要是以满足其驱邪避凶的心理需求和腐朽淫乐的生活需要，正是明朝中期皇帝荒淫腐朽的生活、精神状况以及低下的政治素质的代表和反映。对这些僧道方士，以及为

---

① 《明史》卷299《方伎传·张正常》。
② 《明宪宗实录》卷260，成化二十一年正月己丑。
③ 《明史》卷307《佞幸传·继晓》。

宫中服务的工匠技艺之人，明宪宗常直接派宦官传旨授、升为官，而不经吏部、礼部等铨选，称为传奉官。据不完全统计，成化一朝传奉官达到四五千人。尽管其中有不少有真才实学的工匠技术人才，但大部分是僧道以及方术之士。他们挂衔领俸，无助于国计民生，而且引导明宪宗嬉游，追求长生术、房中术，而对朝政弃置不顾，一些传奉官还利用明宪宗崇信而干预政事，加剧了成化朝政治的黑暗腐败。

四、"弘治中兴"的明孝宗

明孝宗朱祐樘是明朝中期难得的勤政皇帝。他对正统以来日益黑暗腐朽的政治进行了一些改良，致成"弘治中兴"。

（一）斥邪用贤

朱祐樘生于成化六年（1470）七月初三，生母纪氏为瑶族土官之女，成化初被俘入宫，为女官。一次，明宪宗私幸纪氏，致其有孕，后生子。因万贵妃嫉妒，此子被宦官张敏、吴废皇后等私藏抚养。成化十一年五月，明宪宗召张敏梳头。看着镜子里的白发，明宪宗感叹说："老将至而无子。"张敏、太监怀恩赶紧跪地报告："皇子潜养西内，今已六岁矣。"明宪宗大喜，往西内见面，方知有此子，于是通知内阁，取名朱祐樘，"颁诏天下"[①]。十一月，册立朱祐樘为太子。随后，朱祐樘被接到周太后仁寿宫抚养，以防范万贵妃加害。成化二十三年八月，明宪宗去世。九月，朱祐樘即位，改元弘治，为明孝宗。

---

① 《明史》卷113《后妃传一·孝穆纪太后》。

明孝宗首先对成化年间奸邪官员和传奉官加以斥逐。万安谄附万贵妃，阿顺明宪宗，无学无品，结党营私。至此，官员们上疏指斥其罪。明孝宗又在宫中得其疏一小筐，"皆论房中术者"[①]。十月，罢之。太监梁芳谄媚万贵妃，得宠信，李孜省、继晓等奸邪术士皆由他推荐，"共为奸利，取中旨授官累数千人"，一定程度上是成化朝传奉官祸乱之源。梁芳甚至怂恿万贵妃，企图废太子朱祐樘。九月，明孝宗将其谪居南京，不久下狱治罪。李孜省、邓常恩等人也被谪戍，后又下狱治罪。继晓于弘治元年（1488）被逮捕，不久被诛杀。大量僧道、方士、工匠等传奉官遭到斥逐。

同时，明孝宗任用贤能官员，改变朝臣素质和官场风气。王恕，正统进士，天顺年间任扬州知府，"以治行最"，超迁江西右布政使。成化年间，他先后巡抚荆襄、云南，迁南京兵部尚书，多有政绩。王恕对弊政多有批评，成化末被迫致仕。至此，明孝宗召为吏部尚书，以选拔和引荐贤能之臣。马文升，景泰进士，成化年间历官兵部侍郎、尚书等，先后斥陈钺、汪直、李孜省等，遭到打击排挤，明孝宗召拜左都御史。马文升疏言革弊兴利，悉议行。后任兵部尚书，督团营，再迁吏部尚书，奉职能干。刘大夏，天顺进士，成化年间历官吏部郎中、福建右参政。弘治中期，官至户部左侍郎，兼左佥都御史往理宣府兵饷，以右都御史总制两广军务，均有政绩。弘治十五年，拜兵部尚书。此外，明孝宗又选刘健、谢迁、李东阳等贤能之臣入阁。这样，弘治年间，"众正盈朝"，政治得到一定程度的清明和改良。

[①] 《明史》卷168《万安传》。

（二）勤政纳谏，蠲免赈济

明孝宗"勤求治理"，对御殿听政、召见大臣以及纳谏十分重视，一改此前诸帝怠政颓废之风。弘治元年（1488）正月，吏部覆奏左副都御史边镛所言，其中要求明孝宗"日御便殿，宣召各官，与之讲论治道，谋议政事，或令其转对，或阅其章奏"。议上，明孝宗"从之"[①]。其后，他除了早朝，又增加午朝，频繁延接大臣，商讨咨询政事。

明孝宗多次下诏求直言，鼓励官员们就朝政利弊、国计民生提出建议和意见。在即位诏书中，他宣布，允许言官指陈实迹，纠劾奸邪。对于官员们的指陈，包括逆耳之言，他也多虚心听取，尽力接纳。如即位初，他准备在万岁山建棕棚，以备登眺。太学生虎臣抗疏切谏，祭酒费訚害怕明孝宗生气，先将虎臣抓绑，听候发落。明孝宗却命人传旨慰谕，不久又命授七品官，加以表彰。再如，弘治十年二月，侍讲学士王鏊讽谏明孝宗"屡游后苑"，明孝宗"竟罢游"[②]。弘治十八年，户部郎中李梦阳上疏，严厉批评朝政，疏末还指斥张皇后兄、寿宁侯张鹤龄"招纳无赖，罔利贼民，势如翼虎"。张鹤龄奏辨，故意摘李梦阳疏中"陛下厚张氏"语，"诬梦阳讪母后为张氏，罪当斩"。明孝宗不得已，先将李梦阳抓入锦衣卫狱，但不久即释放，夺俸而已。张家不依不饶，有官员要求廷杖李梦阳。明孝宗皆不许，说："若辈欲以杖毙梦阳耳。吾宁杀直臣快左右心乎！"[③]在明孝宗的提倡和保护下，当时大小臣工多能建言献策，许多关系国计民生的建议得到采纳和施行。

明孝宗关心民生疾苦。凡遇地方灾害，他多令减免租税，加以赈济。

[①]《明孝宗实录》卷9，弘治元年正月丙辰。
[②]［清］谷应泰：《明史纪事本末》卷42《弘治君臣》。
[③]《明史》卷286《文苑传二·李梦阳》。

如弘治三年二月，免河南被灾秋粮。不久，户部请免南畿、湖广税粮，他"悉从之"。弘治六年，"以灾蠲者，两京外，蠲山西太原诸府、平阳诸县夏税，河南开封诸府夏税之半、祥符诸县秋粮，又免沈阳卫屯粮六万四千余石。振则自苏松外，山东饥甚，巡抚王霁先后请发帑金五十余万、米二百余万石，选廉能吏验口给之，凡活饥民二百六十余万"①。再如，弘治十六年九月，他下令赈济两畿、浙江、山东、河南、湖广被灾军民。为了备荒，弘治三年三月，他命各地修设预备仓，积粟备粮，"以里数多寡为差，不及额者罪之"②。

（三）求治未尽

但是，受时代、环境和个人能力所限，明孝宗的政治改良、勤求治理也不能持久彻底。

首先，明孝宗对触犯明宪宗和权贵内官的建言一概拒绝，甚至严加处分，而对权贵内官多加纵容。如弘治五年（1492），言官彭程上疏，借成化年间李孜省、继晓等事，请减少光禄寺建造皇坛器物。明孝宗大怒，以彭程暴扬先帝之过，命下狱。南京给事中周纮、御史张昺赴教场点视检阅官军，触犯守备太监，被诬陷，明孝宗命降职任用。明孝宗独宠张皇后，张皇后兄弟张鹤龄、张延龄俱封侯爵，纵令家人开店设肆，垄断市场，豢养大批市井无赖，扰乱社会安宁。弘治十八年，户部郎中李梦阳抨击张鹤龄，明孝宗只是对张鹤龄"切责"而已。此后，张氏兄弟更无忌惮，不仅贪求财富，还任意出入宫禁，张延龄甚至醉奸宫人。

其次，明孝宗初即位，曾除弊革新，但措施有限，持续时间也不长。

---

① ［清］夏燮：《明通鉴》卷37，弘治六年。
② 《明史》卷15《孝宗本纪》。

弘治中后期，他也逐渐荒怠政事。弘治八年以后，明孝宗早朝越来越迟。至于午朝，他表面上允许各衙门遇机密重大事件可赴御前具奏，但徒具形式。即位初，他就以寒暑停讲为借口，停止经筵日讲。后时开时停，每年真正进讲不过数日。对于接见大臣，明孝宗不仅早朝拖延迟缓，面见完大臣后，便再也不召见。有人统计，"成化七年至弘治十年，两朝天子与廷臣不相见且二十五六年也"①。明孝宗一朝十八年，延接大臣议政者仅有四次：弘治十年三月，在文华殿召见徐溥、刘健、李东阳商议各衙门题奏本；弘治十三年四月，大同有警，召刘健、李东阳、谢迁面议京营诸将去留问题；弘治十七年夏，鞑靼小王子犯大同，召刘健等面议对策；弘治十八年四月，问户部起复侍郎何鉴处理流民一事。

明孝宗兴利除弊，任用贤能，勤政纳谏，减免赈济，一定程度上改变了正统以来政治越发黑暗腐朽的局面，缓和了阶级矛盾和社会矛盾，国势有所改观，"朝序清宁，民物康阜"②，被后世史家称为"弘治中兴"。但他除弊革新既不彻底，也不能持久，"弘治中兴"效果终究有限，没有把明朝从衰败中振救出来。

五、荒嬉爱玩的明武宗

明武宗朱厚照是明朝最为荒嬉爱玩的皇帝，正德年间政治黑暗腐朽至极。

---

① ［清］赵翼：《陔余丛考》卷18《有明中叶天子不见群臣》。
② 《明史》卷15《孝宗本纪赞》。

（一）太监刘瑾专权

朱厚照是明朝第一位也是唯一以嫡长子身份被立为太子进而即位的皇帝。他生于弘治四年（1491）九月，生母为张皇后。弘治五年三月，立为太子。弘治十一年，他出阁读书，饱学儒臣轮流为他讲授儒家经典、文史知识以及治国理政的经验教训。据说他聪颖好学，掌握得很快。明孝宗游幸也带他随行，遇事则随时讲解启迪，培养其理政能力。之后，朱厚照在宦官引导下喜欢游玩，在宫中骑马射箭，乐此不疲。明孝宗认为是重武思危，不加禁止。弘治十八年五月，明孝宗去世，朱厚照登基，改元正德，为明武宗。

明武宗即位后，大学士刘健等以登基诏书的形式，宣布除弊维新，免除弘治十六年以前各处拖欠税粮，停止各地岁办、买办、采办物料，文武官员因言事及公事讹误等项遭处罚者还职，裁减各马房、仓库及各门等处管事宦官等。但是，其后明武宗既不愿上朝，也不想举行经筵日讲，疏远群臣，各项兴革条款根本无法落实推行。

明武宗怠于政事，那么他在忙什么呢？原来，所谓的"八虎"，即太监刘瑾、马永成、高凤、罗祥、魏彬、丘聚、谷大用、张永等，诱使他每天沉湎于声色犬马，将处理国政与读书学习抛诸脑后。"八虎"之首刘瑾，陕西兴平人。幼年净身入宫，弘治时侍奉太子朱厚照。明武宗即位后，命掌钟鼓司，不久拔为内官监太监，总督团营。刘瑾等人引导明武宗日夜玩乐，还劝"令内臣镇守者各贡万金，又奏置皇庄，渐增至三百余所，畿内大扰"[①]。而对刘健等人要求经常上朝，罗列除弊维新各条款，刘瑾等人怂恿明武宗不要理会。

---

① 《明史》卷304《宦官传一·刘瑾》。

第三讲 明朝中期的奇葩皇帝与统治危机

正德元年（1506）十月，大学士刘健、谢迁等与朝臣先后上疏，要求诛杀"八虎"。他们约定，次日上朝时联合谏诤，共同行动，一举拿下"八虎"。不料，吏部尚书焦芳投靠刘瑾，当即告密。刘瑾等大惊，心生诡计，连忙去跪求明武宗，诬陷大臣们与司礼太监王岳勾结，要限制皇权，去除所忌"八虎"。明武宗昏庸，竟然相信了刘瑾等人，即命刘瑾掌司礼监，马永成掌东厂，谷大用掌西厂，并连夜收捕王岳，后杀害。第二天朝会，刘健、谢迁见大势已去，被迫致仕，焦芳入阁。刘瑾往往趁明武宗游玩高兴的当口奏事，明武宗不愿被打扰，"亟麾去"，命其代为处理。刘瑾"遂专决"，遇事"不复白"。正德二年三月，刘瑾"召群臣跪金水桥南，宣示奸党"，借明武宗名义，将刘健、谢迁等反对他们的朝臣50余人全部指为"奸党"，把朝中忠直官员驱逐一空。

为了加强对臣民的控制，刘瑾派东厂、西厂缉事人四处侦缉。正德三年八月，刘瑾又传旨设立内行厂，"自领之，以张其威"。内行厂屡起大狱，比东、西二厂"尤为酷烈"。大小官员多屈服于刘瑾淫威，内阁焦芳、刘宇等为其心腹。刘瑾气焰熏天，当时人都说有两个皇帝，一个是"朱皇帝""坐皇帝"，一个是"刘皇帝""立皇帝"，酿成明朝历史上又一次严重的宦官专权。

正德五年四月，宁夏安化王朱寘鐇叛乱，檄文中历数刘瑾罪状，宣称要"清除君侧"。朝廷派都御史杨一清总制军务，太监张永为监军，前往镇压。张永与刘瑾有矛盾，在杨一清劝说和指使下，他回京报捷献俘时，拿出安化王造反檄文，"因奏瑾不法十七事"。明武宗逮捕刘瑾，又抄家搜得违禁物品，遂命将刘瑾磔尸枭首，榜示天下，并惩处其党羽。其后，明武宗信用张永，"政仍在内"，但张永等已不似刘瑾专擅胡为。

（二）好游玩淫乐

明武宗喜好玩乐，荒淫任性。正德二年（1507），他在西华门外太液池南岸建造宫殿房屋，设密室于两厢，勾连栉列，称为"豹房"。八月，他就从历朝皇帝居住的乾清宫搬至豹房，在此处理政务、嬉戏和居住。所谓"上为群奸蛊惑，朝夕处此，不复入大内矣"[1]。豹房充斥着以"八虎"为中心的宦官、边帅、僧人、伶人乐工，以及各类江湖人士。他们经常进献妇女，明武宗到各地巡游也随意掳掠妇女置于豹房，供其淫乐。如延绥总兵马昂之妹善歌舞，能骑射，已嫁为人妻，马昂将其夺送入豹房。明武宗巡幸到马昂家，喝酒时召其爱妾，马昂推脱，明武宗发怒而去，马昂赶紧将爱妾献出。巡幸太原时，他"偶于众妓中，遥见色姣而善讴者"，一问知是晋王府乐工杨腾妻、乐户刘良之女。明武宗喜欢，后遂带回，"宠冠诸女，称美人，饮食起居必与偕"，近侍皆称"刘娘娘"[2]。

每年正月，明武宗都在宫中挂彩灯，放焰火。正德九年正月，宁王朱宸濠献上奇巧之灯，挂到乾清宫，"皆附着柱壁，辉煌如昼"。明武宗大为高兴，又命"依檐设毡幕，而贮火药于中"。结果失火燃烧，乾清宫火势炽盛。其他人都忙着救火，明武宗却赶往豹房。他回头看到光焰冲天，竟对左右近侍笑说："是好一棚大烟火也！"[3]

明武宗宠信武将江彬。江彬原为大同游击，奉调到北直隶镇压农民起义，战后留于京师。他武勇能战，曾身中三箭，又能为明武宗搏虎，深受赏识和钦佩，擢为都指挥佥事，竟使之出入豹房，与自己同卧起，

---

① 《明武宗实录》卷29，正德二年八月丙戌。
② ［清］毛奇龄：《明武宗外纪》。
③ 《明武宗实录》卷108，正德九年正月庚辰。

并赐予朱姓。江彬夸耀边军骁勇悍战,明武宗遂将辽东、宣府、大同、延绥四镇边兵与京军对调,在京城乃至宫内操练,号"外四家"。明武宗时常穿上军装巡视,十分快活。江彬还唆使明武宗外出巡幸。起初,他主要是在京城附近巡幸,纵情声色。至正德十二年,明武宗又巡游宣府。朝臣们反对,他竟偷偷出京,到达宣府,并在那里建"镇国府",自封"镇国公",号称"总督军务威武大将军总兵官"[①]。每到夜间,他便领亲信四处游荡,遇高门大户辄闯进索要妇女。他尽情淫乐,不思归京,每称"家里"。其后,他又先后三次巡幸宣府、大同等地,纵情声色。

正德十四年二月,明武宗又下令南巡。大臣们纷纷反对,明武宗令或下狱,或罚跪杖责,甚至杖死11人,但他也不得不暂时终止南巡。六月,宁王朱宸濠起兵叛乱。消息传来,明武宗立即宣布御驾亲征,命江彬随驾。八月,大军出京,走到涿州,就接到叛乱平定的奏疏。但明武宗执意南巡玩乐,不许声张。十二月,他到达南京,长期驻跸下来,快活玩乐。正德十五年闰八月,他在南京举行了一个滑稽的献俘仪式。他身着军装,下令将早已被擒获的朱宸濠松绑,指挥将帅士兵擂鼓鸣金,亲自将朱宸濠抓获,算是过了一把将军俘敌得胜之瘾。然后,他才从南京北还。途中,他在淮安清江浦乘小船捕鱼。不料,一不小心,船翻落水。凉浊湖水的淹呛和惊吓使他自此染病,一蹶不振。十二月,明武宗回到北京,在南郊举行郊祀大礼。但他重疾缠身,"呕血于地,不能终礼"[②]。次年三月,明武宗病死。

---

① 《明武宗实录》卷166,正德十三年九月癸丑。
② 《明武宗实录》卷194,正德十五年十二月丁酉。

（三）崇奉藏传佛教

受到宫廷中浓厚的藏传佛教信奉之风影响，及其个人性格所致，明武宗最崇奉藏传佛教。他大肆封授在京藏僧，法王即封8位。至于封授西天佛子、灌顶国师等名号者，也有不少。藏僧"出入禁御，京食大官"①，供养优厚。

明孝宗死，他即令藏僧入宫举办荐扬法事。正德二年（1507）三月以后，他开始钻研藏传佛教。到正德五年六月，他"佛经、梵语无不通晓"。他在豹房建护国禅寺，与藏僧一起诵经。他的打扮及日常生活，据实录记载是："上诵习番经，崇尚其教，常被服如番僧，演法内厂。"②而他迷恋的实是藏传佛教"秘密教"，所谓藏僧"以秘戏进"，"恣声伎为乐"③。

明武宗登基，与藏传佛教噶玛噶举派黑帽系第七世活佛、大宝法王却扎嘉措去世，第八世活佛弥觉多吉出生同年，黑帽系遂编造说，"天子正德皇帝与御身之化现同时，即尊者第八代之诞生，与天子之登狮子座同时。此天子遂冠黑帽云：'朕乃噶玛巴也。'"④。明武宗大概听到他是大宝法王化身的传说，于是自封为"大庆法王"，并令有司铸金印，"兼给诰命"，"定为天字一号云"⑤。正德十年十一月，他还不顾群臣反对，派太监刘允往西藏迎弥觉多吉。明武宗令大肆置办礼物，"内府黄金为之一匮"，敕刘允"以十年为期"。但刘允到藏后，弥觉多吉不愿入朝。刘

---

① 《明武宗实录》卷108，正德九年正月丁亥。
② 《明武宗实录》卷121，正德十年二月戊戌。
③ 《明史》卷307《佞幸传·钱宁》。
④ 巴俄·祖拉陈瓦：《贤者喜宴》，转引自［日］佐藤长《明代チベットの八大教王について》（上），载日本《东洋史研究》1962年第21卷第3号。
⑤ 《明武宗实录》卷64，正德五年六月庚子。

允使团遭袭,伤亡过半,"空函驰奏乞归"①。其时,明武宗已死。

六、崇道好长生的明世宗

明世宗朱厚熜起初也力图除弊维新,但他兴起"大礼议",君臣、朝臣争斗,后来又崇道好长生,一意修玄,奸臣严嵩专权,朝政再趋黑暗腐朽。

(一)嘉靖初期的改革

朱厚熜生于正德二年(1507)八月,父朱祐杬为明宪宗第四子、明孝宗之弟。明宪宗先后有四子,仅三子朱祐樘、四子朱祐杬存活。明孝宗朱祐樘即位后,封朱祐杬为兴王,就藩于湖广安陆(今湖北钟祥)。正德十四年,朱祐杬去世,谥"献"。正德十六年初,其独子朱厚熜袭封王位。三月,明武宗死,无子,又无同父兄弟,生前也未立太子。这样,皇位继承者只能从皇族旁支中选取,而朱厚熜为最近支。于是,张太后与首辅杨廷和等朝臣商定,以明武宗遗诏宣布,朱厚熜"伦序当立",并派人往迎。四月,朱厚熜到达北京即位,改元嘉靖,为明世宗。

明武宗去世,明世宗来京即位,其间大学士杨廷和等人利用主政之机,通过颁布明武宗遗诏、张太后懿旨、明世宗即位诏等方式,大规模清革正德朝弊政,同时推行新政。明世宗以藩王入继大统,对明武宗弊政也有所体会,起初全力配合和支持除弊维新。两三年间,朝廷推出一些改革措施:第一,遣还、斥逐明武宗违制招徕及升授的各类人员。如

---

① 《明武宗实录》卷131,正德十年十一月己酉。

遣还入卫京师的边兵，抓捕江彬，磔杀于市；遣还京中藏僧、教坊人等以及各地进献女子，裁汰锦衣卫、各监局冗员滥役；斥逐邪佞官员及恩幸得官者，佞臣钱宁掌锦衣卫，诱导武宗巡幸淫乐，正德末因结交宁王朱宸濠被下狱，至此磔杀于市。第二，整肃宦官。逮捕正德朝恶阉张锐、张雄、张忠、吴经、刘允等人，惩治有差。明世宗严格控制宦官，有罪挞之至死，宦官基本谨守规制，"不敢大肆"。明世宗又陆续撤还各地镇守宦官及典京营仓场者，"终四十余年不复设"①。第三，清理皇室、勋戚等庄田。嘉靖元年（1522），外戚邵喜乞讨庄田，户部左侍郎秦金援引祖制，要求惩罚。明世宗虽然宽宥邵喜，但命都察院"禁如制"。秦金再要求查勘正德年间皇室、勋戚官员等额外侵占庄田，悉归其主，明世宗"从其议"②。此外，明世宗还下令停止一些地方土贡，罢各种额外之征，提倡节俭，鼓励直陈民间利病等。这些措施，迅速改变了正德年间荒嬉怠惰的政治局面，"天下欣欣望治"，被称为"嘉靖新政"。但是，明世宗不久开始专注"大礼议"，与杨廷和等几乎满朝之臣尖锐对立和斗争，杨廷和等不再得到信用，未能继续推行新政。

嘉靖三年九月取得"大礼议"决定性胜利后，明世宗在"议礼新贵"张璁、桂萼等人辅佐下，又进行了短暂的政治改革。其措施有：

第一，提高内阁职权。明朝中期以来，皇帝多宠幸宦官、佞幸，阁权被抑制。明世宗力倡政归内阁，先后提拔张璁、桂萼等入阁，加封公孤，使秩高于六部尚书，且赐以银章，许密封奏事。入阁后，张璁上疏提出："今内阁择其人焉，责之以择九卿；九卿择其人焉，各责之以择监司；监司择其人焉，各责之以择守令。"③即内阁领导九卿，为百官之首，

---

① 《明史》卷304《宦官传一》。
② 《明史》卷194《秦金传》。
③ ［清］孙承泽：《春明梦余录》卷23《内阁一·应制陈言》。

得到明世宗首肯。

第二，革新监察制度。明朝中期，御史、六科给事中等言官常依附宦官，或与朝臣交结，不能直言朝政、发挥监察职能。嘉靖六年六月，明世宗诏科道官于拾遗之后互相纠察，促使他们尽责。七月，他下令对不称职的科道官加以清理。嘉靖六年十月、九年正月、十二年九月，他还三次下令修改增补《宪纲条例》，成为"申明宪纲十五事"，强化言官的职责和作用。

第三，改革科举和用人制度。明朝中期，士人们多舍"四书五经"及程朱注疏不读，而靠背诵八股文范文以应科举，竟为浮华放诞之言。嘉靖六年九月，张璁提出考官"校文务取平实尔雅，有裨实用"，"各省乡试，宜如两京例，择翰林科部官为之主考"等，明世宗"令所司如仪举行"[1]。在用人方面，明朝中期，官员尤其是高级官员的选任独重进士，其他途径废而不用。嘉靖九年十一月，明世宗下诏，命科举、岁贡、荐举"三途并举"，只要有真才实德，"一体不次擢用"[2]。

嘉靖初期有限的政治改革取得了一定效果，也对明朝后期的隆庆万历改革有一定影响。不过，明世宗好玄崇道，追求长生，嘉靖十八年以后逐渐疏废政事，有限的政治改革早已停滞，政治更为黑暗，统治危机加剧。

（二）"大礼议"

明世宗虽然是少年即位，但有主见，个性强，虚荣心重，不甘于任人摆布。当他从安陆到达京郊时，礼部提出按皇太子即位礼，"由东安

---

[1] 《明世宗实录》卷80，嘉靖六年九月戊戌。
[2] 《明世宗实录》卷119，嘉靖九年十一月己酉。

门入居文华殿,择日登极"。他当即表示,"遗诏以我嗣皇帝位,非皇子也",因此迁延不进京。张太后和群臣只好同意他按皇帝礼仪,"入自大明门",御奉天殿,"即皇帝位"①。在年号上,杨廷和等人拟"绍治",寓意接续明孝宗"弘治",他选择了"嘉靖"。

正德十六年(1521)四月,明世宗即位后第五天,即令礼部讨论崇祀其父兴献王典礼。五月,礼部尚书毛澄等根据杨廷和指示,援引汉定陶王、宋濮王旧例,拟明世宗称明孝宗为"皇考",改称兴献王为"皇叔父",兴献王妃蒋氏(明世宗生母)为"皇叔母"。即明世宗认孝宗为父亲、兴献王为叔父,在宗法上过继给明孝宗一系("继嗣"),然后政治上即皇帝位("继统")。这一方案令明世宗大为不满,他愤怒地说:"父母可移易乎?其再议!"但杨廷和、毛澄等朝臣再讨论后,坚持原议。在群臣看来,皇位传承统绪不能中断。明世宗愤怒不已,又无计可施。

七月,新科观政进士张璁看准明世宗的心思和困苦,上疏说,廷臣之议错解了汉、宋之例,定陶王、濮王都是被预立为皇嗣,养于宫中、继承帝位的,而明武宗遗诏并没有说明世宗是作为明孝宗后嗣来即位,因此二者"较然不同"。而且,廷臣方案违背了人伦最大的"孝",不合情理。明世宗见疏大喜,即令尊父亲为兴献皇帝,母亲为兴献皇后。但是,杨廷和等拒绝明世宗之令,并弹劾张璁违背礼制,不久将张璁排挤为南京刑部主事。九月,蒋氏从安陆到达通州,因礼部议以王妃礼进京,遂也拒绝前行。明世宗向张太后和群臣要挟,"愿避位奉母归"。张太后、杨廷和等不得已,同意尊兴献王为兴献帝,蒋氏为兴献后。至嘉靖元年(1522)正月,在与朝臣反复斗争后,明世宗再次取得胜利,称明孝宗为"皇考",张太后为"圣母",兴献帝、后为"本生父母"。

---

① 《明史》卷17《世宗本纪一》。

第三讲　明朝中期的奇葩皇帝与统治危机

嘉靖三年正月,杨廷和因在"大礼议"中屡逆明世宗而辞职。但满朝文武的态度没有多少改变,二三百名官员多上言,"必以孝宗为考,而后大宗为不绝"。唯有都御史席书及吏部员外郎方献夫、南京刑部主事桂萼等少数人,和张璁一起支持明世宗。三月,明世宗下令尊兴献帝为"本生皇考恭穆献皇帝",命"仍于奉先殿侧别立一室,尽朕追慕之情"。明世宗还直接任命席书为礼部尚书,桂萼、张璁为翰林学士,方献夫为侍讲学士。在此前后,群臣因反对明世宗之议,多人遭到廷杖、下狱及降谪。七月十二日,明世宗再下令去兴献帝、后尊号中"本生"二字,这与明孝宗帝、后尊号已无差别。七月十五日,朝臣跪伏左顺门抗议,哭声震动殿廷。明世宗下令逮捕134人,为首者发配,其他四品以上夺俸,五品以下廷杖180余人,17人被杖死。这就是"左顺门事件"。

左顺门事件成为"大礼议"的转折点,此后反对派被基本清除或压服,明世宗和张璁等议礼派取得决定性胜利。九月,明世宗下令改称明孝宗为"皇伯考",张太后为"皇伯母"。嘉靖四年六月,在太庙之左建世庙,供奉崇祀兴献帝。嘉靖七年六月,明世宗令编《明伦大典》成,以钦定官书形式记述"大礼议"的经过和所谓的是非曲直,并清算杨廷和等护礼朝臣罪行,宣布追夺各人之官,给"大礼议"画上一个句号。

通过"大礼议"几年较量,明世宗实现了尊其父兴献王为皇考的目的,清除了限制皇权的首辅杨廷和及朝臣势力,树立了自己的专制权威,他也越发任性刚愎。在"大礼议"中,大批谨守传统、正直敢言的官员遭到打击,而议礼派小官依靠迎合阿顺,获得重用,破坏了官场风气。"大礼议"阻碍了"嘉靖新政"的推行,且明世宗、议礼派往往借"大礼议"牵连、打击政敌异己,也使政风败坏。

（三）崇道好长生

明朝中期诸帝基本上崇佛好道，尤其是崇奉佛教。明世宗则禁绝佛教，极度崇奉道教，好方术，祈求长生不老。

明世宗优待正一道首领。对正一道第四十八代天师张彦頨、第四十九代天师张永绪等，他除了允许袭封真人封号、爵位，命掌天下道教，主持国家祀典等以外，还多次予以厚封重赏，赋予种种特权。如嘉靖四年（1525）八月，张彦頨与江西贵溪县民徐太争夺地产，徐太奏张彦頨曾交结叛乱宁王朱宸濠、密贿江彬等。明世宗皆不问，特令锦衣卫逮问徐太等。嘉靖五年正月，张彦頨府第被焚，明世宗命有司修建。而当时赵、秦、荣三王府灾，须勘查后才能重建。张永绪入觐，明世宗打破"真人不预宴"之制，命其与徐阶等七大臣宴坐便殿，且为首席。

明世宗信用道士、方士，封授高品尊爵。他信用的道士、方士，著名者还有邵元节、陶仲文、段朝用、龚中佩、蓝道行、胡大顺、蓝田玉等。其中最得信用者为邵元节、陶仲文。邵元节，龙虎山上清宫道士，嘉靖三年征召入京师，以善祈祷封为真人，统辖朝天、显灵、灵济三宫，总领道教，班二品。明世宗还为其敕建真人府，岁给禄百石，以校尉四十人供洒扫，赐庄田30顷，蠲免租赋。嘉靖十五年，皇子诞生，录邵元节功，授礼部尚书，赐一品服。邵元节死，追赠为少师，以伯爵礼营葬。陶仲文，原为地方小吏，受符水诀，善祈祷和房中术，深受宠信。嘉靖十九年，明世宗疾瘳，以陶仲文祈祷有功，特授少保、礼部尚书。后加少傅，仍兼少保。嘉靖二十一年宫婢之变后，明世宗移居西内，日求长生，君臣不相见，独陶仲文时得见，见辄赐坐，称师而不名。嘉靖二十三年，再加陶仲文少师。一人得兼三孤，终明世唯陶仲文而已。嘉靖二十九年，以祷雨及平狱功，又封陶仲文为恭诚伯。

第三讲 明朝中期的奇葩皇帝与统治危机

明世宗沉迷斋醮、方术，饵食丹药。他自幼体弱多病，登基之后，对北方气候不太适应，起居失调，常常生病废朝。在太监崔文导引下，他向诸神祈祷，希望消灾祛疾。嘉靖十年始，他建祈嗣醮坛，祈求神灵保佑，早生皇子，令文武大臣多参与其中。嘉靖十七年二月，蒋太后病重，他在宫中设坛，并分祷于各地。明世宗大量提炼、服食丹药，道士、术士也争相进献各种丹药及药方。《万历野获编》记载说："嘉靖间，诸佞幸进方最多，其秘者不可知。相传至今者，若邵（元节）、陶（仲文）则用红铅，取童女初行月事炼之如辰砂以进。若顾（可学）、盛（端明）则用秋石，取童男小遗去头尾，炼之如解盐以进。"①

明世宗性情急躁暴怒，服食丹药后更喜怒无常。第一位皇后陈氏，嘉靖七年十月因看不惯他当面抚摸其他妃子之手，遭到怒斥，受惊小产而死。第二位皇后张氏，嘉靖十三年正月因为替张太后为其弟张延龄求请，立即被剥去衣冠杖责并废黜。明世宗听信方士之言，提取宫女经血，烧炼丹药，称为"先天丹铅"，残酷虐待宫女。宫女们平时动辄得罪，责骂是常事，被打死者多至200余人。嘉靖二十一年十月二十一日夜，不堪忍受的宫女杨金英等16人，利用明世宗夜宿曹端妃宫中熟睡之机，一起上手，将明世宗按住，用黄绫布蒙头，丝绳套脖，两名宫女合力拉绳套，要勒死明世宗。不想，绳套先被打成了死结，宫女们七手八脚也没勒死他。正在这时，皇后方氏得报，带人来救下明世宗。明世宗受惊虚弱，一时说不出话，就由方皇后主持，将16人全部处死，同时将曹端妃牵连其中，说她事先知情，将她一起杀掉。这一年是壬寅年，史称"壬寅宫变"。明世宗身体恢复后，逐渐得知自己宠幸的曹端妃无辜被杀，心里记恨方皇后。嘉靖二十六年十一月，宫中失火，宦官要求救

---

① ［明］沈德符：《万历野获编》卷21《进药》。

方皇后，明世宗竟不应声，残忍地看着大火把宫殿烧毁，把方皇后烧死。

"壬寅宫变"后，明世宗从乾清宫移居西内，每天除了斋醮祈寿、服食丹药，对朝政及其他事务都不关心，斋醮玄修成为其晚年的生活方式。时人说，他"饵此及他热剂，以发阳气，名曰长生，不过供秘戏耳"①。即这些长生药很多不过是房中秘术药。明世宗大量服食丹药，导致中毒，晚年"稍稍火发不能愈"，终致死亡。

明世宗先后在宫中修建了玄极宝殿、洪应殿、紫皇殿、大光明殿、大玄都殿、万法宝殿、真庆殿、紫极殿等众多道教殿坛，用以崇道祷祀。最著名者当属大高玄殿，嘉靖二十一年四月建成，嘉靖二十六年遭火重修，内供奉玉皇大帝和三清像，其中象一宫的象一帝君以明世宗的玄修御容雕画，是其举行道教活动的主要场所。嘉靖三十五年以后，他还为父母、自己先后加封很长的道教名号，成为历史上又一位道君皇帝。

明世宗唯道是尊，臣下忠奸、百官臧否概取决于对其修玄所持的态度，赏罚功罪亦以崇道奉玄为标准。邵元节、陶仲文等得高官厚禄已见前述。而谏阻修玄的官员则多遭到冷遇，甚至罢官、下狱。尤其是他以官员们撰写道教斋醮的献神祝文——青词来决定其升黜。青词主要由道士写就，由于文采难以称意，明世宗便命由词臣代笔。凡青词写得令他满意的官员，就能受到宠信，不次升迁，"工者立超擢，卒至入阁"②。最早以善写青词而得高位者为顾鼎臣，于嘉靖十七年入阁。其后，夏言、严嵩和徐阶都因善写青词而受宠入阁，成为首辅。明世宗崇道，常头戴一种自创的祭服香叶冠，并将香叶冠赐予夏言、严嵩等五位大臣。夏言认为香叶冠不合礼制，不愿戴，得罪了明世宗，被斥闲住。后夏言以议河套事失旨被杀，

---

① ［明］沈德符：《万历野获编》卷21《进药》。
② 《明史》卷193《袁炜传》。

明世宗还提及其不戴香叶冠之事。严嵩在召对时头戴香叶冠，深得他欢心，不仅入阁，而且长期担任首辅。据统计，嘉靖十七年之后14位辅臣中，有9位是以写青词起家入阁，另外5位阁臣如翟銮等，因未以青词迎合明世宗，皆旋起旋罢。

（四）信用奸相严嵩

"大礼议"之中及其后，明世宗逐渐怠政，厌薄朝臣和言官。嘉靖中期以后，他崇道好方术，更听不进大臣们谏诤，违者多遭严惩。这样，正直之臣难以立朝，邪佞逢迎之徒得到进用。嘉靖朝先后简用阁臣28人，首辅8人。除杨廷和以外，影响较大的还有张孚敬（张璁）、夏言、严嵩、徐阶等人，皆以阿顺逢迎而得位，又倾轧排陷同僚，斗争激烈，甚至你死我活。严嵩借此获得明世宗信用，擅权二十年。

张孚敬即张璁，正德进士，明世宗即位后，以礼部观政进士上言，掀起"大礼议"，得信用。嘉靖六年（1527）冬，拜礼部尚书兼文渊阁大学士，"入参机务"。后为首辅。嘉靖十年二月，为避宗名讳（厚熜），他奏请更名，被赐名孚敬。主政期间，他清理勋戚庄田，罢斥各地镇守宦官，严肃吏治，进行一些改革。但他"性狠愎，报复相寻，不护善类"[①]，大肆攻击护礼派及同僚政敌。

夏言，正德进士。嘉靖七年，时为吏科都给事中的夏言因在天地分祀问题上逢迎明世宗，"大蒙帝眷"，而首辅张璁则因态度迟疑而失宠。此后，夏言与议礼派官员争斗，获得一些朝臣支持，先代为吏部尚书。嘉靖十五年闰十二月，他兼武英殿大学士，"入参机务"。不久，为首辅。夏言"撰青词及他文，最当帝意"。他豪迈有俊才，但"志骄气

[①] 《明史》卷196《张璁传》。

溢"①，终为严嵩所害。

严嵩，江西分宜人，弘治进士。嘉靖四年，任国子监祭酒。后由夏言引荐，撰写青词，升任礼部尚书。嘉靖二十一年八月，以本官兼武英殿大学士入阁。他阴诋夏言，致使夏言被杀。后继任首辅，"无他才略，惟一意媚上，窃权罔利"。明世宗居西内一心修道，整天与方士混在一起，严嵩"独承顾问，御札一日或数下，虽同列不获闻"。他专权擅政，结党营奸。其子严世藩由太常寺卿进工部左侍郎，招权纳贿。严嵩晚年票旨，多出其手。义子赵文华官至工部右侍郎，委以抗倭重任。党羽鄢懋卿官至左副都御使，总理两浙、两淮、河东盐政，"所至市权纳贿，监司郡邑吏膝行蒲伏"②。严嵩又干扰吏部铨选，卖官鬻爵。

严嵩打击正直忠臣。锦衣卫经历沈炼生性耿直，嘉靖三十年正月上疏历数严嵩父子专权贪贿罪状。明世宗听信严嵩，将沈炼杖责谪边。后严嵩阴命宣大总督杨顺，将沈炼牵入白莲教狱，杀于宣府，又杀其二子。兵部员外郎杨继盛上疏弹劾严嵩"十大罪""五奸"，明世宗命下杨继盛于锦衣卫狱。都御史张经坐失事被判死刑，严嵩将杨继盛附名上奏。嘉靖三十四年十月，杨继盛被杀。他临刑赋诗曰："浩气还太虚，丹心照千古。生平未报恩，留作忠魂补。"人们"相与涕泣传诵之"③。

嘉靖后期，明世宗对严嵩专权擅政罪行多有所闻，逐渐厌之。嘉靖四十一年五月，御史邹应龙在大学士徐阶的支持下，上疏弹劾严嵩父子收受贿赂、交通内侍等不法事，严嵩被令致仕，后凄凉而死，严世藩充军，后被杀。严嵩党羽，不少也遭到惩治。

嘉靖四十五年二月，户部主事海瑞上《治安疏》，痛斥明世宗为政

---

① 《明史》卷196《夏言传》。
② 《明史》卷308《奸臣传·严嵩》。
③ 《明史》卷209《杨继盛传》。

之失:"陛下之误多矣,其大端在于斋醮",二十余年不上朝,"法纪弛矣"。他又刺讽世宗迷信"二王不相见",薄于父子;"乐西苑而不返",薄于夫妇;"吏贪官横,民不聊生,水旱无时,盗贼滋炽"。海瑞更是喊出天下百姓的怒吼:"嘉靖者,言家家皆净而无财用也","盖天下之人不直陛下久矣!"海瑞之疏,使举朝震惊。明世宗大怒,下令抓捕海瑞。待他平静下来,感觉海瑞说的不少是实情,"为感动太息,留中者数月"①。十二月,明世宗死于乾清宫。

---

① 《明史》卷226《海瑞传》。

第四讲 烽烟四起，南倭北虏

明朝中期，东南倭寇猖獗，不断侵掠沿海地区，北边蒙古势力强盛，频繁袭扰内地，形成以"南倭北虏"为主的严重边防危机。同时，内地各省民众不断爆发反抗斗争，云南、广西少数民族地区常发生叛乱、民变，东南沿海则有西方殖民者东来侵略，侵占澳门。严重的边防危机和民众变乱，大大削弱了明朝的统治。

一、倭寇侵掠东南沿海

14世纪初,日本处于南北分裂时期,各地大名割据一方,混战不已。长期的战争,产生了大批武士、浪人和残兵败将,不少人流落到朝鲜半岛和中国东南沿海地区,并与当地的海盗和奸商勾结,从事武装走私、抢劫烧杀勾当,朝鲜半岛和中国东南沿海深受其害,称其为"倭寇"。

(一)倭寇侵掠

倭寇侵掠中国始于元朝。明初,倭寇在沿辽东经山东至广东的辽阔海岸线上"在在出没",劫财杀人,居民苦之。明太祖几次遣使,接触日本南朝征西府怀良亲王,谕其制止倭寇,均无效果。明太祖遂数绝日本贡使,停止官方贸易。同时,他下令在辽东到广东沿海筑城列寨,添造战船和守兵,先后命信国公汤和、江夏侯周德兴等巡视、镇守,实行海禁政策。永乐年间,明朝与日本缔结勘合贸易条约,同时继续加强海防,剿捕倭寇。永乐十七年(1419),辽东总兵刘荣在望海埚大败倭寇,生擒数百,斩首千余。自此,倭寇不敢大规模侵扰。宣德年间,中日重新签订勘合贸易条约。日本政府也能打击倭寇,倭寇势力得到抑制,百余年未造成大患。

嘉靖时期,倭寇再次猖獗。先是,15世纪后期,日本室町幕府政权衰落，战乱不已，日本进入"战国"时代。各地大名为了获利，也争与明朝通商贸易。嘉靖二年（1523）五月，大内义兴遣僧宗设，细川高国遣僧瑞佐及宋素卿，先后来华朝贡，到达宁波。根据明朝市舶司的管理规则，"番货至，市舶司阅货及宴坐，并以先后为序"，但宋素卿贿赂宁波市舶太监，市舶司先阅看瑞佐货物，设宴时又使瑞佐上坐。宗设大怒，杀瑞佐，追击宋素卿至绍兴城下，杀明朝备倭都指挥刘锦、千户张镗，大掠宁波沿海郡邑，是为"争贡之役"。事发，明朝罢市舶不设，并严格海禁。日本各大名割据势力遂大肆进行走私贸易，纵容倭寇劫掠。一些中国奸商、海盗则利用日本商船前来赊贷货物之机，常干没款物，不少日本商人、武士遂寄居沿海岛屿，"出没海上为盗"[①]。

另一方面，明朝中期，东南沿海一带商品经济发展，海外贸易兴盛，许多沿海大贾、浙闽大姓、地主百姓乃至强盗无赖常突破官府禁令，从事走私贸易，不少人亦商亦盗，兼行劫掠，形成许栋、李光头、汪直（或作王直）、徐海等海盗团伙。他们与倭寇勾结，甚至以日本为基地，出没在浙江双屿、福建月港、广东琼州等地，劫掠沿海郡县，还攻入内地。如嘉靖十九年，南直隶徽州歙县（今属安徽）许栋与福建李光头等"私招沿海无赖之徒，往来海中贩鬻番货"[②]。汪直，歙县人，剽掠海上，连船数百。嘉靖三十二年三月，汪直勾结倭寇，大举入侵。四月，倭寇犯太仓，破上海县，掠江阴，攻乍浦。八月，倭寇劫金山卫，犯崇明及常熟、嘉定。次年正月，倭寇自太仓掠苏州，攻松江，复趋江北，薄通州、泰州。四月，陷嘉善，破崇明，复薄苏州，入崇德县。六月，由吴江掠嘉兴，还屯柘林。倭寇纵横来往，杀人越货，如入无人之境。徐海，

---

① ［清］谷应泰：《明史纪事本末》卷55《沿海倭乱》。
② 《明世宗实录》卷363，嘉靖二十九年七月壬子。

徽州人，拥众五六万，大船千余艘。嘉靖三十四年正月，徐海引日本和泉、萨摩、肥前、肥后、津州等五岛诸倭入寇。一些沿海民众苦于徭赋，困于饥寒，也被裹挟入伙倭寇海盗集团。

再一方面，明朝中期以来军制破坏，武备废弛。在浙、闽沿海，卫所军兵缺额严重，有一卫不满千余，一所不满百余者。士卒多老弱病残，"船敝伍虚，及遇警，乃募渔船以资哨守"，加上两省缺乏协调，消极推诿，"贼帆所指，无不残破"①。倭寇剽掠得逞，来者益多，给中国民众生命财产和明朝国防安全带来巨大灾难和破坏，酿成严重的"南倭"之害，也被称为"嘉靖大倭寇"。

（二）明朝抗倭斗争

倭寇猖獗，逐渐引起明世宗的重视。嘉靖二十六年（1547）七月，明世宗任命朱纨为浙江巡抚，兼管福建福、兴、建宁、漳、泉等处海道，全面负责御倭。朱纨禁止船只出海，"革渡船，严保甲，搜捕奸民"②。同时，他整兵备，严军伍，修复、添置战船，募乡兵，日夜训练，分驻严防。嘉靖二十七年四月，他合闽、浙之兵，协力夹攻，扫平倭寇重要据点双屿，擒拿倭寇稽天、海盗许栋，并击败浯屿之敌。次年三月，朱纨进攻福建外海的海盗船，俘虏李光头等96人，连同勾结的佛郎机（葡萄牙）人、豪绅奸商等一同处死，打击了倭寇、海盗的嚣张气焰。但是，朱纨触犯了东南沿海豪绅奸商的利益，他们鼓动在朝中的代理人，诬陷攻击朱纨擅杀，滥及无辜。嘉靖二十九年七月，明世宗听信谗言，下令逮捕朱纨，朱纨仰药自尽。其后，朝廷"罢巡视大臣不设，中外摇手不

---

① 《明史》卷322《外国传四·日本》。
② 《明史》卷205《朱纨传》。

敢言海禁事"①，倭寇更为猖獗。

倭寇反复大规模侵掠，使明世宗感到事态的严重。嘉靖三十一年七月，他又以佥都御史王忬提督军务，巡视浙江，兼管福建福、兴、漳、泉四府。王忬任将练兵，整军筑城。次年，他先后大败汪直、萧显等海盗、倭寇，斩杀各数百人，抓捕一些常作倭寇向导的豪绅无赖。嘉靖三十三年五月，南京兵部尚书张经总督闽浙诸军。张经见倭寇遍布沿海，已成大势，主张选将练兵，并征调西南土兵，待厚集兵力，战胜倭寇。但严嵩党羽、通政使赵文华赴江浙祭海，对备倭事宜指手画脚，不断催促张经进剿，张经不予理会。于是，赵文华密疏弹劾张经"养寇縻财"。在严嵩配合下，嘉靖三十四年五月，明世宗命逮捕张经。但朝廷逮捕之人未至，恰好西南土兵赶到。张经遂命进攻倭寇，当天即取得石塘湾之捷。五月，张经再命总兵俞大猷、参将卢镗水陆并进，斩倭寇1900余人，焚溺死者甚众，取得王江泾大捷。史称"自军兴以来，称战功第一"。明世宗却认为，张经"欺诞不忠"，仍令逮捕。十月，张经被斩首，"天下冤之"②。

王江泾大捷，赵文华冒功称是自己和浙江巡抚胡宗宪"合谋进剿"的结果。胡宗宪，嘉靖进士，因依附严嵩，升浙江巡抚。在赵文华推举下，胡宗宪任浙直总督，主持抗倭事宜。胡宗宪改剿为抚，用计离间海盗首领徐海、陈东、麻叶等人，使徐海擒献麻叶、陈东，然后诱杀徐海。他又假意招抚汪直，汪直来归，嘉靖三十八年十二月被斩于杭州。汪直部下、大队倭寇蜂拥而来报复，官军不能抵敌。胡宗宪剿倭不力，不久也被逮捕，嘉靖四十四年死于狱中。

---

① 《明史》卷205《朱纨传》。
② 《明史》卷205《张经传》。

其后，名将戚继光、俞大猷等成为抗倭主角。戚继光，字元敬，号南塘，晚号孟诸，山东登州（今蓬莱）人，世袭登州卫指挥佥事。嘉靖二十三年，他年十七袭职，备倭山东。改佥浙江都司，充参将，守宁、绍、台，后改守台、金、严。戚继光认识到，明军武备废弛，兵不习战，难以战胜倭寇，遂往浙江义乌招募矿工和农民3000余人，编组新军。根据倭寇擅长格斗和南方地形水网密布的特点，他创建鸳鸯阵法，以12人为一队，对士兵因其材力排列，将盾牌、狼筅、长枪、叉、钯、棍、刀等长短武器联合使用，形成一个有机整体。同时，他向部队灌输"保障生民，捍御内地"的思想，明赏信罚，严格纪律。经过戚继光严格训练和教育，很快就打造出一支极具战斗力、纪律严明的部队，人称"戚家军"。

嘉靖四十年四月，倭寇近20000人，聚船数百艘，盘踞在浙江外海，沿海象山、奉化、宁海等十几处卫所县城频频告急。戚继光从台州亲赴宁海，在龙山大败倭寇。倭寇趁台州防务空虚，分三路进攻。戚继光回救，在新河、花街大败倭寇，解救被掳掠民众5000余人。其后，又有2000多倭寇登陆，抵达台州府城下，戚家军与战。后倭寇转攻仙居，劫掠处州，戚继光在上峰岭设伏，歼其大部，并乘胜进攻。戚家军先后九战皆捷，俘虏1000余人，烧死溺死者无数，是为著名的台州大捷。总兵官卢镗等又在宁波、温州等地大败倭寇。这样，浙江倭患基本平息。

在福建，北自福宁，南及漳、泉，沿海千里，尽为倭寇盘踞骚扰。嘉靖四十一年七月，戚继光领兵6000前往福建剿倭。戚家军先后取得横屿、牛田、林墩等大捷，歼敌5000多人，救出百姓4000余人。十月，戚继光班师回浙。不久，福建倭寇复猖，倭寇6000余人竟攻陷兴化府，占领平海卫，八闽震动。明廷以俞大猷为福建总兵，戚继光为副，戚家军再次援闽抗倭。俞大猷，嘉靖武进士，除千户，守御金门。后为汀漳守备，历升浙江总兵。擢福建总兵，在汀州、漳州等地招募士兵，加强训练，组建"俞家军"，与戚家军联合作战。嘉靖四十二年四月，戚继光与俞大猷、广东总兵刘显三路进攻，歼敌2000多人，余倭四散奔逃，明军收复平海卫。戚继光升都督同知，任总兵，又在仙游、同安、漳浦等地大败倭寇，基本扫平福建倭寇。

广东还盘踞着20000多倭寇。嘉靖四十三年，俞大猷任广东总兵，先后在邹塘、海丰、南澳等地大败倭寇。福建倭寇平定后，"其得出者，逸出境至广东潮州。俞大猷又截杀之，几无遗类"①。至此，猖獗横行于东南沿海的倭寇基本被平定。

（三）隆庆开海

嘉靖年间抗倭斗争的胜利，为隆庆年间开放海禁，发展对外贸易提供了条件。

明朝的海禁政策从洪武时期开始。为了防范倭寇海盗，洪武四年（1371），明太祖下令，"禁濒海民不得私出海"②。洪武二十七年，又加强海禁，宣布对私自出海贸易者"置之重法"，"凡番香番货皆不许贩鬻"③。明朝与海外各国开展官方朝贡贸易，不许各国船只私来贸易，也严禁中国民间船只出海贸易。至正德年间，有暹罗船只遇风飘至广东，广东地方官征收货物税，许其贸易。其后，这一做法沿袭下来，明朝政府允许外国商船随时前来贸易，而加以抽分收税。一些外国商船往往与沿海商民勾结，逃避纳税，走私盛行，海禁渐弛。

---

① ［清］谷应泰：《明史纪事本末》卷55《沿海倭乱》。
② 《明太祖实录》卷70，洪武四年十二月丙戌。
③ 《明太祖实录》卷231，洪武二十七年正月甲寅。

嘉靖初年，因葡萄牙殖民者东来侵掠，及宁波争贡事件，明朝断绝日本朝贡，撤市舶司，同时加强海禁，严厉打击东南沿海走私贸易。朱纨任浙江巡抚兼管福建海道，不仅禁止出海贸易，而且连民间捕鱼、交通的船只都加查禁，给沿海地区官民生产、贸易乃至生活都带来损害。失去贸易利润的近海官绅海盗、无生计来源的民众以及流民无赖开始大肆转向海上贸易走私，不少人还与倭寇勾结。这样，海禁愈严，"贼伙愈盛"，其中真倭仅占十分之二三，大半则为中国海盗、走私者。于是，一些官员反思禁海政策，主张恢复市舶司，发展海上贸易。如嘉靖三十九年，凤阳巡抚唐顺之议复三市舶司，"部议从之"。

隆庆元年（1567），在沿海倭寇基本平定以后，福建巡抚涂泽民上疏，"请开海禁，准贩东、西二洋"[①]，要求允许商民出海，前往东、西洋贸易，得到明穆宗批准，史称"隆庆开海"（隆庆开关）。隆庆开海的最初地点是福建诏安县梅岭，后改为海澄县月港，起初政府对出海贸易的商民并不征税，到隆庆六年漳州地方官才提出征税。征收贸易商税事宜，由督饷馆具体负责。万历二年（1574），福建巡抚刘尧诲"题请舶税充饷，岁以六千两为额，委海防同知专督理之"[②]。

隆庆开海后，沿海商民可"于东、西诸番贸易，惟日本不许私赴"[③]，即可前往东、西洋即今东南亚各国从事海外贸易，但禁止前往日本。出海商人需先向官府申领许可证即"船引"，每船一张，并在督饷馆登记，以备回国时核查。每张船引交引税银三两，后增至六两。起初，官府每年发放船引50张，万历三年增为100张，万历十七年分为东、西洋各44张，后总数扩大至110张。万历二十五年十一月，东、西洋等处

---

① ［明］张燮：《东西洋考》卷7《饷税考》。
② ［清］顾炎武：《天下郡国利病书·福建·漳州府·洋税考》。
③ 《明神宗实录》卷316，万历二十五年十一月庚戌。

在先前的船引117张上再增20张。除了引税,督饷馆还征收水税(吨位税)、陆饷(进口货物税)和加增饷(携回白银税)三种商税,总计每年20000两左右,后来接近30000两,时人称为"天子之南库"。

隆庆开海以后,中国大量价廉物美而富有特色的商品源源不断地运往海外,中国与世界市场衔接,贸易额迅速攀升,是当时的世界先进强国。当然,隆庆开海并非明政府主动要发展海外贸易,而是对地方抗争"禁海"行为作出的让步,且它局限于福建、广东狭小地区,绵延千里的东南沿海仍处于禁海状态。可见,隆庆开海只能在有限程度上促进中国社会的发展。

二、鞑靼袭扰北部边境和"庚戌之变"

天顺以后,鞑靼强盛,不断袭扰明朝北部边境,嘉靖年间甚至进围北京,又酿成"庚戌之变",形成明朝中期严重的"北虏"之患。至隆庆年间,实现"俺答封贡",加强了汉、蒙民族之间的政治、经济、文化联系。

(一)鞑靼重新强盛

正统年间,瓦剌崛起,造成"土木之变",明英宗被俘。在景泰帝和于谦等人指挥下,明军打败瓦剌军队,取得北京保卫战胜利。不久,也先杀汗王脱脱不花,景泰四年(1453)自称"大元田盛大可汗",并继续征讨蒙古各部,势力一度东到朝鲜,西至中亚,希图重建昔日元朝的辉煌。但也先骄横嗜杀,荒于酒色,引起蒙古诸部不满和内讧,被部属阿剌知院杀死。鞑靼部首领孛来趁瓦剌内乱,于景泰七年又杀阿剌知院,瓦剌部迅速衰弱,退回天山以北一带。

天顺以后,鞑靼部重新强盛。孛来复立脱脱不花子麻儿可儿为可汗,因年幼称为"小王子"。此后,相沿成习,明人皆称蒙古可汗为"小王子"。成化元年(1465),孛来与小王子等带领鞑靼各部先后进入黄河河套地区。这里水草丰美,气候适宜,适合游牧业。自明朝中期,鞑靼各部逐渐来此,抄掠延绥、平凉、灵州、固原、大同等地,改变了原来游牧流动袭扰各处明边的局面,因此被称为"套寇"。成化年间,鞑靼各部大举来驻河套地区,"无岁不深入,杀掠人畜至数千百万"[①]。成化十六年,成吉思汗第十五世孙、六岁的巴图孟克即汗位,称"大元大可汗",即小王子达延汗。成化二十三年,达延汗亲政。他对内加强专制统治,废除容易专权的丞相、太师等职位,又打压其他部落首领势力,对外进一步扩张,西击瓦剌,迫使其再度西迁,又东破兀良哈三卫,势力大增。达延汗将蒙古部族分为六个万户,按传统划分为左右两翼,大汗驻察哈尔万户内,统率左翼三万户。

达延汗及鞑靼各部频繁攻击明朝边境,深入内地,大肆屠戮抢掠。如弘治十四年(1501),达延汗"以十万骑,从花马池、盐池入,散掠固原、宁夏境,三辅震动,戕杀惨酷";正德八年(1513),达延汗"数入寇,杀掠尤惨,复以五万骑攻大同,趣朔州,掠马邑";正德九年秋,鞑靼"连营数十,寇宣、大塞,而别遣万骑,掠怀安";嘉靖六年(1527)春,"小王子两寇宣府",秋"以数万骑犯宁夏塞";次年春,鞑靼"掠山西",夏"入大同中路",冬"复寇大同"[②]。鞑靼部频繁袭扰,大肆杀掠,对明朝边防的冲击、破坏远过"南倭",造成明朝中期

---

① [清]谷应泰:《明史纪事本末》卷58《议复河套》。
② 《明史》卷327《外国传八·鞑靼》。

严重的"北虏"问题。

(二)"庚戌之变"

正德十二年（1517）达延汗死，汗位由其长子阿尔伦（先死）长子卜赤继承。卜赤难以服众，鞑靼复陷分裂。其中，以达延汗次子阿著之子吉囊、俺答最强。嘉靖十二年（1533），吉囊"窃入宣府永宁境，大掠而去"；嘉靖十五年夏，"吉囊以十万众屯贺兰山，分兵寇凉州"，"又入延绥及宁夏边"，"冬，复犯大同，入掠宣、大塞"；二十年，吉囊、俺答"大举内犯"，俺答"下石岭关，趣太原"，吉囊"由平虏卫入掠平定、寿阳诸处"，明朝总兵丁璋、游击周宇战死，"诸将多获罪"。吉囊死后，诸子分散，俺答"独盛，岁数扰延绥诸边"。嘉靖二十三年冬，小王子"自万全右卫入，至蔚州及完县，京师戒严"[①]。

面对鞑靼大肆袭扰，明朝因武备不修，部队战斗力低下，总体处于被动挨打的局面。当时，有的大臣提出应主动出击，收复河套地区，清除鞑靼袭扰之患。如嘉靖二十五年，三边总督曾铣等上疏提出，趁春夏之交有利官军之际，主动出击，"直捣其巢"。明世宗起初支持曾铣，首辅夏言也大力支持，曾铣在西北出击取得一些胜利。后明世宗狐疑畏惧，严嵩趁机"极言套必不可复"，并构陷夏言。明世宗遂令逮捕曾铣，以"交结近侍"律处斩[②]。夏言先被免官，嘉靖二十七年因俺答进攻大同、宣府，明世宗认为是他和曾铣等主张收河套，导致俺答报复，因此"并斩"夏言。此后，朝廷内外再无人敢提议收复河套，"北虏"之患更甚。

嘉靖二十九年六月，俺答率军围攻大同。担任宣府大同总兵的是因

---

① 《明史》卷327《外国传八·鞑靼》。
② 《明史》卷204《曾铣传》。

贿赂严世蕃而得职的仇鸾。他懦弱无能，竟贿赂俺答，求请他们移寇他塞。俺答解围东进，八月进至古北口，都御史王汝孝率领蓟镇军抵御。俺答佯攻古北口，另派精骑在西部黄榆沟毁长城而入，王汝孝军大惊溃散。于是，俺答攻占蓟镇，"大掠怀柔，围顺义，抵通州，分兵四掠"[1]，兵临北京城下，明廷戒严，京师震恐。此时，北京防守薄弱空虚，禁军仅四五万，老弱半之。明世宗急命吏部侍郎王邦瑞、定西侯蒋传提督九门，并下勤王诏，招集边军入京援助。仇鸾惧怕贿敌事情暴露，佯奏应援。明世宗为其蒙蔽，任命为平虏大将军，统帅各部援军。但面对强悍能战的鞑靼骑兵，明朝各路援军皆恇怯不敢战，"凡十余万骑，相视莫敢前发一矢"[2]。兵部尚书丁汝夔请督诸军出城战，严嵩竟劝阻道："塞上败或可掩也。失利辇下，帝无不知，谁执其咎？寇饱，自飏去耳。"[3]

由于朝廷内外皆怯而不敢战，俺答军在京师等地大肆杀伤抢掠，"纵横内地八日"。俺答本无意攻城，在抢得大批金银钱粮以后，从古北口退去。其间，仇鸾带兵尾追，也被俺答打败，遂杀百姓冒功。战后，明世宗追论京城被围败事，丁汝夔以"守备不设"被枭首，严嵩却不为救免。这一年为农历庚戌年，史称"庚戌之变"。

（三）俺答封贡

"土木之变"后，明、蒙互市贸易基本断绝，蒙古各部不能获得粮食、布帛、茶叶等日常生活用品，遂经常袭扰明边，武装抢掠。但是，战斗毕竟有胜负损耗，明朝北边城乡也非发达富庶之区，因此并不能解

---

[1] 《明史》卷327《外国传八·鞑靼》。
[2] ［清］谷应泰：《明史纪事本末》卷59《庚戌之变》。
[3] 《明史》卷204《丁汝夔传》。

决蒙古部族日常生活之需。鞑靼也认识到这一点，迫切希望以和平的方式与明朝进行互市贸易。据记载，从嘉靖十三年（1534）至二十九年"庚戌之变"前，俺答派遣使者求贡不下十余次，甚至承诺"约束其下，令边民垦田塞中，夷众牧马塞外，永不相犯"[①]。明世宗认为鞑靼狡诈，不可相信，坚持闭市绝贡，并明令"复言开马市者论死"[②]。

隆庆年间，大学士高拱、张居正等主政，加强边防建设，鞑靼的袭扰抢掠越来越遭受失败。如隆庆元年（1567），鞑靼首领老把都、土蛮进攻蓟东，在棒槌岩千骑落岩尽死；俺答父子侵袭石州，人马道死万数。在这种情况下，俺答及鞑靼各部越发急迫地希望恢复朝贡和互市。正巧发生了把汉那吉事件。把汉那吉是俺答第三子铁背台吉之子，幼失父，育于俺答妻一克哈屯，长大后娶大成比妓为妻，"不相得"，遂"自聘我儿都司女号三娘子，即俺答外孙女也"。但俺答见三娘子貌美，"夺之"。把汉那吉忿恚，听说宣大总督王崇古"方纳降"，即于隆庆四年十月率妻子十余人投向王崇古。王崇古等上报朝廷，建议优待把汉那吉，令俺答交还叛降而为向导的汉人赵全等，放还被掳掠的军民，与蒙结好，实现封贡互市。但当时多数人持否定态度，边将、官员畏惧俺答势盛，皆以为不可，认为此举是引狼入室。朝中也意见不一，兵部尚书郭乾不能决。内阁辅臣高拱、张居正等支持王崇古之议，"拱主封俺答，居正亦赞之，授王崇古等以方略"[③]。于是，明穆宗下诏，封把汉那吉为指挥使。而把汉那吉降明后，一克哈屯想孙子，朝夕哭泣，弄得俺答也不自在。俺答于是和明朝联系，决定将赵全等献还，明朝则将把汉那吉送回。俺答得孙，遣使来谢，并请封赏互市，"愿相戒不犯边，专通贡开市，以息边

---

① ［明］谈迁：《国榷》卷57，嘉靖二十年七月丁酉。
② ［清］谷应泰：《明史纪事本末》卷60《俺答封贡》。
③ 《明史》卷213《张居正传》。

民"①。

隆庆五年二月，王崇古上疏，请议封贡八事，包括"议封号官爵""定贡额""议贡期、贡道""立互市""议抚赏""议归降""审经权""戒狡饰"②，对封贡各项事宜提出详细建议。在辅臣高拱、张居正、李春芳等支持下，明穆宗诏封俺答为"顺义王"，其余诸首领也分别封为都督同知、指挥同知、指挥佥事、正千户、副千户、百户等职。同时，采纳王崇古建议，允许蒙古各部前来朝贡，并开互市，使明、蒙进行交易。俺答之侄吉能等"亦请市"，明穆宗也表示同意，并封为都督同知。俺答又请金字佛经及喇嘛僧，明朝也赐给之，并给俺答"镀金银印"。俺答佞佛建寺，诏赐寺额"仰华"。这样，明、蒙之间达成和议，实现了"俺答封贡"。

此后，俺答"事朝廷甚谨"，并约束部众，有掠边者必罚治之。后继者也基本遵其策，接受明朝封号，进行朝贡互市贸易，延续数十年的"北虏"危机基本解除。俺答封贡促进了汉、蒙人民之间的政治、经济、文化交流，也为后世处理民族关系提供了成功的典范。

三、此起彼伏的民众起事

明朝中期，各种社会矛盾逐渐激化，广大民众不断掀起反抗斗争。其中，规模较大的有正统年间浙江叶宗留领导的矿徒起事和福建邓茂七、广东黄萧养先后领导的农民起事，成化年间荆襄流民起事，以及正德年间四川蓝廷瑞、鄢本恕等农民起事，直隶刘六、刘七领导的农民起事等。

---

① 《明穆宗实录》卷52，隆庆四年十二月甲寅。
② 《明史》卷327《外国传八·鞑靼》。

(一)浙江叶宗留矿工起事

明朝对矿业实行官营,只允许获得政府许可的地主、商人雇用矿工开采,政府征取矿税,禁止民间"盗矿"。浙江、福建、江西三省交界的仙霞岭是银矿产区,矿工在官府和矿主的农奴制剥削和压迫下,收入低微,常"赔累矿课",难以为生,不少人逃亡或加入"盗矿"者行列。一些穷苦农民为谋生,也进山盗采矿坑。在官府严禁、严惩下,不少矿工矿徒走上武装反抗的道路。

叶宗留,浙江庆元人。少曾习武,长为处州府(今丽水)吏役。正统七年(1442),他聚众千余人,入仙霞岭山区,盗采福建宝峰场银矿。但盗采收获极少,且常遭官府追捕,生活艰难。正统十年,叶宗留组织矿工起事,"称大王"。他们进攻江西永丰,为官军所败,遂逃往浙江处州、云和、福建政和等地,继续盗矿。正统十二年,叶宗留在政和再次起事,进攻政和、建阳、建宁等地,"分众截车盘岭,铅山惴恐,行旅断绝"①,转战闽、浙、赣三省交界区域,势力达到数千人。

他们与福建邓茂七起事部队呼应声援。正统十三年十一月,叶宗留军在江西铅山黄柏铺截击了前往福建镇压邓茂七部的官军,打死都督佥事陈荣及指挥刘真等,但叶宗留也中箭身亡。其部众由叶希八统领,继续武装反抗斗争。正统十四年三月,他们进攻江西广信,入上饶,永丰县知县邓颙率民兵抵抗,兵溃被杀。四月,攻福建崇安等县,杀都指挥吴刚等。他们围攻处州府,败守城官军,起事军发展至数万。五月,官军在镇压了福建邓茂七部后,来解处州之围。叶希八等不敌投降,其众多散。余部在陶得二率领下,又坚持抗争。景泰二年(1451),陶得二

---

① [清]谷应泰:《明史纪事本末》卷31《平浙闽盗》。

被擒，部众也多被招抚，"悉解散复业"。

（二）福建邓茂七农民起事

邓茂七，江西建昌人。入闽至宁化县，豪侠集众，常数百人。不久，至沙县，为佃户种田。当地佃户佃种土地，除需向地主缴纳正额地租以外，还被迫额外缴纳鸡鸭等所谓"冬牲"。邓茂七鼓动佃户拒绝缴纳地租和"冬牲"，遭官府抓捕。正统十三年（1448）四月，邓茂七刑白马，歃血誓众，举兵起事。

邓茂七起事后，远近响应，"乌合至万余人"。他们进攻上杭、汀州、光泽，顺流下邵武、顺昌，攻占二十余县。尤溪"炉主"蒋福成鼓动民众起事，占领尤溪，也归附了邓茂七。邓军占领沙县，全歼延平同知邓洪等带领的2000官兵。邓茂七称"铲平王"，并设官封职。他们进攻延平，败官军于城外，杀都指挥范真、指挥彭玺等。八月，明英宗命都督刘聚为总兵，佥都御史张楷监军，调动官军6000余人前来镇压。邓茂七分遣部将，由德化、永春、安溪进攻泉州，在五陵坡俘杀知府熊尚初，邓茂七以2000余人攻建宁。

正统十四年正月，明英宗"以闽师久无成功"，命宁阳侯陈懋为征南将军，率京营及江西、浙江诸处大军征剿。朝廷大军未到，在张楷招降下，邓茂七部将多人投降，多人被擒。张楷指挥官军进攻延平，邓茂七军败退而攻建宁，杀参政张瑛，寻退保陈山。二月，张楷诱使邓茂七复攻延平，官军伏击合围，邓茂七"中流矢死"。余众在邓茂七侄邓伯孙率领下，"各分据山砦"。此时，朝廷大军到达福建，分道剿捕。五月，邓伯孙被俘，余部被擒、抚略尽，"八闽悉平"。①

---

① ［清］谷应泰：《明史纪事本末》卷31《平浙闽盗》。

（三）广东黄萧养农民起事

黄萧养，广东南海冲鹤堡人。家贫，为人佣工，有胆略，后以"行劫"被捕入省狱。正统十三年（1448）九月，他越狱入海，"啸聚群盗赴之者如归市，旬月至万余人"，遂正式起事。次年八月，他集船300余艘，攻围广州，"经月不解"。总兵官、安乡伯张安，都指挥佥事王清领兵5000人、船200艘前来救援，结果在戚船澳被黄萧养打败，张安溺死，王清后被俘杀。十一月，黄萧养称"东阳王"，封都督、指挥等官，建立政权，众至二三万人。

参加黄萧养起事的民众，包括少地、无地的农民、佃农，还有渔民、工商业者，以及水乡以船为家、以渔为业的疍户，乃至居住在山区的苗、瑶等少数民族民众。景泰帝命以广西、江西及广东官军"并力剿捕"，以都督同知董兴为左副总兵领军，佥都御史杨信民督军。景泰元年（1450）四月，董兴率官军在大洲头与起事军大战，败之，黄萧养也中箭受伤。同时，明朝改杨信民为广东巡抚，加强招抚，起事军叛离日多。五月，黄萧养被俘，残众被招抚或镇压，"余党悉平"[①]。

（四）荆襄流民起事

明朝中期，土地兼并严重，大量农民失去土地，又面临苛重赋役，加以天灾人祸，不少人背井离乡，沦为逃户和流民。荆襄指湖广布政司的荆州府和襄阳府，其上游郧阳处于湖广、河南、陕西三省交界地带。这一带在元末明初为农民起义战乱之区，明初严禁百姓进入，因此"多旷土，山谷厄塞，林箐蒙密，中有草木，可采掘食"。但自明初开始，

---

① ［明］黄瑜：《双槐岁钞》卷7《黄寇始末》。

就陆续有流民违禁进入其地,垦辟谋生。正统二年(1437),岁饥,百姓"徙入不可禁"。成化年间,这一地区流民聚集达到150万人。流民生产、生活条件艰难,明朝政府又疏于控制管理,一些流民首领趁机鼓动于其中。

刘通,河南西华人,"有膂力",能只手举起千斤石狻猊,人称"刘千斤"。正统年间,他潜往襄阳房县,鼓动、组织流民,谋划起事。成化元年(1465)四月,他与石龙(号石和尚)、冯子龙等在房县大石厂"立黄旗聚众,据海溪寺称王,伪号汉",发动流民起事,众至数万。他们占据房县豆沙河诸处,万山之中,分作七屯,"荆襄震惊"。五月,明朝命抚宁伯朱永为总兵官,兵部尚书白圭提督军务,合湖广总兵李震前往镇压,又命副都御史王恕会三师并进,"捣其巢"。次年三月,白圭分兵从南漳、安远、房县、谷城等各路进攻,刘通败退寿阳。官军尾追,刘通退保大市,再败退至古口山。五月,刘通被擒杀,官军并杀起事流民及家属万余人,石龙等逃走。六月,石龙"复聚众千余,烧劫巫山、大昌县治"。官兵分进合击,流民军不断溃败,在大蚕河陷入官军包围。十月,石龙等首领先后被擒。官军又搜捕余党,"俾噍类不遗,庶无后患"①。

成化四年三月,明朝改户部右侍郎杨璿为右副都御史,抚治荆、襄、南阳流民。但是,流民的生产、生活条件没有改善,官府抚治措施也不周密,不仅刘、石众多余党逃散、潜伏,而且不断有大量流民涌来荆襄。成化六年,岁大旱,流民入山者90万人。原刘通部下李原(李胡子)、小王洪等活动于南漳、内乡、渭南等地,"复倡流民为乱"。成化六年十月,他们再次宣布起事,李原自称"太平王",附和者数十万人。十一

---

① 《明宪宗实录》卷35,成化二年十月丁未。

月，明宪宗命都御史项忠总督河南、湖广荆襄军务，与总兵官李震合力镇压。项忠见官军寡弱，遂奏准调集彪悍的永顺、保靖等地土兵，与手下官军合计25万人进剿。同时，项忠派人持榜入山招抚，流民受抚出山者40余万人。李原势孤，"有众六百，屯于竹山官渡"，小王洪"有众五百，屯于钧州龙潭"。成化七年七月，在官军分道进攻下，李原、小王洪先后战败被擒，"余多散亡"。

其后，项忠对荆襄流民进行疯狂屠杀。有的流民自洪武年间来此耕垦，定居繁衍，并未参与暴动起事。但官军进入后，不分青红皂白，"尽草剃之，死者枕藉山谷"。参加起事而被谪戍湖广、贵州者万余人，接受招抚而被遣还乡者40余万人，也因路途险远、染患疾疫以及吏役虐待等，不少死于路上。因此，时人不断指责项忠"滥杀""纵杀要功"，斥其所立平定荆襄纪功碑为"堕泪"碑。

残酷的现实，使各地流民仍然不断涌向荆襄地区，以谋生计。至成化十二年，荆襄流民又聚集到数十万。一些官员遂要求朝廷改变封禁、遣散政策，而在荆襄增设州县，接纳流民，编定户籍，使其在当地安生立业。于是，明宪宗命都御史原杰负责经略抚治。原杰会集三省官员，登记流民，共得11.3万余户，遣归故土者1.6万余户，愿留者9.6万余户，"许各自占旷土，官为计丁丈限给之，令开垦为永业，以供赋役"。同时，自三省各相关州县中析置八州县，使流寓土著者参错以居，开设郧阳府，"且立行都司、卫于郧阳，以保障控御之"①。这样，流民在荆襄地区入籍定居，社会矛盾得以缓和，困扰明朝中期数十年的荆襄流民问题暂时基本解决。

---

① ［清］谷应泰：《明史纪事本末》卷38《平郧阳盗》。

（五）四川农民起事

正德三年（1508）冬，四川保宁人刘烈发动农民起事，进攻陕西汉中等地，"势颇猖獗"。四年，他们回攻四川。不久，刘烈为乱兵所杀，余党廖麻子、喻思俸等"复炽"。

蓝廷瑞，保宁人，自称在山里获得古代印、剑，有"天命"，鼓动民众。正德四年十二月，蓝廷瑞称"顺天王"，鄢本恕称"刮地王"，廖惠称"扫地王"，发动群众起事。五年正月，明朝任命刑部尚书洪钟兼左都御史，总督川、陕、湖广、河南四省军务，负责镇压。五月，蓝廷瑞、廖惠等攻克通江县。不久，四川巡抚林俊遣官军、石柱土兵败之，廖惠被擒。蓝廷瑞退奔红口，与鄢本恕合兵，过陕西汉中三十六盘，至大巴山，又为官军击败。五月，鄢本恕、蓝廷瑞等进攻蓬、剑二州，攻烧营山县治，杀佥事王源。不久，他们假意受抚，屯东乡县金宝寺。后被擒，余众大溃。洪钟等分道追剿，斩俘甚众。

正德六年正月，江津曹甫发动农民起事，称"顺天王"，攻围县治，杀佥事吴景，但迅即被林俊镇压。曹甫余部在方四、任胡子等带领下走綦江，入贵州思南、石阡等府。不久，方四等战败，复入四川，攻南川、东乡等地，声言欲取江津、重庆、泸州、叙州，以攻成都，"远近震骇"。后任胡子被杀，方四带领残部退入思南。正德七年二月，方四等再进军四川，先攻南川，后克綦江。不久，被官军击败，奔婺川，"众遂散"，方四被擒。

十一月，汉中廖麻子、喻思俸，内江骆松祥，崇庆范藻等带领各支起事军分攻州县，"众号二十万"。不久，他们先后被镇压，"四川群盗悉定"①。

（六）河北刘六、刘七起事

明朝中期，皇帝、勋戚官员、宦官、大小地主疯狂地兼并土地。尤其在京畿地区，皇庄最多最大，勋戚官员、宦官庄田星罗棋布，庄头庄丁仗势欺压百姓，为害甚烈。不仅如此，京冀地区百姓还遭受马政之害。原来，明朝为了保证军马之需，强迫北直隶、山东、河南等地民众充当养马户，由官府提供种马，养马户负责喂养照料，缴纳定额马驹，作为赋役。若所养种马死亡或孳生马驹不足数额，养马户需赔偿，苦不可言。时人称："江南之患粮为最，河北之患马为最。"② 京南固安、永清、霸州、文安地方，京卫屯军杂居其地，民性彪悍，好骑射，往往邀路劫掠，称"响马盗"。正德年间，社会矛盾更为尖锐，民众"聚党益炽"。

刘六、刘七兄弟，霸州文安人，"善骑射"，经常被官府召集协助抓捕"寇盗"。寻因被"诬为贼"，"乃相聚劫略"。正德五年（1510）十月，刘六、刘七推举交河人杨虎为首，在霸州起事。六年正月，他们攻安肃县，劫回被捕下狱的同党齐彦名，"时穷民响应，旬日间众至数千，劫掠畿南州县"。他们俘文安生员赵鐩，赵鐩遂与两弟聚集500人归附。起事军南攻山东，因多取民间马匹为骑，"倏忽来去，势如风雨"。明廷命指挥同知李瑾统京营千人前往镇压，"官军马少，无以追敌"。三月，他们回攻京畿，在山东、河北等地进攻纵横。明廷加大镇压力度，命惠安伯张伟充总兵官，马中锡为右都御史提督军务，负责征剿。

六月，起事军兵分两路，杨虎、赵鐩等攻河南、山西，再攻河北、

---

① ［清］谷应泰：《明史纪事本末》卷46《平蜀盗》。
② ［清］顾炎武：《天下郡国利病书·北直隶（中）·大名府·田赋志》。

山东；刘六、刘七、齐彦名越山东、河南，出湖广、江西，再回攻山东、河北，"如蹈无人之境"，众至数万。八月，他们合兵，以2000骑破枣强县，杀知县段豸。朝廷改命伏羌伯毛锐充总兵官，太监谷大用总督军务，兵部侍郎陆完提督军务，并调宣府、大同、延绥边将边兵来剿。刘七等由沧州进攻霸州、信安，京师戒严。杨虎、赵鐩部往来河北、山东，十月攻济宁，焚运船1200艘，抓获工部主事王宠。然后南攻徐州，至宿迁渡黄河，杀淮安知府刘祥及高邮官军300余人，俘指挥陈鹏。又攻河南，破归德府，大败官军。不久，杨虎死，赵鐩等推刘三为首。刘三部在泰和、霍丘、鹿邑大败官军，杀都指挥王保等。时河淮南北，官吏望风逃遁，起事军势力更盛。十二月，朝廷再次加强镇压力量，命辽东巡抚彭泽提督军务，以咸宁伯仇钺为平贼将军充总兵官，率延绥、榆林诸军赴河南镇压。

正德七年二月，刘七等在真定大败毛锐，毛锐仅以身免。四月，刘六、刘七部在山东临朐、沂水等地被官军击败，在登州等地遭到合围，伤亡惨重。刘三、赵鐩部转攻河南，在泌阳差点俘获前大学士焦芳。其后，刘三、赵鐩转战南直隶、湖广等地，多遭败绩，退往河南桐柏、南召。不久，刘三战败自杀，赵鐩被擒。刘六、刘七部也在山东、南直隶遭遇失败，奔河南，入湖广。他们驻兵武昌阳逻团风镇，溯流至夏口，杀总督南京粮储都御史马炳然等。官军追击，刘六中箭溺水而死。刘七带领余部自黄州下九江，经安庆、仪真，沿江上下，三过南京，"往来如入无人之境"[①]。七月，刘七军至通州，余众逐渐溃散。八月，官军合围，刘七投水自杀，齐彦名战死，起事军失败。

---

① ［清］谷应泰：《明史纪事本末》卷45《平河北盗》。

四、西南边疆，风波不断

在此同时，西南边疆云南、广西少数民族地区也持续爆发叛乱、民变，冲击着明朝的统治。

（一）西南地区的土司制度与改土归流

土司也称"土官"，是元、明、清时期在西北、西南、东北等地区设置的由当地少数民族首领充任并世袭的官职。元朝以武力征服全国，采取"以夷制夷"策略，在边疆少数民族地区设立都指挥使司、宣慰使、宣抚使、招讨司、长官司、土知府、土知州、土知县等，任命当地少数民族首领为长官，进行管理。明承元制，因俗而治，维持少数民族地区的土司制度，土司"袭替必奉朝命，虽在万里外，皆赴阙受职"[①]。如思南宣慰使田氏、播州宣慰使杨氏、水西安氏等，皆自宋元以来世为当地少数民族首领和土官。明朝建立后，他们降附明朝政府，"领原职世袭"。

明朝前期、中期，在西南地区沿袭使用土司制度的同时，也对一些土司实行改土归流，将土司废除，改设由朝廷选任可迁调的流官统治，以加强对边疆地区的统一管理。如永乐十一年（1413），思南宣慰使田宗鼎与思州宣慰使田琛因争夺土地相互攻杀，明朝政府平定叛乱后，"分其地为八府四州，设贵州布政使司"，是明朝最早的改土归流。但是，贵州改土归流很有限，府以下官员仍"参用土官"。再如四川马湖府（治在今屏山县），洪武四年（1371）十二月由路改府，以元朝总管安济为知府，子孙世袭，为土知府。至弘治八年（1495）八月，第五代土知

[①] 《明史》卷310《土司传》。

府安鳌"性残忍,暴虐其民,计口赋钱,岁得银以万计"[1],又奸淫杀人,终被凌迟处死。九月,明朝改设流官知府,增设府同知一员。

总的说来,明朝在西南地区的改土归流规模有限,大规模而彻底的改土归流则在清朝时期。

(二)云南麓川之役

麓川位于云南西部,即今瑞丽一带,与缅甸接壤,为傣族先民等聚居之地。元朝在此设宣慰司。洪武十五年(1382)闰二月,明廷设置平缅宣慰使司,任命平缅百夷部长思伦发为宣慰使。洪武十七年八月,思伦发遣使朝贡,"并上故元所授宣慰司印",明廷改为"麓川平缅宣慰使司",命思伦发"兼统"麓川、平缅之地[2]。洪武末年,思伦发被麾下叛乱驱逐。明朝平叛后,仍命其为麓川平缅宣慰使,但又分其地设孟养、木邦两宣慰司。永乐年间,孟养、缅甸、木邦各土司冲突混战,麓川平缅宣慰使思任发(思伦发子)趁机攻略邻境,谋复百夷部故地。正统二年(1437)十月,云南总兵、黔国公沐晟遣官谕还所侵地,但思任发不听,"拥众叛于麓川"。次年十二月,思任发侵掠腾冲、南甸,略取孟养地,自称曰"法"(滇王)。明军平叛,死伤很大。正统五年七月,思任发遣使入贡,以求修好。

对麓川问题,朝廷中意见不一。王振和明英宗不知兵,而对此前的损兵折将感到耻辱,主张继续增兵平叛。兵部尚书王骥为结宠王振,也主张用兵。刑部侍郎何文渊、翰林侍讲学士刘球等认为,麓川地小险远,不宜大肆兴兵征剿,主张加以招抚,而把军事重点放在北部威胁更大的

---

[1] 《明孝宗实录》卷103,弘治八年八月戊寅。
[2] 《明太祖实录》卷164,洪武十七年八月壬申、甲午。

瓦剌方面。王振、明英宗等不听,决定增兵添饷,剿平麓川。正统六年正月,明朝命定西伯蒋贵为征蛮将军充总兵官,太监曹吉祥监军,兵部尚书王骥提督军务,调发南京、四川、湖广、贵州军15万征讨麓川,"转饷半天下"。官军兵分三路,先后攻克上江、木笼山等寨,重创麓川军。十二月,官军直捣麓川,"积薪焚其栅"。思任发携妻子逃亡缅甸,官军"焚溺数万"。王骥大胜,遂班师。

不久,思任发召集余部,据麓川者蓝等地。正统七年十月,明英宗再次命蒋贵、王骥出征麓川,发兵13万,转饷士卒近50万。次年二月,明军至金齿,命缅甸送献思任发,缅甸不应。蒋贵率官军往讨,大败之,思任发遁逃,俘其妻子。正统九年二月,王骥率军摧毁者蓝,擒获思任发子思机发妻子及部属,思机发退据孟养。正统十年十二月,官军逼近缅甸,缅甸执送思任发等人。明军斩思任发,"函献京师"。此前,正统九年九月,明朝废麓川平缅宣慰使司,在其故地设陇川宣抚司,以麓川头目恭项为宣抚使。

思机发"遣使入贡谢罪,中外咸愿罢兵",然王振要"尽灭其种类"①。正统十三年三月,明英宗又命王骥提督军务,宫聚为总兵官,率南京、云南、湖广、四川、贵州官军13万往讨。十月,官军抵金沙江,进兵孟养。思机发战败,也逃往缅甸,王骥回师金齿。但思机发部众趁机又拥立思任发幼子思禄为首领,占据孟养。官军久战而疲,王骥觉得思氏终难消灭,乃与思禄讲和,约以金沙江为界。王骥班师,"以捷闻"②,历时十二年的"麓川之役"结束。

麓川之役,思氏多次乞降朝贡,明朝本可招抚,但王振与明英宗坚

---

① 《明史》卷171《王骥传》。
② [清]谷应泰:《明史纪事本末》卷30《麓川之役》。

决主战,反复征剿,致使麓川之役旷日持久,空耗国力,也限制了北边对瓦剌的防守,得不偿失。

(三)广西大藤峡民变

大藤峡位于今广西桂平城区西北约 8 公里,是珠江流域西江水系黔江下游的一段峡谷。明朝的大藤峡地区指浔州、柳州两府之间浔江流域的狭长地带,范围包括今广西金秀,及武宣、象州、平南、桂平、贵港、藤县等连绵几百里的山区。这一带群山林立,峡谷幽深,人可攀援大藤作桥而往来两崖间,故称"大藤峡",是瑶族、壮族民众居住区。明朝地方官员对瑶族、壮族民众征收钱粮,且敲诈勒索,民众生活艰难。他们常常以劫掠、暴动来反抗官府的剥削和压迫。不过,明初大藤峡民变暴动多是小规模、分散的,影响不大。

明朝中期,为了加强对大藤峡一带民众的压迫和控制,统治者又在其地增设卫所和军队,并进一步掠夺瑶族、壮族民众的生活资源。如被征调来的田州土兵"于近山屯种,分界耕守"①,把瑶族、壮族民众分割围困在荒山中。民众不堪忍受,持续发动较大规模的民变暴动。如正统前期,大藤峡瑶民蓝受二等人暴动,"递年作耗,劫杀抢虏"②。正统十一年(1446),大藤峡民众流劫乡村,进攻诸县。

景泰七年(1456),瑶族人侯大苟率领瑶族、壮族民众起事,修仁、荔浦、平乐、力山等地瑶民响应,聚众至万余人,"出没两广"。天顺七年(1463),起事军 700 人甚至趁夜色攻入梧州,时总兵官、泰宁侯陈泾统领数千官军正驻城中,商议调兵进剿事宜,竟"不觉"。起事军人

---

① 《明史》卷 166《山云传》。
② 《明英宗实录》卷 89,正统七年二月丙午。

府治，劫库放囚，杀死多人，安然而退。其后，起事军又攻破南平、藤县等，并进攻广东，危及明朝在两广的统治。

成化元年（1465）正月，明廷任命韩雍为左佥都御史赞理军务，负责镇压大藤峡瑶族、壮族民变起事。朝廷调集各地兵力16万，开赴广西。韩雍认为，大藤峡易守难攻，瑶族、壮族民变"蔓延数千里"，难以分头围困，当全师"攻其腹心"，"余迎刃解耳"①。韩雍率军先攻克修仁、荔浦二县，切断了大藤峡外援，再挥师至大藤峡口，根据其地山川形势，分兵两路，南、北进攻。十二月，诸军水陆并进。侯大苟率领部众据山阻击，韩雍督兵登山死战，连破石门、林峒、沙田、古营等寨。然后，韩雍督军追进，攻击侯大苟军盘踞的横石塘及九层楼诸山。起事军力不能支，大败，侯大苟等被擒斩，"坠溺死者不可胜计"。韩雍还斩断连接两峡谷的大藤，改"大藤峡"名为"断藤峡"，"勒石纪功而还"②。

不过，由于明朝歧视和压迫政策没有改变，大藤峡地区的民变起事也未停息。成化二年，瑶族人侯郑昂又发动民众起事。十二月，起事者攻入浔州府城。不久，他们又攻陷洛容、北流二县。受其影响，各地民众纷纷而起，流劫至广东钦、化二州。明宪宗令韩雍继续镇压，并分设广西、广东两巡抚。成化五年，侯郑昂被擒。正德年间，大藤峡起事者更甚。明朝改变封锁策略，令商船载鱼盐入峡，缓解瑶族、壮族民众生活状况，并改"断藤峡"为"永通峡"。

嘉靖六年（1527），明朝任命新建伯王守仁为兵部尚书总制两广，镇压广西思恩、田州土酋卢苏、王受叛乱和大藤峡民变等。次年四月，

---

① 《明史》卷178《韩雍传》。
② 《明史》卷178《韩雍传》。

王守仁指挥官军直捣大藤峡,瑶族、壮族起事者一路败退,被歼灭殆尽。嘉靖十五年六月,侯公丁又起事,集众2000人,夜袭浔州军堡,"杀戍卒二百余人"。嘉靖十七年冬,侯公丁被诱杀。次年二月,兵部侍郎蔡经指挥大军,多路同时进攻,最终"平断藤峡诸盗"①。

五、葡萄牙殖民者东来和侵占澳门

15世纪,随着西欧资本主义生产关系萌芽和发展,西欧人迫切希望掠夺东方财富,开拓东方市场。但1453年奥斯曼帝国攻占君士坦丁堡,控制了欧洲和亚洲的陆上通道,于是西欧人开始寻找从地中海经大西洋到达印度和东方的航线,开始了对海上新航路的开辟。1498年,葡萄牙探险家达·伽马(Vasco da Gama)绕过好望角,渡过印度洋,到达印度。1511年,葡萄牙(明朝称为"佛郎机")殖民者攻占满剌加(今马来西亚马六甲),驱逐满剌加国王。葡萄牙殖民者以此为基地,将侵略矛头指向中国。1515年,葡萄牙国王派遣舰队,携使者托梅·皮雷斯(Tomé Pires)前来中国,要求通商。

正德十二年(1517),葡萄牙舰队到达位于广东珠江口的屯门,不顾中国地方官府的拒绝,强行溯江驶入内河,进入广州,并要求前往京师,觐见明朝皇帝。广东地方官员奏报朝廷,因佛郎机不在朝贡国家之列,明朝拒之,命广东地方官"予方物之直遣归"。葡萄牙殖民者不甘心被遣返,继续逗留在广州。正德十五年初,他们通过翻译火者亚三贿赂广东镇守太监,获准由广州北上,前往

---

① [清]谷应泰:《明史纪事本末》卷39《平藤峡盗》。

北京。

留驻广州的葡萄牙舰队强行占据屯门岛,掳夺杀掠,引起地方官员和民众的愤怒。这时,正好满剌加的求援文书到达北京,明朝始知葡萄牙殖民者占夺满剌加的事实。嘉靖元年(1522),明世宗命杀火者亚三,"敕责佛郎机,令还其故土"。广东海道副使汪鋐率兵收复屯门,赶走驻于屯门海澳等地的葡萄牙人。次年,葡萄牙舰队又来到广东海面,"巨炮利兵","横行海上"。明军指挥柯荣等在广东新会县西草湾败之,生擒葡将别都卢等42人,斩首35人,其余战败而逃。明军缴获葡萄牙大炮,"即名为佛郎机"①。

西草湾之战后,葡萄牙殖民者流窜到浙江、福建沿海,从事走私贸易,并与海盗头子李光头、许栋及倭寇勾结。他们盘踞在宁波双屿、漳州浯屿等岛,肆行劫掠。嘉靖二十七年,浙江巡抚朱纨命都指挥卢镗等率兵攻克双屿,将他们驱逐出境,烧毁其营房及船只。次年,朱纨继续进攻浯屿,大破倭寇,长期与葡萄牙人勾结的李光头等人被处死,残存的葡萄牙人逃往诏安县。明军继续攻击,葡萄牙人"死者胥溺,生者就擒"②。这样,葡萄牙殖民者在广东、浙江和福建沿海的据点均被拔除。

但是,葡萄牙殖民者并不想舍弃中国市场。嘉靖三十二年,他们抵达澳门,谎称商船"触风涛缝裂,水湿贡物,愿借地晾晒",又贿赂明朝海运副使汪柏,表示愿出租金,得以上岸窃居。其后,他们在澳门迅速建房开市,并筑炮台,设官管理。葡萄牙人来者益众,"诸国人畏而避之,遂专为所据"③。明朝官员对葡萄牙殖民者侵居澳门的野心和危害认识不足,态度也不一致,有的要求尽行驱逐,有的主张允许留住,而后

---

① 《明史》卷325《外国传六·满剌加》。
② [明]俞大猷:《正气堂集》卷5《议汪直不可招》。
③ 《明史》卷325《外国传六·佛郎机》。

一种意见在朝廷中占据了上风。万历十年（1582），明朝政府准许葡萄牙殖民者留驻澳门，明朝派遣官员加以管理，葡萄牙人每年缴纳地租银500两（后有增加）。从此，葡萄牙殖民者侵占了澳门。

第五讲 变法图强，隆万改革

明朝后期，隆庆至万历初年，统治阶层中的一些有识之士掀起了起衰振隳的改革运动，其中尤以万历初年的张居正改革影响最大。

一、钱权隐患，统治危机

明朝中期，政治日益黑暗腐朽，土地兼并剧烈，"南倭北虏"猖獗，民变此起彼伏，明王朝遭遇了空前的统治危机。

（一）政治日益黑暗腐朽，统治危机加剧

明朝中期，皇帝政治素质多数较差，庸惰荒嬉，而对朝政国事则缺乏兴趣。宦官专权干政，如正统年间王振、成化年间汪直、正德年间刘瑾均为其害尤烈者。以阁臣为代表的官员或阿顺皇帝、宦官，或党同伐异，或贪赃枉法，或庸碌无为，或兼而有之，吏治日益败坏。在这种情况下，统治阶级内部矛盾也越发激化。正德年间，先后爆发了安化王朱寘镭、宁王朱宸濠两起宗室叛乱。

朱寘镭为洪武年间分封于宁夏的庆靖王朱㮵的曾孙，弘治五年（1492）嗣爵安化王。他状貌魁梧，看相的蛊惑他"当大贵"，又有"妖巫"假托鹦鹉神"言如相者"，朱寘镭遂"有逆谋"之心。时宁夏巡抚安惟学苛刻跋扈，"数杖辱将士妻"，激起官兵怨恨。大理寺少卿周东在宁夏清查屯田，为取悦太监刘瑾，又虚增屯田数百顷，悉令交租，"人情大扰"[①]。朱寘镭趁机拉拢勾结当地军民。正德五年（1510）四月初

---

① 《明武宗实录》卷62，正德五年四月庚寅。

五，朱寘鐇在生员孙景文、都指挥何锦、周昂等谋划帮助下，杀镇守宁夏太监李增、少监邓广、总兵姜汉及安惟学、周东等人，招降游击将军仇钺及其部队，"数刘瑾诸罪状"，宣布"举义兵，清除君侧"，发动叛乱。明武宗连忙颁诏大赦天下，起用前右都御史杨一清为提督，宦官张永总督军务，率兵平叛。在宁夏，仇钺先是假意投降，劝诱朱寘鐇分兵出守，然后击杀孤守城池的周昂，带兵抓获朱寘鐇，再击溃出守的叛军，二十三日即平定叛乱。张永至，押解朱寘鐇等回京，"皆伏诛"[①]。

宁王朱宸濠是洪武年间封于大宁、永乐年间徙于南昌的宁王朱权的玄孙，弘治十年嗣爵。算命的说他长相不一般，"又谓城东南有天子气"，他信以为真。他先贿结刘瑾，后又勾结兵部尚书陆完、伶人臧贤、佞臣钱宁等，在明武宗面前称其贤孝，明武宗遂宠信之。朱宸濠恣肆胡为，擅杀都指挥戴宣，逐布政使郑岳、御史范辂，关押知府郑巘、宋以方，尽夺诸附王府民庐，大放高利贷，强夺民人田宅子女，"养群盗，劫财江湖间，有司不敢问"。他还与致仕都御史李士实、举人刘养正等"谋不轨"。副使胡世宁上疏要求防备朱宸濠，反而被其诬陷而遭谪戍。宁王府官员阎顺、陈宣和宦官刘良等揭发朱宸濠谋不轨，明武宗也不听。朱宸濠怀疑是承奉周仪告发，杀其全家和典仗查武等数百人。巡抚孙燧也上疏揭发，奏疏又被朱宸濠截住不能送达朝廷。

正德十四年，因大臣屡次谏诤揭发朱宸濠罪行，明武宗才下令收缴朱宸濠的护卫，命其退还所夺官民田。朱宸濠于六月十四日"称奉太后密旨，令起兵入朝"，发动叛乱。他杀死孙燧、按察副使许逵等，"集兵号十万"，攻占九江、南康，"驰檄指斥朝廷"，并亲自率兵往攻安庆，以图南京。提督南赣汀漳军务都御史王守仁闻变，迅速集兵攻克南昌。

---

① ［清］谷应泰：《明史纪事本末》卷44《寘鐇之叛》。

朱宸濠回师救援，被王守仁击败擒获，"自举事至败，盖四十有三日"①。明武宗得到朱宸濠叛乱的奏疏，正好找到往南方游玩淫乐的借口，立即宣布御驾亲征。八月，车驾至涿州，王守仁"平宸濠之奏已至"，明武宗还是"决意南幸"，"留守仁之疏不下"②。九月，王守仁将抓获的朱宸濠及其叛党交给太监张永等人，押往南京。一年以后，明武宗在南京举行了滑稽的献俘仪式。

（二）土地兼并剧烈，国家财政危机严重

明初，明太祖推行"移民就宽乡"政策，培育大批中小地主和自耕农，建立和巩固了明朝统治。明朝中期，皇帝多昏庸贪婪，大肆设立皇庄，带头兼并官民土地。诸王、公主、勋戚、宦官等争相乞请，广设各类庄田，官员、大小地主也恣意侵夺，掀起兼并狂潮。《明史》称，明英宗时，诸王、外戚、宦官"所在占官私田"。明宪宗将没收的太监曹吉祥庄田设为皇庄，"皇庄之名由此始"，"其后庄田遍郡县"。至弘治二年（1489），畿内皇庄计5处，占地12800余顷；勋戚、宦官庄田332处，占地33000余顷。明孝宗抑制兼并，"然当日奏献不绝，乞请亦愈繁"。明武宗即位逾月，即建皇庄7处，其后增至30余处，"诸王、外戚求请及夺民田者无算"。明世宗即位初，下令将皇庄改称"官地"，"诏所司征银解部"，同时限制王府、勋戚等庄田，稍抑兼并。不过，他也带头兼并侵夺土地，占据承天田地9000余顷，分为36庄。王府、公主、勋戚、宦官等不遑多让，纷纷侵夺兼并。时"为民厉者，莫如皇庄，

---

① 《明史》卷117《宁王权传》。
② 《明武宗实录》卷177，正德十四年八月丁亥。

及诸王、勋戚、中官庄田为甚"①。各级官吏、中小地主也千方百计地侵夺土地，横暴贪婪。如正德时大学士梁储之子梁次摅在老家广东与人争田，竟杀 200 余人。嘉靖时权相严嵩广买良田，遍于江西数郡。皇庄收入归于内廷，藩王、公主庄田也多免税，勋戚、宦官、官员则通过优免、飞洒、诡寄、挪移等手段极力逃税，因此全国登记纳税土地急剧减少，从洪武末年的 849 万余顷，到弘治十五年仅存 422 万余顷，失额过半。他们逃脱的赋税，被加到少地或无地的中小地主和农民身上，"由是富者愈富，而贫者愈贫"②。民众贫苦无依者四处流浪，导致明朝中期庞大的流民潮。

同时，军屯、商屯制度遭到破坏。明初法令较严，军屯推行有力，开垦田地约 90 万顷，效果明显。明朝中期，各级军官、镇守太监等不断侵夺屯地，占役屯军，屯军受到的压迫和剥削苛酷，大量逃亡。正统三年（1438），"逃故军士一百二十万有奇"，占到全国军队总数的一半。这样，军屯制度逐渐废坏，不少屯地又成为荒田。商屯为军屯的补充。但是，皇室、勋戚、官僚纷纷占夺、乞请盐引，再转手倒卖，获取厚利。而作商屯开中的商人手握盐引，却长期支不到盐，难以运销获利，逐渐失去商屯积极性。弘治年间，户部尚书叶淇遂"请召商纳银运司，类解太仓，分给各边，每引输银三四钱有差，视国初中米直加倍"，即商人缴纳白银，以购买盐引。虽然国库收入有了增加，但也使"赴边开中之法废，商屯撤业"③。军屯、商屯制度的破坏，使边地军饷只能依靠国家拨付，加剧了财政危机。

明朝中期，财政支出急剧膨胀，越发入不敷出。时皇室奢靡耗费剧

---

① 《明史》卷 77《食货志一·田制》。
② ［明］王叔英：《静学文集》卷 3《资治策》。
③ 《明史》卷 80《食货志四·盐法》。

增,内库经常侵夺国库,宗室和官员俸禄、军费数量持续攀升,尤其是"南倭北虏"猖獗、各地民变纷起,军费支出膨胀,国家财政日益吃紧。早在弘治年间,大同边警,"饷馈不足",兵部尚书马文升就"请加南方两税折银"①,未果。正德九年(1514),修乾清宫等,需用银百万两,国库不足,"派浙江等布政司并南北直隶府州县,均赋于民,每年带征十之二"②,开始了田赋加派。嘉靖中期,各项支出剧增,入不敷出现象越发严重。嘉靖二十九年(1550),俺答攻围京师,明朝增兵设戍,饷额过倍。次年,京边岁用至银595万两,户部尚书孙应奎苦无对策,"乃议于南畿、浙江等州县增赋百二十万"。其后,京边岁用多者过500万两,少者亦300余万两,"岁入不能充岁出之半"③。日益严重的财政危机,也使明朝统治危机加剧,因此迫切需要进行一场改革。

此外,明朝中期,"南倭北虏"猖獗,边防危机严重,"土木之变""庚戌之变"几乎导致明朝灭亡;内地各省民众不断爆发起事反抗斗争,云南、广西少数民族地区持续发生叛乱、民变,给明朝统治带来沉重打击,已见前述。这些都反映出,明朝中期面临严重的统治危机,时人称无异于"汉唐之末世"④。

二、短暂的隆庆改革

明朝中期的统治危机至嘉靖年间为极。隆庆年间,明穆宗朱载坖与首辅徐阶、高拱等进行了多方面改革,企图挽救明王朝覆亡的命运。

---

① 《明史》卷181《谢迁传》。
② 《明武宗实录》卷119,正德九年十二月甲寅。
③ 《明史》卷78《食货志二·赋役》。
④ [明]张居正:《张太岳集·书牍》卷12《答福建巡抚耿楚侗言致理安民》。

第五讲　变法图强，隆万改革

（一）隆庆政局

嘉靖四十五年（1566）十二月，明世宗驾崩，裕王朱载垕以遗诏即位，改元隆庆，为明穆宗。

明世宗先后生有八子，除二子朱载壑（嘉靖十五年生）、三子朱载垕（嘉靖十六年生）、四子朱载圳（嘉靖十六年生）以外，其他五子或未逾月而殇，或数月夭折。嘉靖十八年，明世宗立朱载壑为太子，同时封朱载垕为裕王、朱载圳为景王。不料，嘉靖二十八年三月，朱载壑病死。皇储问题为臣民瞩目，其后大臣们多次要求按照传统继承制度，尽早册立朱载垕为太子，但明世宗不同意。原来，在册立朱载壑为太子之前，道士陶仲文曾进言"二龙不相见"，反对册立太子。后太子朱载壑病死，明世宗认为陶仲文预言应验，笃信之，遂不愿再立太子。嘉靖三十一年，朱载垕、朱载圳已经十六岁，在廷臣们的反复请求下，明世宗才同意举行冠礼，让他们出阁受教育。迫于廷臣压力，明世宗下令选翰林院编修高拱、检讨陈以勤为裕王朱载垕讲官，成婚后留在京师；翰林院检讨孙世芳、林濂为景王朱载圳讲官，成婚后离京到湖广德安府就藩，以示分别。明世宗宠爱朱载圳生母卢靖妃，朱载圳成婚后未就藩，左右"怀窥觊"，"谋夺嫡"①。至嘉靖三十九年十月，在大臣们多次要求下，明世宗命筹备朱载圳就藩。次年二月，朱载圳就藩，基本断除了他争夺皇位继承人的希望。

明世宗不喜欢朱载垕的生母杜康妃，嘉靖三十三年杜康妃死后，葬礼不许超过其他皇妃。明世宗与朱载垕的关系也很淡薄，朱载垕居裕王府，父子平时难得见面。朱载垕连常例赏赐也不敢陈请，"喜庆一切不得

---

① 《明史》卷120《诸王传五·世宗诸子·景王载圳》。

上闻"。甚至嘉靖四十二年朱载坖第三子出生后，满月"不敢请行剪发礼"，百日不敢循例请名。直到隆庆元年（1567）正月朱载坖自己即位后，才给已经五岁的儿子赐名朱翊钧（即后来的明神宗）。明世宗坚持不立朱载坖为太子，迨嘉靖四十五年十二月去世前，才以遗诏命裕王朱载坖嗣位。可以说，嘉靖年间，朱载坖一直生活在疑惧中。而担任王府讲官教导他的，正是高拱、陈以勤和张居正等人。他对明朝中期以来尤其是嘉靖年间统治危机加剧、明朝濒临覆亡的状况有所认识和体会，即位后迅速进行改革。

隆庆年间担任首辅并辅佐明穆宗进行改革的，主要是徐阶和高拱。明穆宗初即位，首辅为徐阶，阁臣有李春芳、高拱、郭朴。徐阶，字子升，南直隶松江华亭（今属上海）人。嘉靖进士，授翰林院编修。历官国子监祭酒，礼部右侍郎，吏部右侍郎、左侍郎等。在吏部能接见庶官，"咨边腹要害，吏治民瘼"。嘉靖二十八年二月，进礼部尚书。以"所撰青词独称旨"，为明世宗信用。嘉靖三十一年三月，兼东阁大学士，入阁办事，仍掌部事。他密疏发咸宁侯仇鸾罪状，明世宗益重之，"数与谋边事"。嘉靖三十八年五月，改兼吏部尚书。严嵩罢，他代为首辅，在直庐中榜书："以威福还主上，以政务还诸司，以用舍刑赏还公论。"于是"朝士侃侃，得行其意"。他引导明世宗行宽政，人称"名相"[①]。自任礼部尚书以至首辅十五年，他"请立太子者数四"[②]。

明世宗去世，遗诏由徐阶起草。诏中没有列举明世宗功绩，而是自我批评说："本惟敬天勤民是务，只缘多病，过求长生，遂致奸人乘机诳惑，祷祀日举，土木岁兴，郊庙之祀不亲，明讲之仪久废，既违成宪，

---

① 《明史》卷213《徐阶传》。
② 《明神宗实录》卷136，万历十一年四月己巳。

亦负初心。"① 遗诏宣布，对嘉靖弊政加以清革。明穆宗即位诏也由他起草，宣布"推类以尽义，通变以宜时，期衍旧恩，遹弘新化"②，开列新政条款31条。两诏都直言批判明世宗的昏聩胡为，提出革弊维新，反映了当时广大臣民的心声。对明穆宗来说，两诏也迎合了他刚刚摆脱长期疑惧生活而对明世宗产生的怨恨、报复心态。但徐阶起草遗诏时并未与其他阁臣商量，而是找和他交好的侍读学士张居正"共谋"，以致引起他人不满。郭朴表示："徐公谤先帝，可斩也。"高拱也不满徐阶"独柄国"，"心不平"③。

高拱，字肃卿，河南新郑人。嘉靖进士，选庶吉士，授编修。为裕王朱载坖侍讲九年，"启王益敦孝谨，敷陈剀切，王甚重之"。累迁侍讲学士，历官太常卿，掌国子监祭酒事，擢礼部左侍郎。寻改吏部兼学士，掌詹事府事。嘉靖四十四年六月，升礼部尚书。明世宗"召入直庐，撰斋词"。次年三月，拜文渊阁大学士，"入内阁办事"。高拱"骤贵，负气颇忤（徐）阶"。明穆宗即位，徐阶为首辅，高拱自恃为帝师，"数与之抗"。隆庆元年五月，高拱被迫乞归。不久，徐阶因争论、推行诸事多得罪宫中宦官，也辞官而去。隆庆三年冬，高拱再被召，以大学士兼掌吏部事。他尽反徐阶所为，还诬称徐阶"假托诏旨，凡议礼得罪者悉从褒显"，是否定"大礼议"和明世宗，也是否定明穆宗皇位的合法性。明穆宗此时也冷静下来，"深然之"④。高拱掌吏部，"锐然惟甄别吏迹，储用边才为务"，也进行了一些改革。他与张居正等力排众议，促成"俺答封贡"⑤。

---

① 《明世宗实录》卷566，嘉靖四十五年十二月辛丑。
② 《明穆宗实录》卷1，嘉靖四十五年十二月壬子。
③ 《明史》卷213《徐阶传》。
④ 《明史》卷213《高拱传》。
⑤ 《明神宗实录》卷84，万历七年二月乙巳。

隆庆五年五月，高拱成为首辅，大力推行改革。早在嘉靖末期，他拟《挽颓习以崇圣治疏》，提出自己的改革政纲，但因明世宗去世而未上。高拱在疏中指出，当时"内则吏治之不修，外则夷狄之不靖，以兵则不强，而以财则不充，此天下之患也"，原因在于"积习之不善"。他列举官场"八弊流习"，即"坏法""黩货""刻薄""争妒""推委""党比""苟且""浮言"，要求皇帝坚除"八弊"，大小臣工"着实举行"①。隆庆年间，他先后掌吏部、为首辅，推行各项改革措施。

（二）隆庆年间的改革

隆庆年间的改革包括"除旧""布新"两个方面。其中，"除旧"即革除嘉靖弊政，主要是通过颁布落实明世宗遗诏和明穆宗即位诏来实现，如为嘉靖朝因言得罪诸臣，包括争"大礼"者，谏明世宗崇道斋醮者，劾权奸严嵩者，议复河套者等，予以平反或召用；再如纠正明世宗崇道之弊，对蛊惑的道士、方士加以追夺惩处；再如停止一些织造、采买等靡费扰民之举等。"布新"即推行隆庆新政，除了遗诏、即位诏中条款以外，隆庆年间明穆宗在徐阶、高拱等先后辅佐下，还陆续颁布许多措施，进行改革。其改革措施主要有：

1. 改革用人制度，整顿吏治

其一，多途选人用人。明朝中期以来独重进士，选人用人渠道狭窄。嘉靖前期，曾重申和再行三途并重，但未能坚持，"资格太拘"。明穆宗提倡打破资格，多途选人用人。隆庆元年（1567），他令各处抚按"将境内人才逐一搜访，会本具奏"，以后年终各举行一次。吏部又议

---

① ［明］高拱：《高文襄公集》卷22《奏牍上·挽颓习以崇圣治疏》。

准,在京九卿和科道官广访人才,对有才能者不分现任、去任,"各另疏荐"①。隆庆四年十二月,高拱请求命各抚按衙门甄别所属官员,不拘身份、资格,只要年力强壮,才猷卓越,"堪为一方保障者",都访实具奏,吏部体访得实,"题请超擢"。明穆宗命"依议行"②。

其二,加强官吏考核。首先是严格考核项目。明初考核官员,将记载官员政绩的实政册与考语结合。明朝中期,攒造实政文册流于形式,考语也多空洞浮言,考核虚应故事。隆庆四年二月,明穆宗命吏部申明朝觐考察事宜,抚按官开具考语,要指实直书,不得虚应故事。其次是增加考核频次。明朝对官员的考察,按制是京官六年一次,地方官三年一次。隆庆时,增加官员考核频次。如隆庆元年考察京官,隆庆二年考察地方官,隆庆三年考察京官,隆庆四年考察言官,隆庆五年考察地方官。明穆宗还打破旧制,下令考核王府官员。

其三,重视惩贪。明穆宗君臣尤其重视惩治贪官污吏。隆庆二年正月,直隶巡按御史顾廷对条陈六事,第一就是"治贪墨",指出当时惩贪"虽有提问追赃之例,而罚止纳赎,所追不及什二",惩罚太轻。明穆宗表示,贪官止于罢黜,诚不足示惩,"今次考察,诸司赃多迹著者,部院列其罪状,奏请处治"③。九月,都察院覆大学士张居正所陈,提出"惩贪酷",对地方官严行考核,"系酷者照例处治,系贪者即非枉法,亦严行追赃,押发各边,自行输纳,完日为民",明穆宗"命务实举行"④。

---

① 万历《大明会典》卷5《吏部四·选官·保举》。
② [明]高拱:《高文襄公集》卷13《掌铨题稿·覆吏科条陈疏》。
③ 《明穆宗实录》卷16,隆庆二年正月辛亥朔。
④ 《明穆宗实录》卷24,隆庆二年九月壬戌。

2. 改革军事体制

其一，加强兵部职官。首先是添设兵部侍郎二员。明朝六部为一尚书二侍郎体制，但明朝中期战事频仍，兵部二位侍郎"皆协理部事"，难以巡边或任边方总督，应付战守事宜。隆庆四年（1570）二月，高拱提出，在兵部添设侍郎二员，同额设侍郎协理部事，加强部务历练，可任巡边、边方总督和兵部尚书等。此议付诸实施。至隆庆五年五月，高拱又奏准，兵部以后除左侍郎一员外，右侍郎三员预先分定职掌，或巡边、或在部协理，增强历练。其次是专选兵部司属官。隆庆四年二月，高拱提出，兵部事务专业性强，要选任"有智谋才力者"充任司属官，加强历练，以备补充升任边方兵备、巡抚乃至总督，直至兵部尚书。

其二，慎选边地守臣军将，严明奖惩。隆庆四年二月，根据高拱建议，明穆宗下令，兵部司属官得到历练者可以升为边方兵备、巡抚乃至总督。六月，高拱又提出，以后各边守臣"必择年力精强、才气超迈者除补，或查治有成绩、兼通武事者调用"，有能力者比内地之官加等升迁，有军功者不次擢用。明穆宗"准行"①。明穆宗多次下令，对于边地军将信赏必罚，对军将的考察、迁转别立规则，重构军队的奖惩制度。

其三，修筑长城、墩台等边防设施。明朝为抵御蒙古势力侵扰，沿用并继续修补北边长城，称为边墙，沿线设置大量墩台、堡砦等，作为据点。明朝中期，蒙古势盛，常毁边墙、墩台等而入，侵掠杀夺，造成严重的"北房"危机。隆庆年间，不断修筑长城、墩台等：隆庆元年二月，明穆宗发太仓银4万两于延绥镇，"备募军修边之用"；次年三月，他又令发太仓银1万两于宁夏"修边"；隆庆五年四月，总督陕西三边

---

① ［明］高拱：《边略》卷1《防边纪事·议处边方有司以固疆圉疏》。

右都御史王之诰提出,在宁夏扯木硖旧堡河口至五方寺塔儿弯白草川墩等处,"增筑边墙、墩台、大小堡砦","及其余东西隘口次第修筑",明穆宗"从之";隆庆六年二月,总督宣大山西军务尚书王崇古"议修筑大同东路、阳和、天城、大川、镇口、瓦窑一带边墙,及化门儿沟墩台,请发银四千三百余两充费",明穆宗"命如数给之"①。

3. 保护民生,发展经济

首先是抑制兼并。明穆宗即位初,力行限田。据官员查奏,时除皇室庄田以外,勋臣外戚占有赐田百顷以上者就有近50人,多者近3000顷,合计数万顷。明穆宗命户部酌议裁革,提出勋臣传派五世者限田100顷,外戚限田700顷,宗支已绝及(失)爵者夺之,奸民影射者征租入官。隆庆二年(1568)十二月,户部提出,"元勋世裔限以二百顷,勋戚半者,限田百五十顷"。明穆宗"诏如议"②。他又下令,宗室买田不输役者没官,皇亲田俱令有司征之,如勋臣例。明穆宗还清理皇庄,嘉靖年间在承天设立的36处皇庄,至此"领之有司,兼并者还民"③。

其次是推行恤商惠商政策。隆庆元年,明穆宗采纳福建巡抚涂泽民建议,"准贩东、西二洋",开放海禁。隆庆三年五月,鉴于"京城百姓为金报商人,负累困苦",明穆宗命户、工二部议处恤商。于是,不少科道官疏言恤商事宜,"谕下之日,闻者忻然,若更生焉"④。宦官控制的各司监局对中小商人勒索抢夺,明穆宗规定"有需求抑勒者,悉治其

---

① 《明穆宗实录》卷5、卷18、卷56、卷66,隆庆元年二月丁未、二年三月乙卯、五年四月辛亥、六年二月甲午。
② 《明穆宗实录》卷27,隆庆二年十二月丁酉;[明]谈迁:《国榷》卷65,隆庆二年十二月丁酉。
③ 《明史》卷77《食货志一·田制》。
④ 《明穆宗实录》卷32,隆庆三年五月丁未。

罪"①。他还多次禁止官府私自在桥梁、关津、道路口抽税,恤商惠商,发展商业经济。

此外,明穆宗还宣布革除田赋加派,停止宦官到各地采办土特产品等。

(三)隆庆年间改革的成效

明穆宗在徐阶、高拱等人辅佐下,进行了涉及政治、经济、军事和民生等多方面的改革,取得了一定成效。如整顿吏治,多途选人用人,重视地方官选任,加强对官吏考核,打破了用人循资僵化之弊,提高了政府的行政效率;加强对官吏考核,重视惩贪,一定程度上扭转了嘉靖中后期的腐败之风,吏治得以改善。改革军事体制,加强对兵备、边防系统的整顿与建设,增强了边防力量,实现了"俺答封贡",改善了汉、蒙关系,促成了明朝后期西北边陲的和平。保护民生,发展经济,大力抑制兼并,使明朝中期以来的土地兼并狂潮稍得遏止,对生产的发展、民众生活改善不无裨益;推行恤商惠商政策,开放海禁,准贩东、西二洋,顺应了明中叶商品经济的发展趋势,促进了海外贸易的发展。总之,隆庆年间的改革取得了不少成果。它的诸多政策为张居正改革所继承和发扬,是明朝后期隆庆改革和万历改革的重要环节。

当然,也要指出,由于明穆宗统治时间不长,改革措施无论是广度还是深度都不够,因此效果有限。如在政治方面,官员尤其是阁臣残酷争斗,官员贪墨怠惰,吏治败坏,行政效率低下。在财税方面,赋役征收没有改革,国家财政危机仍十分严重。隆庆二年(1568),有官员即

---

① 《明穆宗实录》卷46,隆庆四年六月甲辰。

指出:"今天下府库殚虚,百姓困瘁。"① 在军事方面,改革措施还不多,北部边防仍未稳固。在民生方面,赋役不均严重,民众负担基本如常,社会矛盾仍旧尖锐。总之,虽经隆庆新政改革,但明朝中期以来的严重统治危机并未得到多大缓解。

三、大明第一首辅张居正改革

万历初年,明神宗朱翊钧年幼,首辅张居正主持政府,推行更为全面、深入的改革措施,取得了很好的效果,暂时缓解了明朝中期以来的严重统治危机,致成"万历中兴",后人称为"张居正改革"。

(一) 张居正主政

明穆宗朱载坖有四子,长子朱翊釴(裕王妃李氏生)、次子朱翊铃(生母无考)俱夭折。李氏卒于嘉靖三十七年(1558),继立陈氏为妃,无子。三子朱翊钧生于嘉靖四十二年,生母为裕王府宫女李氏。明穆宗即位后,隆庆元年(1567)册陈氏为皇后、李氏为贵妃。次年,立朱翊钧为太子。隆庆六年五月,明穆宗病死。六月,十岁的朱翊钧即位,改元万历,为明神宗。

明穆宗弥留之际,选定阁臣高拱、张居正、高仪为顾命大臣。次日明穆宗死,司礼监掌印太监冯保传遗诏:"东宫幼小,朕今付之卿等三臣,同司礼监协心辅佐。"② 也就是说,原本的顾命大臣又增添了司礼监掌印太监冯保。冯保,北直隶深州(今河北深县)人,自幼入宫,嘉靖

---

① 《明史》卷221《魏时亮传》。
② [明]高拱:《高文襄公集》卷43《病榻遗言·顾命纪事》。

年间任司礼监秉笔太监。隆庆元年，提督东厂，兼掌御马监事。时司礼监掌印太监缺员，按资序应由冯保递补，但明穆宗不喜欢他，高拱也"素畏之"，便推荐御用监太监陈洪担任，冯保由此忌恨高拱。不久，陈洪忤旨被罢，高拱又推荐不具资格的原尚膳监太监孟冲接替，冯保因此"恨拱刺骨"①。于是，他与大学士张居正联系，谋划驱除高拱。

张居正，字叔大，号太岳，湖广江陵（今湖北荆州）人，生于嘉靖四年。自小聪颖过人，十五岁考取秀才，十六岁中举人，为知府、巡抚等赏识。嘉靖二十六年，他以二十三岁中进士二甲第九名，改庶吉士，"日讨求国家典故"。授编修，师翰林学士徐阶，深受器重。升右春坊右中允，兼国子监司业，与祭酒高拱同事，"相期以相业"。嘉靖四十三年，升右春坊右谕德，任裕王讲官，称贤善。嘉靖四十五年，升翰林院侍读学士，掌院事。首辅徐阶"倾心委居正"，对其多有提携。明世宗驾崩，徐阶草遗诏，"引与共谋"②。隆庆元年正月，升礼部右侍郎兼翰林院学士。二月，以吏部左侍郎兼东阁大学士，入内阁。四月，升礼部尚书兼武英殿大学士。次年，又加少保兼太子太保。不久，首辅高拱、徐阶争斗，先后去职。隆庆三年高拱复入阁，排挤其他阁臣，而与张居正亲近，"事无巨细，必相与商榷"③。但二人皆强势，不免矛盾，且高拱欲报复徐阶，张居正则委婉护之，遂生嫌隙。张居正得冯保联系，正求之不得，遂深相结，合谋取高拱而代之。

在宫中，司礼监掌印太监孟冲等因诱导明穆宗纵情声色，致其病重，为陈皇后、李贵妃所憎恶。明穆宗去世前，她们传旨罢斥孟冲，任命冯保接替。明穆宗去世，冯保在陈皇后、李贵妃支持下，绕过首辅高拱，

---

① ［明］王世贞：《嘉靖以来首辅传》卷6《高拱传》。
② 《明史》卷213《张居正传》。
③ ［明］申时行：《赐闲堂集》卷40《杂记》。

请张居正草拟遗诏,写明命内阁与司礼监共同辅政,高拱愤恨不平。神宗即位当日,高拱即上疏"请诎司礼权,还之内阁"①。他又授意言官弹劾冯保,自己票旨,准备罢斥冯保。高拱把计谋透露给张居正,争取支持。张居正表面赞同,暗地立即密报给冯保。冯保遂以当日高拱慨叹"安有十岁天子而能裁决政事者乎",向陈皇后、李贵妃诬告,说高拱称"十岁孩子安能决事"。高拱原话本意是叹斥冯保在宫中干预政事,但经冯保"谬其词",变成高拱轻视小皇帝、目无君上之言。陈皇后、李贵妃和明神宗孤儿寡母,正是担惊受怕之时,闻听冯保诬告,大为惊惧,"皆相持而哭"②。在冯保唆使下,他们决定罢斥高拱。

次日,明神宗在会极门召见群臣。高拱事先以为,皇帝一定会采用他这位首辅的票拟意见,罢斥冯保,因此信心十足地参加朝会。不料,朝会一开,就由太监宣读了以陈皇后、李贵妃和明神宗名义发布的诏旨,不仅没有罢斥冯保,反而严辞指责高拱"专权擅政,把朝廷威福都强夺自专,不许皇帝主管",命"便著回籍闲住,不许停留"③。高拱匍伏听旨,大惊失色,吓得几乎昏了过去,被张居正扶掖才勉强站起。他恍惚中被狼狈赶出宫,立即被送回老家。于是,张居正接任首辅。

张居正得到冯保与李贵妃的支持而胜出。冯保忠心侍奉李贵妃、明神宗母子,深得信赖。在冯保推荐下,李贵妃将朝政全权委托给张居正。张居正也对冯保多方结纳,与其保持良好关系。他令仆人游七与冯保私党、锦衣卫指挥同知徐爵结为兄弟,以资联络。冯保要在故乡深州建坊,张居正命保定巡抚孙丕扬代为修造。冯保自建墓地,张居正为作记称颂。冯保也支持张居正,对于内阁重要决定,司礼监"未尝内出一旨,外干

---

① 《明史》卷213《高拱传》。
② [明]申时行:《赐闲堂集》卷40《杂记》。
③ 《明神宗实录》卷2,隆庆六年六月庚午。

一事"①。

两宫之中，陈皇后与世无争，李贵妃熟读书史，精明能干，因是明神宗生母而实际主持后宫。按明朝祖制，只有皇帝嫡母（皇后）才能得皇太后的封号，生母只称太妃，弘治年间虽可同称太后，但嫡母徽号比生母多两字。张居正柄政，深知宫中内情，上陈皇后为"仁圣皇太后"，李贵妃为"慈圣皇太后"，二人徽号字数相同，两宫并尊，大得李太后（李贵妃）欢心。李太后笃信佛教，在京师内外多建寺院，耗资颇巨。张居正多曲意从之，并为撰碑颂扬。由此，张居正也赢得李太后的支持。史称，李太后"抚视帝"，"内任（冯）保，而大柄悉以委（张）居正"②。

张居正不仅是顾命阁臣，还是明神宗的老师。他严格辅导，悉心教育。明神宗喜爱并擅长书法，张居正予以肯定，但也劝导他不能沉迷于艺能，要多学习治国安天下之道。张居正为明神宗安排经筵日讲，常亲自讲授，带读经史，讨论古今治乱兴衰的经验教训。年幼的明神宗尊敬和信赖张居正，称他为"张先生"，不断赞扬、表彰他，并给他加官进爵。

（二）张居正改革

明神宗在位初期，张居正以首辅主持政府。他"通识时变，勇于任事"，"慨然以天下为己任"③。面对明朝中期以来的严重统治危机，他在主政十年间掀起了一场大刀阔斧的改革自救运动。

早在隆庆二年（1568），即入阁第二年，张居正就上《陈六事疏》，

---

① ［明］张居正：《张太岳集·文集》卷3《司礼太监冯公预作寿藏记》。
② 《明史》卷213《张居正传》。
③ 《明史》卷213《张居正传》。

提出"省议论""振纪纲""重诏令""核名实""固邦本""饬武备"等改革"六事"①，涉及政治、军事、经济以及教育等各方面，成为他的改革政纲。在一封信中，张居正也谈到自己的改革方针，"务在强公室，杜私门，省议论，核名实，以尊主庇民，率作兴事"②。万历初年，张居正改革的措施主要有以下几个方面。

1. 整肃吏治，提高行政效率，强化朝廷威权

政治改革是张居正改革的重点，《明史》总结张居正改革"以尊主权，课吏职，信赏罚，一号令为主"③。这方面的改革措施有：

其一，选贤任能，调整中枢人事安排。张居正十分重视人才的作用，主张任人唯贤，唯才是举。他以内阁管辖六部，安排六部人事任命。隆庆六年七月，起用王国光为户部尚书，陆树声为礼部尚书，谭纶为兵部尚书，王以诰为刑部尚书，又调整多位侍郎。这些官员多能干有为，又能与内阁主要是首辅张居正相配合，积极推行各项改革措施。在内阁成员方面，张居正吸取了嘉靖以来阁臣内讧的教训，选择具备行政经验又听命于己者，包括吕调阳、张四维、马自强、申时行等为阁臣，确保内阁架构的稳定，有效地推行诸项改革。

其二，推行考成法。张居正对官场中因循敷衍的风气深恶痛绝，万历元年（1573）十一月，他推出考成法，即六部、都察院将应办章奏批复事项定立期限，转各衙门办理，并分别登记在三本文册上，一本留底，一本送六科，一本送内阁；各衙门须严格按期限办理和执行，六部、都察院负责查核、注销，办完一件注销一件，六科则加以监督，若有稽迟延阁、容

---

① ［明］张居正：《张太岳集·奏疏》卷1《陈六事疏》。
② ［明］张居正：《张太岳集·书牍》卷5《与李太仆渐庵论治体》。
③ 《明史》卷213《张居正传》。

隐欺蔽，六部、都察院、六科、内阁分别奏报参劾。这就形成了以部院考察抚按，以六科监督部院，以内阁监督六科的监督程序，"月有考，岁有稽"①，严格考成。以尚书谭纶为首的兵部，是推行考成法最积极的部门。万历元年十二月，兵部"奏行查未结事件，立限奏报，仍置青册送阁、科，按候注销。于是，各部院率凛凛效之"②。各省府县，也要求遵而行之。

其三，裁撤冗官。明朝中期，政务趋繁，官员数量渐增，吏治腐败，也加重了财政负担。主政之初，张居正就开始裁撤冗官。至万历八年，加大裁革冗官的力度，一些地方总兵、参将、游击、守备、把总等各级武官，以及太仆寺、盐运司、知县及其佐贰等文官，各布政司和按察司佐贰道员等先后被裁革。万历九年，裁革冗官活动指向两京各部院司寺等。总计张居正改革十年间，中央及地方各级文武官员裁汰者达"什二三"③。

2. 整饬边防，加强武备

隆庆年间，张居正协助首辅高拱对北部边防进行初步整顿，促成了"俺答封贡"，边疆的紧张局势稍得缓和。但是，辽东土蛮、朵颜三卫及河套地区"套房"等仍时常窥伺边陲；边将任用亦无稳定制度，考核、监督不力；长城、敌台损毁，仍需修补，北方兵备及防务问题依旧严峻。为此，他从整饬边防入手，推行了一系列军事改革。

其一，选用良将，久任边将。张居正认为："用兵之道，全在将得其人。"④万历初年，经张居正保举，明廷在九边任命了一大批著名将领。如由名将李成梁镇守辽东，戚继光镇守蓟州；在两广，任用殷正茂、凌云翼担任总督、巡抚；在浙江，任用张佳胤等。为了让边将充分熟悉边

---

① ［明］张居正：《张太岳集·奏疏》卷3《请稽查章奏随事考成以修实政疏》。
② ［明］谈迁：《国榷》卷68，万历元年十二月丁卯。
③ ［明］王世贞：《嘉靖以来首辅传》卷7《张居正传》。
④ ［明］张居正：《张太岳集·书牍》卷5《与蜀抚曾确庵计剿都蛮之始》。

防情况，认真修饬边政，明朝加以久任，不允许随意乞罢、致仕。如万历三年（1575）二月，巡抚辽东兵部右侍郎兼右佥都御史张学颜，总督蓟辽保定兵部左侍郎兼右佥都御史杨兆，总督宣大山西右都御史兼兵部右侍郎方逢时"俱考查自陈乞罢"，朝廷"不允"[①]。得到张居正支持，李成梁镇守辽东30年，戚继光镇守蓟镇16年，都卓有成效。

其二，严格监督，赏罚分明。张居正主政，经常派遣大臣巡阅九边重镇。如隆庆六年（1572），命兵部左侍郎汪道昆巡视蓟、辽，兵部右侍郎吴百朋巡视宣府、大同、山西三镇，兵部侍郎协理京营戎政王遴巡视陕西四镇。考成法推行后，巡边大臣主要是对边将的功过进行审查、考核，考核时间有春防之考、秋防之考、随时之考。凡边将有贪肆、通寇、隐匿边情、不能防御等事者，则弹劾惩处；恪尽职守、成绩显著的边将则得到升赏。如万历元年，蓟、辽、保定兵备官王一鹗、高文荐、孙应元、徐学古、王之弼五人，因有裨于边务被荐，得到升赏。

其三，修复长城，构筑敌台。张居正十分重视北边长城、敌台的作用，修筑工作一直延续不绝，且规模较大。仅万历元年，大小修筑工事就有十余次。如三月，朝廷下诏整修宣府北路长城18076丈，限期三年内完成；四月，朝廷命增筑蓟、昌二镇敌台200座；八月，明朝在保定等关口建敌台356座。又如，万历七年二月，朝廷命筑大同镇屯堡257座、敌台1028座。万历九年三月，据查勘，蓟镇修长城5363丈、敌台101座，昌平镇修长城4641丈、敌台10座。万历初年的修复长城、敌台活动，遍及九边。

[①] 《明神宗实录》卷35，万历三年二月壬午。

3. 清丈地亩，推广一条鞭法

张居正改革以理财为重点，其措施有：

其一，减省国家和皇室开支浪费。张居正主政，不仅裁减冗官冗费，同时要求皇帝省"无益之费"，罢"无功之赏"[1]。如，旧例两京工部每年要为光禄寺造送器皿12000件。通过清查，张居正发现万历元年（1573）正月至十一月所用不足5000件，另有库存15400余件，于是决定次年只造2000件。再如，万历七年二月，李太后以此前明神宗出疹，曾许僧人在戒坛"设法度众"，准备举行皇家法会还愿。张居正上疏阻止，"事遂寝"[2]。武清伯李伟（李太后父）奏请拨款修造坟茔，张居正按惯例拨银20000两，明神宗要求增加拨款，被张居正劝阻。

其二，清丈全国田地。要解决明朝财政危机，最根本的还是要增加国家财政收入。为此，万历五年，张居正提议清丈全国土地。次年，他选择福建试点，"命抚、按着实清丈，明白具奏"。万历八年九月，福建丈田工作告毕，"刊定成书，并造入黄册，使奸豪者不得变乱"[3]。十一月，张居正在全国推行丈田，并颁布《清丈条例》。朝廷敕各抚、按"丈田均粮"，规定勋戚功臣庄田除祖赐土地以外，其自置土地，"与齐民一体，办纳粮差，不在优免之数"[4]。对于抗违阻挠清丈土地者，不分宗室、官宦、军民，奏报重处。万历九年，全国田地清丈工作基本完成，"总计田数七百一万三千九百七十六顷，视弘治时赢三百万顷"[5]。虽然丈田过程中出现以小弓取代大弓、追求溢额、虚报田亩的现象，但豪强地主隐匿

---

[1] ［明］张居正：《张太岳集·奏疏》卷8《看详户部进呈揭帖疏》。
[2] 《明神宗实录》卷84，万历七年二月癸未。
[3] 《明神宗实录》卷81、卷104，万历六年十一月乙亥、八年九月庚辰。
[4] ［明］张居正：《张太岳集·书牍》卷13《答山东巡抚杨本庵》。
[5] 《明史》卷77《食货志一·田制》。

的田土还是多被清丈出来,一些新垦辟土地也得到登记。

其三,推广一条鞭法。明初赋役制度沿袭了唐宋的"两税法",税户每年定期缴纳夏税和秋粮,以实物为准。明朝中期,赋税征收虽多改折银两,但仍有不少实物。尤其是两税制征收环节烦琐,官吏征收时往往借机多征滥取,勋戚豪民又大肆逃避赋役,不断转嫁给普通地主和农民,导致国家控制的户口锐减、税收短绌。在这种局势下,赋役改革势在必行。

从嘉靖年间开始,南直隶、广东、浙江、福建等地一些府县先后将部分徭役摊入田赋,折合成银两征收。嘉靖九年(1530)十月,大学士桂萼奏请改革赋役制度,提出"编审徭役"等条款,明世宗下令"如议"[1]。"编审徭役"的内容是,将丁粮数额从基层逐级汇总至布政司,"布政司通将一省丁粮,均派一省徭役。内量除优免之数,每粮一石,审银若干;每丁审银若干,斟酌繁简,通融科派"。次年三月,御史傅汉臣奏言其名为"一条编(鞭)"[2]。这是明朝关于"一条鞭法"的最早记载,但当时未在全国推行。至嘉靖十六年,应天巡抚欧阳铎在苏、松等府推行"征一法","总征银米之凡,而计亩输之"[3],也将徭役摊入田赋征收。嘉靖三十八年,广东巡按御史潘季驯在当地试行将里甲力役折银征收,四十年朝廷批准在全省推广。其后至隆庆初年,巡按浙江御史庞尚鹏先后在浙江、福建、广东等地推行"十段锦""一条鞭法"等赋役改革。应天巡抚海瑞也在此前担任知县和至此巡抚应天十府时,仿庞尚鹏做法,"力行清丈,颁一条鞭法"[4]。可见,将徭役摊入田赋征收银两的一条鞭法,自嘉靖前期在江南等局部地区已经推行几十年,"立法颇为简

---

[1] 《明世宗实录》卷118,嘉靖九年十月戊寅。
[2] 《明世宗实录》卷123,嘉靖十年三月己酉。
[3] 《明史》卷78《食货志二·赋役》。
[4] 《明史》卷226《海瑞传》。

便",不过当时"数行数止"①。

万历初年,仍有不少官员排斥一条鞭法,张居正则持肯定态度。万历五年,他致信山东巡抚李世达说:"条鞭之法,近旨已尽事理。其中言不便,十之一二耳。法当宜民,政以人举。民苟宜之,何分南北!"②尽管如此,他并未要求全国统一推行一条鞭法。他在另一封信中,谈及对各地推行一条鞭法的态度,指出"果宜于此,任从其便,如有不便,不必强行"③。由于张居正明显支持一条鞭法,随着清丈土地工作的展开,一条鞭法逐渐在各地推行,万历二十年左右推及全国。

一条鞭法的具体内容,《明史》记载说:

一条鞭法者,总括一州县之赋役,量地计丁,丁粮毕输于官。一岁之役,官为佥募。力差则计其工食之费,量为增减;银差则计其交纳之费,加以增耗。凡额办、派办、京库岁需与存留、供亿诸费,以及土贡方物,悉并为一条,皆计亩征银,折办于官,故谓之一条鞭。④

也就是说,将田赋和各项力役合并,按丁、田征收银两;取消各项力役,由政府雇人应役;赋役数额以州县为单位计算,赋役银由原来的粮长、里长等征解改为由官府直接征解。一条鞭法合并赋役,简化了赋役项目和征收手续,有利于减少豪强逃避赋役和官吏借机侵贪;力役征收对象由户、丁改变为丁、田,且一律征银,对于减轻农民和商人负担、放松对农民人身控制,以及促进手工业、商业与经济的发展有很大作用。一条鞭法上承唐朝两税法,下启清朝"摊丁入亩",是中国赋役制度史上的一项具有重大意义的改革。

---

① 《明史》卷78《食货志二·赋役》。
② [明]张居正:《张太岳集·书牍》卷9《答总宪李渐庵言驿递条编任怨》。
③ [明]张居正:《张太岳集·书牍》卷9《答少宰杨二山言条编》。
④ 《明史》卷78《食货志二·赋役》。

其四,严催赋役,清理逋欠钱粮。朝廷用考成法督促官员按时足额征收和转运当年钱粮,同时还要带征此前逋欠赋役钱粮的十分之二;凡未完成征收任务者,视数额多少,予以住俸督催、降俸督催、降级调用、革职为民等处罚。正如张居正所言:"考成一事,行之数年,自可不加赋而上用足。"①

其五,整顿驿递。明朝中期,驿政腐败,驿夫逃亡,官吏滥用驿递等,导致"各处驿传,疲困已甚"②。张居正要求保障驿递系统的财政供给,强调各省府县官协济驿道经费,边疆偏僻地区驿站由国库开支。他下令裁并无用驿站,减少冗费,提高驿运效率。他还提高驿官地位,支持驿官履职,严惩违法使用驿递行为。如万历三年,他重申"凡官员人等,非奉公差,不许借行勘合"③,公差人等随行的轿夫、扛夫亦严限定。张居正令将驿夫征役纳入一条鞭法,改为纳银代役,再由官府招募驿夫,解决了驿站佥点役夫的困难,也减轻了役户负担。

其六,治理漕运。明朝中期,黄河、淮河多次决口,漕官玩忽职守,"黄、淮害漕",漕运一度阻塞。万历三年,张居正支持漕运总督吴桂芳主张,治理漕河,疏通黄河入海口,又修筑高邮湖石堤、淮安长堤等水利工程,加固漕河堤坝,使"水患渐平"④。万历六年,张居正起用潘季驯治理漕河。潘季驯实地考察地形、水势,采用"筑堤束水、以水攻沙"之法⑤,解决漕河淤塞问题,又修复高家堰、归仁集、柳浦湾等处堤坝,保持河道畅通。至万历七年,潘季驯主持修筑新堤300余里,堵塞决口130处,全面修缮淮扬段闸坝。

---

① [明]张居正:《张太岳集·书牍》卷7《答山东抚院李渐庵言吏治河漕》。
② [明]许进:《兴革事宜》,载《明经世文编》卷68《许襄毅公奏疏》。
③ 万历《大明会典》卷148《兵部三十一·驿递事例》。
④ [明]张居正:《张太岳集·书牍》卷8《答河道吴自湖言蠲积逋疏海口》。
⑤ [明]潘季驯:《河防一览》卷2《河议辨惑》。

4. 整顿教育制度，严禁讲学

其一，慎选提学官与儒学教官。正统以后，在各直省设提学官，负责生员的录取、考核与奖惩等事务，以及儒学教官的考核等。为了整顿教育制度，万历二年（1574），明朝规定，提学官"务选年力精壮，学行著闻者"①，且一经选任，毋得轻调。提学官考核生员，要严格执行学规，按时考核，"不许移文代委"，考核完毕公布判阅结果，严防作弊。万历四年，明朝下令每科乡试结束后，吏部、礼部即对各省提学官"从公考察，分别等第"②，予以奖惩。此外，张居正重视对地方儒学教官的选拔和考核，下令对年力尚壮者送监肄业深造，年老则黜革回籍。

其二，约束生员。明朝中期，作为官方哲学的程朱理学日益僵化，王守仁心学逐渐风行，不少士人不再安心读诵程朱之书，而受王学后学影响，或蔑视礼教，追求个性解放，或谈禅论道，援佛入儒，还有一些生员则"刁泼无耻"，在地方恣肆胡为。张居正主政，严约生员，要求他们认真读书，切实践行，遵守法规，"以足踏实地为功，以崇尚本质为行，以遵守成宪为准，以诚心顺上为忠"③。他强调，生员不仅要学习"四书五经"，还要学习朝廷典章法令及为政治国的基本知识。他重视生员选拔，"童生必择三场俱通者"，限制生员数量，"大府不得过二十人，大州县不得过十五人，如地方乏才，即四五名亦不为少"，防止生员过滥；加强生员考核，沙汰"荒疏庸耄，不堪作养者"④；严格管理生员，纠正日益颓败的士风，尤其防止生员干预地方政事，聚众闹事。

其三，改革科举。张居正主政，明确要求科举考试的试题以程朱理

---

① 万历《大明会典》卷5《吏部四·选官·推升》。
② 万历《大明会典》卷78《礼部三十六·学校·儒学》。
③ ［明］张居正：《张太岳集·书牍》卷9《答南司成屠平石论为学》。
④ ［明］张居正：《张太岳集·奏疏》卷4《请申旧章饬学政以振兴人才疏》。

学为指归,"明白正大";学生答卷须"典实纯正",不能"剽窃异端邪说,炫奇立异"①。他还限制参加乡试的人数,规定每省凡录取举人一名,则允许三十人参加考试,定额以外不允许再增加。

其四,禁毁书院,严禁讲学。明初建立了以国子监和府州县学为主的官学体制。明朝中期,官学体制弊端丛生。一些提学官带头在各地建设书院,聚徒讲学,以补官学系统的不足。王学兴起后,王门后学往往在各处多建书院,设立讲会,大肆传播王学。嘉靖年间,明世宗下令禁止私创书院,打击心学传播活动,但效果不彰。至此,王学传播更盛。张居正对此颇为反感,认为是"别标门户,聚党空谈",无益于世。万历三年,朝廷敕谕各地提学官,"不许别创书院,群聚徒党,及号召地方游食无行之徒,空谈废业"②。万历七年正月,张居正又下令"毁天下书院",全部改为公廨,书院粮田查归当地里甲所有,并饬令巡按御史、提学官"查访奏闻"③。当然,此举也掺杂了张居正打击反对派利用书院讲学来议论朝政,以钳制舆论的私心。由于考成法的约束,不少官员遵而严行,据统计当时约有64所书院被禁毁。

(三)张居正改革的成效

张居正改革是明朝统治集团内部针对日益严重的统治危机而进行的一场改良自救运动,它基本实现了预定的整肃政治、富国强兵目标,暂时挽救了明王朝覆亡的命运。

政治改革是张居正改革的重点,也是军事、经济等各方面改革的保

---

① [明]张居正:《张太岳集·奏疏》卷4《请申旧章饬学政以振兴人才疏》。
② 万历《大明会典》卷78《礼部三十六·学校·儒学》。
③ 《明神宗实录》卷83,万历七年正月戊辰。

障。张居正"以尊主权，课吏职，信赏罚，一号令为主"，进行政治改革。他带头并辅佐年幼的明神宗勤政，且严明师生关系，以国事为上，"宫府一体"。他选贤任能，调整中枢人事安排，阁部齐心，推行各项改革措施。通过推行考成法，令各部门办理事务"以大小缓急为限，误者抵罪"，加强了对各级政府机构和官员的管理，提高了行政效率，"虽万里外，朝下而夕奉行"[①]。这些措施，整肃了明朝中期以来政治黑暗腐朽疲敝的状况，增强了阁权和专制皇权。

张居正改革的目标是富国强兵。明朝中期以来，财政危机严重。隆庆年间，仍入不敷出。万历初年，还有150多万两白银的赤字。张居正通过开源节流，减省国家和皇室开支浪费，清丈全国土地，推广一条鞭法等，使国家赋役收入大大增加，财政状况得到改善。时"太仓粟可支数年，囧寺积金钱至四百余万"[②]，"帑藏充盈，国最完富"[③]。同时，其改革也在一定程度上均平了赋役，对于抑制兼并、减轻农民负担、发展商品经济以及缓和日益激化的社会矛盾有积极作用。他对黄河、运河的治理，也有利于生产发展、南北经济文化联系和保障沿岸民众生活等。

在军事方面，张居正整饬边防，选用良将，使其久任，严明监督和赏罚，修筑长城和敌台，使北边和东北边防得以进一步巩固，"海宇肃清，四夷詟服"[④]。史称，张居正任用和支持李成梁、戚继光等分别镇守东北和北边，"成梁力战却敌，功多至封伯，而继光守备甚设，居正皆右之，边境晏然"[⑤]，促进了汉族与蒙古族、女真族的经济、文化联系。

张居正整顿教育制度，提倡程朱理学，禁毁书院，严禁讲学，推行

---

① 《明史》卷213《张居正传》。
② 《明神宗实录》卷125，万历十年六月丙午。
③ ［清］夏燮：《明通鉴》卷67，神宗万历十年。
④ 《明神宗实录》卷125，万历十年六月丙午。
⑤ 《明史》卷213《张居正传》。

文化专制主义,着力维护明朝官方哲学和专制统治,打击空谈讲学之风,试图减少对其主政改革的阻挠,也有一定作用。

总之,张居正以英勇无畏的胆识,雷厉风行的手段,进行了较为全面而深入的政治、军事、财政、教育等改革,使明朝一定程度上政治清明、国富兵强,顺应了经济、社会发展趋势和民众诉求,挽救了明朝行将覆灭的命运,具有重要的历史意义,张居正也成为中国古代史上不可多得的有远见、勇改革的政治家。

当然,张居正终究是地主阶级政治家,他改革的目的是维护明朝统治和地主阶级利益,因此改革本质上是明朝体制内的改良自救,这是由他所处的时代、阶级局限决定的。由于他的改革措施侵害了统治集团内部不少人的既得利益,加上他刚愎偏狭的性格和专制跋扈的处世方式,也招致了不少反对和阻力。因此,在他去世后,立即遭到清算,他的一些改革措施也被中止。

(四)张居正改革的废止

张居正主政,严格辅导和约束幼小的明神宗,明神宗对他既尊敬又害怕。一次讲筵上,明神宗读《论语》"色勃如也"句,将"勃"误读作"背"音,张居正在旁边厉声纠正说:"当作'勃'字!"这一声呵斥,不仅没考虑到明神宗尚为孩童,而且全无君臣之礼。明神宗"悚然而惊,同列皆失色"[①]。张居正改革的目的是挽救明朝统治,维护以明神宗为标志的专制皇权。但是,他的改革也使明朝内阁权力空前强化,远超辅政权限,他个人则越发专权跋扈,"上窃君上之威灵,下侵六曹之职掌"[②],一

---

① [清]谷应泰:《明史纪事本末》卷61《江陵柄政》。
② 《明神宗实录》卷501,万历四十年十一月乙未。

定程度上对专制皇权形成侵害和威胁。随着明神宗逐渐成长,阁权与皇权不免产生冲突,常令其不能忍受,对张居正"心厌之",后来"心颇嗛"①之,即恨他。

张居正勇于任事,选贤任能,推行考成法,要求同僚、下属遵行,对反对者则加以压制、打击,得罪了不少既得利益官员,其果敢、专横也让许多官员不满,饱受批评。万历五年(1577)九月,张居正父亲去世。作为百官之长,张居正理应带头遵守礼法制度,主动辞官回乡,守孝三年。但是,他觉得改革尚未成功,希望留在朝廷,当然他也不愿暂时放弃权力。于是,他"外乞守制,示意冯保,使勉留焉",即怂恿冯保让明神宗下令"夺情",不许他回乡守制。十月,张居正遂"请在官守制,不造朝",明神宗"许之"②。张居正自导自演夺情大戏,立即在朝野引起激烈反感和批判。翰林院编修吴中行、检讨赵用贤、刑部员外郎艾穆、主事沈思孝等纷纷上疏,指责张居正忘亲贪位,不顾廉耻。在张居正主使下,明神宗对反对官员严加惩处,吴中行等人都遭到廷杖,或罢官,或充军。但这根本压不住群臣的批斥,他们接踵抨击张居正,把张居正视为名教之敌和"伪君子"。张居正越发专权,"益偏恣,其所黜陟,多由爱憎"③,将反对者陆续罢斥。

再说冯保。明神宗即位时,冯保得到两宫太后的信任,执掌司礼监,同受顾命。他依恃李太后,在宫中负责照应、教导年幼的明神宗,明神宗对他也是敬畏有加,称为"大伴"。明神宗常与宫中宦官尽情玩耍,每次见到冯保进来,辄正襟危坐,装出皇帝应有的尊严守礼、读书学习的样子,害怕被冯保批评,或者告诉李太后,遭李太后责罚。万历八年,

---

① 《明史》卷213《张居正传》。
② [清]谷应泰:《明史纪事本末》卷61《江陵柄政》。
③ 《明史》卷213《张居正传》。

他在宦官孙海、客用引导下,"夜游别宫,小衣窄袖,走马持刀",孙海、客用等人"又数进奇巧之物",明神宗"深宠幸"。冯保报告给李太后,李太后把明神宗召去严厉批评。明神宗跪在地上,"惶惧甚"。冯保又让张居正为明神宗草拟罪己诏,"令颁示阁臣,词过挹损"。明神宗这时已经十八岁,自己读罪己诏都觉得大失颜面。事后,他越发痛恨冯保。冯保逐渐专权,把宫里与自己不和的太监斥退殆尽,宫中有所赏罚,非出其口,无敢行者,明神宗"积不能堪"。冯保性贪,贪污受贿,家有金银百余万,"珠宝瑰异称是"①。

万历十年六月,张居正去世,明神宗从此亲政。对于张居正之死,明神宗先是"震悼",辍朝一日,遣司礼太监张诚经纪其丧,谥"文忠",仍赠上柱国,荫一子尚宝司司丞,张居正一时备极哀荣。但随着亲政独裁,明神宗对张居正、冯保原有的尊敬、畏惧日渐消散,而不满、仇恨在心中升腾。他令张诚等秘密调查冯保,张诚调查后,悉以冯保与张居正"交结恣横状闻",且言冯保"宝藏逾天府",引得贪婪的明神宗"心动"。当张诚等劝请法办冯保时,明神宗不免畏惧,说:"若大伴上殿来,朕奈何?"太监张鲸说:"既有旨,安敢复入!"②正好有御史弹劾冯保罪状,于是明神宗下令逮谪冯保,查抄其家。冯保一倒,不少官员看准了政治风向,开始上疏弹劾张居正。万历十一年三月,明神宗命夺张居正生前官秩。次年四月,辽庄王府次妃王氏奏称张居正当年"谋陷亲王,强占钦赐祖寝,霸夺产业,势侵金宝"③,更使明神宗贪心振奋,遂令张诚、刑部侍郎丘橓等前往荆州,会同抚按官将张居正抄家。李太后此前已退处后宫,不太过问政事。至此她正忙于其二子潞王朱翊镠婚

---

① 《明史》卷305《宦官传二·冯保》。
② 《明史》卷305《宦官传二·冯保》。
③ 《明神宗实录》卷148,万历十二年四月乙未。

礼，"所需珠宝未备"，向明神宗索要。明神宗说，市场上珠宝都被大小臣僚购买送给张居正、冯保两家了，"其价骤贵"。李太后一听，表示："已籍矣，必可得"①。

张诚、丘橓等未到，荆州地方官先期已将张家男女老少人口全部登记，禁锢其门，禁止出入，结果竟饿死十余人。查抄张家，仅得黄金万两、银十余万两。张诚、丘橓严刑拷索，张居正长子、礼部主事张敬修不胜酷刑而自缢死；其弟、都指挥张居易，次子、编修张嗣修俱发配；三子、修撰张懋修投井、绝食未死，削职为民。明神宗诏令将张家留空宅一所、田十顷，赡养张居正老母，并说对张居正"当剖棺戮尸，而姑免之"②。这样，张居正死后遭到了残酷清算。

其后，继张居正为首辅的张四维、申时行等人，"务倾江陵以自见，尽反其所为，所裁冗官秕政，一切复之"③，张居正主政时任用的官员被"斥削殆尽"，原来被裁汰的官员则重新复职，考成法被取消，除清丈田亩和一条鞭法外，各项改革措施大多废止不行。张居正虽有"起衰振隳"之功，但"威柄之操，几于震主，卒致祸发身后"④，这是皇权至高无上的古代社会很多改革家及其改革难以跳脱的环境和命运。明朝国势在张居正改革短暂强盛后，又迅速衰败瓦解，终而走向了灭亡。世间已无张居正！

---

① 《明史》卷305《宦官传二·冯保》。
② 《明史》卷213《张居正传》。
③ ［明］谈迁：《国榷》卷72，万历十一年四月戊午。
④ 《明史》卷213《张居正传》。

第六讲 民熙物阜：明朝中后期的经济发展与繁荣

明朝中后期，农业继续发展，手工业不断进步，商业日益繁荣，社会经济发展到了前所未有的水平，江南的一些地区部分行业还出现了早期工业化的样貌。

一、农业继续发展

中国是传统的农业大国,农业是国民经济的基础。明朝中后期,农业在明朝前期的基础上继续发展。

(一)田地进一步垦辟

明朝中后期,虽然最高统治者多庸惰荒嬉,各级官员普遍贪贿不作为,但是他们中的一些人仍重视农业,时有鼓励、支持垦辟田地之举。如正统年间,汜水县典史曾泉"留心民事,遍履田庐,劝借贷以济乏绝,察勤惰以示劝惩,率民垦荒田"[①]。正德九年(1514)十月,甘肃巡抚赵鉴奏报"所行均水利,实屯丁,垦荒田,给牛、种,团耕牧",得朝廷"奖励"[②]。万历元年(1573)七月,兵部覆延绥巡抚张守中练兵事务,包括边兵"以间开垦荒地,以助储饷"[③]。对垦辟军民缺乏耕牛、种子者,政府予以资助,如景泰二年(1451)六月,景泰帝"诏贵州各卫修举屯田,有乏牛、种者官为措置"[④]。官府还对垦辟荒田者减轻赋税。如成化十年(1474)四月,明宪宗下令对陕西边兵"量给边境空地,召军民舍余承

---

① 《明英宗实录》卷58,正统四年八月戊戌。
② 《明武宗实录》卷117,正德九年十月壬子。
③ 《明神宗实录》卷15,万历元年七月丙申。
④ 《明英宗实录》卷205,景泰二年六月己卯。

种,三年军纳子粒,余照民田轻例起科"①。在一些边地,明朝政府甚至对开垦荒田者永久免税。

在官府的鼓励、支持下,广大民众为了谋生求富,垦辟出大批田地。如北直隶,永乐元年(1403)有田地合计24.4万余顷,至弘治十五年(1502)统计田地26.9万余顷,万历初登记田地增至49.2万余顷。再如西北地区,明朝后期民屯超过27.7万余顷,加上军屯,合计开垦荒地40万余顷。广东农民在珠江及其支流两岸和沿海海滩上围垦沙田,明朝中期以前主要集中在西海十八沙和新会县的东南部,后来发展到东海十六沙和番禺县南部一带。据雍正《广东通志》记载,洪武二十年(1387)广东官民田地共23.7万余顷,嘉靖十五年(1536)增为25.6万余顷,万历二十八年达到33.4万余顷。

明朝中期以后,全国耕地数量大增。对于明朝全国耕地数额,当时的记载颇为杂乱。《明太祖实录》记载洪武二十四年全国官民田地共387.4万余顷,而编成于洪武二十六年的《诸司职掌》则记载总计849.6万余顷;《明实录》记载,明朝中期除弘治朝以外,全国官民田土基本在400万顷以上;《明孝宗实录》记载,弘治年间均在820万顷以上,弘治十七年达到841.6万余顷,而正德朝重校的《大明会典》则记载弘治十五年田土数为422.8万余顷,《后湖志》记载该年田土数额429.2万余顷;《万历会计录》、万历《大明会典》记载万历六年全国田土数额701.3万余顷,《明神宗实录》记载万历三十年田土数额猛增至1161.8万余顷;《明熹宗实录》记载泰昌元年(1620)全国田土数额743.9万余顷,天启年间相沿不变;崇祯年间全国田土数额,当时《会计册》记载为783.7万余顷。这些数据相差悬殊,后世学者提出了各种解读,争论

---

① 《明宪宗实录》卷127,成化十年四月甲申。

不已。有学者主张以《明实录》记载数据为主，参酌《后湖志》、万历《大明会典》等，认为明朝全国田土数额是：洪武二十四年 387.4 万余顷，弘治十五年 429.2 万余顷，嘉靖年间 431.1 万余顷，万历六年 504.7 万余顷，万历十年 740 万余顷，天启年间 743.9 万余顷，崇祯年间 783.7 万余顷。这些是当时登记于赋役册籍、向国家缴纳赋税的田土数额，称为"官民田土"。此外，还有未计入的军卫系统屯田、王府庄田等，估计洪武末期军卫屯田约 42.5 万余顷，弘治末期军卫屯田约 30.8 万余顷、王府庄田 8 万余顷，万历末期军卫屯田约 63.5 万余顷、王府庄田 25 万余顷。加上各地不起科田地、隐漏田地等，减去不可耕山、塘等，合计明朝全国实际耕地为：洪武末期约 466 万余顷，弘治末期约 558 万余顷，万历末期约 916 万余顷。①

耕地面积的不断增加，为农业生产发展提供了最基本的物质条件，也是农业生产发展的重要标志。

（二）耕作技术提高

明朝农业生产工具没有明显改进，但明朝中后期耕作技术有不少提高。表现在：

其一，注重改良土壤。北直隶、山东等环渤海地区土壤盐碱化严重。万历年间，尚宝司少卿徐贞明、天津巡抚汪应蛟等先后在北直隶永平、天津葛沽等地开辟水田计 4 万余亩，通过穿渠灌水、种稻洗盐的方法种植水稻。山东农民则采取换土的方法，即将土壤表层一尺盐碱土换为好土，栽种瓜瓠，"往往收成"，明年再换沮濡，"以栽蒲苇箕柳，水地栽芰荷，养鹅鸭，此无地而有利者也"，薄地栽果木，种苜蓿，"虽不

---

① 参阅高寿仙：《明代农业经济与农村社会》，黄山书社 2006 年版，第 1—25 页。

甚茂,犹胜于田"①。冷浸田是分布于南方的酸性土壤,土温低,缺磷、钾元素,影响水稻的生长及产量。浙江新昌、嵊县等地夏至前后插秧,"秧已成科,更不用水,任烈日暴土坼裂",即用烤田法治理冷浸田;山阴、会稽等地"有田,灌盐卤,或壅盐草灰",宁波、台州近海处"田禾犯咸潮则死,故作碶堰以拒之",严州"壅田多用石灰",台州"则煅螺蚌蛎蛤之灰,不用人畜粪"②,即以石灰、骨灰补充磷、钾元素,中和土壤酸性,且疏松土壤,提高水稻产量。

其二,发展施肥技术。明朝以前,江南稻田肥料主要是草木灰或水稻残梗。明朝中后期,农民能够施用多种肥料。据《天工开物·乃粒·稻》记载,农民种田,所施除了人畜等粪肥以外,还有各种"榨油枯饼"等饼肥,草皮、木叶、绿豆、黄豆等植物肥,以及禽兽骨灰等磷、钾肥。各地注意因田地品质而制宜,合理施肥。万历时宝坻县令袁黄《劝农书》指出,"紧土"即黏土"用灰壅之最佳","缓土"即沙土"用河泥壅之最妙",而"寒土"即酸性土则"宜焚草根壅之,寒其用石灰"③。浙江嘉兴、湖州地区的农民总结,羊粪适宜旱地,猪粪适宜水田,土质贫瘠坚硬之田宜用草木灰肥和牛粪。各地还能根据农作物生长期不同阶段而施肥、追肥。

其三,普及轮作复种制度。北方山东、河北、陕西关中平原等地普遍实行三年两熟制,每年种一季秋粮,隔年种一季冬作物。南方地区推行一年两作制。《天工开物·乃粒·稻》记载,"南方平原,田多一岁两栽两获者"。苏州吴江水稻秋收后,旋即种菜、麦,来年四五月可收获,稻麦轮作,一年两熟。浙江、福建等地采用间作技术,形成早、晚

---

① [明]吕坤:《实政录·民务》卷2《小民生计》。
② [明]陆容:《菽园杂记》卷12。
③ [明]袁黄:《劝农书·地利第二》。

稻两熟制。而在广东，琼州府"有三熟之稻"。广东其他地区则发展双季稻连作和间作制。《广东新语》记载，早稻于"立春后十日浸种，至小暑前五日尽熟，五月中即有新米"；早稻收获后，又开始插秧，"每十月获"，"是为两熟"[1]。晚稻收割后，广东农民往往开畦种小麦等，到来年正月即可收获。另外，双季稻田里，农民还间种一些其他农作物。如番禺将水稻与棉花、茶、豆、胡麻等杂种于山地间，提高了土地利用率和农业收成。

（三）粮食作物推广和种类增加

明朝中后期，大体形成南稻北麦的生产格局，同时又从海外引进玉米、番薯等高产粮食作物。

明朝以前，小麦种植面积一直少于粟，而且主要种植在北方土壤肥沃的平原地带。明朝中后期，随着各地垦辟和耕作技术提高，小麦种植面积不断增加。甚至北方的低洼苦涝之地，过去主要种植蜀秫，"数岁而一收"，徐光启教人种植春麦、秋麦，"可令十岁九稔"[2]。南方小麦种植面积扩大。如广东大量种植小麦，以雷州九月种、来年二月收的为最好，其次是粤西，再次是增城。小麦的种类，各地也有数十种，不少是培育的良种。由于南方和北方的推广种植，明朝中后期小麦种植面积已经超过粟，成为仅次于水稻的粮食作物。明朝后期宋应星说："四海之内，燕、秦、晋、豫、齐、鲁诸道，悉民粒食，小麦居半，而黍、稷、稻、粱仅居半。"[3] 南稻北麦的粮食作物格局至此基本形成。

---

[1]［清］屈大均：《广东新语》卷14《食语·谷》。
[2]［明］徐光启：《农政全书》卷25《树艺·谷部上》。
[3]［明］宋应星：《天工开物·乃粒·麦》。

水稻生长需要大量水源，原来主要在南方种植。明朝中后期，北方地区经过开渠引水，也得以推广种植。太行山东麓平原水源丰富，不少州县遂引水种稻。如北直隶邢台（今属河北），起先"邑人不知种稻"，嘉靖时知县何岑"就百泉诸水，开渠灌田"，种植水稻，"遂为永利"[①]。万历年间，徐贞明、汪应蛟在北直隶永平（治在今河北卢龙）、天津开垦水田4万余亩，种植水稻。南方的江浙、福建、两广等地则普遍种植水稻，有双季稻，还有三季稻。各地水稻品种丰富，江浙等地有粳稻、糯稻等各数十种，其中不少属于优良品种。著名的占城稻，宋朝传入中国，米粒大而味甘，耐旱且生长期短，原来主要在福建、浙江等南方地区种植。明朝中后期，"北方高仰处类有之者"[②]。广东培育出的香粳、香红莲、珍珠稻等，也都是优良品种。

粮食作物种类的增加，表现在从海外引进种植了玉米、番薯。玉米、番薯原产于南美洲，耐旱抗寒，沟边山坡均可种植，而且产量高。玉米大约嘉靖年间传入中国，在浙江、福建、广东等地种植，称"御麦""玉麦""番麦""西番麦""玉蜀黍""玉高粱"等。番薯于万历中期从菲律宾传入中国福建、广东，称"白薯""红薯""红山药"等。时适逢福建大饥荒，巡抚金学曾下令在全省栽培，"处处种之"，缓解了灾荒。后徐光启等大力推广，番薯传入浙江、南直隶、山东等地。

（四）经济作物广泛种植

明初，统治者鼓励乃至强制各地种植棉花，棉花种植地域扩大。至明朝中期，官员丘濬称，棉花"遍布于天下，地无南北皆宜之，人无贫

---

① 雍正《畿辅通志》卷69《名宦·顺德府·何岑》。
② ［明］徐光启：《农政全书》卷25《树艺·谷部上》。

富皆赖之"①。如北直隶各府，明朝中期尚多蚕桑，棉花不多。到了明朝后期，棉花种植基本排挤了蚕桑。山东、河南等地也推广种植棉花。江南松江、苏州、嘉兴等地土壤适于种棉，棉织业发达，农民种棉有利可图，出现了棉作物压倒稻作物的农作物结构。如据崇祯《太仓州志》记载，太仓州（今江苏太仓）"地宜稻者，亦十之六七，皆弃稻袭化"，"郊原四望，遍地皆棉"。明朝后期，全国形成了三大棉花种植区域和各自的优良品种，即湖广的"江花"，畿辅、山东的"北花"，以及江浙等地的"浙花"。其时北方产棉而织布技术不高，南方纺织技术高而原料不足，因此出现了棉花、棉布"南北互鬻"的现象。

明初统治者也鼓励、强制种植蚕桑。明朝中后期，各地蚕桑种植颇有成效。浙江嘉兴、湖州一带遍种桑树，"不可以株数计"，蚕桑业得到了长足发展。嘉兴府于弘治年间已是桑林稼陇，四望无际，万历时民皆种桑。湖州"尺寸之堤，必树之桑"②。江浙等地桑柘遍野，一些地方还出现了改稻田为桑田、桑稻相争的现象。

纺织业的发达，使蓝和红花等染料作物也得到广泛种植。蓝，是叶子可制作蓝色染料的作物。种蓝最多的省份是福建、江西、浙江，南直隶也有种植者。红花，是以花制作红色染料的作物，明末许多地区都有种植，以四川、陕西种植最多。

烟草于万历年间传入福建、广东后，迅速向其他省份推广，明末"北土亦多种之，一亩之收，可以敌田十亩"③。

此外，甘蔗、茶树、橘子、荔枝、龙眼、枣、梨、杏、桃等果木，大豆、花生等油料作物，蔬菜，以及花卉等各种经济作物，在明朝中后

---

① ［明］丘濬：《大学衍义补》卷22《治国平天下之要·制国用·贡赋之常》。
② ［明］谢肇淛：《西吴枝乘》；雍正《浙江通志》卷99《风俗上·湖州府》。
③ ［明］杨士聪：《玉堂荟记》卷4。

期也得到推广种植和发展。

二、手工业不断进步

明朝中后期，官营手工业逐渐衰落，民营手工业迅速发展。至嘉靖、万历年间，民营手工业取代了官营手工业而居于主要地位，生产技术、经营方式都有不少进步。

（一）丝织业

丝织技术有明显提高。缫丝普遍采用足踏二人缫车，从茧锅中抽出丝上车时要用适度炭火烘干，称为"出水干"，这样缫出的丝洁净光莹、坚韧有力。牵经工序使用包括溜眼、掌扇、经耙、经牙等工具，完善程度超过前代。纺车运用曲柄和轮轴的机械原理，构造简单，操作方便。织机有腰机和花机两种，腰机为小机，专织平纹，结构简单，"织匠以熟皮一方，置坐下，其力全在腰尻之上"[①]；花机专织花纹，规制较大，通身长一丈六尺（约 5.3 米），结构也复杂完备，有楼门、涩木、老鸭翅、铁铃、花楼、衢盘、衢脚、叠助、眠木牛、的杠、称庄等诸多部件，工作时两人协作，一人司织，"提花小厮坐立花楼架木上"[②]。技艺高超的织工能织出画师所绘的任何花纹和图案。花机至明朝基本定型，代表了中国丝织机具发展的最高水平。

明朝中后期，民营丝织业发达。江南地区拥有织机者相当普遍，机杼声比户相闻。南京、苏州、杭州三大丝织城市的织机约有 5 万余张，江南

---

① ［明］宋应星：《天工开物》卷上《乃服·腰机式》。
② ［明］宋应星：《天工开物》卷上《乃服·花机式》。

织机总数在 8 万张以上。浙江嘉兴府秀水县（今属嘉兴）王江泾镇，"多织绸，收丝缟之利，居者可七千余家，不务耕绩"[①]。四川阆中、山西潞安（今长治）等也是重要丝织业中心，潞安丝织兴盛时有织机 9000 余张。

（二）棉纺织业

棉纺织工具和技术继续提高。去籽用的搅车，元朝时需要两人操作，明朝则将搅车装上四足，增加辗轴及踏条装置，"以一人当三人"，句容式、太仓式甚至可以一当四，效率大为提高；弹松棉花所用的弹弓，此前用竹做成，"控以绳弦"，明朝后期"以木为弓，蜡丝为弦"，使振动力加大；纺纱仍用手摇纺车，但元朝"纺车容三繀"，明朝后期苏州一带"间有容四繀者"，江西乐安"至容五繀"[②]，生产效率提高。

棉花种植的普及，棉纺织工具和技术的提高，推动了棉纺织业的发展。《天工开物》称，明朝后期"织机十室必有"，"凡棉布寸土皆有"[③]，棉纺织业和棉布加工业已经成为各地普及的手工业门类。其中，江南最为发达，而以南直隶松江县为首，家纺户织，远近通流。北直隶、山东、湖广、福建等地棉纺织业也很兴盛，棉布产量高。

（三）矿冶业

矿冶业快速发展，以采煤业和钢铁业较为突出。

煤作为燃料，明朝中后期广泛应用于日常生活和许多手工业部门中，各地采煤业兴盛。时人李时珍说，煤炭"南北诸山，产处亦多"，"土人

[①] 万历《秀水县志》卷 1《舆地志·市镇》。
[②] ［明］徐光启：《农政全书》卷 35《蚕桑广类·木棉》。
[③] ［明］宋应星：《天工开物》卷上《乃服·布衣》。

皆凿山为穴,横入十余丈取之","人以代薪炊爨,锻炼铁石,大为民利"①。嘉靖六年(1527)七月,明廷因居庸关官军无柴草可砍伐,而附近白羊口镇旧有煤窑,下令重新开取,以供军营薪火。

随着采煤业的兴盛,采煤知识和技术也空前提高。时人熟练掌握了利用煤层露头寻找煤藏的方法,"凡取煤,经历久者,从土面能辨有无之色,然后掘挖,深至五丈许,方始得煤";采煤之前,用空竹筒排除瓦斯,"将巨竹凿去中节,尖锐其末,插入炭中,其毒烟从竹中透上,人从其下施锸拾取者",是当时较为先进科学的方法;矿工采煤,"随其左右阔,取其上枝板,以防压崩耳。凡煤炭取空,而后以土填实"②,与后世搭设巷道以采矿是同一原理。

钢铁业获得很大发展。民营冶铁工厂不断兴起,规模可观。如南直隶徽州(今安徽黄山一带)富户从事冶铁者,租赁他人之山,开凿山洞数丈,开采铁矿,采得后,"必先烹炼,然后入炉,煽者、看者、上矿者、炼者、取钩砂者、炼生者,而各有其任,昼夜番换,约四五十人",而"取矿""造炭"的工人"又不止是"③。时铁矿开采、冶炼以广东、福建、山西最盛。广东佛山以冶铁闻名,冶铸工人不下两三万,"炒铁之炉数十,铸铁之炉百余,昼夜烹炼,火光烛天,四面薰蒸,虽寒亦燠"④。福建蒲城,坊长大户招集矿徒冶铁,每一炉多至500—700人。

钢铁冶炼技术有不小的进步。炼铁炉的鼓风装置由简单的木风扇改为活塞式木风箱,增加了风压和风量。炼铁炉实现半连续性操作,即当出铁孔流完铁水后,用泥塞住,加料鼓风再炼。尤其是冶炼熟铁,发明

---

① [明]李时珍:《本草纲目》卷9《金石之三·石炭》。
② [明]宋应星:《天工开物》卷中《燔石·煤炭》。
③ 弘治《徽州府志》卷3《食货二·财赋》。
④ 吴荣光:《佛山忠义乡志》卷5《乡俗志》。

了将炼铁炉与炒铁塘串联使用，撒入污潮泥干粉和柳木棍疾搅的方法："若造熟铁，则生铁流出时，相连数尺内低下数寸，筑一方塘，短墙抵之。其铁流入塘内，数人执持柳木棍，排立墙上，先以污潮泥晒干，舂筛细罗如面，一人疾手撒挼，众人柳棍疾搅，即时炒成熟铁"①。串联工艺减少了炒炼熟铁时再熔化的过程，撒入的污潮泥干粉中含有硅酸铁和氧化铁，因为化学反应，后来硅与氧化铁化合成易熔氧化物渣，柳木棍疾搅则加速氧化过程，能迅速形成大块熟铁，这在当时世界上也是先进的技术。

铜矿、银矿等的开采也相当普遍，技术有不同程度的提高。

（四）陶瓷业

陶瓷业中心仍然是江西景德镇，官窑生产供皇室御用，精益求精；民窑生产商品瓷器，产量巨大。嘉靖、万历年间，景德镇官窑逐渐萎缩，民窑大量兴起，出现"官搭民烧"制度，即官府将生产任务分包给民窑。明朝后期，景德镇民窑大者超过两百座，小者数百座，"镇上佣工，皆聚四方无籍游徒，每日不下数万人"②。此外，北直隶定州（今属河北）定窑、浙江处州（今丽水）龙泉窑、河南禹州钧窑、江西弋阳弋阳窑、福建建阳（今南平）建窑等，也都是重要的陶瓷生产地。

陶瓷制作技术和工艺得到很大发展。陶瓷生产的分工越来越细，专业化程度越来越高。《天工开物》称，"一坯工力，过手七十二，方克成器。其中微细节目，尚不能尽也"③。瓷器制作，明朝以前一直以竹刀旋

---

① ［明］宋应星：《天工开物》卷下《五金·铁》。
② ［明］萧近高：《参内监疏》，雍正《江西通志》卷117《艺文·奏疏三》。
③ ［明］宋应星：《天工开物》卷中《陶埏·白瓷附青瓷》。

坯，明朝发明了陶车旋坯，并用铁刀随转旋削，既提高了工效，也增强了瓷器内外光平度。在施釉方法上，宋元多为蘸釉，明朝创造了吹釉与浇釉两法，保证了瓷器里外釉层均匀美观。瓷器彩绘装饰工艺的进步尤为突出。明朝以前，瓷器以单色釉为主。宣德年间，开始烧造出更为精美的青花瓷器，以及红、蓝、翠青、绿、黄等单色釉瓷器，其中尤以鲜红色的"霁红"最为著名。成化年间，斗彩技法备受推崇，即先在坯体上用青花颜料勾勒出双勾线图案，烧制成瓷后再用釉上彩，填以红、绿、黄、褐各色，再入炉烤花。成化斗彩瓷器色调独特，风格淡雅，釉上釉下，相映成趣。其后，在其基础上又发展出五彩技术，彩绘方法与斗彩基本相同，只是釉下青花不仅勾勒轮廓，还绘成图案，甚至不用青花作线描，而直接在上釉的白瓷上加彩，工艺更为成熟，器质更为精美。

（五）造纸业和印刷业

造纸业在南北方各地广泛存在和发展，福建、江西、浙江、南直隶、河南、四川都是重要的造纸业地区。造纸原料有竹、麻、棉、树皮、稻草等，纸张品种达100多种，比较著名的有闽浙赣三省交界山区的竹纸、南直隶宣城（今属安徽）一带的宣纸、江西广信（今上饶）的棂纱纸、四川的薛涛纸等。造纸技术也有了进步。造纸工厂作坊用水碓捣碎原料，提高了工效。蒸煮纸浆，据万历时记载，"甑火蒸烂，剥去其骨，扯碎成丝，用刀锉断，搅以石灰，存性月余，仍入甑蒸"[①]，即加入碱性的石灰和植物灰来处理，保证了纸浆质量。这种化学处理工艺，一直沿用至近代。

印刷业也呈现兴盛局面。雕版技术方面，明朝木活字印书比前代更为流行，明朝中期又开创了铜活字印刷。时人反映，"近时大家多镌活字

---

① 万历《江西省大志》卷6《楮书·材料》。

铜印,颇便于用"①。无锡华氏、安氏用铜活字印过很多书,弘治年间华氏所印《宋诸臣奏议》是我国已知现存最早的一部铜活字印本。福建也多铜活字印刷,嘉靖年间建宁印出著名的蓝色印本"芝城铜版"《墨子》。明末,彩色版画技术也有了突破。最初的彩色套印,是将几种颜色分别涂在同一块雕版上的相应位置,然后伏纸刷印,效果不太理想。明末,有人发明了饾版和拱花技术。饾版是将彩色画稿分刻成若干小版,分别涂上不同颜色,再逐个印在同一张纸上,拼成完整的具有复杂色彩的画面。其代表作是天启年间胡正言在南京所印的《十竹斋画谱》。拱花是将雕版加力压印在纸上,使花纹凸起,适于表现行云流水、花叶鸟羽、衣纹皱褶等。饾版和拱花结合,使彩色印刷更上层楼,是明朝版画彩印技术的杰出成就。

明朝的书籍印刷分为官刻本和书坊刻本,官刻本以儒家经典和文学、历史等书为主,书坊刻本起先以类书为多,明朝后期则以翻刻宋元旧书和戏曲、小说等为盛。其时,两京十三省无不印刷刻书。嘉靖以前,刻书中心有福建、浙江杭州、四川等地;嘉靖以后,浙江湖州、南直隶歙县兴起。明末,南京、苏州等地再起,以书坊刻本为主的印刷业大盛。印刷业的兴盛,也推动了文化教育的发展。

三、商品经济的繁荣

明朝中后期,农业、手工业的发展和进步,促进了商业的发展和商品经济的繁荣。

---

① [明]唐锦:《龙江梦余录》卷3。

第六讲　民熙物阜：明朝中后期的经济发展与繁荣

（一）商品生产的扩大

明朝中期以后，不少地方的生产结构发生了较大变化，农业生产卷入商品经济之中，农村家庭副业和农产品商品化。特别是一条鞭法的实行，田赋和力役折银征收，农民必须出卖更多的农产品以换取银两，加速了农产品商品化的过程。如江南太仓、松江等地，农民普遍种植棉花，给本地纺织业提供原料，"市中交易，未晓而集。每岁棉花入市，牙行多聚"①。万历年间，河南农民"半植木棉"，"乃棉花尽归商贩，民间衣服率从贸易"②。广州周围各县的农民多种植荔枝、龙眼、茶、橄榄等作物，供广州市民消费，农民多因此而致富。许多农民还因地制宜，将家庭手工业的产品投入市场。众多的手工业者脱离农业，从事专一产品生产，作为商品交易。各地都涌现出许多农产品加工业和以取材本地为主的手工业，给本地区提供了大量商品，有些逐渐演变成全国性的商品生产重地。

明朝中期，商品经济显著发展，投入市场的商品种类大增。如苏、杭织造的纱罗、彩缎，成化年间由于风俗渐奢，供不应求。弘治年间，淮安所制造的酒曲远销各地，每年用麦高达百万石。正德时，苏州为全国市场提供了大量商品，据正德《姑苏志》记载，有帛之属7种，即锦、纻丝、罗、纱、绫、绢、绸，产品质量好，"五色眩耀"，"四方皆尚之"，各地"公私集办于此"；有布之属8种，包括木棉布、药斑布、苎布、缣丝布、棋花布、斜纹布、麻布、黄草布，以质优"通行天下"；还有日常器用之属10种，如笺、兔毫笔、纱巾、扇骨、席、藤枕、柳

---

① 万历《嘉定县志》卷2《疆域考下·风俗》。
② ［明］钟化民：《救荒图说》，［清］俞森：《荒政丛书》卷5《钟忠惠公赈豫纪略》。

箱、蒲鞋、灯、纱帽胎①。正德时，南京江宁县经营不同商品的铺行达104种。当时投入市场的大多数是与民众生活有关的商品，反映了明朝中期广大民众与市场经济联系的进一步加强。

至明朝后期，民营手工业兴盛，商品生产空前发展。原来的手工业专业生产城市持续繁荣，生产范围进一步扩大，工匠人数增多。江南织造业中心苏州"居民大半工技，金阊一带比户贸易，负郭则牙侩辏集"②。据万历二十九年（1601）统计，苏州织工、染工近万人。他们生产的产品大多作为商品进入贸易流通。江西景德镇，嘉靖、万历年间的官员王世懋称，"天下窑器所聚，其民繁富，甲于一省"③。景德镇有许多名窑，生产出诸多瓷器名品，为市场所争抢。

（二）国内贸易的发展

随着经济的发展，商品生产区域化与专门化趋势加强，全国形成若干个商品产区，如苏州、杭州的丝织，苏州、松江的棉纺织，景德镇的陶瓷，云南的铜、铅矿冶，河南、山东的棉花，湖广的粮食，福建、江西的造纸，西北、东北的毛皮、药材。这种地区分工倾向的发展必然会引起地区之间不同商品的交流。杭州是重要的丝织中心，"虽秦、晋、燕、周大贾，不远数千里而求罗绮缯币者，必走浙之东也"④。景德镇是制瓷中心，"自燕云而北，南交趾，东际海，西被蜀，无所不至，皆取于景德镇，而商贾往往以是牟大利"⑤。至于粮食、手工业原料的交流更是频

---

① 参阅正德《姑苏志》卷14《造作》。
② ［清］顾炎武：《肇域志》卷8《苏州府》。
③ ［明］王世懋：《二酉委谭摘录》，［明］沈节甫《纪录汇编》卷206。
④ ［明］张瀚：《松窗梦语》卷4《商贾纪》。
⑤ 万历《江西省大志》卷7《陶书》。

第六讲 民熙物阜：明朝中后期的经济发展与繁荣

繁。江南是多种经济作物种植区，而粮食却依赖湖广。又如丝织业发达的苏州、杭州等地，大半取丝于湖州。松江是棉纺织业中心，原料棉花皆来源于河南、山东。

当时，全国各地道路畅通，地区间的商品交流得益于此。以长江水道为例，长江水量大，支流多，是明朝最大的内河航行系统，航程范围包括四川、湖广、江西、南直隶四大地区，支流通航的地区有陕西、贵州、河南的部分地区。这个水运系统对于各地物资交换起到了很大的作用，如湖广的米供应长江下游江浙各大城市，所谓"湖广熟，天下足"。又如，长江中下游各地是淮盐的专售区，每年都有大量的淮盐运销南直隶、两湖地区。除此而外，四川的木材、药材大量运销江浙地区。而手工业发达的长江三角洲地区的丝织品、布匹、糖、纸等，都依赖长江水运到内地销售。即使是在非长江水道沿线的一些中小城市，或是远僻的山区，来自各地的商品品种也非常齐全。如直隶河间府（治在今河北河间）街市的货物品种，皆来自全国南北各地。

各地商品流通发达，商贸往来频繁。王世懋谈到福建和江浙的商品流通和商贸往来时说："凡福之绸丝，漳之纱绢，泉之蓝，福、延之铁，福、漳之橘，福、兴之荔枝，泉、漳之糖，顺昌之纸，无日不走分水岭及浦城小关，下吴越如流水。"[1] 李鼎论及全国的情况："燕、赵、秦、晋、齐、梁、江淮之货，日夜商贩而南；蛮海、闽广、豫章、楚、瓯越、新安之货，日夜商贩而北。"[2] 明朝中后期的频繁商品交易，一定程度上打破了明朝初期地区性闭塞和隔阂状态，全国成为一个商品互通有无的大市场。

---

[1] ［明］王世懋：《闽部疏》，［明］沈节甫《纪录汇编》卷207。
[2] ［明］李鼎：《李长卿集》卷19《借箸编》。

（三）海外贸易的兴盛

明朝的海外贸易，前期以官府控制的朝贡贸易为主，中期以后随着西方殖民者东来、"南倭北虏"横行等，尽管仍有少数国家与明廷保持朝贡贸易，但额度很小，朝贡贸易走向衰落。与此同时，民间私人海外贸易获得大发展。

明朝前期、中期，政府实行海禁政策，禁止民间出海贸易，因此当时的私人海外贸易基本上是走私贸易。成化、弘治年间，福建、广东等沿海地区走私活动盛行，"豪门巨室，间有乘巨舰贸易海外者，奸人阴开其利窦，而官人不得显收其利权"[①]。福建漳州的月港是重要的走私港口，号称"小苏杭"。正德年间，浙江舟山群岛发展成另一个走私贸易中心，中国海商也在海外的马尼拉、平户、万丹、长崎开辟了贸易据点。由于从事海外贸易的人数日众，东南沿海地区甚至形成了地方、朝野相互串通的海上走私贸易集团，与朝廷相抗争。嘉靖二年（1523）"宁波争贡"事件后，明廷罢市舶绝贡，日本海盗大肆勾结沿海走私商人，频繁劫掠东南沿海地区，酿成严重的倭寇之祸，走私贸易也更为猖獗。明廷付出沉重代价，最终平定倭寇，并于隆庆元年（1567）开放海禁，使私人海上贸易取得合法地位。

海禁开放后，民间对外贸易在有限的条件下迅速发展，"五方之贾，熙熙水国，刳艅艎，分市东、西路。其捆载珍奇，故异物不足述，而所贸金钱，岁无虑数十万，公私并赖"[②]。中国大量价廉物美而富有特色的商品，包括生丝及丝织品、棉布、瓷器、漆器、矿产品、金属制品、水产品、农产品等，源源不断地运往海外。从海外输入中国的商品，以土特

---

① ［明］张燮：《东西洋考》卷7《饷税考》。
② ［明］张燮：《东西洋考》周起元序。

产和胡椒、苏木、象牙、檀香、犀角、沉香等香料和奢侈品为主。中外贸易的兴盛，使贸易额迅速攀升，白银大量流入中国。据学者统计，因为贸易，1540—1644年间，日本所产白银约7500吨，绝大部分输入中国；1570—1644年间，美洲白银输入中国约12620吨，占其产量一半（或说1/3）[①]。白银的大量流入是明朝中后期商业发展的催化剂，推动了商品经济的发展。中国商品走向了世界，与世界市场衔接，中国在东亚海上贸易以至于太平洋贸易中占有重要地位，是当时世界公认的强国。

（四）白银货币化

明朝中期以后，随着生产的发展，商品经济的繁荣，作为商品的价值尺度和支付手段的货币，也从钱、钞过渡到白银，实现了白银货币化。

明初推出的法定货币是铜钱。洪武元年（1368）三月，明太祖命户部与行省铸造"洪武通宝"钱。但是，由于铜的匮乏、民间私铸，以及携带不便等原因，洪武八年，明廷效法宋、元，发行纸币"大明宝钞"，规定宝钞与铜钱通行使用，"禁民间不得以金银物货交易，违者罪之"[②]。但是，宝钞既无准备金，也无市场基础，发行量无限制，回笼量少，钞法朝令夕改，缺乏连续性，加之制作简陋，伪造方便，纸币充斥市场，所以流通后日益贬值。为了维护宝钞地位，洪武二十七年，明朝再次出台禁用铜钱的法令，然而宝钞价值已仅有面值的20%。

早在洪武末年，江南民间不顾禁令，已经广泛使用散碎白银作为货币。历朝试图维持僵化的钱钞货币体系，不过均以失败告终，无法制止

[①] 参阅万明主编：《晚明社会变迁问题与研究》，商务印书馆2005年版，第240—241页。
[②] 《明史》卷81《食货志五·钱钞》。

白银对宝钞的冲击。如宣德元年（1426）七月，户部奏报，"民间交易惟用金银，钞滞不行"①。在市场机制作用下，白银货币化自下而上推动朝廷政策作出改变。正统元年（1436），因官员们建议，明英宗下令，对额征的南畿、浙江、江西、湖广、福建、广东、广西赋税"米麦共四百余万石，折银百万余两，入内承运库，谓之金花银"，"其后概行于天下"②。成化年间，对北方二税也折银征收，这样"弛用银之禁，朝野率皆用银，其小者乃用钱。惟折官俸用钞，钞壅不行"③。此后，宝钞不能流通，仅被作为皇帝对官员功臣的奖赏等用，沦为"礼仪性货币"符号，而无实际意义。

白银货币化的重要表现是赋役征收的白银化。比赋税全国折银稍早，宣德年间江南巡抚周忱就在应天等地将田赋、里甲都折银征收，作出试点，其后各地陆续仿效。至嘉靖初年，出现一条鞭法，赋役归一，统一征银。万历初年，张居正改革，全面推行一条鞭法，将赋税、徭役和其他各项杂征"悉并为一条，皆计亩征银，折办于官"④，即国家对赋役各项均以白银征收。这样，经历了整整一个半世纪的时间，白银货币化最终完成。

明朝中后期的白银货币化是"市场渗透"或者说市场扩张的过程，是国家与社会需求合力推动的货币化进程。白银货币化使得农民从纳粮当差到纳银不当差，一定程度上打破了乡村的封闭状态，促进了城镇兴起和劳动力市场形成，以及农产品市场化，特别是社会关系的市场化，社会各阶层都被卷入到商品市场经济之中，开启了中国由传统社会向近

---

① 《明宣宗实录》卷19，宣德元年七月癸巳。
② 《明史》卷78《食货志二·赋役》。
③ 《明史》卷81《食货志五·钱钞》。
④ 《明史》卷78《食货志二·赋役》。

代社会的转型。

四、区域与市镇经济的兴盛

明朝中后期商品经济的发展和繁荣,促进了区域与市镇经济的兴盛。

(一)农村集市贸易盛行

明朝中后期,商品经济繁荣,农村集市贸易随之发展起来。当时,各地农民因居地分散,去大城市从事交易不便,遂因地制宜,选择较近的市镇举办定期或临时性的集市进行交易。这种集市是农民及小生产者之间互通有无、取长补短的商品交易场所,已具备初级经济中心地的功能,吸引着周边乡民前往。例如,北直隶宝坻县(今属天津),除城中五集轮流开集之外,四乡集市十日二集,每日均有几处开集。再如山西太原府保德州,地处边鄙,与陕西府谷县隔黄河相望,几处集市如东沟集、南关集、下川坪集、楼沟集、冯家川集、石塘村集、桑园市等,"日中为市,民之所以通有无也","乡民交易称便,陕西府谷县沿河六堡,皆取货于州"[1],不仅是当地乡民赶集的场所,而且是河对岸府谷县乡民的赶集场所。

全国各地普遍存在着这种集市,但名称不一,"岭南之市谓之虚,言满时少,虚时多也。西蜀谓之亥,亥者,痎也,痎者,疟也,言间日一作也。山东人谓之集,每集则百货俱陈,四远竞凑,大至骡马牛羊、奴婢妻子,小至斗粟尺布,必于其日聚焉"[2]。还有的地方称场、店、埠、行。各地对农民前往集市交易的称谓亦有所不同,江南谓"上市",北

---

[1] 康熙《保德州志》卷1《因革·市集》。
[2] [明]谢肇淛:《五杂组》卷3《地部一》。

方称"赶集""走集",岭南言"趁虚"。集市在各地数量不一,完全取决于当地经济发展水平和需要。据嘉靖《尉氏县志》记载,全县境内共有集市26个。而山东莱州府属各州县情况也有不同,"掖县:城集十,乡集九,神集二;平度州:城集十,乡集三十有一,神集一;昌邑:城集五,乡集二十八,神集一;潍县:城集十有七,乡集十有五;胶州:城集五,乡集十有二;高密县:城集六,乡集十有二;即墨:城集五,乡集十有三"[①]。其中所谓"神集"指庙会,即商人借群众性的宗教集会而开展商品交易,是集市的一种特殊形式。嘉靖《广平府志》称:"庙之会,国初未有,自正德之初,始有此俗。先期货物入集,酒肆罗列。男女入庙烧香,以求福利。"[②]

集市的日期也有多种不同的安排,视地区经济发展状况与地理条件而异。有每月一集、半月一集、十二日一集、十日一集、七日一集、五日一集、三日一集、二日一集等。一日一集的常市,也称日市、每日集。例如河南邓州的程宽埠口店,"在丹江之东,近为州县之隅,远界三省之间,舟车四通,商贾交至,日为常市"[③]。常市往往出现于交通便利的枢纽地区,有较广阔的经济腹地,其繁荣程度为一般集市所不及,超越了初级经济中心的形态,成了商品集散中心,有的则发展为工商业市镇。

(二)城市繁荣与工商业市镇崛起

明朝中后期,随着商品经济的发展,原有的商业城市继续发展和繁荣,新兴的工商业市镇不断崛起。据统计,明朝前期商业发达的城市约

---

① 万历《莱州府志》卷5《市集》。
② 嘉靖《广平府志》卷16《风俗志》。
③ 嘉靖《邓州志》卷8《舆地志·镇店》。

有30多个，至后期扩展到60多个。大小城市消费能力高，奢靡之风盛行，促进了商业的兴盛。

永乐迁都以后，北京成为全国的政治中心，皇室、勋戚官员、大量军民聚集于此，各国使臣、各地官民络绎进京，北京成为明朝中后期全国最大的消费城市，商业迅速发展。其时，"四方之货，不产于燕而毕聚于燕"①。京城市场上，不仅有来自苏杭的绫罗锦缎，还有徽州的茶叶，江西南丰的大篓纸、景德镇的瓷器，广东佛山的铁器；不仅有东北及蒙古的皮毛毯毡，还有西北的特产。除了国内商品，海外商品也通过朝贡贸易、商人贩运等途径，在北京市场流通。对此，明朝后期张瀚说："四方财货，骈集于五都之市……凡山海宝藏，非中国所有，而远方异域之人，不避间关险阻，而鳞次辐辏，以故畜聚为天下饶。"②绘制于万历初年的《皇都积胜图》反映了北京正阳门和大明门之间的"朝前市"，货摊有冠、巾、靴、袜、衣裳、布匹、绸缎、皮毛、折扇、雨伞、木梳、蒲席、刀剪锤头、陶瓷器皿、灯台、铜锁、马镫、马鞍、书籍、字画、纸墨、笔砚、彝鼎、佛像、雕漆、象牙、草药、线香、纸花、玩物等，各类物品应有尽有。由于皇室、达官贵人齐聚北京，北京成为当时全国最大的奢侈品消费市场。明孝宗即位后，就有官员指责"京师射利之徒，货鬻宝石，制为奇玩，交通近侍，进入内府，支价百倍，币帛钱物，车载而出，虚耗府库"③。许多商品，又经北京中转，转运到北部蒙古、东北女真等地区。明末北京，"四方商贾辐辏，技艺毕陈，珠石奇巧，罗绮毕具，一切夷夏古今异物毕至"④。白银成为北京市场上通行的货币，商品多以银

---

① ［明］张瀚：《松窗梦语》卷4《百工纪》。
② ［明］张瀚：《松窗梦语》卷4《商贾纪》。
③ 《明孝宗实录》卷2，成化二十三年九月丁未。
④ ［明］沈榜：《宛署杂记》卷17《民风一·土俗》。

计,雇工也以银计价。

南京作为明初首都,既是全国政治中心,也是全国经济中心。永乐迁都以后,南京成为陪都,城市商业贸易一度有所衰落。但是,明朝中期以后,特别是江南地区商品经济迅速发展,南京"北跨中原,瓜连数省,五方辐辏,万国灌输。三服之官,内给尚方,衣履天下,南北商贾争赴"①,与各地的经济交流不断扩大,商业迅速走向复兴与繁荣。商业贸易场所不断增加。正德时,仅江宁一县已经有大型市场14个,市场内铺户按经营商品的内容可分为104行,每行有铺户数十个,甚至上百个。现藏于中国国家博物馆的《南都繁会景物图卷》就描绘了南京商业区的各种铺面招牌,其中有"东西两洋货物俱全""川广杂货""福广海味""西北两口皮货发客""南北果品"等,可见商业繁盛。徽州商人、闽粤商人、山西商人活跃于南京市场,挟资大者巨万,少者千百,在此经商贸利。同时,南京本地人也将南京的商品贩运至全国各地。万历以后,各地尤其是江南地区的商品生产、商品流通都空前发达,南京城商业进入鼎盛时期。时人称南京"为五方所聚,要皆贸易迁徙之民,及在监游学之士"②。南京所产绸缎,不仅盛销内地城镇,而且远销至塞北市场,连宣府、大同等边镇也专门设有南京罗缎铺。与此相适应,茶馆、酒楼、妓院等饮食服务业、娱乐业也十分兴旺。秦淮河两岸店铺林立,河上画舫穿梭,也从一个侧面反映了明朝后期南京商业的繁荣。

苏州、杭州、西安、太原、成都、武昌也都是商业繁荣的城市。苏州以丝织业闻名于世,织工可达万人以上,当地"货物辐辏,四方旅寓之人,皆在其地开张字号行铺"③。上海逐渐发达,"谚号为小苏州,游贾

---

① [明]张瀚:《松窗梦语》卷4《商贾纪》。
② [明]吴应箕:《留都见闻录》卷下《时事》。
③ 万历《歙志》卷10《货殖》。

之仰给于邑中者,无虑数十万人"[①]。广州、漳州、泉州、宁波等则是对外贸易的重要港口。杭州、扬州、淮安、徐州、济宁、临清、德州、天津等是大运河沿岸崛起的商业城市。总的来说,这些商业繁荣的城市,或具有某一区域的政治、经济、文化中心的地位,或地处水路要津,或有发达的手工业作为基础。

比较繁荣的手工业市镇主要集中于江南地区。苏州府有市镇多达73个,湖州府也有市镇20多个。一些市镇分布于太湖东南扇形地区,错落有致,形成以丝绸生产、贸易为主的市镇网络,如震泽镇、南浔镇、乌青镇、双林镇等;而松江府的新泾镇、枫泾镇、朱家角镇、罗店镇等,则形成棉布业的市镇网络。这些市镇除了昔日已有的,不少都是明朝中后期新发展出来的。如苏州府的吴江县,成化年间仅有7个市镇,嘉靖年间已经翻了一倍。震泽镇在元朝"村市萧条",居民只有几十户,到成化时则增至三四百户,嘉靖年间已是"地方三里,居民千家"[②]的繁华商业市镇。当地以蚕桑为业,农家所产之丝,由镇上丝行收购,然后转售给各地客商。再如以陶瓷闻名的江西景德镇、以铁器闻名的广东佛山镇,也都以手工业兴起,成为商业繁荣的市镇。

(三)特色商人群体的出现

明朝以前,中国商人经商多是单一而分散的,即有商无帮。至明朝中后期,随着商品经济发展,商业竞争日趋激烈,商人往往以群体的力量,集中巨额资金,开展经营活动。他们以地域为纽带,形成一批商人集团,即商帮。最著名者有徽州商帮、山西商帮、江西商帮、江浙商帮、

---

① [明]陆楫:《蒹葭堂杂著摘抄》,[明]沈节甫《纪录汇编》卷204。
② 嘉靖《吴江县志》卷1《疆域》。

广东商帮、福建商帮。其中势力最雄厚者为徽商与晋商,所谓"富室之称雄者,江南则推新安,江北则推山右。新安大贾,鱼盐为业,藏镪有至百万者,其他二三十万则中贾耳。山右或盐,或丝,或转贩,或窖粟,其富甚于新安"①。

地缘是商人群体兴起的重要因素。以南直隶徽州府为例,其地多山,地狭人稠,自然条件和资源欠缺,所以"徽民寄命于商"。还有一些商帮的兴起受惠于明朝国家的政策。明朝在西北边地实行以茶易马的茶马贸易,以及纳粮边地、支盐运销的开中法,乃至"隆庆和议"而开贸易,对于地处边地的山西、陕西商人的崛起有利。明朝后期"隆庆开关",又为沿海的浙江、福建、广东等地商人的兴起提供了强大推力。

明朝中后期,不少商帮挟赀走天下,足迹遍全国,从事商业活动。如徽商"藉怀轻赀,遍游都会,因地有无,以通贸易,视时丰歉,以计屈伸。诡而海岛,深而沙漠,足迹几半宇内"②。晋商资本雄厚。明朝前期,两淮、两浙的盐引大多由他们控制。明朝中期以后,开中法破坏,晋商失去"极临边境"的地理优势,一些晋商除了继续进行两淮、长芦、河东等盐的运销外,还广泛从事包括粮食业、棉布业、丝绸业、茶业、绒货业、颜料业、煤炭业、木材业、烟草业、药材业等,乃至纸张业、干果业、杂货业、榨油业、金属业等各种商品的经营。在北部与蒙古的马市贸易中,山西商人也蜂拥而至,经营获利。这样,晋商由单一的盐商经营转向了多业经营,开拓了市场,也获取了高额商业利润,因此富甲天下。嘉靖时,严嵩之子严世蕃与客人谈及天下富豪,列举了全国十七家,认为"山西三姓、徽州二姓与土官贵州安宣慰,积赀满五十万

---

① [明]谢肇淛:《五杂组》卷4《地部二》。
② 万历《休宁县志》卷1《舆地志·风俗》。

以上，方居首等"①。明朝后期人称，山西"平阳、泽潞豪商大贾甲天下，非数十万不称富"②，可见其资金雄厚。

商帮对于商品的流通、市场经济的繁荣，以及区域、市镇经济的发展起到了积极作用，也是中国近代社会转型的标志之一。

（四）江南地区的早期工业化

早期工业化（Early Industrialization）是指近代以工业革命为开端的工业化之前的工业发展，使工业在国民经济中所占的地位日益重要，甚至超过了农业。20世纪初西方经济史学家普遍认为：18世纪工业革命并非局限于某一时期，而是一种持续的现象，是以往一系列渐进性变化的积累。20世纪60年代末，西方经济史学家富兰克林·孟德尔斯进一步将工业革命前欧洲农村手工业迅速发展的经济形态称为"产业化初阶"（Proto-Industrialization），或译为"原始工业化"，指出它包括两个要素：一是农村手工业，一是散作制。产业化初阶理论所注重的西欧农村手工业及商业资本介入生产的包买制，与明朝中后期至清朝社会经济发展情况相似，中国学者对其加以借鉴，提出早期工业化的研究范式，以取代新中国成立至20世纪80年代大陆学界所广泛使用的资本主义萌芽的研究范式。③

明朝中后期江南地区早期工业化发展的主要推动力，是地区劳动分工与专业化。如前所述，由于商品经济快速发展，商品生产区域化趋势增强，江南地区专门的工商业市镇崛起。江南从外地大量输入各种工

---

① ［明］王世贞：《弇州史料·后集》卷36《严氏富贷》。
② ［明］王士性：《广志绎》卷3《江北四省》。
③ 参阅李伯重：《江南的早期工业化（1550~1850年）》，社会科学文献出版社2000年版，第1页。

所需原材料，同时大量输出工业产品。以丝织业为例，江南丝绸业市镇及其周边，从明朝中期以来逐渐以养蚕缲丝及丝织业为主业，作为家庭经济收入的主要来源。如吴江震泽镇及近镇各村居民，"尽逐绫绸之利，有力者雇人织挽，贫者皆自织，而令其童稚挽花，女红不事纺绩，日夕治丝"①。再如棉布业，万历《嘉定县志》记载，"邑之民业，首藉棉布，纺织之勤，比户相属，家之租廪服食、器用交际、养生送死之费，胥从此出"，"商贾贩鬻，近自杭、歙、清、济，远至蓟、辽、山、陕"②。这种主业与副业倒置的现象，截然不同于传统农村。农民不再把农业，而是将工业作为主业，是江南地区早期工业化的主要特征。

江南地区早期工业化所生产的优质丝绸、棉布、瓷器等，不仅畅销国内市场，而且被葡萄牙人、西班牙人、荷兰东印度公司、英国东印度公司带入规模更大的全球化贸易之中。国际市场的巨额需求，使江南地区农民就业机会与货币所得大量增加，白银货币源源不断流入中国，"外向型"经济初露端倪，也刺激了江南地区早期工业化进一步发展。这是中国前所未有的历史大变局，是汉唐时代陆上丝绸之路和宋元时代海上丝绸之路所无法比拟的。

早期工业化给江南地区带来了有别于传统社会的变革。从内部来看，主要表现在雇佣工人群体、劳动力市场的形成。如万历年间，有官员报告说，苏州"吴民生齿最烦，恒产绝少，家杼轴而户篡组，机户出资，织工出力，相依为命久矣"③，形成早期工业化的雇佣制劳动关系。由于丝织业发达，丝织工厂作坊用工需求大，苏州还形成了一定规模的雇工市场。时人称，苏州"市民罔藉田业，大户张机为生，小户趁织为活。每

---

① 乾隆《震泽县志》卷25《风俗一》。
② 万历《嘉定县志》卷六《田赋考中》。
③ 《明神宗实录》卷361，万历二十九年七月丁未。

第六讲　民熙物阜：明朝中后期的经济发展与繁荣

晨起，小户百数人，嗷嗷相聚玄庙口，听大户呼织，日取分金，为饔飧计"，"两者相资为生久矣"①。"机户""大户"与"织工""小户"之间是互相依存的雇佣和被雇佣关系，但不存在人身依附关系，前者显然是早期的资产者，后者则是早期的无产者。

西方历史学家贡德·弗兰克指出，1500—1800年的世界经济中心不在欧洲，而在亚洲，特别是中国，无论从经济总量，还是生产技术、生产力，或者人均消费来看，欧洲都谈不上称霸。中国凭借无与匹敌的工业化和出口，与任何国家进行贸易都是顺差。当然，江南地区的早期工业结构以纺织、食品、陶瓷、印刷等轻工业为主，造船、建材等重工业规模十分有限，而煤铁工业几乎欠缺，这种"超轻结构"成为制约江南地区发展到近代工业化的重要障碍。尽管明朝中后期江南地区的早期工业化并不能直接导致近代工业化，但前者仍可视为后者的先行阶段，为后者的出现准备了若干条件。

总之，明朝中后期，农业继续发展，手工业不断进步，商业日益繁荣，社会经济发展到了前所未有的繁盛水平，江南的一些地区、部分行业还出现了早期工业化的样貌，"民物阜殷"、风俗浮华奢靡之类的记载屡见于明清人笔下。明朝中期官员王直说："今天下太平，民物阜殷。"②明末宋应星道："幸生圣明极盛之世，滇南车马，纵贯辽阳，岭徼宦商，衡游蓟北。为方万里中，何事何物不可见见闻闻！"③他们对明朝中后期社会发展、经济繁荣的描述和赞誉虽然有过度溢美之嫌，但仍一定程度上反映出当时中国尤其是江南一带民熙物阜的社会经济状况。

---

① ［明］蒋以化：《西台漫纪》卷4《纪葛贤》。
② ［明］王直：《抑庵文后集》卷15《送许舍人序》。
③ ［明］宋应星：《天工开物》序。

第七讲 天崩地坼：明朝后期的社会矛盾激化与明朝灭亡

明朝后期，社会矛盾全面激化，后金（清）起于辽东，农民起义兴于西北，"天崩地坼，宗国沦亡"①，明朝统治被推翻。

---

① ［清］傅维鳞：《明书》卷110《范景文等死国难诸臣传赞》。

一、明神宗怠政贪财和廷臣党争

明神宗亲政以后,怠政贪财,廷臣结党相争,矿监税使四出,社会矛盾激化。

(一)近三十年的"国本"之争

明神宗皇后王氏自万历六年(1578)册封,无子。万历九年,明神宗在其生母李太后宫中"私幸"了宫女王氏,使其怀孕。但他并不真喜欢宫女王氏,加以事不光彩,所以事后"讳之"。不过,内起居注已将此事记录在册,李太后也盼孙而劝慰,明神宗被迫承认,于万历十年六月册封王氏为恭妃。八月,王恭妃生子,为明神宗长子,取名朱常洛。不久,皇二子朱常溆出生,但寻即夭折,"母氏无考"。皇三子朱常洵为郑贵妃所生。郑氏于万历初入宫,貌美伶俐,得明神宗宠幸,万历十一年封为德妃,次年进封贵妃。万历十四年正月,她生朱常洵,进为皇贵妃,位仅次于王皇后。在其"乞怜"下,明神宗有意立朱常洵为太子,二人还到"颇著灵异"的大高玄殿行香设誓。

明神宗不顾礼法制度,企图废长立爱,引起群臣抗争。万历十四年二月,大学士申时行等首先上疏,称"国本系于元良,主器莫若长子",要求"早建储位",册立皇长子朱常洛为太子。明神宗接疏,称"元子婴弱，稍俟二三年举行"①。一般来说，太子须尽早册立。明神宗这一答复，显然是拖延、推托，因此引来群臣反对。户科给事中姜应麟等先后上疏，不仅要求册立朱常洛，而且提出进封王恭妃，"次及贵妃"。明神宗大怒，指斥他们"揣摩上意，以舍长立幼为疑，置朕于有过之地"②，分别降谪。但是，各级官员不断要求册立朱常洛，明神宗难以尽皆处罚，遂将这些奏疏多留中，不再批发下去，全不理会。至万历二十一年初，面对群臣抗争，他又使出计谋，提出让朱常洛、朱常洵等三皇子"俱暂一并封王"，"少待数年，皇后无出，再行册立"③。大学士王锡爵阿顺明神宗，拟"三王并封"诏旨下，"举朝大哗"。群臣直言"待嫡"不合祖制，并指责明神宗言而无信。明神宗只好作罢，但仍坚持"少俟二三年，中宫无出，再行册立"④。

万历二十四年，群臣又上疏要求朱常洛行册立、冠、婚三礼。明神宗拒绝行三礼，对群臣言辞激烈者予以处罚，将大部分奏疏仍留中不报。万历二十九年十月，在群臣持续执争下，朱常洛才被册立为太子，同时册封朱常洵为福王。不久，太子冠、婚礼举行。明神宗之所以册立朱常洛，也是李太后干预的结果。原来，"国本"之争中，李太后站在群臣一方，但一直忍而未发。至万历二十九年，一天明神宗入侍，她问起不立朱常洛的原因，明神宗脱口说道："彼（指常洛）都人（即宫女）子也。"这一下子刺痛了李太后，她大怒说："尔亦都人子！"明神宗遭到斥责，"惶恐，伏地不敢起"，朱常洛"由是得立"。

不过，明神宗与郑贵妃不甘心，还希望以朱常洵取代朱常洛，一直

---

① 《明神宗实录》卷171，万历十四年二月戊辰。
② 《明神宗实录》卷171，万历十四年二月丁丑、甲申。
③ 《明神宗实录》卷256，万历二十一年正月丁丑。
④ 《明神宗实录》卷257，万历二十一年二月辛卯。

让他留居京城。万历四十年五月,群臣开始催朱常洵就藩。明神宗先是不理会,后来许为次年春,万历四十一年春季过后又许诺次年春,百计推托。在明神宗、郑贵妃指使下,朱常洵又上疏,要求庄田四万顷,俟足额后就藩,以此难困群臣。群臣疏争,明神宗均置之不理。十月,明神宗又提出,等万历四十二年十一月李太后七十大寿后,福王"择吉之国",继续施计拖延。李太后得知,生气地说:"吾潞王(李太后子,神宗弟)亦可来上寿乎?"郑贵妃"乃不敢留福王"①。万历四十二年三月,福王朱常洵就藩洛阳。沸沸扬扬近三十年的"国本"之争至此告终。

(二)明神宗怠政

明神宗亲政初,也曾勤政图治。他坚持上朝,处理朝政。万历十三年(1585)五月,他视朝后召见阁臣,咨商政事,被称为是此制在弘治年间停废百年后再举行的"旷典"。他重视农业生产,令尚宝司少卿徐贞明在京畿地区治理水田,疏浚河道。他还关注官员选拔,要求重视有实际才能者。对朝臣的一些批评,他也能有所采纳。不过,明神宗实际上是一位喜欢安逸、贪图财贿、任性使气、政治素质差的皇帝。清算张居正,就是明显的例子。他亲政之初的勤政图治,与他刚获得独裁之权而生的新鲜感及此前张居正的严格教育分不开。而一旦对理政失去新鲜感和热情,又缺少了他人的严格要求和督促,他的意志和毅力就会松垮,逐渐懒惰厌倦。尤其"国本"之争,群臣不断执争,多对他加以批评和指责,他把奏疏留中,平时也不与群臣见面。加上廷臣党争攻讦,不问是非,使他对处理政事越发缺少兴趣和动力。于是,他日益怠政。表现有:

---

① 《明史》卷114《后妃传二·孝定李太后》。

第七讲 天崩地坼：明朝后期的社会矛盾激化与明朝灭亡

其一，不见大臣。万历十七年元旦，明神宗因日食而令免朝贺，"自是每元旦皆不视朝矣"①。平时朝会，他也多传免。如万历十六年十二月，他因事甚怒，"连日称疾，不视朝"；万历十七年三月，因其"久不视朝"，升授官员于朝会时面见皇帝谢恩制度因此改废，他"从此临御益稀矣"②。召见阁臣咨商政事的次数，万历十四年以后越发减少。申时行任首辅九年，只被召对过三次。甚至遇到紧急军情，阁臣等恳求面见咨商，明神宗也不理会。万历四十年四月，南京各道御史批评他"深居二十余年，未尝一接见大臣"；万历四十六年六月，他"不视朝已三十载"③。

其二，不批答奏疏。万历十七年十二月，大理寺左评事雒于仁上疏，指斥他有"酒色财气"四病，"溺爱郑妃，惟言是从，储位应建而久不建"④。明神宗大怒，"将重谴"。大学士申时行建议他不发其疏，以免臣民由此知晓其"病"，而改为私下转告雒于仁辞职，"章奏留中自此始"⑤。其后，加上群臣党争，使他更为怠惰，留中者几乎涉及所有奏疏。甚至萨尔浒之战后，"辅臣七疏吁请发帑"，支援辽东，兵部尚书薛三才奏请加强京师三大营官军训练，官员建言"速遣援辽之人"等，明神宗都将奏疏"留中"⑥。

其三，不任补官员。因明神宗不见官员、留中奏疏，各级官员得不到及时任用和补充。其结果一是人滞于官，现职官员长期得不到升迁转调。万历三十二年正月，大学士沈一贯反映，"人滞于官，或十年不调"⑦。万历三十五年，叶向高被擢为礼部尚书兼东阁大学士，次年因其

---

① ［清］夏燮：《明通鉴》卷69，万历十七年。
② 《明神宗实录》卷206、卷209，万历十六年十二月庚寅、十七年三月丙辰。
③ 《明史》卷21《神宗本纪二》、卷240《何宗彦传》。
④ 《明神宗实录》卷218，万历十七年十二月甲午。
⑤ 《明史》卷218《申时行传》。
⑥ 《明神宗实录》卷580，万历四十七年三月丁酉、丁未。
⑦ 《明神宗实录》卷392，万历三十二年正月辛酉。

他大学士或卒或辞，叶向高遂成独相。叶向高等要求廷推补充阁臣，奏章百余上，明神宗均不听。至万历四十一年，始补方从哲、吴道南。二是曹署多空。官员因各种原因去职后，各衙门严重缺官。如内阁，万历三十六年至四十一年，仅叶向高一人；方从哲入阁后，也成独相。再如六部、都察院，万历二十六年正月，有官员反映，两京共设尚书、都御史14员，"今缺其八矣"，侍郎"今虚其半矣"；七月，又有官员反映，额设六科给事中、十三道御史140人以上，"今尽台省新旧人数，尚未足当额设之半"；万历四十七年七月，大学士方从哲也奏称，"部院堂官止八九人，科道止十数人"①。再如总督、巡抚和各级地方官员，万历三十三年五月，有官员反映，"南北大僚，强半空署。督抚重臣，经年虚席。藩臬缺至五六十员，郡守缺至四五十员"②。从中央到地方，各级衙门都严重缺官，政务废弛，国家机器处于瘫痪、半瘫痪状态。

此外，神宗不亲行郊庙祭祀行礼，不举行经筵日讲，可谓明朝最为怠惰的皇帝。

（三）廷臣党争

明神宗亲政初期，借言官等低层官员上疏揭发、攻击张居正，清算了张居正，也使言路大开。其后，爆发"国本"之争，统治阶级分成了三派：册立派，包括大部分中下级朝臣及李太后，坚持册立朱常洛为太子、福王朱常洵就藩等；反册立派，是明神宗、郑贵妃等极少数人；摇摆派，主要是申时行、王锡爵、沈一贯等阁臣，他们常参与册立派斗争，

---

① 《明神宗实录》卷318、卷324、卷584，万历二十六年正月壬寅、二十六年七月丙戌、四十七年七月壬寅。
② 《明神宗实录》卷409，万历三十三年五月戊戌。

第七讲 天崩地坼：明朝后期的社会矛盾激化与明朝灭亡

但又对皇帝阿顺唯诺，"心亦以言者为多事"。册立派争"国本"，不仅是与反册立派较量，也是和摇摆派作斗争。摇摆派也拉帮结派，利用"国本"之争打击、迫害正直之臣。其间，围绕朝廷用人行政，双方也展开争斗，相互攻讦，形成严重的党争。

万历二十一年（1593）癸巳京察是明朝后期党争形成的标志性事件。时吏部尚书孙鑨、考功司郎中赵南星等主持京察，秉公澄汰，包括孙鑨外甥、赵南星姻亲、大学士赵志皋弟、首辅王锡爵庇护的官员等都在罢黜之列。王锡爵等心生嫉恨，遂票旨切责吏部"专权结党"，孙鑨被罢官，赵南星被削籍为民。这次京察，吏部员外郎顾宪成"实左右之"。不久，顾宪成升吏部文选郎中，所推举官员也"率与执政抵牾"。次年，顾宪成被削职为民。

顾宪成，字叔时，无锡人。万历进士，授户部主事。大学士张居正病，"朝士群为之祷"，顾宪成坚不参与。后改吏部主事，历官吏部员外郎，皆持正直言。"三王并封"诏下，他上疏抨击明神宗，又致信指斥王锡爵。癸巳京察后，他被削职，"名益高，中外推荐无虑百十疏"，明神宗"悉不报"。其弟允成，字季时，万历进士，历官礼部主事。"三王并封"诏下，癸巳京察，顾允成均疏斥明神宗及王锡爵等，被谪光州判官。他辞官归，不复出。顾宪成兄弟居家，大力研究和提倡程朱理学，讲求"实学以救世"，批判当时盛行的王守仁心学。万历三十二年，他们倡修无锡东林书院，与同因谏诤而被罢官的无锡人高攀龙等"讲学其中"。顾宪成撰写了"风声雨声读书声，声声入耳；家事国事天下事，事事关心"的对联，作为书院宗旨。他们视"天下为己任"，在讲学之余，又多讽议朝政，品评官员，关注国计民生。"朝士慕其风者，多遥相应和，由是东林名大著"①。

万历二十九年九月，沈一贯担任首辅。他阴邪狠毒，对明神宗册立太子、矿监税使等事"虽小有救正，大率依违其间"②。阁臣沈鲤耿直持正，礼部侍郎署部事郭正域、左都御史温纯等亦正直不阿，互为呼应。沈一贯忌之，结党羽攻击、陷害诸人。万历三十三年乙巳京察，吏部侍郎杨时乔、左都御史温纯主持，力锄沈一贯诸党羽。万历三十四年七月沈一贯致仕后，朝中正、邪两派官员争斗激化，邪派官员逐渐结为浙、齐、楚、宣、昆等党。浙党以沈一贯和后来的首辅方从哲及其党羽为主，首领有给事中姚宗文、御史刘廷元等；齐党首领为给事中亓诗教、周永春和御史韩浚等；楚党首领为给事中官应震、吴亮嗣等；宣党首领为国子监祭酒汤宾尹等；昆党首领为翰林院编修顾天埈等。他们把东林派朝野官员诬为"东林党"，他们自己也被人按首领籍贯指为各"党"。总体上说，"东林党"人多以气节自负，能与皇帝、阁臣等人背离传统礼制、破坏明朝统治秩序、违法胡为等行为作斗争，要求执政者体恤民情疾苦，得到各阶层官民的支持和同情。邪党官员往往曲从附顺明神宗，党附少数阴邪阁臣，多品行不端，不为公论所认可。他们"声势相倚，并以攻东林、排异己为事"，"大僚非其党，不得安于其位"③。

万历三十七年，内阁缺人，东林党人举荐凤阳巡抚李三才。李三才有经世之能，多次疏陈矿监税使之害，指责沈一贯等执政者。浙党等忌恨李三才，上疏攻讦他"贪险假横"，反对他入阁。双方纷争不已，家居的顾宪成致书大学士叶向高、吏部尚书孙丕扬，为李三才"延誉"。

---

① 《明史》卷231《顾宪成传》。
② 《明史》卷218《沈一贯传》。
③ ［清］夏燮：《明通鉴》卷74，万历三十八年。

第七讲 天崩地坼：明朝后期的社会矛盾激化与明朝灭亡

结果信泄，浙党等既攻击李三才"贪奸"，更指责顾宪成"遥执朝政"①。最终，李三才不胜攻击，辞官而去。万历三十九年辛亥京察，吏部尚书孙丕扬等持正不阿，将汤宾尹、顾天埈等邪党官员皆列入察疏。邪党官员诬称孙丕扬等打击报复，"议论汹汹"。赖大学士叶向高调护，汤宾尹等被黜，东林党获得胜利。

万历四十三年五月，爆发了"梃击案"。初四下午，一中年男子张差手持枣木棍，闯入太子朱常洛所居慈庆宫，打伤守门宦官，被抓获。浙党御史刘廷元等先后审讯，皆称此人疯癫，因申冤入京，得棍打入宫中，按律当斩。刑部主事王之寀利用到狱中发放牢饭的机会，密审张差，张差供出受太监指使和引导。王之寀立即上疏，揭发张差"不癫不狂，有心有胆"，要求由九卿等会审。二十一日，刑部等会审，张差供认受郑贵妃宫中太监庞保、刘成指使和导引，从而进宫棒打太子。群臣大哗，指斥郑贵妃主使谋害太子朱常洛。他们要求提审庞保、刘成并对质。形势对郑贵妃、福王朱常洵极不利，郑贵妃向明神宗求救。最终，在明神宗谋划下，郑贵妃"乞哀皇太子，自明无它"，极力撇清干系。二十八日，明神宗罕见地带领太子朱常洛等召见群臣，色厉内荏地批评朝臣们"离间父子"，命将张差"磔于市"，后"毙保、成于内廷"，不许细究，"其事遂止"②。就这样，"梃击案"被匆匆了结。

万历末年，方从哲继为首辅，性柔懦，"言路持权，齐、楚、浙三党尤横"。万历四十五年丁巳京察，在邪党操控下，"一时与党人异趣者，贬黜殆尽"③，东林党等正直官员纷纷被黜，邪党人士控制了朝廷。

---

① ［清］谷应泰：《明史纪事本末》卷66《东林党议》。
② 《明史》卷244《王之寀传》。
③ 《明史》卷225《郑继之传》。

（四）"万历三大征"

万历中期，西北爆发了宁夏哱拜叛乱，西南爆发了播州杨应龙叛乱，以及日本侵略朝鲜的事件。明朝先后派兵平定哱拜、杨应龙叛乱，援助朝鲜打败日本侵略者，合称"万历三大征"。

哱拜是蒙古鞑靼人，嘉靖年间投降明军，骁勇善战，历升都指挥使，为宁夏总管标兵参将。万历十七年（1589）二月，加副总兵致仕，其子哱承恩袭职。哱拜父子见官军孱弱，"遂有轻中外心，恣睢骄横"。巡抚党馨对哱拜势焰常加裁抑，并查核其冒饷之罪。哱承恩因强娶民女为妾，又遭处罚。万历二十年二月，宁夏镇冬衣及月粮迟延不发，引起军兵不满。哱拜趁机怂恿军锋刘东旸为首，杀党馨及副使石继芳，发动叛乱。刘东旸自称总兵，以哱拜为谋主，哱承恩等为副总兵，占据宁夏镇。叛军连下中卫、广武等城，并联络河套部蒙古，"将趋河东，全陕震动"①。

三月，明朝以三边总督魏学曾平叛。官军很快收复被叛军占据的河西47堡，哱拜退入宁夏镇。他勾结蒙古河套部著力兔等来攻，也被明军击败。六月，宁夏巡抚叶梦熊携甘州火器，监军御史梅国桢、提督李如松带领辽东、山西等地兵马到达。九月，明军攻入城中，叛军内讧，刘东旸被杀，哱承恩被擒，哱拜自缢而死，叛军2000人被杀。哱拜叛乱，"七月余而后平"。

播州在今贵州遵义一带，明初在当地沿用土司制度，任命部族首领杨铿为播州宣慰使。杨应龙于隆庆年间袭父职，为宣慰使。他骁勇善战，帮助镇抚地方。随着势力渐大，他骄横跋扈，诛杀无忌，且"阴有虎据

---

① ［明］茅瑞征：《万历三大征考·哱氏》。

全蜀之志"。万历十八年十二月,时任贵州巡抚叶梦熊疏论其"凶恶诸事",巡按御史陈效历数其"十二大罪",及"怙凶阻勘之状"[1]。万历二十年十二月,杨应龙被逮至重庆,论法当斩。恰逢明朝调兵援朝抗倭,杨应龙奏请带播州兵随征赎罪。明神宗诏可,命释之,不久又命免征调。次年正月,四川巡抚王继光至重庆,仍"严提勘结",杨应龙遂正式反叛。

万历二十二年三月,明朝以兵部侍郎邢玠为贵州总督,主持进剿。杨应龙假意受抚,暗地积蓄力量。万历二十六年十一月,杨应龙"益统苗兵,大掠贵州洪头、高坪、新村诸屯","又侵湖广四十八屯,阻塞驿站"[2]。次年,明朝起用都御史李化龙兼兵部侍郎节制川、湖、贵三省兵事,主持进剿。同时,调东征朝鲜归来的刘綎等名将前来,并征发各地官军会剿。万历二十八年二月,李化龙分兵八路进攻。五月,官军合围叛军老巢海龙囤。六月,城破,杨应龙自缢而死,其子、弟等百余人被擒,叛乱平定。随后,明朝在播州改土归流,分设遵义府(属四川)、平越府(属贵州),结束了杨氏700余年的世袭土司统治。

明朝时期,中朝两国继续保持宗藩关系。在日本,大名丰臣秀吉担任"关白"(即辅佐天皇的最高行政长官),实现日本统一,积极向外扩张。万历二十年(日本文禄元年)四月,丰臣秀吉以将领小西行长等率军16万,在朝鲜釜山登陆,迅速攻占王京(汉城),占领平壤,俘朝鲜王子。朝鲜兵弱无备,望风而溃,"八道几尽"。丰臣秀吉企图进一步侵略中国,狂妄地叫嚣:"要迁都北京,由日本天皇统治中国。"[3]朝鲜国王李昖逃奔义州,向明朝求援。这一年为壬辰年,史称"壬辰倭乱"(也称

---

[1] 《明神宗实录》卷230,万历十八年十二月癸未。
[2] [清]谷应泰:《明史纪事本末》卷64《平杨应龙》。
[3] 吴廷璆主编:《日本史》,南开大学出版社1994年版,第211页。

"壬辰战争")。

八月，明朝以兵部右侍郎宋应昌为经略，负责援朝抗倭事宜。不久，明朝又任命李如松为东征提督。时值宁夏、播州叛乱，兵部尚书石星妄存谈判幻想，派人与日军议和，未成。万历二十一年正月，明军进抵平壤，从小西门、大西门攻入，斩日军1200余人，焚溺死者无算。平壤大捷后，明军乘胜追击，收复开城、黄海、平安、京畿、江源四道"并复"，日军逃往王京。连胜之下，李如松轻敌，败于王京附近碧蹄馆。四月，日军退出王京，龟缩于釜山等地，朝鲜国土大半收复。

万历二十五年（日本庆长二年）正月，丰臣秀吉又派军14万从釜山登陆，第二次大规模侵略朝鲜。明朝以兵部尚书邢玠总督蓟、辽，麻贵为备倭大将军，佥都御史杨镐为经略，再次出兵援朝抗倭。八月，日军先后攻陷南原、全州，进逼王京。明军扼守汉江，击败日军，日军退往蔚山。明军合攻蔚山，杨镐为日军所败，逃回王京。邢玠继续征调国内援军，并征募江南水兵赴朝。万历二十六年二月，邢玠分兵四路，在蔚山等地与日军对敌。十一月，日军按丰臣秀吉遗命，从朝鲜退兵。明军各路在陆上追击，海上堵截，副总兵邓子龙和朝鲜统制使李舜臣在露梁海面大败日军，毙敌万余人，双双牺牲。残余日军"扬帆尽归"[①]。援朝抗倭战争取得最后胜利。

明朝取得"万历三大征"的胜利，稳定了西北、西南边疆，保护了朝鲜主权和独立，维护了明朝统治和东北亚国际秩序，具有重要意义。当然，"万历三大征"绵延数年，明朝调兵拨饷，"费至一千二百余万"，也导致财政困窘，统治者加重对民众的搜刮和掠夺，激化了社会矛盾。

---

① ［清］谷应泰：《明史纪事本末》卷62《援朝鲜》。

（五）矿监税使的掠夺

明神宗贪图安逸享乐，大肆奢靡挥霍，宫廷开支剧增。光禄寺负责宫廷酒醴膳馐等事，万历前期用银约14万两，至万历中期增至近30万两。宫中大量使用和存积金珠宝石、绫罗绸缎、陶瓷漆器等各种奇珍异宝，明神宗派人四处采买搜罗，或令地方进贡、造办。皇家婚丧、册封等典礼开销急剧增加。如万历六年（1578），明神宗大婚用银7万两；万历十一年，潞王婚礼用银近9万两；万历三十二年，福王婚礼花费达30万两；万历四十三年，瑞王婚礼用银18万两；万历四十五年九月，惠王、桂王婚礼"照瑞王事例造办"。皇家土木兴造尤其频繁。明神宗为自己建造定陵用银800余万两，修慈宁宫用银15万两，建潞王府花费30万两。万历二十四至二十五年，乾清、坤宁二宫及皇极、建极、中极三大殿先后遭火，兴工修造，仅是从湖广、四川、贵州等地采运楠木等就耗银930余万两。李太后、明神宗等大肆修建寺院，广为布施，也花费无算。

宫中奢靡挥霍，这些银钱从哪里来？大理寺左评事雒于仁指斥明神宗有"酒色财气"四病，其中即有"贪财"之病。明神宗贪求财贿，大肆征索搜刮。他"传索帑金"，向国库要钱。明初设内府十库（内库），作为国库，也是皇帝私库。正统以后，设立太仓库作为国库，内库则变成皇帝私库。内库除了皇庄等收入外，每年户部太仓库还拨付由南方各省赋税折收而得的"金花银"100万两，供皇室开支。万历六年，明神宗以大婚置办珠宝等为由，令户部再增进银20万两。此后，他将此作为定额，每年都令户部增进。他还经常临时令户部太仓库、兵部太仆寺库、光禄寺库等进送银两，少则10万两，多则20万两。

明神宗征索搜刮钱财手段中，规模最大、影响最坏的是向全国派出大批矿监税使。万历二十年以后,"三大征"接踵,二大宫三大殿连焚,"营建乏资,计臣束手"。面对财政困窘,从万历二十四年开始,明神宗陆续派遣宦官到各地开矿取税,称为"矿监","昌平则王忠,真、保、蓟、永、房山、蔚州则王虎,昌黎则田进,河南之开封、彰德、卫辉、怀庆、叶县、信阳则鲁坤,山东之济南、青州、济宁、沂州、滕、费、蓬莱、福山、栖霞、招远、文登则陈增,山西之太原、平阳、潞安则张忠,南直之宁国、池州则郝隆、刘朝用,湖广之德安则陈奉,浙江之杭、严、金、衢、孝丰、诸暨则曹金,后代以刘忠,陕西之西安则赵鉴、赵钦,四川则丘乘云,辽东则高淮,广东则李敬,广西则沈永寿,江西则潘相,福建则高寀,云南则杨荣"。矿监宦官打着"钦差"名义,在各地肆意掠夺,"矿脉微细无所得,勒民偿之。而奸人假开采之名,乘传横索民财,陵轹州县"①。万历二十六年,明神宗又派出宦官到各通都大邑征收商税,称为"税使","高寀于京口,暨禄于仪真,刘成于浙,李凤于广州,陈奉于荆州,马堂于临清,陈增于东昌,孙隆于苏、杭,鲁坤于河南,孙朝于山西,丘乘云于四川,梁永于陕西,李道于湖口,王忠于密云,张晔于卢沟桥,沈永寿于广西"。税使宦官仗着"钦差","或征市舶,或征店税,或专领税务,或兼领开采",奸民无赖附为爪牙,"水陆行数十里,即树旗建厂,视商贾儒者肆为攘夺,没其全赀,负戴行李亦被搜索。又立土商名目,穷乡僻坞,米盐鸡豕,皆令输税"②。

矿监税使如虎狼般扑向全国,"务为劫夺","矿不必穴,而税不必商,民间丘陇阡陌皆矿也,官吏农工皆入税之人也"③。时人文秉《定陵注略》记载,万历二十五年至三十四年,矿监税使共向内库进奉白银569

---

① 《明史》卷81《食货志五·坑冶》。
② 《明史》卷81《食货志五·商税》。
③ 《明史》卷237《田大益传》。

万余两、黄金 12400 余两。这些进奉到内库的金银，仅是他们在各地搜刮总量的十分之一。他们恣意盘剥搜刮，使贫富尽倾，农商交困，民众生活以及城市商业、手工业遭到严重破坏，国库商税等收入也受到影响。不仅如此，矿监税使及其爪牙在各地还欺凌官民，肆行不法。如陈奉在武昌，"富家巨族则诬以盗矿，良田美宅则指以为下有矿脉，率役围捕，辱及妇女，甚至断人手足投之江。其酷虐如此"[①]。

矿监税使的侵夺搜刮，遭到朝臣和各地官民的强烈反对。官员们不断上疏要求撤回矿监税使，但明神宗均不理会。地方官有恤民护商、限制矿监税使的，反而遭到逮问罢黜。一些地方商民不堪矿监税使的侵夺欺凌，先后爆发民变。如万历二十七年四月，临清商民万余人在商贩林朝佐带领下，声讨税使马堂，怒焚其衙署，击杀其随从 30 余人，马堂逃走。同年底，税使陈奉在荆州遭到民众鼓噪击打，逃到武昌，继续搜刮欺压百姓。万历二十九年三月，武昌商民万余人包围税使衙门，"势必杀奉"，陈奉逃匿于楚王府，民众将其爪牙 16 人捆缚投江。六月，苏州织工公推葛贤为首抗议，打死税使孙隆的参随黄建节，将其爪牙六七人投入河中，孙隆逃往杭州。万历三十四年，云南矿工烧毁矿监杨荣住宅，杀之投火中，又杀其爪牙 200 余人。据统计，万历年间各地爆发了 30 余起反对矿监税使的民变。这是中国历史上规模空前的市民运动，城市商人、手工业者显示出斗争的力量。

即使社会矛盾如此激化，面对群臣的持续谏诤，明神宗仍拒绝撤回矿监税使。万历三十年二月，明神宗病重，自以为将死，急召首辅沈一贯交代后事，才谈及裁撤矿监税使，"所遣内监皆令还京"。但他没死，第二天就又派宦官 20 多人至内阁收取前谕，"言矿税不可罢"，宦官们

---

① 《明史》卷 81《食货志五·坑冶》。

甚至动手抢打。沈一贯抵挡不住,"惶遽缴入"。此后,任朝臣谏诤,明神宗皆不听,"矿税之害,遂终神宗世"①。

二、明光宗的除弊和暴卒

万历四十八年(1620)七月二十一日,明神宗去世。八月初一,太子朱常洛即位,改元泰昌,为明光宗。至九月初一,明光宗去世,在位仅一个月。

(一)明朝最短命的皇帝

通过颁行明神宗遗诏、明光宗即位诏等,明光宗对万历朝弊政加以革除。其举措主要包括:第一,推补阁臣。万历末年,阁臣只有方从哲一人。至此,先后任命史继偕、沈㴶、何宗彦、刘一燝、韩爌、朱国祚六人,又召前大学士叶向高入阁。第二,起用万历后期因直言而遭贬斥的诸臣,如起邹元标为大理卿,进刑部右侍郎,冯从吾为尚宝卿,改太仆少卿,满朝荐为南京刑部郎中。这些人中,不少是东林党等正直派官员。第三,发内帑犒赏边防将士。万历后期,国库空虚,军饷极度缺乏。明神宗贪财吝啬,内库充盈,却不愿发帑犒赏边军。明光宗立即发内帑银200万两,犒赏辽东及北边将士。第四,罢黜各地矿监税使。万历末年,各种社会矛盾越发激化,明王朝的灭亡已经无可挽救。明光宗政治能力和抱负有限,尤其他在位一个月而暴卒,因此对万历弊政只是稍作革除,而不能大刀阔斧地除旧布新。

---

① 《明史》卷218《沈一贯传》。

第七讲 天崩地坼：明朝后期的社会矛盾激化与明朝灭亡

明光宗朱常洛是明朝最短命的皇帝。他为什么即位一个月而暴卒？我们分析，万历年间，朱常洛在"危疑"中生活了30余年，每天担惊受怕，精神很少愉悦。根据中医理论，他即位前可能已经患上肺痨或心脏病，或者兼而有之。泰昌元年（1620）八月二十二日，大学士方从哲上疏提到："臣询医官，知圣体御膳减少，兼有痰喘。"① 时人陆圻说："光宗忧劳成疾，畿务殷繁，兼郑妃进丽色以蛊惑之，而身软喘作。"② 呼吸不利、痰喘等是肺痨、心脏病的明显症状，这些病在当时都是不治之症。迨其即位，他放纵恣欲。郑贵妃为了讨好邀欢，"进美女六十人"，他"选中十人"③。内宴时，郑贵妃又以"女乐承应"，他一夜"一生二旦俱御幸焉"④。同时，明神宗死丧，军国诸事也使他形神俱疲。这样，本已罹患不治之症、十分虚弱的明光宗迅速阴阳俱衰。即位十天，他即得"身软"之病，连正常的朝仪典礼都无法参加。八月十四日，御药房提督内监、原为郑贵妃宫中宦官的崔文昇进大黄。明光宗服后，腹泻不止，"一昼夜三四十起，支离床褥间"，病情加剧。至月底，其脉"雄壮浮大"，"面唇赤紫，满面火升，食粥烦燥"⑤，呈心力衰竭之兆。八月二十九日，鸿胪寺丞李可灼于上午、下午两次进"红丸"，明光宗服后感觉很好。但至次日卯时，明光宗去世。他统治未能逾年，明熹宗即位后，遂改以万历四十八年八月至十二月为泰昌元年，为其保留了年号。

---

① 《明光宗实录》卷 7，泰昌元年八月丁卯。
② ［清］陆圻：《纤言》上《崔文昇》。
③ ［清］陆圻：《纤言》上《红丸》。
④ ［明］文秉：《先拨志始》卷上。
⑤ ［清］谷应泰：《明史纪事本末》卷 68《三案》。

（二）"红丸案"

明光宗死后，大学士方从哲拟遗诏，赏李可灼银50两。而当时群臣多将明光宗死因归于他服用了李可灼所进红丸，方从哲则是推荐李可灼进红丸之人，因此方从哲的举动引起群臣的怀疑和反对。两天后，有官员上疏，认为李可灼"当治以庸医杀人之条"，并弹劾方从哲"轻荐庸医之罪亦不小"①。在反对声中，方从哲又拟太子令旨，罚李可灼俸一年。群臣论争不止，方从哲只得再拟旨议处崔文昇。方从哲的轻处，激起群臣纷纷弹劾。不久，方从哲致仕。

天启年间，廷臣继续追究明光宗死因。礼部尚书孙慎行等指斥李可灼、方从哲罪比"弑逆"，群臣"争韪其言"②。不久，李可灼被发配，崔文昇发往南京安置。太监魏忠贤专权后，阉党攻击孙慎行等"倡不尝药之说，妄疑先帝不得正其终，更附不讨贼之论，轻诋皇上不得正其始"③。他们以帝位继承的善始善终伦理道德观念为借口，把"红丸案"完全颠倒过来，崔文昇、李可灼免罪起用。崇祯年间，铲除魏忠贤集团，又维持了天启初的结论。是为"红丸案"。

李可灼的红丸，后来有人说是房中药，也有人说是道家丹药，还有人说是补药。红丸成分今已不可考，但不管它是哪种药，显然都不会在一天内致人于死地。当然，红丸还可能是毒药。但明光宗是在服食后感觉良好，又十几个小时以后去世，显然它不会是急性毒药，而慢性毒药的药效或许不会如此之快。因此，明光宗之死，主要是因为他即位以前长期精神压抑惊惧，身染肺痨或心脏病（或兼而有之）等不治之症；即

---

① ［清］谷应泰：《明史纪事本末》卷68《三案》。
② 《明史》卷243《孙慎行传》。
③ ［清］谷应泰：《明史纪事本末》卷68《三案》。

位以后又放纵恣欲，造成了阴阳俱衰，病入膏肓；崔文昇的泻药（大黄）之进，使其病情恶化，心力衰竭，而与李可灼的红丸无关。

明末"红丸案"实际上贯穿着激烈的党争。主张追究红丸的，基本上是东林党人；而为方从哲调护、颠倒"红丸案"的则是东林党的反对派和阉党。但双方都没有找到明光宗的真正死因，只是借此攻击、倾害对手而已[①]。

三、明熹宗庸懦昏聩与魏忠贤专政

明熹宗朱由校是明朝最为庸懦昏聩的皇帝。他即位初期，在东林党等正直官员的辅佐下，朝政稍转清明。但他信用太监魏忠贤，魏忠贤专权擅政，致使明朝政治黑暗腐朽至极。

（一）明熹宗即位

明光宗朱常洛生前没来得及册立太子，遗命由十六岁的皇长子朱由校即位。但朱由校的即位也经历了一场风波。

先是，万历三十二年（1604），明神宗为太子朱常洛册立郭氏为妃。郭氏未生子，万历四十一年去世。万历三十三年十一月，朱常洛宫中选侍（选入宫中而未有名封的侍女）王氏生皇长孙朱由校。次年四月，王氏被封才人。万历后期，朱常洛宠爱李选侍，李选侍恃宠骄横，甚至欺凌王才人。万历四十七年三月，王才人死。朱常洛即位后，李选侍、朱由校随同朱常洛由慈庆宫搬入乾清宫。泰昌元年（1620）八月，明光宗

[①] 参阅何孝荣：《明光宗死因探析》，《紫禁城》1993年第5期。

召见大臣，谕令册封李选侍为皇贵妃。而李选侍唆使朱由校从帘后出来，说"要封皇后"，使明光宗和大臣错愕色变。但这时明光宗已经病重，因此李选侍的册封排不上日程。

明光宗死后，李选侍掌控着朱由校，占据乾清宫，谋封皇太后。她甚至让关闭宫门，不让朝臣入宫哭临，以此要挟。朝臣在大学士刘一燝、给事中杨涟等人带领下，呵斥闭门的宦官，入乾清宫哭临。朱由校被李选侍带在暖阁，群臣不得觐见。刘一燝高声呵斥："谁敢匿新天子者！"司礼监秉笔太监王安平时就不满李选侍骄横无理，遂以实情告朝臣。然后，王安入见李选侍，假意说，让新皇帝出来见大臣，"第出即返"。说罢，便带着朱由校出来。群臣一见，立即磕头，呼万岁。李选侍派宦官来拖拽朱由校回去，被杨涟等制止。刘一燝、英国公张惟贤等迅速扶朱由校登辇，抬至文华殿，"先即东宫位"①。然后，群臣商定，九月初六朱由校即皇帝位，此前他暂住慈庆宫，由王安负责保卫。

次日，大臣们陆续上疏，要求李选侍搬出乾清宫，由新天子在乾清宫即位并居住。御史左光斗上疏称，"内廷有乾清宫，犹外廷有皇极殿，惟天子御天得居之，惟皇后配天得共居之"，"选侍既非嫡母，又非生母，俨然尊居正宫，而殿下乃退处慈庆，不得守几筵，行大礼，名分谓何！"李选侍召朱由校，朱由校不肯去，"趣择日移宫"。到了九月初五，李选侍仍赖在乾清宫。杨涟等群臣聚集在慈庆宫外，坚持要求李选侍移宫。于是，朱由校下令，李选侍"奉旨移宫"②。当天，李选侍被迫移居仁寿殿，后居哕鸾宫。

九月初六，朱由校在乾清宫即位，改元天启，为明熹宗。十月，哕

---

① 《明史》卷240《刘一燝传》。
② 《明史》卷244《左光斗传》。

鸾宫火灾。一些宦官散布流言，说李选侍被逼自缢，其女皇八妹跳井。数日后，御史贾继春据风闻上疏，攻击杨涟、左光斗等人催促移宫，逼死李选侍和皇八妹。明熹宗斥责贾继春妄奏，将其削籍为民。杨涟上疏叙述移宫始末，明熹宗也谕示二人"无恙"，及李选侍凌辱其生母王才人、要挟封皇后等过失与恶行，暂时平息了纷争。

（二）天启前期的"众正盈朝"

明熹宗顺利登基，离不开东林党等正直派官员与太监王安的支持。因此，他信用东林党等正直派官员，一方面催促此前为明光宗起用者尽快赴职，另一方面也继续起用他们，倚重信任。这样，天启前期，东林党等正直派官员掌控了政局。如内阁刘一燝、叶向高，吏部尚书周嘉谟、张问达、赵南星，都御史邹元标、高攀龙、杨涟，科道魏大中、袁化中，卿贰郑三俊、李邦华、王之寀等，时"东林势盛，众正盈朝"，"中外忻忻望治"[1]。

万历末年，邪党横行，铨选考核，"吏部不能主"。至此，吏部尚书周嘉谟排除干扰，"惟才是任"。此前官员考核多用对偶的俪语辞句，而无实际内容。周嘉谟奏准，按守、才、心、政、年、貌等六项标准考核，"各注其实，毋饰虚词"[2]。后任吏部尚书张问达，也考核惟公。赵南星掌吏部，严惩贪污，奏准对秽迹昭彰官员，抚按先行究问，而后具奏追赃；公正铨选，杜绝干请贿求，"诸人惮其刚严，不敢犯"[3]。

同时，东林党等正直派官员排击、清算邪党官员。他们上疏指斥首

---

[1] 《明史》卷243《赵南星传》。
[2] 《明史》卷241《周嘉谟传》。
[3] 《明史》卷243《赵南星传》。

辅方从哲轻荐、包庇李可灼，给事中惠世扬上疏罗列方从哲"妨贤病国"等"十罪"。群臣疏攻不已，方从哲于泰昌元年（1620）十二月致仕。至天启二年（1622）四月，吏部尚书孙慎行追论"红丸案"，又指斥方从哲"弑逆"。正直派官员还利用外察和大计之机，驱除邪党和贪墨不合格官员。如天启三年大计京官，吏部尚书张问达、左都御史赵南星"以故给事中亓诗教、赵兴邦、官应震、吴亮嗣先朝结党乱政"，置于"不谨"[①]，秉公黜陟。齐、楚、浙等邪党官员及朋奸乱政者"亦渐自引去，中朝为清"[②]。

天启前期，明熹宗还几次拨发内帑银计500余万两，充作边饷，犒劳将士。

（三）太监魏忠贤专权擅政

魏忠贤，初名进忠，号完吾，直隶肃宁（今属河北）人。年轻时为无赖，娶妻生女，后因赌博输钱被逼辱，愤而自宫，改姓李，于万历十七年（1589）入宫。他贿赂太监魏朝，得为王才人典膳，掌管膳食之事，由此结识皇长孙朱由校。明光宗即位后，为朱由校典膳。李选侍移宫时，他趁机盗窃宫中财宝被抓，为王安救免。朱由校乳母客氏，北直隶定兴县（今属河北）人，十八岁入宫，殷勤照应朱由校，被朱由校依赖。客氏"淫而狠"，与太监魏朝结成对食。魏朝忙碌，客氏后来又和李进忠勾搭成双。朱由校即位后，魏朝与李进忠争客氏，客氏"久厌朝儇薄，而喜忠贤憨猛"[③]，明熹宗遂将其配给李进忠。不久，客氏封为奉圣

---

① 《明史》卷243《赵南星传》。
② 《明史》卷241《周嘉谟传》。
③ ［清］谷应泰：《明史纪事本末》卷71《魏忠贤乱政》。

第七讲 天崩地坼：明朝后期的社会矛盾激化与明朝灭亡

夫人，李进忠由惜薪司太监升为司礼监秉笔太监。他"不识字，例不当入司礼，以客氏故，得之"。他改回本姓"魏"，明熹宗赐名"忠贤"。

魏忠贤得明熹宗宠信，先矫旨将魏朝发往凤阳，缢杀之。太监王安为人正派，明光宗死时与诸大臣"同受顾命"，明熹宗即位初最为信用，言无不纳。王安见魏忠贤侵权，奏报后，加以"诘责，令其自新"。魏忠贤心生嫉恨，唆使给事中霍维华弹劾王安专权，又让客氏等在明熹宗面前诬告。天启元年（1621）七月，王安被革职，降为南海子净军，后被杀。明熹宗即位前未曾出阁读书，性格庸懦昏聩，政治素质极差。魏忠贤投其所好，"乃劝帝选武阉，炼火器，为内操"，在宫中练兵放枪。他尤其对木工活着迷，"好亲斧锯髹漆之事，积岁不倦"。每当他做木工活时，魏忠贤等人"辄奏事"。他不愿意被打扰，就说："朕已悉矣，汝辈好为之。"这样，魏忠贤以司礼监秉笔太监代他批红，发号施令。天启三年十二月，魏忠贤又掌东厂，滥施淫刑，"恣威福惟己意"[①]。

天启初期，东林党等正直派官员控制朝政。魏忠贤想结好东林党人，但东林党人以清流自处，拒之。一些邪佞官员则看准风向，迅速攀附魏忠贤。大学士沈㴶曾在宫中教读，入阁后最早党附魏忠贤。礼部尚书掌詹事府事顾秉谦"庸劣无耻"，"令稚子认孙"，自为魏忠贤"白须儿"。南京礼部侍郎魏广微以同乡同姓"潜结"魏忠贤，先叙为宗弟，后卑称为侄，被召拜礼部尚书。给事中霍维华、孙杰等"从而和之"。天启三年正月，顾秉谦、魏广微得以入阁。顾秉谦称"门生宰相"，魏广微随时向魏忠贤汇报，称"内阁家报"，时称"外魏公"[②]。其他邪佞官员和那些遭到排击的邪党官员也纷纷投靠魏忠贤，谋求权势，形

---

① 《明史》卷305《宦官传二·魏忠贤》。
② 《明史》卷306《阉党传·顾秉谦》。

成"五虎""五彪""十狗"等党目。"五虎"指工部尚书兼左都御史崔呈秀、太常少卿田吉、兵部郎中吴淳夫、吏部郎中李夔龙、御史倪文焕等文臣,"主谋议";"五彪"指锦衣卫首领田尔耕、许显纯等武臣,"主杀僇";"十狗"指吏部尚书周应秋、太仆少卿曹钦程等人;又有"十孩儿""四十孙"等。天启后期,自内阁、六部至四方总督、巡抚,魏忠贤"遍置死党"。宫中太监,除掌司礼监王体乾等以外,又有各监司太监李朝钦等三十余人,"为左右拥护"[①],形成势力庞大的阉党。

魏忠贤、阉党与东林党等正直派官员形成严重对立,双方展开激烈斗争。早在天启元年冬至次年春,大学士刘一燝、吏部尚书周嘉谟就因要求逐客氏出宫、惩处魏忠贤党羽等,遭到阉党攻击而致仕。天启四年四月,阉党疏攻左佥都御史左光斗、吏科都给事中魏大中等。东林党人见魏忠贤专权,陷害正直之人,遂强势反击。六月,左副都御史杨涟上疏,列举魏忠贤干权擅政、结党害正等二十四大罪状,要求明熹宗"集文武勋戚,敕刑部严讯,以正国法,并出奉圣夫人于外,用消隐忧"[②]。魏忠贤大为惊恐,但在客氏、王体乾的开脱下,明熹宗不辨好坏,"切责"杨涟言之过重,而降旨安慰魏忠贤。其后,又有群臣上疏数十道,弹劾魏忠贤,均遭明熹宗"切责"。魏忠贤则与阉党加大对东林党等的打击。工部郎中万燝弹劾魏忠贤,明熹宗令廷杖一百,魏忠贤爪牙杖万燝至重伤而死。首辅叶向高外甥、巡城御史林汝翥因责罚宦官,魏忠贤也矫旨廷杖。林汝翥惧逃,魏忠贤爪牙甚至包围叶向高府邸,谩骂要人。叶向高颜面尽失,坚决辞官而去。正直派官员韩爌、朱国祯继为首辅,也遭阉党不断攻击,分别于十一月、十二月罢去。在此前后,吏部尚书赵南

---

① 《明史》卷305《宦官传二·魏忠贤》。
② 《明史》卷244《杨涟传》。

第七讲 天崩地坼：明朝后期的社会矛盾激化与明朝灭亡

星、左都御史高攀龙、吏科给事中魏大中、吏部侍郎陈于廷、左副都御史杨涟、左佥都御史左光斗、兵部侍郎李邦华等也先后被罢。

天启五年正月，顾秉谦为首辅，阉党完全控制了政局，疯狂报复和血腥残害东林党等正直派官员。为了给魏忠贤提供打击和残害东林党等正直派官员的明确名单，魏广微、顾秉谦编《缙绅便览》，崔呈秀进《同志录》《天鉴录》，王绍徽编《点将录》等，将"凡救（李）三才者，争辛亥京察者，卫国本者，发韩敬科场弊者，请行勘熊廷弼者，抗论张差梃击者，最后争移宫、红丸者，忤魏忠贤者，率指目为东林，抨击无虚日"①。三月，阉党诬称杨涟、左光斗、魏大中、袁化中、周朝瑞、顾大章六位东林党官员收受辽东镇将熊廷弼等贿赂，魏忠贤令将六人捕入锦衣卫北镇抚司狱，严刑拷打，血肉溃烂，惨不忍睹，不久"潜毙"五人。其后，他们才把奄奄一息的顾大章移送刑部"定罪"。刑部按照北镇抚司捏造的罪名，"以移宫事牵合封疆"，判决六人"大辟"②。这就是东林"六君子之狱"。十二月，明熹宗颁布了由阉党编定的《东林党人榜》，列东林党309人，宣布生者削籍，死者追夺。至天启六年二月，魏忠贤再次捏造已被削籍的周起元、高攀龙、周宗建、缪昌期、周顺昌、黄尊素、李应昇七位东林党官员贪贿讲学等"罪行"，命锦衣卫抓捕。高攀龙在家投水而死，其他六人被捕入北镇抚司狱，惨遭酷刑折磨而死。是为东林"七君子之狱"。六月，由顾秉谦修纂《三朝要典》书成，收录有关"梃击案""红丸案""移宫案"章奏和阉党定评，"极意诋"东林党等正直派官员，明熹宗以圣旨颁行，再为"三案"翻案。朝廷内外，正直派官员被斥害殆尽。

---

① 《明史》卷231《顾宪成传》。
② 《明史》卷244《顾大章传》。

魏忠贤甚至残害宫中后妃。明光宗选侍赵氏与客氏、魏忠贤不合，天启三年秋，被矫旨赐死。明熹宗裕妃张氏方妊，天启三年秋被客氏诬告，"绝饮食，闭禳道中，偶天雨，匍匐掬檐溜数口而绝"。冯贵人曾劝明熹宗"罢内操"，客、魏恶之，矫旨赐死。成妃李氏向明熹宗言及冯贵人之事，魏忠贤矫旨"革封"，"绝饮食"，成妃事先在墙里藏了食物，得以不死，后斥为宫人。他们又趁明熹宗郊天行礼之机，掩杀胡贵人，"以暴疾闻"。张皇后"素精明"，客氏、魏忠贤"惮之"。他们趁张皇后怀孕，派心腹宫人"奉御无状，陨焉"①，致张皇后流产。天启六年十月，魏忠贤还指使人讦奏张皇后之父张国纪违法，并引流言称张皇后非张国纪之女，企图"借国纪以摇中宫"，改立其侄魏良卿之女为皇后。好在明熹宗与张皇后"伉俪情笃，但令国纪自新而已"②，魏忠贤的诡计才未得逞。

魏忠贤不断冒功滥赏。天启五年以后，凡遇各项工程完工、查获间谍、军事胜利等大小事，其党羽皆吹捧、捏造为魏忠贤之功，魏忠贤先后荫都督同知、佥事、指挥使等，进上公；其侄魏良卿历封肃宁伯、肃宁侯、宁国公，予诰券，加赐庄田1000顷，后加太师；侄魏良栋封东安侯，加太子太保，族孙魏鹏翼封安平伯，加少师，"时鹏翼、良栋皆在襁褓中，未能行步也"③。天启六年六月，浙江巡抚潘汝桢又带头为魏忠贤在西湖建立生祠。此例一开，从京师到各地方，文武官员士绅竞相效尤，为魏忠贤建立生祠，立像奉祀。蓟辽总督阎鸣泰建生祠多至7所，其谀颂魏忠贤，有"民心依归，即天心向顺"语，"闻者咋舌"。各地官员凡疏词揄扬，"一如颂圣"。监生陆万龄甚至荒唐地将魏忠贤与孔子并论，

---

① ［清］谷应泰：《明史纪事本末》卷71《魏忠贤乱政》。
② 《明史》卷306《阉党传·刘志选》。
③ 《明史》卷305《宦官传二·魏忠贤》。

提出"宜建祠国学西,与先圣并尊"①。官员们奏疏提及魏忠贤,咸称"厂臣","而不名"。大学士票拟圣旨,也必说"朕与厂臣","无敢名忠贤者"。大小官员日常见魏忠贤,遮道拜伏,称之"九千岁"②。

天启后期,魏忠贤专权擅政,明朝政治黑暗腐朽至极,明朝的灭亡命运已无可挽救。

四、性急刚愎的崇祯帝与明朝灭亡

明思宗朱由检勤于政事,锐意求治。但是,他性急刚愎,举措失当,终究未能挽救明朝的灭亡命运。

(一) 清除魏忠贤阉党集团

天启七年(1627)八月二十二日,明熹宗病死于乾清宫,无子,遗诏令由其唯一存世的皇五弟信王朱由检即皇帝位。二十四日,朱由检即位,改元崇祯,为明思宗。

朱由检生于万历三十八年(1610)十二月,生母为时太子朱常洛(明光宗)的选侍刘氏,天启二年封信王。他17岁即位,是一位有主见和抱负的青年皇帝。即位前,他已耳闻目睹明熹宗朝政局。他深知,要当稳皇帝,挽救明朝危亡,甚至保住性命,必须清除魏忠贤阉党集团。但魏忠贤心狠手辣,阉党遍布内外,须稳妥行事。据说,明熹宗病重期间及死后,魏忠贤都与死党密谋篡位,但因崔呈秀认为时机不成熟而作罢。九月初一,魏忠贤假意请辞东厂提督,试探明思宗对他的态度。明

---

① 《明史》卷 306《阉党传·阎鸣泰》。
② 《明史》卷 305《宦官传二·魏忠贤》。

思宗"不许",又安慰他一通。十余天后,魏忠贤又要求停止各地为他修建生祠,明思宗仍"优答之"。这样,魏忠贤稍觉心安。明思宗将信王府宦官先后调入宫中,李朝钦等"次第准其乞休",加强了宫中安保。

外廷阉党官员嗅到了危险。为了自保,十月,御史杨维垣率先疏攻崔呈秀"立志卑污,居身秽浊","内谀厂臣,外擅朝政",明思宗令崔呈秀"静听处分"①。崔呈秀惶惧请归,不久获准。这释放出清算阉党的明确信号。工部主事陆澄原、兵部主事钱元悫、刑部员外郎史躬盛遂直接弹劾魏忠贤。二十七日,嘉兴贡生钱嘉征再上疏,列举魏忠贤十大罪,对其专权擅政罪行进行了全面揭露。魏忠贤大惧,再求辞职,明思宗让他回家调理。两天后,王体乾"有罪免"。一切就绪后,十一月,明思宗宣布,魏忠贤"逞私殖党,盗弄国柄,擅作威福",令发往凤阳安置,客氏交浣衣局收管。魏忠贤不知收敛,携带珠宝、爪牙,"环拥随护",仍威风神气地前往凤阳。明思宗闻讯,命锦衣卫"扭解押赴","跟随群奸,即时擒奏"②。魏忠贤车马走到阜城,闻讯,知必不免,自缢而死。明思宗诏磔其尸,悬头颅于河间府,并笞杀客氏。不久,崔呈秀也在家中自缢。

但是,朝中阉党"犹盛"。崇祯元年(1628)上半年,明思宗先后斥逐阉党杨维垣、李恒茂、杨所修等十余人,"人情大快"。五月,明思宗下令焚毁《三朝要典》及书版,再为"三案"翻案。崇祯二年三月,他以诏书形式公布"钦定逆案":"首逆凌迟者"魏忠贤、客氏2人,"首逆同谋决不待时者"崔呈秀等6人,"交结近侍秋后处决者"刘志选等19人,"交结近侍次等充军者"魏广微等11人,"交结近侍又次等论

---

① 《崇祯长编》卷2下,天启七年十月丁未、壬子。
② [明]谈迁:《国榷》卷88,天启七年十一月甲子、丁卯、庚午。

徒三年输赎为民者"顾秉谦等129人,"交结近侍减等革职闲住者"黄立极等44人,"魏忠贤亲属及内官党附者"又50余人①。这一名单及处罚,包括了绝大部分阉党成员,魏忠贤阉党集团基本被清除。

(二)勤政求治

为了挽救明朝的灭亡命运,明思宗勤于政事,锐意求治。他严行经筵日讲。经筵分为春讲(二月至五月)和秋讲(八月至十月),每月三次,日讲则是日日进讲。讲官为其讲解经史经验教训,明思宗要求联系现实问题,一起切磋讨论。他每天不仅上朝理政,而且经常召见大臣,当面讨论朝政,鸡鸣而起,夜分不寐。如崇祯二年(1629)十月,清兵从大安口攻入长城,克遵化,将攻北京。明思宗召见兵部尚书孙承宗,商讨对策,迨结束,"漏下二十刻矣"。崇祯十五年六月,他召见大臣,从早开始,结束时,"日已薄暮矣"。他亲自批阅奏疏,不假他人。遇到紧急军务,他随时召对,即刻批行,常常深夜都几次降下圣旨。他以身作则,也要求百官大臣不得怠惰。崇祯元年二月,他"命自元年二月所发章奏,俱限十日内题覆,如仍稽违,部科互勘"②。

明思宗用人不拘资格。阁臣原来基本来自翰林院,很多人缺乏实际行政经验,因此他提拔了不少非翰林的官员为阁臣。他还选拔知县、推官治行卓绝者入翰林院,以为阁臣之备。他打破用人唯重进士的传统,许多举人也得到重用。史称明朝举人仕至巡抚者,"隆庆朝止海瑞,万历朝张守中、艾穆",崇祯朝"破格求才,得十人"③。他还下令各级官员保

---

① 《明史》卷306《阉党传·崔呈秀》。
② [明]谈迁:《国榷》卷89,崇祯元年二月辛丑。
③ 《明史》卷261《丘禾嘉传》。

举人才,加以任用。

明思宗还厉行节俭,膳馐之费大减,冠袍靴履月一易换,宫中尽撤金银等器,改用陶器,花费比万历时大大俭省。

(三)急躁刚愎

明思宗锐意求治,盼望快见成效,因此不免急躁,甚至病急乱投医。如他不拘常格用人。时有游方僧人申甫,据说能造战车及西洋大小炮。崇祯二年(1629)冬,明思宗因荐而直接授其为京营副总兵,"资之金十七万召募"。但是,申甫并无真正军事才能。礼部尚书兼东阁大学士成基命"阅其所部兵,极言不可用,后果一战而败"[1]。再如,面对危乱局面,明思宗崇信道教,不断乞求道教诸神和祖先神灵指示和护持,甚至寻求天兵天将下凡帮助。

明思宗频繁更换文武官员,以刑立威,谪诛相继,企图挽救危局。明朝内阁大学士合计160余人,崇祯一朝就有50人,首辅更换过10余人。阁臣甚受尊礼,此前被杀者极少,明思宗连杀了2位。部院封疆大臣也不能久任和安全,时兵部尚书换了14人,刑部尚书换了17人,诛杀巡抚11人、总督7人。明思宗重惩文武官员,本意是驱逼他们迅速任事建功,结果却导致官员们不安于位,畏惧做事,不愿作为。

明思宗刚愎自用,心胸狭隘。大学士刘鸿训"锐意任事",但是说过"主上毕竟是冲主",为其忌恨,"欲置之死"[2]。大学士钱士升献《四箴》,要求明思宗"宽以御众,简以临下,虚以宅心,平以出政",可

---

[1] 《明史》卷251《成基命传》。
[2] 《明史》卷251《刘鸿训传》。

谓深中其弊。明思宗表面上"优旨报闻",后则指斥他"沽名"[1],许其乞休。他喜欢阿顺奉承的官员,礼部右侍郎周延儒"性警敏,善伺意指",崇祯元年冬两次奏对称旨,明思宗"由此属意"。后会推大学士,周延儒以"望轻"而不预,明思宗发怒,"尽罢会推者不用"[2]。至第二年十二月,他以"特旨"拜周延儒为礼部尚书兼东阁大学士。

明思宗即位初期,重用文武官员,撤除各地镇守宦官。但是,官员们多畏罪饰非,"不肯尽职业",且互相倾轧。明思宗性格猜疑,认为"外臣多不称任使"[3]。于是,从崇祯二年冬开始,他重新向各地派遣宦官,监军督饷。其后,随着形势恶化,他又派出大批宦官到各地关镇担任监督分守等,信用宦官超过文武官员。当李自成农民军进攻宣府、居庸关、北京时,正是守城宦官开门迎降。直到自杀前,他还留下遗书:"文武官个个可杀!"

(四)朝臣党争纷纭

明思宗清除魏忠贤,颁布"钦定逆案",给阉党致命一击。东林派官员则得到平反昭雪,不少人被重新起用,朝中形成东林势盛的局面。不过,明思宗反对群臣结党相争,要求"化异为同""天下为公"。因此,当时阉党并未除尽,东林派官员也未能完全控制朝政,双方仍在许多事件中争斗,一定时期内党争甚至很剧烈、很残酷。

崇祯元年(1628)十一月,会推阁臣,东林党人礼部侍郎钱谦益名在其中,而阉党分子礼部尚书温体仁,及明思宗信用的礼部侍郎周延儒

---

[1] 《明史》卷251《钱士升传》。
[2] 《明史》卷308《奸臣传·周延儒》。
[3] [清]谷应泰:《明史纪事本末》卷74《宦侍误国》。

均不在其列。温体仁遂攻讦钱谦益"党羽甚众","枚卜之典,俱自谦益主持"。明思宗遂将钱谦益夺官,"除名为民"①,尽罢会推者不用。崇祯二年冬,后金军侵入内地,围困京师,蓟辽督师袁崇焕引兵守卫。明思宗中后金反间计,将袁崇焕逮捕下狱。先是,东林党人大学士钱龙锡参与审定"逆案",被阉党分子视为"东林党魁",日思陷害。至此,阉党御史高捷两次上疏,诬陷钱龙锡为袁崇焕"通款杀将"后台。不久,钱龙锡罢归。第二年八月,阉党御史范再上疏攻击钱龙锡为袁崇焕后台,"卖国欺君",又受其"重贿数万"。明思宗被其蛊惑,下令逮捕钱龙锡。阉党图谋"更立一逆案相抵",倾害东林党人,只是兵部尚书梁廷栋"不敢任而止"。阉党乃议钱龙锡"大辟",明思宗终以钱龙锡"无逆谋"②,后谪戍。

崇祯三年春,阉党分子吏部尚书王永光欲为名入"逆案"的同党原兵部尚书吕纯如翻案,否认其曾依附魏忠贤,遭到东林党人左中允文震孟的弹劾。王永光因求宦官王永祚为解,并攻讦文震孟结党相争,明思宗斥责文震孟"任情牵诋"③。温体仁攻讦钱谦益后,东林党人揭露其依附魏忠贤、欺商娶娼等劣迹。但温体仁坚称东林党人"党护",明思宗误以其"孤立,益向之"。崇祯三年六月,擢入阁。崇祯六年,任首辅。温体仁"益忮横",阉党遗党日望其"翻逆案,攻东林"。吏部尚书、左都御史缺,温体仁皆阴使党羽举荐阉党分子,但遭朝臣抨击和明思宗拒绝,"体仁自是不敢讼言用逆党,而愈侧目诸不附己者"④。

崇祯后期,复社人士加入了东林党与阉党等邪佞官员的斗争。复社

---

① [清]谷应泰:《明史纪事本末》卷66《东林党议》。
② 《明史》卷251《钱龙锡传》。
③ 《明史》卷251《文震孟传》。
④ 《明史》卷308《奸臣传·温体仁》。

是崇祯初年太仓人张溥等人创立,以"兴复古学"相号召的文学社团。他们相互来往,彼此唱和,讨论文章,切磋学问,揣摩八股文之道,以应科举。他们也议论时政,以"嗣东林"自居,主张"以国事付公论",反对阉党等邪佞派官员,又被称为"小东林"。复社干预科举,经其推荐者往往在考试中取得好名次。这样,各地文士、官员争相入社,后来参加者达数千人,影响越来越大,声势遍及海内。首辅温体仁起初想拉拢复社,但遭张溥等人拒绝。崇祯十四年二月,经张溥等人推举,被罢首辅周延儒起复,至京后复任首辅。在复社支持下,周延儒悉反温体仁之政,做了一些蠲赋减税之举,也平反、任用了一些东林党官员。但是,周延儒"庸驽无材略,且性贪",崇祯十六年五月终因抵御清兵而怯战,"蒙蔽推诿"[①],被罢官。

崇祯年间,党争虽然较之前稍轻,但统治阶级的内部矛盾依旧很大,长期内耗加剧了朝政的腐败混乱,党争是导致明朝灭亡的重要因素之一。

五、社会矛盾全面激化

明朝后期,政治极端黑暗腐朽,经济剥削沉重,社会矛盾全面激化。

(一)吏治极端败坏

明朝后期的吏治极端败坏,表现为朝臣党争剧烈、阉党专权横行、官员荒怠玩法、大肆贪贿等。

明神宗怠政,缺官不补,时政府许多部门由下属代掌或其他部门官

---

① 《明史》卷308《奸臣传·周延儒》。

员兼掌。官员们多汲汲于升职和贪贿，而对政务并不关心，或不专业，荒怠不职，甚至弄权玩法，营私舞弊。万历二十四年（1596）三月，明神宗指责说："大僚不以准绳简下而曲徇人情，诸司不以勤恪莅官而但图私便"，"爵赏日颁，而谁为激劝？民力日竭，而莫之省忧。慎刑有令，而出入或失其平；惩贪虽严，而馈遗尚仍乎旧；供亿繁滋，而邑里称扰；战守未息，而师徒告劳"①。天启年间，魏忠贤专权，邪党横行，官员攀附谀颂，吏治全面崩塌。天启六年（1626）十二月，有官员谈到山东"盗贼"盛行，因地方官不能"洁己爱民，奖善锄强"，"秦越视之，燕雀怡之"②，全不作为。崇祯年间，官员不安于位，畏惧做事，不愿作为，而邪佞擅谀的官员如周延儒、温体仁则得到信用，吏治败坏。

当时吏治败坏，官员贪贿成风。万历年间，给事中陈与郊为大学士王锡爵门生，又依附申时行，"今日荐巡抚，明日荐监司，每疏一出，受贿狼籍"③。万历后期，朝臣党争，邪派官员多为贪墨之人，气焰嚣张。《明史》称，"方从哲独居政府，亓诗教、赵兴邦等分部要津，凡疆圉重臣，皆贿赂请托而得"④。天启年间，阉党集团由邪佞官员结成，专横擅权贪贿。如崔呈秀，天启初为御史，巡按淮扬，"赃私狼籍"。天启四年九月，左都御史高攀龙"尽发其贪污状"，吏部尚书赵南星议戍之，"诏革职候勘"。崔呈秀遂投靠魏忠贤，魏忠贤矫旨"言呈秀被诬，复其官"⑤，成为阉党首领。崇祯年间，明思宗要求"文官不爱钱"。但大小官职皆由贿买而得，督抚五六千金，道府二三千金，州县及佐贰官各有定价。这些钱，都是从老百姓那里搜刮而来的。

---

① 《明神宗实录》卷295，万历二十四年三月戊子。
② 《明熹宗实录》卷79，天启六年十二月甲寅。
③ 《明史》卷235《王汝训传》。
④ 《明史》卷235《蒋允仪传》。
⑤ 《明史》卷306《阉党传·崔呈秀》。

第七讲 天崩地坼：明朝后期的社会矛盾激化与明朝灭亡

（二）武备废坏不堪

明朝后期，军队缺额、兵力不足现象严重。当时卫所制瓦解，实行营兵制。募兵需要大量军费资金，仅安家费一项，万历时每人给5两，天启年间达到10两，后来甚至20两，严重的财政危机致使募兵艰难，加上军兵往往不堪忍受危险苦难而逃亡，明朝后期军兵缺额、兵力不足现象严重。如北部九边各镇，合计万历末有官兵86.7万余人，崇祯年间不过59万人。京军三大营额设12万人，万历后期则剩10万余人，天启年间不足9万人。皇帝禁军，万历四十二年（1614）官员查点，勇士营册操官勇3647名，"除捏开事故外"，只到1800余名；四卫营册操官旗7240名，"除捏称事故外"，只到4600余名，"皆内监通同折干卖闲、临点雇觅、冒名顶替"者①。明光宗时，协理戎政尚书黄克缵题请募南直隶沙兵、义乌兵，并抽南京营兵，调浙江营兵，共5000人赴京训练，结果户部因缺粮饷，只同意"酌用三千"。当李自成农民军包围北京时，北京城内只有15万余军兵防守，一人要管数处城堞，"议增兵外城则内城缺，增兵内城则外城又缺"②，根本无法防守。

军兵素质低，战斗力差。时民众多不愿当兵，募兵官员到各地，地方官以市井无赖、孱弱老废者充数。他们进入军营后，常被监军宦官、军官等占用干私活，而不操练。京师三大营"将不习军，军不习阵，弱者矢无簇，枪无头，刃剑尽成班锈，志气日就委靡"③。辽东之军，据万历三十七年熊廷弼奏报，"步军皆不习弓马，间有打鸟铳者，据地按膝，手战战然，半晌不得入铅药。及其发也，又东的西向，而不一中"④。这样的

---

① 《明神宗实录》卷524，万历四十二年九月己巳。
② ［明］谈迁：《国榷》卷100，崇祯十七年三月庚子。
③ 《明神宗实录》卷529，万历四十三年二月乙巳。
④ ［明］熊廷弼：《按辽疏稿》卷2《论辽左危急疏》。

239

军队,无论对付农民起义军还是后金军都很难取胜。

军官恣意盘剥奴役士兵,士兵叛逃者多。明末吏治败坏,遍及文武,武官败坏更甚。军中监军太监、文武官员不仅普遍虚报军额、冒领空饷,而且恣意克扣侵吞士兵军饷。他们还大肆役占士兵,盘剥奴役。万历四十年十二月,御史刘廷元反映,京师三大营各级军官都役占士兵,把总月役士兵48名,"其他侵占当不下三四万人"。太监、军官不仅自己役占士兵,而且还会把士兵借给或者"卖放"给他人役使。天启年间,后金攻陷辽阳、沈阳,保定总兵郭增辉奉旨增援广宁,就因"延挨规避,卖放援军"①,遭军法惩治。由于财政紧张,军饷缺乏拖延,以及军官克扣盘剥,明末士兵生活极其艰难,逃亡者多,有的甚至发动叛乱。如崇祯五年(1632)八月,陕西镇官兵声称"父母妻子已俱饿死,今又枵腹出征,实难杀贼,且欠给三月饷银,抢亦死,不抢亦死"②,遂发动兵变。崇祯时期,陕西、山西等地边兵纷纷发动兵变,或逃亡加入农民起义队伍,加速了明朝的灭亡。

(三)土地兼并和"三饷"加派

明末土地兼并更加剧烈。皇家带头大肆兼并土地。如明神宗同母弟潞王居京邸,"王店、王庄遍畿内"。万历十七年(1589),潞王之藩,"悉以还官",变成了皇店、皇庄,"自此益侈"。潞王在封地卫辉,田"多至四万顷"③。其后,福王援例要求庄田四万顷,但中原一带良田已被诸王、勋戚等夺占殆尽,最终经首辅叶向高求请才减为二万顷。明熹宗

---

① 《明熹宗实录》卷16,天启元年十一月癸亥。
② 《崇祯长编》卷62,五年壬申八月丙子。
③ 《明史》卷120《诸王传五·穆宗诸子·潞王翊镠》。

第七讲 天崩地坼：明朝后期的社会矛盾激化与明朝灭亡

时，桂、惠、瑞三王及遂平、宁国二公主"庄田动以万计"。勋戚、宦官、大小官僚、地主也千方百计地兼并土地。皇帝大量赏赐其庄田，如天启六年（1626）三月，明熹宗赐肃宁伯魏良卿"养赡田土"700顷。九月，晋魏忠贤为上公，赐庄田2000顷。勋戚兼并土地，如隆庆年间，有官员称世镇云南的黔国公沐氏家族不仅在云南有庄田174所，而且在数千余里外的陕西平凉（今属甘肃）"有草场租地"。万历前期，云南巡抚周嘉谟弹劾已故黔国公沐昌祚"侵民田八千余顷"。官员、大小地主也疯狂兼并土地。如明末河南，"缙绅之家率以田庐仆从相雄长，田之多者千余顷，即少亦不下五七百顷"①。其时，"土田尽归有力家"，两极分化严重。

同时，明廷通过"三饷"加派，进一步剥削和搜刮中小地主和贫苦农民。如前所述，万历前期，通过张居正改革，国家府库充盈，解除了明朝中期以来严重的财政危机。但是，万历中期，随着皇室大肆耗费，"万历三大征"接踵而至，明朝财政又开始入不敷出，出现越发严重的财政危机。万历四十六年九月，为了消灭后金政权，明廷大规模调兵前往辽东决战。但国库空虚，"辽饷缺乏"，明廷遂对浙江等十二省及南、北直隶加派赋税，"每亩权加三厘五毫"，总计加派银200万余两。次年萨尔浒之战失败后，明朝继续调军筹饷。十二月，再次加派"辽饷"三厘五毫，每亩增银七厘。至万历四十八年三月，明朝再加征"辽饷"二厘。这样，三次加派"辽饷"，每亩平均达到九厘，"增赋"520万两，"遂为岁额"，临时性的加派变成了常额。天启元年，明廷又加征杂项银和关税、盐课，合计127万余两。此后，这些也成了常额，且不断增加。崇祯三年（1630），明廷再"增田赋"，"于九厘外，亩复征三厘"，共

---

① ［清］郑廉：《豫变纪略》卷3，崇祯十三年八月。

增赋 165 万余两。崇祯八年，总督卢象昇"请加宦户田赋十之一，民粮十两以上同之"。不久，明朝干脆"概征每两一钱"，称为"助饷"①。到了崇祯十年，兵部尚书杨嗣昌提出构建"四正六隅"包围圈，镇压农民起义，需增兵十二万，增饷 280 万，称为"剿饷"，仍以田赋加派为主。明思宗批准此议，表示"勉从廷议，暂累吾民一年"。但是，"剿饷"征收后，明军并未能镇压掉农民军，于是次年续征"其半"②。崇祯十二年五月，大学士杨嗣昌定议，由九边各镇以及北直隶等地的总兵、总督负责训练边兵，因此加征"练饷"，照地亩每亩加一分，共派银 481 万余两，加上赋役核实、裁减站银等项，合计 730 余万两，自崇祯十二年征收。

"辽饷""剿饷""练饷"为正赋之外的赋税加派，"三饷"连征，明思宗也感到难以服人。在内外压力下，崇祯十三年，他下诏免派"剿饷"，缺额在"练饷"中拨补。有官员指出，"加派辽饷至九百万，剿饷三百三十万，业已停罢，旋加练饷七百三十余万"，"一年而括二千万，以输京师"③。而州县各级官员在征收"三饷"时也乘机多征私派，"一岁中阴为加派者，不知其数"④。

极其沉重的正赋和"三饷"加派，最终压在中小地主、自耕农和佃户身上，使他们纷纷破产，无以为生，只得走上起义反抗的道路。崇祯十四年春，杨嗣昌死后，就有官员指斥他"倡聚敛之议，加剿饷、练饷，致天下民穷财尽，胥为盗"⑤。

---

① 《明史》卷 78《食货志二·赋役》。
② 《明史》卷 252《杨嗣昌传》。
③ 《明史》卷 78《食货志二·赋役》。
④ 《明史》卷 257《梁廷栋传》。
⑤ 《明史》卷 251《蒋德璟传》。

（四）旱灾与瘟疫肆虐

明朝后期，气候寒冷，旱灾与瘟疫肆虐。根据气候史学者的研究，北半球自14世纪，即元朝中期开始气候转寒，至17世纪，也就是明朝后期至清朝前期寒冷达到极点，称为明清小冰期。这一时期，冬季平均气温比现在要低2摄氏度。寒冷的气温，不仅延长了农作物的生长期，也使农作物亩产量下降。尤其是北方降水因天气寒冷而减少，旱灾肆虐。时人郑廉《豫变纪略》记载，河南自崇祯三年（1630）至十五年连年旱灾，一些地方"赤地千里"，"斗米千钱，人相食"。在陕西延安等地，崇祯年间连年大旱，庄稼无收，贫苦民众只得采蓬草、树皮、石块而食，最后"炊人骨以为薪，煮人肉以为食"，"死者枕藉"①，惨不忍睹。持续的干旱，还引起特大蝗灾。自崇祯九年至十四年，北方地区南起淮河，北至河北，包括山西、陕西、河南广大地区都成为蝗灾重灾区，农作物收成极少，粮食极其短缺，民众生存艰难，不得不走上流浪和起义的道路。

旱灾以及流民、起义还带来了瘟疫的暴发和流行。其中，崇祯十四年，南北直隶、山东、浙江等地瘟疫流行，"感者尤多"，"或至阖门传染"，"枉死不可胜计"②。崇祯六年起于山西的鼠疫，随着流民的转徙流浪和农民军、官军的进军攻守传播到各地，崇祯十四年传到北京，导致北京人口大批死亡。时人反映，北京城中"死亡枕藉，十室九空，甚至户丁尽绝，无人收敛者"。在天津，瘟疫流行，甚至有全家亡殁不留一人者，排门逐户，无一保全。有学者研究认为，崇祯年间的鼠疫"至少

---

① ［清］计六奇：《明季北略》卷5。
② ［明］吴有性：《瘟疫论》自序。

造成了北直隶的疫区内 40% 以上的人口死亡"①。

可见，明朝后期，尤其是明末，旱灾、蝗灾、瘟疫肆虐，北方农业遭到毁灭性打击，民众死亡相继，甚至"人相食"，加剧了本已尖锐的社会矛盾，幸存民众遂群起而走上起义的道路，明朝已经难逃迅速灭亡的命运。

六、后金崛起与明清战争

明朝后期，女真族首领努尔哈赤建立后金政权，后来其子皇太极改称清朝。后金（清）逐渐占领辽东，并五次毁长城而入内地袭扰，明清战争基本摧毁了明朝的军事和统治基础。

（一）后金政权的建立

女真族很早就生活在我国东北地区。源自先秦时的肃慎，汉朝时称挹娄，南北朝时称勿吉，隋唐时又称靺鞨，其中黑水靺鞨被契丹人称为女真（直）。12 世纪初，女真完颜部首领阿骨打完成本族奴隶制变革，建立金朝。金朝先后灭辽、北宋，统一北中国。元太宗六年（1234），金朝被元朝攻灭。元末明初，居住在松花江一带的女真人分两大支向南迁移，一支迁于浑河流域、鸭绿江以北的长白山北麓，即唐朝建州故地，明朝称建州女真，永乐、正统年间置建州卫、建州左卫、建州右卫；一支迁于开原以东、辉发河流域，即元朝海西，明朝称海西女真。散布于松花江、黑龙江流域东到海岸的女真人，则称为东海女真、野人女真。

---

① 曹树基：《中国人口史》第 4 卷《明时期》，复旦大学出版社 2000 年版，第 433 页。

第七讲 天崩地坼：明朝后期的社会矛盾激化与明朝灭亡

明朝对女真各部沿用羁縻政策，封授其部族首领，鼓励他们到京朝贡，使互相牵制。万历年间，女真处在奴隶制阶段，"群雄蜂起，称王号，争为雄长"①。

努尔哈赤，姓爱新觉罗，六世祖猛哥帖木儿受明廷册封，为建州左卫指挥使，祖父觉昌安、父塔克世先后继任都指挥，与辽东镇将李成梁结好。努尔哈赤十八九岁时，隶属于李成梁部为兵，屡立战功。万历十一年（1583），女真苏克苏浒部图伦城主尼堪外兰引明军镇压另一部首领王杲之子阿台，觉昌安、塔克世前往劝降，被误杀，明廷授努尔哈赤为建州左卫指挥使。努尔哈赤将祖父、父之死归罪于尼堪外兰，以父"遗甲十三副"起兵征讨，时年二十五岁。他用十年时间，先统一建州女真；又用二十余年，统一了海西女真。明朝以努尔哈赤"恭顺"，先后封为都督佥事、左都督、龙虎将军。努尔哈赤则"借中朝名号，耀东方，势愈强"②。

在统一女真进程中，努尔哈赤命人创制出满文（老满文）。为便于管理部众，提高战斗力，他又于万历二十九年设黄、白、红、蓝四旗，至万历四十三年增设镶黄、镶白、镶红、镶蓝四旗，建立八旗制度。八旗每旗7500人，八旗共60000人。以后每旗总人数有增加，但最基层和最高层数目都不变，只增加中间单位数目。八旗制度以旗统人，遇有战事，各旗抽调兵员，战事完毕，归旗为民。

万历四十四年正月，努尔哈赤在赫图阿拉（故城在今辽宁新宾）称汗登基，建国大金，建元天命③，史称后金。从此，女真脱离与明朝的隶属关系。

---

① 《清太祖实录》卷1。
② ［明］瞿九思：《万历武功录》卷1。
③ 《清太祖实录》卷5，天命元年正月壬申朔。

（二）萨尔浒之战和占领辽、沈

万历四十六年（天命三年，1618）四月，努尔哈赤以"七大恨"告天，历数明朝对女真七大罪状，公开宣布与明朝对敌。次日，他率步、骑兵2万，攻克抚顺。至七月，明朝抚顺以东诸堡，大都为后金所占。

辽左接连失利，明朝朝野震惊。为了消灭后金政权，明廷征调、募集关内兵马88000余人，号称47万，以杨镐为辽东经略，主持进剿事宜。万历四十七年（天命四年）二月，明军兵分四路进攻，会攻赫图阿拉。三月，努尔哈赤集中优势兵力，先在萨尔浒（今辽宁抚顺东大伙房水库附近）全歼明军西路军，然后分别全歼明军北路军、东路军，取得萨尔浒大捷。明军自此完全陷入被动，被迫采取守势，辽东局势日趋危急。

六月，明朝派熊廷弼为辽东经略。熊廷弼鉴于后金势强，采用"坚守进逼"之策，即厚集兵力，坚守当时的辽东首府和军政中心辽阳，北顾辽东枢纽沈阳，进逼后金。但是，明廷不少官员对形势缺乏认识，攻讦他不敢出击，催促速战速决。熊廷弼在朝廷压力下去职。天启元年（天命六年，1621）三月，后金军攻克明军重兵把守的沈阳，城内兵民被杀者7万人。然后，后金兵再攻辽阳，辽阳失陷。辽东大小七十余城，官民俱剃发而降后金。四月，努尔哈赤将后金都城迁往辽阳。

六月，明朝重新起用熊廷弼，经略辽东军务。熊廷弼坚持防御方针，然而新任辽东巡抚王化贞一意进攻，部署在辽西的10余万明军都由他控制。次年正月，努尔哈赤得知明军"经、抚不和"，王化贞疏于防守，遂发兵渡辽河而西，攻克王化贞驻守的广宁（今辽宁北镇）。接着，后金又连陷四十余城，占领辽河以西的大片土地，明朝全辽尽失。天启五年（天命十年），努尔哈赤迁都沈阳。

（三）宁锦之战与入关袭扰

辽事大坏，明朝官员皆以任辽东经略为畏缺。天启二年（天命七年，1622）八月，大学士孙承宗以原官督山海关及蓟辽等处军务，经略辽东。他继承熊廷弼"以守为战"的方针，采纳部将袁崇焕建议，大力整顿山海关防务，加强宁远（今辽宁兴城）防御。袁崇焕，广东东莞人，万历进士，授福建邵武知县。喜谈兵，尤注意辽事。升兵部主事，寻授山东按察佥事山海监军，至辽为宁前兵备佥事。他主张积极防御，受命驻守宁远，修筑城防。孙承宗又命修建锦州诸城堡，构筑以锦州、宁远为重点的关外防线。天启六年（天命十一年）正月，后金以13万大军攻宁远。城内明军不满2万，但袁崇焕据城坚守。后金军多次强攻，城上以红夷大炮轰击，后金军伤亡惨重，明军取得宁远大捷。战后，袁崇焕升为辽东巡抚。

八月，努尔哈赤去世，第八子皇太极继承汗位，建元天聪。皇太极改革内政，并在满洲八旗的基础上增设蒙古八旗、汉军旗，命改制新满文。袁崇焕则遣将修缮锦州等城，并移商民屯种，将防线由宁远前推二百里至锦州。天启七年（天聪元年）五月，皇太极率军5万进攻锦州。锦州修筑完备，后金军攻城半月，死伤累累，锦州城岿然不动。皇太极又亲率主力往攻宁远，也被袁崇焕击败，伤亡极大，明军取得宁锦大捷。

明思宗即位后，擢袁崇焕为兵部尚书兼右副都御史，督师蓟辽。袁崇焕整顿兵备，并杀割据皮岛的总兵官毛文龙。崇祯二年（天聪三年，1629）十月，后金军在漠南蒙古军配合下，绕开明军锦州宁远山海关防线，自沈阳向西，从长城蓟镇攻入明边。十一月，后金军克遵化，直趋北京，北京戒严。袁崇焕带兵驰援，但明思宗中了后金反间计，以为袁崇焕与后金议和通敌，又擅杀毛文龙，所谓"通款杀将"，命逮捕袁崇焕，后杀之。次年正月，后金军退走。崇祯七年（天聪八年），后金军再次发动入塞之战，从宣府、大同一带进入长城，四处攻掠，京师再次戒严，"边吏震恐"[①]。

（四）清朝建立和松锦决战

崇祯八年（天聪九年，1635），皇太极改族名女真为满洲。崇祯九年（天聪十年）四月，皇太极在沈阳即皇帝位，改国号为"大清"，改元崇德[②]，正式建立清朝。不久，他又建立了汉军八旗。

五月，清军从独石口入长城，第三次入关袭扰。清军横行京畿两月余，明朝督师兵部尚书张凤翼、宣大总督梁廷栋因惧不敢出战，尾追而不敢近。崇祯十一年（崇德三年）九月，清军从密云一带第四次入关袭扰，自京畿一直打到山东，俘德王。崇祯十五年（崇德七年）十一月，清军从黄崖口等进入长城，第五次入关袭扰。清军再次自北直隶攻到山东、苏北一带，鲁王被俘自杀。清军五次入关袭扰，将明朝精兵宿将歼灭殆尽，军民士气被摧毁无余，明朝"兵势大衰，人心震恐，东西逃窜"，"力莫能支"[③]。

同时，清军加强了对明朝宁锦防线的进攻。崇祯十三年（崇德五年）三月，清军以重兵包围锦州，明朝兵部尚书、总督蓟辽军务洪承畴往援。洪承畴兵进至松山，粮饷被清军夺取，陷入重围。崇祯十五年二月，松山被攻破，洪承畴降清。三月，锦州守将祖大寿降清。

至此，明军在关外主力尽失，明清在辽东的争夺接近尾声。

[①]《清太宗实录》卷20，天聪八年闰八月庚寅。
[②]《清太宗实录》卷38，天聪十年四月乙酉。
[③]《清太宗实录》卷65，崇德八年七月丁巳。

第七讲 天崩地坼：明朝后期的社会矛盾激化与明朝灭亡

七、明末农民起义推翻明朝统治

明朝后期，南北各地民众纷纷掀起反抗斗争。其中，天启末年陕西爆发的农民起义连绵不绝，规模不断壮大，形成李自成、张献忠两支强大的农民起义军，最终推翻了明朝统治。

（一）明末农民起义在陕西爆发

明朝后期，陕西地区的社会矛盾尤其尖锐。陕西地瘠民穷，官吏贪横。宗室秦、韩等四王占有大量土地，军民佃以为业，有租复有赋，正赋加上"三饷"，百姓负担极其沉重。明朝在陕西设延绥、宁夏、固原三镇，驻重兵抗击蒙古，运粮筑城之役倍于他省，所谓"陕西外供三镇，内给四王，民困已极"[①]。军兵战多役重，军饷又常遭拖欠和克扣，境遇凄惨，因此不断溃变逃散。明朝后期，陕西几乎连年灾害，民不聊生，饥民与贫军遂"相聚为盗"。

天启七年（1627）二月，陕西澄城县农民不堪被催逼钱粮，杀死知县张斗耀，揭竿而起，拉开了明末农民大起义的序幕。消息传开，各地饥民饥军也纷纷响应。崇祯元年（1628），府谷王嘉胤、清涧王左挂、白水王二、汉南王大梁、安塞高迎祥等先后起义，起义势力迅速壮大。面对各地起义燎原之势，崇祯三年，陕西三边总督杨鹤大力招安，不少起义军接受了招安，被安置回乡。但是，陕西灾害严重，官府又赈恤不力，贫苦民众仍难以为生，不久遂又重新起义抗争。明思宗逮捕杨鹤，

[①] 《明史》卷116《诸王传一·太祖诸子·秦王樉》。

斥其"听流寇披猖，不行扑灭，涂炭生灵，大负委任"①。

崇祯四年九月，延绥巡抚洪承畴升任三边总督，专重剿杀。在官军强力镇压下，至崇祯五年冬，陕西境内势力较大的起义队伍多被扑杀，起义军余部向山西、河南北部、北直隶南部等地转移。明朝加强镇压力度，农民军屡吃败仗。崇祯六年十一月，河南北部的闯王高迎祥等六十多支起义队伍，通过向官军假投降的方式，趁黄河结冰之机，在渑池县渡河，摆脱原本活动于黄河北部、太行山地之间的狭小区域，而转战于河南、四川、湖广、陕西、南直隶等广大地区，明末农民战争进入新的发展阶段。

（二）明末农民起义的曲折发展

崇祯七年（1634）正月，明思宗命延绥巡抚陈奇瑜总督陕西、山西、河南、湖广、四川五省军务，并调最精锐的边军前来镇压。当时，农民军先活动在河南中西部，又向湖广进军，继而活动于四川北部与陕西南部。陕西农民军被围困在车箱峡，形势十分危急。农民军以重金贿赂陈奇瑜，再以诈降方式逃出汉中。陈奇瑜"抚局大溃"，被弹劾，由洪承畴取代。农民军兵分多路，大部分转移到湖广、河南。

崇祯八年正月，农民军首领高迎祥、罗汝才等十三家七十二营在河南荥阳召开大会，确定了"分兵定所向"方针。会后，他们兵指东南，深入南直隶，进入明中都凤阳，焚明皇陵。明思宗大惊，下罪己诏，并调洪承畴统陕西兵会同中原官军夹剿。农民军回师陕西，并吸收了更多的贫苦百姓参军。在战斗中，李自成、张献忠等农民军将领逐渐成长起

---

① ［明］杨嗣昌：《臣父蒙谴泣谢天恩再请代罪疏》，［明］杨嗣昌《杨文弱先生集》卷4《疏》。

第七讲 天崩地坼：明朝后期的社会矛盾激化与明朝灭亡

来。李自成，陕西米脂人。幼时家贫，为人牧羊。天启末，充当驿卒，生活凄苦。崇祯三年，参加农民起义。后投闯王高迎祥，称闯将。张献忠，陕西定边人。供役为捕快、边兵，崇祯三年在米脂起义，自号八大王。鉴于形势，崇祯八年八月，明思宗命湖广巡抚卢象昇总理江北、河南、山东、湖广、四川五省军务，"寇在关内属洪承畴，关外属卢象昇"①，配合镇压。崇祯九年七月，高迎祥在盩厔黑水峪被陕西巡抚孙传庭擒获，李自成继承闯王称号，率余部作战。这样，农民军形成了以李自成、张献忠各自为首的两大势力。

崇祯十年，兵部尚书杨嗣昌提出"四正六隅"的围剿农民军新方案，即"以陕西、河南、湖广、江北为四正，四巡抚分剿而专防；以延绥、山西、山东、江南、江西、四川为六隅，六巡抚分防而协剿"，"总督、总理二臣，随贼所向，专征讨"②。在官军严密镇压下，农民军遭遇失败。崇祯十一年春，张献忠向官军伪降，其部被安置在谷城。十月，李自成也在潼关南原遭遇官军伏击，仅带刘宗敏等残部17人逃到陕西东南商洛山中。

崇祯十一年底，清军发动了第四次入关袭扰，卢象昇在巨鹿战死。清兵退走后，洪承畴等被调往辽东。利用这一形势，崇祯十二年五月，张献忠在谷城再次起兵，与屯驻房县的罗汝才部联合。李自成部也从商洛山中杀出。得知农民军又起，明思宗命杨嗣昌以大学士兼兵部尚书身份赴前线督师。崇祯十四年二月，张献忠攻克襄阳，杀襄王朱翊铭。李自成部在崇祯十三年十一月进军河南，李岩、牛金星、宋献策等知识分子也加入其中，为其出谋划策。李自成提出"均田免赋"等口号，得到

---

① ［清］戴笠：《怀陵流寇始终录》卷8。
② 《明史》卷252《杨嗣昌传》。

民众的广泛拥护。时人总结李自成的转变说:"闯贼在陕西时为饥民,在山西时为碌碌贼,出车箱峡后为大贼,至是群策群力,居然以英雄自命。"① 崇祯十四年正月,李自成克洛阳,杀福王朱常洵,势力大振。

杨嗣昌得知襄王、福王被杀,忧惧而死。崇祯十五年春,明思宗以孙传庭为三边总督。李自成取得汝宁大捷,控制了河南大部分地区。崇祯十六年正月,李自成改襄阳为襄京,建立奉天倡义文武大元帅府,设中央机构及地方官员。同年六月,张献忠在武昌称大西王,也建立政权。八月,孙传庭出潼关,与李自成交战,败于郏县。李自成乘胜追击,入潼关,攻下西安。崇祯十七年正月,李自成改西安为长安,称西京,建国号为大顺,改元永昌。

(三)李自成农民起义军推翻明朝统治

崇祯十七年(1644)二月,李自成亲率大军东渡黄河,直取太原。之后,大顺军兵分两路,向北京挺进。面对大顺军的来势汹汹,明思宗派出宦官十余人,监视边镇及近畿要塞。然而明朝兵败如山倒,监守宣府、居庸关的宦官不久先后投降农民军。明思宗又征天下兵勤王,调驻守宁远的辽东总兵吴三桂等率兵入卫。三月十七日,没等各地勤王兵赶到,李自成大军已抵达北京城外,明军守城部队本来战斗力就不高,加上饥饿、瘟疫而大量减员,虚弱不堪,因此一触即溃。十八日,太监曹化淳开彰义门投降,大顺军占领北京外城。十九日凌晨,明思宗在突围无望后,登万岁山(煤山,即今景山)自缢而死。十九日上午,大顺军进入内城,北京被攻陷,明朝作为全国政权宣告终结。

此外,崇祯十七年初,张献忠率领大西军进入四川,先后攻占重庆、

---

① [清]戴笠:《怀陵流寇始终录》卷13。

成都。十月,张献忠在成都称帝,国号大西,改元大顺,定都成都。

在东北,崇祯十六年(崇德八年)八月,皇太极去世,其幼子福临登基,改元顺治,为清世祖。顺治元年(1644)四月,清世祖命睿亲王多尔衮带领大军,准备仍绕道蒙古,进攻中原。途中,清军接到退驻山海关的原明朝将领吴三桂求援,多尔衮带兵南下,吴三桂部剃发降清。清军入驻山海关,并在战斗中击败了前来征剿吴三桂的李自成部队。李自成败,退回北京,在武英殿仓促即皇帝位,然后撤出北京。清军一路追击,五月二日占领北京。十月初一,清世祖在北京又举行一次登基大典。这样,中国历史实现了明、清更替。

第八讲

双轨辅政的『权力游戏』

明朝权力中枢系统,自洪武年间废除丞相后,逐渐形成了由官僚系统的内阁与宦官系统的司礼监双轨运行、共辅朝政的局面。在这套辅政模式下,内阁是皇帝的秘书机构,司礼监则作为皇帝的代言机构,两者彼此颉颃,并行不悖,确保了专制皇权的稳固与政治运行的相对稳定,由此奠定了明朝中央政治的基本特征及发展趋势。

一、明朝独创的内阁

内阁制度是明朝的一个创新，它是明朝专制皇权发展和强化的产物，在明朝也经历了萌芽、形成和发展变化的过程。

（一）明初废相与内阁萌芽

明朝内阁制度的建立与丞相制度的废除密切相关。丞相，又称宰相，是古代辅佐君主、总理全国政务的最高行政长官，所谓"百官之长"。秦始皇统一六国后，建立了一套君主专制中央集权的政治体制，地方集权于中央，中央集权于皇帝；皇帝之下，设置三公、九卿等辅政官员，组成中枢机构，分领全国庶务。其中，丞相为三公之首，总领百官，协助皇帝处理一切军国大事。秦朝以后，丞相制度为历代统治者所继承使用。两汉时期的丞相、相国、三公，唐宋时期中书、门下、尚书三省长官及同平章事，元朝中书省丞相等，都是所谓的丞相。历代皇帝借助丞相的辅助，实现对百官的统领和军国庶务的处理，实现对全国臣民的统治和国家的治理。因此，相权是从皇权中衍生出来的，它依附于皇权，服务于皇权，实际是皇权的一部分，两者在维护皇权专制统治方面是一致的。

但是，由于相权具有一定的自主性和独立性，在权力分配与运行上与皇权有时难以完全一致。一边是至高无上的皇帝，另一边是事实上为中枢首脑的丞相,两者不可避免地存在矛盾和冲突,相权不时侵蚀甚至危害皇权。历代丞相逾制专权擅政,乃至谋划篡权夺位、推翻当朝皇帝者,也不乏其例。故而秦汉以来有作为的君主,大多采取措施限制相权,防止相权膨胀,以维护和巩固皇权。从历史的总体趋势来看,相权被不断分割,而皇权在逐步加强,政治权力的排他性和扩张性决定了这种政治格局会产生权力争夺。

早在元至正二十四年(1364)元旦,朱元璋在应天称吴王,建立政权,即仿元朝制度,"建百司官属"。他设置中书省,任命李善长为右相国、徐达为左相国等,以"纲领百司"。鉴于历代丞相之弊,朱元璋告诫他们说:"今将相大臣辅相于我,当鉴其失,宜协心为治,以成功业,毋苟且因循,取充位而已","定名分,明号令,故诸将皆听命,无敢有异者。尔等为吾辅相,当守此道"[①]。洪武元年(1368),明朝建立,明太祖"承前制",以中书省作为最高权力机关,左、右丞相由李善长和徐达分任,"以统领众职"[②];地方设立行中书省,作为中书省的派出机构,统领地方政治、军事、民事等各项事务。

明太祖共任命过四位丞相。其中徐达因常年出征在外,任相四年,其间只有两个月在京,实为挂名丞相。李善长以开国元勋列爵上公,统领枢要,任左丞相三年,对明朝制度多有规划,明太祖称其能力超过了汉朝的萧何、曹参。汪广洋因"廉明持重"受到擢用,于洪武四年正月和洪武十年九月先后两次任职右丞相。但他任内无所建树,"默默无所可否,由是人以庸懦不立目之"[③],洪武十二年先被谪贬广南,寻被赐死。胡惟庸在洪武六年正月汪广洋第一次罢相时,以中书左丞"独尊省

---

① 《明太祖实录》卷14,甲辰春正月丙寅朔、戊辰。
② 《明史》卷72《职官志一·内阁》。
③ 《明太祖实录》卷128,洪武十二年十二月是月。

事",同年七月升右相,旋迁左相。胡惟庸独相数年,肆意骄横,"生杀黜陟,有不奏而行者。内外诸司封事入奏,惟庸先取视之,有病己者辄匿不闻",结党营私,贪婪不法,"四方奔竞之徒,趋其门下,及诸武臣诶佞者多附之,遗金帛名马玩好不可胜数"。刘基曾向明太祖反映胡惟庸"奸恣不可用"①,胡惟庸后来"毒杀"刘基。明太祖逐渐感到胡惟庸的威胁,认识到相权对皇权的侵夺甚至危害。作为权力欲、控制欲都极盛的专制独裁君主,明太祖怎能容忍和甘心?于是他决定杀胡惟庸,废除丞相制度,以维护自己和朱明王朝世世代代的专制独裁统治。

正式废除丞相前,明太祖做了充分准备。洪武九年六月,他下令改全国各行中书省为承宣布政使司,掌民政、财政;另设提刑按察使司掌司法监察;都指挥使司掌军事。三司分立,各对中央六部及皇帝负责,去除行中书省的地方集权以及中书省对地方的统属关系。明太祖还设立通政司,命四方奏疏不经中书省而上达皇帝。洪武十一年三月,明太祖又命六部等"奏事毋关白中书省"。至此,以丞相为首的中书省被孤立。

洪武十三年正月,有人告发胡惟庸"谋反"等事。明太祖借此掀起大狱,杀胡惟庸等人,后株连至3万余人。明太祖下令,"罢中书省,废丞相等官,更定六部官秩"②。这样,中书省、丞相被废除,由吏、户、礼、兵、刑、工六部直接向皇帝负责,成为替皇帝总理政务的全国最高一级行政机构,各部尚书由原先的正三品升为正二品。洪武二十八年,明太祖敕谕群臣说:"国家罢丞相,设府、部、院、寺,以分理庶务,立法至为详善。以后嗣君,其毋得议置丞相。臣下有奏请设立者,论以极刑。"③明太祖将不得设立丞相作为"祖训",令子孙皇帝世代遵守。于

---

① 《明太祖实录》卷129,洪武十三年正月甲午。
② 《明史》卷2《太祖本纪二》。
③ 《明史》卷72《职官志一·内阁》。

是，中国历史上延续了近1700年的丞相制度从此废除，皇权专制得到空前强化。

废相之后，相权被皇权收回，由皇帝兼领，明太祖实现了完全的专制独裁。起初，明太祖对独断政事颇为得意。但是，他亲自统领百官、处理政务，集皇权与相权于一身后，负担大大加重。他认识到，"人主以一身统御天下，不可无辅臣"①。但是，他又绝对不会恢复设立丞相。于是，洪武十三年九月，明太祖设置四辅官，选几位年老耆儒及致仕官吏，令他们协赞政事，驳正刑狱，考察贤才，四时轮值，担任皇帝顾问角色。四辅官虽对明太祖理政起到一定的辅助作用，但他们权力有限，且政治经验缺乏，明太祖也不会倾心重用，所以辅政效果并不好，明太祖仍是专制独断。

至洪武十五年十一月，明太祖又仿宋制设殿阁大学士，包括华盖殿、武英殿、文渊阁和东阁诸大学士。殿阁大学士的主要任务是侍从皇帝左右，以备顾问。但由于明太祖勤政，大学士们对政务"鲜所参决"，他们更多地被安排负责编书、御前进讲等事。其时，明太祖仍是夙兴夜寐，精力充沛，亲自理政，专制独裁。洪武十七年九月，有官员统计，八天之内，内外诸司奏章达1660件，共涉3391件事，可见明太祖的忙碌。虽然他也担心自己独裁理政，不能"一一周遍"，"致事有失宜"，但并未真正采取措施加以解决。不过，就组织结构而言，殿阁大学士的设立，实为明朝内阁制的萌芽。

（二）永乐至宣德年间内阁制度的形成

建文年间，建文帝信用兵部尚书齐泰、太常寺卿黄子澄、文学博士

---

① 《明太祖实录》卷133，洪武十三年九月戊申。

方孝孺等人，他们参与朝政决策，成为实权派，殿阁大学士建制较洪武朝稍有后退。

明成祖即位初，旧燕邸力量以武臣为主，而建文朝廷的核心文臣又不愿合作。在这样错综复杂的政局中，明成祖决定选拔与建文帝关系疏远又具备才能的低级文臣，重新组成辅政智囊，协助处理政务。建文四年（1402）八月，明成祖特简翰林院侍读解缙、编修黄淮入直文渊阁；九月，他命侍读胡广、修撰杨荣、编修杨士奇、检讨金幼孜等共同入直，"并预机务"①。自此，明朝内阁制度基本形成，表现为：其一，较多阁臣共同入直，形成一个比较稳定的秘书班子，弥补了丞相废除后中枢决策存在的缺陷。特别是永乐五年（1407），明成祖专谕吏部：阁臣考满后不再改外任。这从制度上保证了内阁成员的相对稳定，内阁作为中枢机制完成了由洪武、建文时期的不稳定性向永久性建置转变。其二，阁臣职责明确为"参预机务"，即不同程度参与军国大事的决策，而非仅以文字翰墨为业。明成祖对阁臣们强调："代言之司，机密所系，且旦夕侍朕，裨益不在尚书下也。"②无论是征伐、边防、立储、用人、赋役，明成祖均与阁臣们商讨，给予充分信任，倚为耳目心腹。后来，胡广去世，赐谥文穆，开明朝文臣得谥号先例。明成祖北征驾崩于榆木川，也是由阁臣杨荣、金幼孜等负责讣告、护送梓宫等事宜。这些都是洪武、建文时期殿阁学士所无法翘望的。

尽管永乐时期内阁制度基本形成，阁臣设置成为常制，但是内阁作为一个新的中枢机构，其制度还不完善。首先，它没有法定地位。由于阁臣均选自翰林，所以未能完全与翰林院脱钩，在衙署、文移、印信、

---

① 《明史》卷5《成祖本纪一》。
② 《明史》卷147《解缙传》。

第八讲 双轨辅政的"权力游戏"

称谓等方面往往与后者混通。其次，阁臣品秩不超过五品。此外，阁臣只在文渊阁值班，起草诰敕，献计献策，没有裁决、处理政事的权力，也无下属佐理官员，地位与事权仍远不如六部尚书。如当时吏部尚书蹇义、户部尚书夏原吉，权势最重，"称股肱之任"。

仁宣时期，内阁制度得到发展完善。明仁宗将阁臣们加侍郎、太常寺卿等衔，全部晋为正三品，使"阁职渐崇"。但阁臣仍"掌内制，不预所升职务"①，即所兼职务为荣誉衔，不承担具体工作。不久，他又加杨士奇、杨荣、金幼孜为少傅、少保，进官尚书，阁臣由此跻身公、孤之列，成为一二品大员，内阁地位更加尊贵。明仁宗还赐予阁臣们"绳愆纠缪"印章，准许他们以此印加盖奏疏直接上达皇帝，为明朝银章密奏之始。

明宣宗委任阁臣负责票拟，即阁臣根据皇帝旨意草拟敕旨，或对各衙门所上奏疏给出批答意见，书小票贴于疏面，供皇帝裁决参考，经批红后颁示。这是阁臣参预机务权力的重大发展，也是内阁掌握实权的关键所在。后人称："内阁之职同于古相者，以其主票拟也。"② 由于内阁事务增多，宣德年间置诰敕、制敕两房，皆设中书舍人，并赐文渊阁印。诰敕房办理的主要是皇帝给文官的诰敕，翻译给边地及外国的敕书和外国文书、揭帖，兵部记录官兵功劳及勘合底簿等项；制敕房主要办理内阁所掌制敕、诏书、诰命、册表、宝文、玉牒、讲章、碑额、题奏、揭帖等机密文书，以及王府敕符底簿。诰敕房和制敕房的设置是明朝内阁制度逐步完善的标志之一。

仁宣时期，阁臣的品秩和地位不断提高，参政权不断扩大，内阁的

---

① 《明仁宗实录》卷2，永乐二十二年八月乙未。
② ［清］嵇璜、刘墉等：《续通典》卷25《职官三·宰相》。

组织结构进一步完善,以阁臣杨士奇、杨荣、杨溥为核心的"三杨"内阁主政的局面基本形成,"六部承奉意旨,靡所不领,而阁权益重"①。

(三)正统至正德年间内阁制度的曲折发展

明英宗幼年即位,"三杨"作为四朝元老、托孤重臣,在朝廷中有举足轻重的地位。在张太皇太后支持下,正统初年,朝廷政事均由内阁决议,时"内阁之职,其大者在代王言,凡手敕旨意,俱从撰拟"②。正统五年(1440)二月,杨荣举荐翰林侍讲马愉、曹鼐入阁,预机务。正统七年,翰林院迁于长安左门之东,内阁则留在文渊阁。这样,文渊阁正式成为内阁的办事场所,阁臣不再日侍皇帝身边备顾问,而是在文渊阁处理政务。内阁对诸司奏启的批答、皇帝诏令的起草,也形成了一套比较固定的程式。

正统中期至天顺初期,先是正统年间太监王振专权,中经景泰年间景泰帝信任兵部尚书于谦等人,继而明英宗复辟,武臣石亨、太监曹吉祥专横,内阁权力在与司礼监、六部争竞中有所下降。天顺中期,阁臣李贤为明英宗器重,李贤有所举荐,"必先与吏、兵二部论定之",内阁与六部的关系密切。内阁制度中重要的首辅制也在这时确立。《明史》称:"终天顺之世,(李)贤为首辅,吕原、彭时佐之,然(李)贤委任最专。"③首辅与次辅、群辅之分,主要与入阁先后、资历以及皇帝的信任度有关。首辅通常是内阁的实权人物,主掌票拟,内阁制一定程度上成了首辅对皇帝的负责制。

---

① 《明史》卷72《职官志一·内阁》。
② [明]廖道南:《殿阁词林记》卷2《谨身殿大学士蒋冕》。
③ 《明史》卷176《李贤传》。

第八讲　双轨辅政的"权力游戏"

弘治年间，明孝宗信用阁臣，徐溥、刘健、丘濬、李东阳、谢迁等先后入阁，除丘濬任职三年多外，其余四人在阁十余年，为"弘治中兴"竭尽心力。这一时期，内阁制度出现了一些新的变化。一方面，礼部尚书丘濬入阁后，内宴时位居吏部尚书王恕之前，开阁臣班列六部之上的先例。另一方面，产生了阁臣的廷推制度，又称会推。弘治八年（1495）二月，丘濬去世，内阁缺员，明孝宗命吏部会同九卿、科道推选举止端方、学术纯正者六人以闻，明孝宗继而从中选取了李东阳与谢迁。在此之前，阁臣的选拔主要是通过特简，即皇帝直接拔擢入阁，也有阁臣通过重臣私荐，再经皇帝特简。与特简完全出于皇帝私意相比，廷推的阁员更易于为官僚集团所接受。

（四）嘉靖至万历初年阁权的复张

明世宗即位，得力于内阁首辅杨廷和等人的拥立。杨廷和利用起草明武宗遗诏及明世宗即位诏契机，将正德年间弊政几乎革除殆尽。吸取正德时宦官擅权的教训，明世宗肯定了"内阁典司政本"[①]，使权归于内阁。但不久，发生"大礼议"事件，杨廷和带领群臣强烈反对明世宗尊崇亲生父母，先后四次封还御批，这是明朝政治中少有的情况，反映了阁权的复张。由于杨廷和不合帝意，明世宗逼迫其辞官而去。嘉靖六年（1527），在"大礼议"中坚定支持明世宗的张璁入阁，并凭借与明世宗的密切关系，挤走杨一清，成为首辅。

嘉靖以前，首辅虽主掌票拟，但仍要与其他阁臣商议，首辅只是主笔而已。自张璁开始，首辅不仅主票拟，而且在内阁中处于专断地位，另外两位阁臣李时、翟銮事之如上司，拱手唯诺，无所建言。在朝廷中，

---

① 《明世宗实录》卷22，嘉靖二年正月戊午。

张璁"颐指百僚,无敢与抗者"①。他辅佐明世宗处理政务,选用九卿,俨然以丞相自居,而明世宗对此持默许态度。这是永乐始建内阁以来所未曾有过的。由于内阁首辅权势日趋显赫,阁臣为争夺首辅之位,斗争愈演愈烈,甚至你死我活。严嵩为首辅,作威作福,群辅"皆不预闻票拟事,政事一归嵩"②。代严嵩为首辅的徐阶,虽标榜"以威福还主上,以政务还诸司,以用舍刑赏还公论"③,但在内阁中依然独断专行。

内阁首辅的权势在隆庆年间有增无减。高拱曾是明穆宗为裕王时的讲官,以首辅兼任吏部尚书,深得明穆宗信任,"上佐万几,无专职,而其职无所不兼"④。明神宗即位后,阁臣张居正内结太监冯保,共逐高拱,成为首辅。由于皇帝年幼,李太后将大权交与内阁与司礼监。张居正担任首辅十年,继续大刀阔斧地改革,但也专权恣肆,"威柄之操,几于震主"⑤,百官"惕息",阁臣吕调阳、张四维恂恂若属吏。万历六年(1578),张居正因父丧准假归乡,明神宗命将朝政大事章疏仍送到其家乡江陵,听其处分。张居正出京时,百官相送;所过之处,守臣长跪,抚按迎送,藩王恭候。这不仅反映了张居正个人权势的显赫,也说明了明朝内阁制度至此发展到顶峰,张居正所缺的只是丞相的头衔罢了。

总之,嘉靖至万历初年,内阁权势得到前所未有的提升。在制度层面上,嘉靖年间开始,阁臣不仅位兼尚书,还可以实际行使部权,张璁、方献夫、严嵩、徐阶、李本、严讷、高拱等阁臣都兼掌部院事,权势超于府部大臣之上。当然,更重要的是得益于皇帝的主动放权,如明穆宗性格宽厚,能够让阁臣们有足够的空间来施展抱负;明神宗登基时年龄

---

① 《明史》卷196《夏言传》。
② 《明史》卷308《奸臣传·严嵩》。
③ 《明史》卷213《徐阶传》。
④ 《明穆宗实录》卷65,隆庆六年正月癸亥。
⑤ 《明史》卷213《张居正传》。

太小，不具备处理政务的能力，从而使内阁这一皇帝秘书机构通过将票拟转化为谕旨的形式，令六部俯首听命。

（五）万历中期以降内阁的式微

张居正担任首辅，使明朝内阁权力空前强化，远超辅政权限，一定程度上也对至高无上的专制皇权形成凌压和侵害。万历十年（1582）六月，张居正去世后，明神宗亲政，对张居正的不满和仇恨逐渐发露，此前被内阁压制的言官势力顺势崛起，不断攻击张居正专制，无人臣礼。于是，明神宗令将张居正抄家，削尽官秩，追夺诰命。这是首辅权势超越警戒线的必然结果，也为后张居正时代的阁臣们敲响了警钟。此后，阁臣多唯唯诺诺，没有敢再勇于任事、张大阁权者。而明神宗则日益怠政，几乎不上朝，也很少召对阁臣，国家机器运转逐渐瘫痪。自万历二十年起，内阁就时常出现"独相"局面，即只有一位阁臣处理政务，内阁与皇帝之间的沟通主要依赖票拟与揭帖。即使是阁臣所上票拟、揭帖、奏疏，也往往迟迟得不到明神宗批答，内阁作为辅政机构的功能大幅度降低。内阁对部权的侵夺也遭到了抵制。万历十八年，宋纁任吏部尚书，因坚持部议，而被首辅申时行打压，继任的陆光祖同样不依附内阁，"吏部自宋纁及光祖为政，权始归部"。到了孙鑨任吏部尚书，"守益坚"[①]，不甘为下。言官势力同样对依附于皇权的内阁表达不满，在争"国本"、矿监税使等问题上态度坚决，以致朝廷内部的党争愈演愈烈。

天启后期，宦官魏忠贤专权，阁权对阉权的依附至此为极。凡阁臣补用，大都取决于魏忠贤；内阁票拟之制，也听命于魏忠贤。天启三年（1623），阉党顾秉谦与魏广微入阁，两人曲意奉承魏忠贤，如同仆

---

① 《明史》卷224《孙鑨传》。

役。当时韩爌尚居首辅之位，为了夺其票拟权，顾秉谦、魏广微等与魏忠贤商议，矫令众辅臣分任票拟，使首辅不再独掌票拟。顾秉谦票拟只遵照魏忠贤意愿；魏广微还常与魏忠贤通信，有"内阁家报""外魏公"[①]之名。至天启五年，顾秉谦继为首辅，其后陆续入阁的黄立极、施凤来、张瑞图等人，无不出自阉党，凡内阁票拟，"必曰'朕与厂臣'，无敢名忠贤者"[②]。不仅如此，内阁的票拟权还部分移归司礼监，很多诏令不经过内阁，直接由魏忠贤的心腹宦官王体乾、李永贞等批出。至此，内阁自主权荡然无存，完全成为魏忠贤"家臣"。

  崇祯年间，选任阁臣的方式以及阁臣的职能也出现了新变化。对阁臣的选任，明思宗除了继续采用特简方式外，还在廷推阁臣过程中引入"枚卜"之法，就是先通过廷推，选拔数位阁臣候选人，然后借助抓阄来决定入阁者。"枚卜"法看似公平，却不能量才录用，实为选任方式中的最下策。后来，明思宗又采取考试的方法选拔阁臣。如崇祯八年（1635）六月，准备增置阁臣，召廷臣数十人，考试票拟。由于局势动荡，兵戈扰攘，朝廷军事人才匮乏，崇祯时多次派阁臣总督军务。如以大学士孙承宗视师通州，督理辽东军务；以大学士杨嗣昌督师进剿农民军，总督以下并听节制；以大学士李建泰督师往山西"讨贼"等。时明朝国势已经难以挽救，但明思宗急于求治，又刚愎专断，频繁提拔、更换阁臣，崇祯一朝，十七年间任使阁臣多达50人。大多数阁臣仅短暂充位，任职较久的只有温体仁、周延儒等少数几人。温体仁阴刻忮横，周延儒庸驽无才，都不可能发挥辅佐起振作用。最终，内阁制与明朝一起衰落，走向灭亡。

---

① 《明史》卷306《阉党传·顾秉谦》。
② 《明史》卷305《宦官传二·魏忠贤》。

二、当帝王重用宦官

明朝双轨辅政的另一主角是司礼太监,它是宦官的一个分支。有明一代,宦官尤其是司礼太监权势较大,一定时期还曾酿成宦官专权擅政的局面。

(一)洪武年间宦官二十四衙门的建立

宦官是古代专供皇帝及其家族役使的男性奴仆。东汉之后,宦官全由阉割之人充任。由于与皇帝朝夕相处,不少宦官得到皇帝信用,一些宦官得以专权擅政。明朝以前,如东汉、唐朝都有严重的宦官之祸。

早在元末,朱元璋占领应天、建立政权后,即于宫署中使用宦官。明朝建国初,宫内役使了不少宦官,承担从执笔墨、侍饮食起居,到司香、洒扫等诸多职事。明太祖十分注重吸取历代经验教训,痛恨汉、唐后期宦官擅权,指出:"此曹善者千百中不一二,恶者常千百",因此不可用为耳目心腹,"驭之之道,在使之畏法,不可使有功。畏法则检束,有功则骄恣"。明太祖定制,严格管束和抑制宦官。他下令,宦官"毋许识字",以防宦官得以舞文弄墨,干预政事。洪武十七年(1384),明太祖还命铸铁牌,上写:"内臣不得干预政事,犯者斩!"铁牌"置宫门中",以时时警示。明太祖又敕诸司,"毋得与内官监文移往来"[①]。

但是,为了加强和维护专制皇权,强化对外廷官员的控制,明太祖又离不开对宦官的任用。于是,他也逐渐倚靠宦官,任为耳目爪牙,不仅派遣他们参与贸易、犒军、税务、出使等国内外一些重大政治活动,

---

① 《明史》卷74《职官志三·宦官》。

而且在制度设计上，将宦官职掌融入国家体制。他下令设立宦官二十四衙门，包括十二监、四司、八局，负责承担和管理宦官各项事务。十二监包括：司礼监、内官监、御用监、司设监、御马监、神宫监、尚膳监、尚宝监、印绶监、直殿监、尚衣监、都知监。四司指：惜薪司、钟鼓司、宝钞司、混堂司。八局有：兵仗局、银作局、浣衣局、巾帽局、针工局、内织染局、酒醋面局、司苑局。十二监的长官为掌印太监或提督太监，均正四品，四司、八局各有掌印太监负责，均正五品。宦官的职级，高级的有太监、少监、监丞，其下有典簿、长随、奉御、当差、听事，底层的则是乌木牌、手巾、小火者。明朝的太监是宦官各衙署的首长官职，一般宦官及其他官职宦官不能称为太监。

明太祖制定宦官制度，基本原则是令各监互不统摄，彼此颉颃，不允许出现一个集中而强大的宦权。而宦官衙门的职能显示，内廷与外廷在庶务职掌方面多有相关，需要"表里"协作，若不经内廷，许多政事就会被阻断，无法办理。这也表明明太祖试图通过加强内廷的地位以达到内、外廷相互制衡的潜在意识，为明朝中枢体制朝双轨模式发展奠定了基础。

（二）永乐、宣德年间宦官权力的扩张

尽管明朝庞大的宦官机构在洪武年间就基本定型，但明太祖控制宦官极严，对违法者绝不姑息。继任的建文帝同样严格约束宦官，"诏出外稍不法，许有司械闻"[①]。因此，明初宦官势力被严格抑制和管束。

明成祖通过"靖难之役"夺取皇位，燕邸宦官王彦、郑和、王安等人扈从作战有功，而直取南京的战略决策也是根据建文朝廷来降宦官提

---

① 《明史》卷304《宦官传序》。

供情报而制定的，这加深了明成祖对宦官的信任。建文四年（1402）秋，明成祖登基伊始，命镇远侯顾成、都督韩观、刘真、何福分别镇守贵州、广西、辽东、宁夏，命"靖难"有功的宦官偕行，赐公侯服，位居诸将上，开宦官出镇之始。永乐八年（1410），明成祖命太监王安监视京营，"预京营监视自安始"。而后太监刘永诚"凡总京营兵十年"①。洪武年间，宦官出使外国的情况就屡见不鲜。永乐三年始，内官监太监郑和率船队七次出使西洋各国，将明朝海外事业推向高峰。明成祖重视对臣民的监控。永乐中期，他营建北京，并长期驻跸北京。为"防微杜渐"，明成祖命锦衣卫官校"暗行缉访谋逆妖言、大奸大恶等事"。后来，他又担心外官徇私舞弊，永乐十八年设立东厂，"令内臣提督控制之"，"专内臣刺事"，使锦衣卫与东厂"彼此并行，内外相制"②。永乐二十二年，明成祖病逝于榆木川，随驾宦官马云、海寿与大学士杨荣、金幼孜商议，秘不发丧，促请太子朱高炽自南京北上登基，为明仁宗。其后，洪熙元年（1425）正月，明仁宗命航海归来的郑和领麾下官军守备南京，担负守卫留都的重任，"此南京守备之始也"③。

宣德年间，宦官权力有增无减。当时，内阁学士取得了章奏的票拟权，然而其建议是否被采纳，取决于皇帝御笔批红，这是皇帝大权独揽的重要手段。章奏在奏进与批出过程中，司礼监下属的文书房负责接本与散本，但是面对如此多的章奏，风流倜傥、喜好玩乐的明宣宗很难全部亲自批红。于是，他把大部分章奏交给司礼监秉笔太监代笔批红。宣德四年（1429），为了培养处理文字的宦官秘书，也为了提高周围宦官的文化素质，明宣宗命设内书堂，令大学士陈山专门教导小宦官读书，

---

① ［清］查继佐：《罪惟录》列传卷29《宦寺列传·刘永诚》。
② ［明］谈迁：《国榷》卷17，永乐十八年。
③ ［明］王世贞：《弇山堂别集》卷90《中官考一》。

开启了明朝宦官的知识化进程。其后,由于司礼太监参预批红,成为皇帝处理机务的可靠助手,司礼监得以在二十四衙门中脱颖而出,成为宦官"第一署"。这样,宦官更为频繁地参与政治、军事、外交活动,权力进一步扩张。

(三)正统至正德年间的宦官专权干政

宣德以前,虽然宦官越来越多地参与政治活动,但尚未达到专权干政的地步。明英宗即位后,国无长君,张太皇太后又限于祖制无法干政,明太祖设计的皇帝绝对专制独裁的体制出现了缺陷,明宣宗创制的票拟制度发挥了关键作用。由于明英宗年幼,没有能力和朝臣们议论朝政,"三杨"遂创立"每一早朝,止许言事八件"①的权宜之制,而群臣奏事主要以题本的形式上达,经内阁票拟,司礼监批红,从而加以处理。司礼监以小皇帝的名义对内阁的处理意见进行再裁决,名正言顺地介入中枢权力,与内阁"对柄机要"②。于是,明朝中枢政治运作的双轨辅政新格局形成。

正统初,在张太皇太后支持下,"三杨"辅政票拟,阁权较重。张太皇太后为了防止王振干政,"逐日票查,如一事不由内阁出自振,即召至廷,诘责之"③。但"三杨"各有缺点,王振加以利用,打击排挤,杨荣、杨士奇相继忧愤而卒。正统七年(1442)十月张太皇太后去世后,王振失去约束,"遂跋扈不可制"。杨溥势孤,新晋的阁臣资历轻,于是内阁票拟权基本上被剥夺,"凡有章奏,悉出内批"④,宦权凌驾于阁权之上,

---

① [明]王锜:《寓圃杂记》卷1《早朝奏事》。
② [明]沈德符:《万历野获编》补遗卷1《内监·内官定制》。
③ [明]尹直:《謇斋琐缀录》卷1。
④ 《明英宗实录》卷186,正统十四年十二月壬申。

朝政统归王振。王振不仅在朝堂上飞扬跋扈，更想在边地少数民族示威，最终酿成了"土木之变"。

景泰年间，景泰帝对宦官的信任不减，兴安、金英等太监曾先后受命录囚审狱，开宦官会同法司录囚的先例。景泰八年（1457）正月，石亨、徐有贞等人勾结司设监太监曹吉祥，发动"夺门之变"，拥明英宗复辟。曹吉祥被擢为司礼太监，获赐大量庄田，并协理京营军务。曹吉祥气焰颇盛，党同伐异，为非作歹，后因与其嗣子曹钦谋反被磔于市。

成化初期，明宪宗一度裁抑宦官势力，罢免浙江、江西、福建、陕西等地以及边塞的镇守宦官。不过，宦官批红、提督京营、镇守、守备、监军等已成定制。而且，随着时间推移，宦官权势又有所发展。其主要表现是太监汪直得到信用，专权干政，把持西厂。汪直领西厂，把侦缉拷讯的触角延伸至各地大小官民，推行特务恐怖统治。在群臣和一些宦官反对下，西厂两设两废。后太监尚铭"专东厂事"，又得明宪宗宠信，恣意胡为。

明武宗即位初，宦官"八虎"得到宠信。"八虎"之首刘瑾"狡狠"，诱导明武宗游玩，大受宠信，"进内官监，总督团营"。阁臣刘健等罗列除弊维新各条款，刘瑾怂恿明武宗不理会。刘瑾排斥异己，排挤司礼太监王岳以及正直阁臣刘健、谢迁等，引用私党焦芳入阁。刘瑾代明武宗批答奏章，"皆持归私第"，与妹婿礼部司务孙聪等商量，再由焦芳润色，付外施行，控制朝政。为加强对臣民的控制，刘瑾派厂卫四出侦缉，"道路惶惧"。正德三年（1508）八月，刘瑾又设内行厂，自领之，比东、西二厂更为"酷烈"。刘瑾气焰熏天，明武宗"居皇帝之位"，而刘瑾"实秉皇帝之权"①，再次酿成严重的宦官专权干政之祸。

---

① ［明］林俊：《见素集》卷4《奏议八篇·西征稿·急除大逆以御大乱疏》。

（四）嘉靖年间宦官势力的抑制

明世宗即位，首辅杨廷和利用草拟遗诏和即位诏之机，改革正德年间弊政。起初，司礼太监魏彬对一些革新条款不满，遣文书房官"忽至阁中，言欲去诏中不便者数事"[①]，被杨廷和严词拒绝。这是内阁对抗司礼监的一次胜利。

明世宗即位初，吸取正德年间宦官乱政和出镇违法擅权的教训，将正德年间擅权的"八虎"和作恶宦官加以惩治，严御内廷宦官，"有罪挞之至死，或陈尸示戒"[②]，同时逐步裁撤各地镇守、管事，京营提督、坐营，以及仓场内官。嘉靖十八年（1539）正月，明世宗命所有镇守中官一概取回，宣告了镇守中官制度，以及地方上由镇守中官、总兵官、巡抚协同治理的"三堂体制"的终结，"朝野吐气"。当然，明世宗也信用一些宦官。嘉靖二十七年，他以司礼太监麦福兼理东厂。从此，东厂例由司礼太监兼领，成为定制，"内廷事体一变矣"[③]。明朝宦官职权之大，莫过于此。但总的来说，在明世宗的严格控制下，手握重权的宦官们多能谨守制度，嘉靖年间宦官势力得到一定程度的抑制。

（五）明朝后期宦官权势的回归

隆庆年间，明穆宗重用阁臣，司礼监与内阁"对柄机要"格局未变。明穆宗也信用宦官，宦官甚至能影响其选任阁臣。如高拱，隆庆初被徐阶排挤去位后，"时大珰陈洪，故高所厚也，因赂司礼之掌印者，起新郑

[①] 《明史》卷190《杨廷和传》。
[②] 《明史》卷304《宦官传一·张忠》。
[③] ［明］沈德符：《万历野获编》卷6《内监·内臣兼掌印》。

第八讲 双轨辅政的"权力游戏"

于家,且兼掌吏部"①,因得太监陈洪内援而起用。

明神宗即位,张居正内结司礼太监冯保,与其合力驱逐高拱,成为首辅,此事广为人知。其后,冯保积极支持张居正推行改革,在内外廷都有一定权势。张居正死后,冯保也因为此前在宫中管束明神宗、为张居正靠山、冒犯和得罪明神宗而被其忌恨,最终遭到贬谪抄家。终明神宗一世,再无权阉可以左右朝政。万历中后期,明神宗派遣大批宦官充当矿监税使,在各地横行搜刮。

天启年间,明熹宗宠信太监魏忠贤,魏忠贤逐渐专擅朝政。魏忠贤以司礼监秉笔太监,后又兼掌东厂,权势益张。他内结明熹宗乳母客氏,以及司礼太监王体乾等,外结官员顾秉谦、魏广微、崔呈秀等,形成庞大的阉党集团,残酷打击和迫害正直官员。时人谀颂魏忠贤及其子侄、党羽,为其广建生祠,立像奉祀,官员奏疏提及魏忠贤,咸称"厂臣","而不名",魏忠贤出巡,大小官员"遮道拜伏",称之"九千岁"②。有明一代,宦官权势达到顶峰。

明思宗即位初,铲除阉党,撤各边镇守宦官,诏宦官非奉命不得出禁门,戒廷臣结交宦官等,裁抑宦官势力。其后,他委任文官武将,希望能够平定天下,实现中兴。但文武官员结党相争,贪污腐败。于是,明思宗重新起用宦官,陆续派遣宦官到边关重城为监军、镇守。他还派司礼太监张彝宪"钩校户、工二部出入","为之建署",名曰"户工总理","其权视外总督、内团营提督焉"③。宦官"势复大振",大臣们谏诤反对者,反而遭到明思宗惩处和宦官诬陷。但当明末农民军进攻山西、直隶、北京时,眼见无力抵抗,为了保住性命,这些守城宦官多带头迎

---

① [明]沈德符:《万历野获编》卷8《内阁·邵芳》。
② 《明史》卷305《宦官传二·魏忠贤》。
③ 《明史》卷305《宦官传二·张彝宪》。

降，明朝最终灭亡。

三、内阁和司礼监的双轨运作机制

明朝专制皇权的推行和强化，主要依赖于内阁和司礼监的双轨辅政体制的运作。

（一）内阁的职责与特点

根据万历《大明会典》"翰林院"条的记载，内阁主要有以下职责：（1）同知经筵事或知经筵事；（2）东宫出阁讲学，内阁官提调、讲读，亲王出阁读书，内阁官提调检讨等官讲读；（3）上徽号、议劝进笺，登极表并一应奉旨应制文字，俱从内阁撰进；（4）修实录、史志诸书充总裁，奏请修玉牒；（5）宗室请名、请封，由内阁拟奏，请旨点用；（6）撰拟朝廷祭告祝文及谕祭文；（7）撰拟亲王、文武大臣谕祭及谥册文，以及文官诰敕、各衙门公差官员敕书；（8）掌制敕与诰敕一应文书；（9）皇帝郊祀、巡狩行幸、亲征则扈从；（10）收贮御制文字、实录、玉牒副本，古今书籍及纸札笔墨等项；（11）会试则充考试官，殿试充读卷官；（12）进士题名，由大学士撰文；（13）颁诏则捧授礼部尚书；（14）东宫、亲王冠礼则充宾赞，婚礼充纳征等使；（15）翰林院、詹事府、春坊、司经局印信等缺掌管官，由内阁题请，奉旨，吏部补本铨注；（16）春秋祭先师孔子，传制专遣内阁大学士或礼部尚书；（17）会同吏、礼二部考选庶吉士；（18）与诸衙门会议大政事、大典礼；（19）南京翰林院学士员缺，从内阁推举。①

《大明会典》是明朝国家行政法典。内阁职权附在"翰林院"条目之下，可见从中央政治体制来看，内阁不是明朝中枢的一级行政机构。翰林院"掌制诰、史册、文翰之事，以考议制度，详正文书，备天子顾问"②。上述内阁的绝大部分职责，是其作为翰林院的实际操纵者所必然承担的。从权力范围而言，更多的是偏重于帝王的文化活动、国家礼仪以及与此有关的人才选拔等方面。原因是明初内阁只是文渊阁的别称，阁臣由翰林院官兼任，发展至后来，乃有"非进士不入翰林，非翰林不入内阁"③之说。而且，内阁有两种印信，对外廷衙门用翰林院印，文渊阁印只用于进呈御览的机密文字。皇帝一直把内阁视作自己的私人秘书机构，而不是一个政府机构，这就是文渊阁印不得下诸司的根本原因。内阁与翰林院虽然在机构职能上有共通之处，但在权力上有实质性差异，可以说阁臣是从翰林院选拔出来的高级精英。从表面上看，内阁是属于翰林院的机构，然而实际上内阁领导翰林院。

当然，上述诸项并不能反映内阁的全部职责或职能。其实，除此之外，内阁还有更重要的职责，即参预机务。《明史》把内阁职责总结为"掌献替可否，奉陈规诲，点检题奏，票拟批答，以平允庶政"。这才是内阁大学士入直的关键性工作，也是正确认识明朝内阁政治地位的重要环节。票拟又称票旨、条旨、票本、拟票、拟旨、调旨等，阁臣票拟滥觞于宣德年间，但彼时非内阁专利，吏、户二部尚书亦可参与其事。从正统年间开始，"专命内阁条旨"④。这本是为应对明英宗年幼无法处理政

---

① 万历《大明会典》卷221《翰林院》。
② 《明史》卷73《职官志二·翰林院》。
③ 《明史》卷70《选举志二》。
④ ［明］黄佐：《翰林记》卷2《传旨条旨》。

务的操作，结果成为定制。不过，从决策程序来看，票拟反映了内阁对题奏的处理意见，能否实行还必须皇帝批红，而且票拟也不是一次性的。若皇帝不满意，也需要改票。内阁票拟之后，阁中还留有票拟的底簿，称为丝纶簿，即按年月以及票拟章奏的先后于簿上草拟，然后再誊写于"小贴"或票本上。丝纶簿的出现反映了内阁制的完善，保存它既是"重王言"，也为日后取查票拟底稿提供了原始依据。

从政权的职能来看，阁权是国家权力结构中必不可少的一部分。明太祖废除丞相，直接统领六部后，最高决策层只剩下皇帝一人。但无限的皇权与皇帝有限的调节统御能力之间存在着矛盾，尤其是明朝中期以后的皇帝多庸惰荒嬉，政治素质差，所以他们依靠内阁与宦官衙门司礼监，来更好地行使中枢决策权。自从内阁掌握票拟，阁权随时代而累积，因时事而变化，往往突破原先的规范，沿着丞相化的道路发展。与此同时，阁权也渐渐侵夺部权，历经张璁、夏言、严嵩、高拱，至张居正时达到顶峰，虽无相名，而实有相权。内阁发展至此，已属于次君主权力层，但这种权力是没有制度保障的。它依附于皇权，受到皇权的制约，内阁的票拟意见能否通过，最终取决于皇帝的批红。除了特殊情况，内阁不能完全掌握决策权。

总之，明朝内阁是皇权高度强化的产物，它不是政府机构中正式独立的部门，而是在制度上与官僚系统相脱离的皇帝秘书机构，因而其权力的大小依赖于皇权，波动性很大，这是它与丞相制度最大的区别。通常而言，明朝内阁大学士尤其是首辅的考选在一定程度上相对公平，且经过翰林院等地长期历练，故多为一时人杰，能熟悉政务，辅国安民，因此内阁权力增大时，有利于引导政局走向稳定。

（二）司礼监的机构与职权

起初，宦官"第一署"是吴元年（1367）设立的内使监，其职责是掌管宫廷礼仪、宫殿造作、内外文移及内府人事任免。建国前后，明太祖为防止宦官权势坐大，对内府各衙门进行多次调整，内使监的一些职能被拆解，更名为内官监，"通掌内使名籍，总督各职，凡差遣及缺员，具名奏请"，即掌管内官人事大权，后来又增加了内府营造职责，内官监仍为宦官"第一署"。司礼监脱胎于近侍，其前身是洪武六年（1373）十月设立的内正司，"专纠内官失仪及不法者"。后易名为典礼纪察司。洪武十七年四月，重定内府官制，又改为司礼监，"掌宫廷礼仪，凡正旦冬至等节，命妇朝贺等礼，则掌其班位仪注；及纠察内官人员违犯礼法者"[①]。由于司礼监比管理庶务的内官监更容易接近皇帝，所以其职掌逐渐涉及政事。宣德年间，司礼监取得批红权。批红并非简单遵照内阁票拟"依样画葫芦"，司礼太监通常认真阅读各衙门奏本、题本之后，再对内阁票拟进行批红，实际是对外廷事务的审批，且是以最高统治者皇帝的名义，因而具有极高的权威性，奠定了其参与中枢决策的基础。自此，内官监"虽称清要，而其权俱归司礼矣"[②]，司礼监成为宦官二十四衙门的实际首脑。

司礼监职衔有三种：秉笔、随堂、提督。掌印太监由排名第一的秉笔太监担任，另由排名第二或第三的秉笔太监兼任东厂首领。随堂太监是各秉笔太监的私臣，有掌家、管事、上房、领班、司房之分。只有加秉笔或随堂职衔的司礼太监才有资格参预机务，提督太监地位虽高，但只管理本监庶务，掌内书堂、经厂、古今书籍、名画册叶、笔墨纸札。

---

① 《明太祖实录》卷161，洪武十七年四月癸未。
② ［明］沈德符：《万历野获编》补遗卷1《内监·内官定制》。

提督太监下还设有监官、典簿十余员，皆论资排序，排名第一者提督皇史宬、新房，并候转提督太监，其余则轮流值班，专理皇城内一切礼仪刑名，钤束长随、当差、听事各役，关防门禁等事，若遇外差如南京等处守备开缺，则以次改内官监衔出任。

司礼监之所以能够参预机务，除了因为掌握批红权，更有赖于管理奏疏，是为其最核心的职权，而文书房则是帮助其履行此职权的重要机构。中央、地方各衙门，以及各地藩府所上奏章，皆由文书房官收进、奏呈、管理与发行，因此文书房就相当于司礼监的"办公厅"。不过，文书房虽隶属司礼监，其官却系内官监衔，可能是因为奏疏管理本为内官监职掌，而后被司礼监侵夺，而在人事上未完全转移，似是一种权力平衡之法。

正统以后，司礼监作为宦官"第一署"，权势持续扩张，全面管理内府事务，凌驾于其他宦官衙门之上。司礼太监地位崇高，"宦官在别署者，见之必叩头称为上司"①。内府大小衙门，"遇有应题奏事情，皆先关白司礼监掌印、秉笔、随堂而始行"②。嘉靖以后，司礼太监更是普遍兼领其他监局印务，诸如内官监、御用监、司设监、尚膳监等监、巾帽局、酒醋面局等局，御酒房、御药房、礼仪房等房，及上林苑、南海子等。司礼太监凭借批红权介入中枢权力，号称与内阁"表里夹辅"的"内辅"，进而突破祖制，对外政全面干预。主要体现在五个方面：第一，皇位更迭时，司礼太监与阁臣共同受命辅佐太子即位。如明英宗朝太监牛玉、明孝宗朝太监戴义、明穆宗朝太监冯保。第二，出镇内臣的派遣和调动权亦归司礼监。这种情况自景泰年间开始出现，至嘉靖年间已成

---

① ［明］沈德符：《万历野获编》补遗卷1《内监·内官定制》。
② ［明］刘若愚：《酌中志》卷16《内府衙门职掌》。

惯例。第三，会同三法司审录狱囚。这一制度始于正统年间，即每五年举行一次的"大审"，司礼太监作为皇帝代表监临审判，"赍敕张黄盖于大理寺，为三尺坛，中坐，三法司左右坐，御史、郎中以下捧牍立，唯诺趋走惟谨"①。第四，提督京营。"土木之变"后司礼太监兴安会同石亨、于谦整理军务，后曹吉祥以"夺门"之功迁司礼太监并总督三大营，成化以后遂成定制。第五，提督东厂。旧制东厂奏事，司礼太监需要回避，成化中后期司礼监与东厂经历几次冲突后，逐渐掌握厂权，真正掌握东厂则始于嘉靖时的司礼太监麦福。

与此同时，司礼监也受着内、外两个方面的制约。在内廷，司礼监掌印起先不得兼掌东厂，以免权势过重；司礼监文书房官须转衔内官监，以免司礼监同时掌批红和文书出纳而专权。虽然司礼监在内廷地位独尊，但御马监、内官监等在制度上仍具独立性，时常与司礼监抗衡。如汪直设西厂、刘瑾杀王岳，实际上反映了内廷对司礼监的制约。在外廷，对于司礼监的越权干政，内阁可执奏，六部、六科可复奏；对于违法宦官，诸衙门均可依律惩治。因此，虽然明朝宦官权重，却也只能"为乱"而不能"为变"。实际上，由于明朝对宦官所进行的较为成功的职业和道德教育，司礼监宦官对于维护明朝君主专制制度起了非常重要的作用。

总之，司礼监因接近皇帝、管理御前文字的便利，逐步取代了内官监，成为宦官"第一署"，是内府职能复杂又权力集中的衙门。司礼监秉笔太监等通过参预机务，与内阁"对柄机要"，共同担负枢辅之责。制度保障、自身能力、皇帝信任使得明朝司礼监的职权不断扩张，甚至在某些时期权势压过内阁，进而出现权阉乱政的情况。但整体来看，司礼监的崛起适应了明朝中枢政治发展的实际需要，确保了皇权的独尊与

---

① 《明史》卷95《刑法志三》。

朝政的顺利运作,应给予客观认识。

(三) 双轨辅政的运作模式

明太祖废除丞相,使明朝君主专制超越了以往任何一个朝代,皇帝身兼国家元首和政府首脑的双重角色,而另一部分相权则流向六部,形成"六卿分职,皇帝总揽"的中枢体制。不过,在实际操作中,尽管明朝皇帝可以在官职设置中永远抹去丞相,却不能彻底让相权消失,因为他们与府、部、院之间必然出现一个权力真空,众多军国大事需要有机构协助皇帝加以处理。因此,在不违背祖制的前提下,唯一可行的方法就是使相权由合法存在转化为非法存在,以达到弱化相权的目的。为此,明初数代皇帝在行政过程中不断探索新的辅政制度。从洪武年间的四辅官、殿阁大学士,到永乐年间翰林学士入直文渊阁,再到洪熙、宣德年间的阁臣参预机务,内阁逐渐进入权力中心。尤其是明仁宗给阁臣加上公、孤等荣誉官衔,创行密疏言事之制,使阁臣从六卿位重权盛的阴影中摆脱出来。至宣德年间,内阁取得章奏票拟权,表明内阁制度基本建立。正统初年,"三杨"以顾命老臣之尊握票拟之权,"凡朝廷大事,皆自三公处分"[1],内阁实质上已经是中枢政务机构,只是没有法定的丞相权力。

有明一代,"国家阉宦,实与公孤之权相盛衰"[2]。早在洪武、永乐年间,宦官已成为皇帝侦视外情、监刺朝臣与加强独裁的有力工具。随着内阁制的蓬勃发展,内府对应的文书衙门司礼监同时崛起。明宣宗既赋予内阁票拟权,也赋予了司礼监批红权。批红本是皇帝的权力,宦官代

---

[1] [明]王琦:《寓圃杂记》卷10《王振》。
[2] [明]谈迁:《国榷》卷24,正统三年。

使批红权实质是皇权延伸的产物,可视为皇帝有意下放权力。明宣宗以"批红"来牵制"票拟",使"内外相维,可否相济"①,从而达到平衡政局的目的。自此,明朝中枢形成以皇权为核心,内阁与司礼监共同辅政的双轨模式,完成了对权力结构方式的潜在调整。

　　双轨辅政模式下的明朝中枢决策机制得以长期维持,既有赖于皇权的下放,也得益于正统以降中枢决策形态的嬗变。明宣宗以前,"大小公私之事,并令公朝陈奏"②,即皇帝通过朝会处理政务。如此广开言路,防止欺弊,但也不免有礼节繁缛、效率低下等弊端。明宣宗厌倦朝会,命重臣票拟。而明英宗幼年即位,朝会决策制度更加难以为继,改成早朝止言八事的礼节性仪式,这也促使票拟迅速制度化。以往朝会奏事皆用奏本,题本则可避开朝会,直达御前,多为徇私侥幸者所用,曾被严令禁止。而票拟制度则刺激了较为简易的题本的发展,成为臣下奏事的主要方式。这样,奏疏流转环节变为:京官于皇城会极门,外官于通政司上奏疏,司礼监文书房官接本送至御前,御前下发内阁票拟,票拟夹于奏疏中上呈皇帝裁决,司礼监代为批红,红本由文书房官送至内阁,经两房中书舍人誊写、制式,再发至六科,由六科发抄相关部门施行。中枢决策由朝会议事变为奏疏流转,使得内阁与司礼监在新的决策形态中发挥了至关重要的作用。明英宗成年后,旧制难以恢复。而此后的明宪宗、明世宗、明神宗等皇帝更是退居深宫,长期不上朝,"上下之间,章奏批答相关接"③,双轨辅政模式随着体制自身积淀式的发展日趋成熟、稳固。

　　需要注意的是,双轨辅政模式的正常运作还离不开内阁与司礼监的

---

① 《明孝宗实录》卷7,成化二十三年十一月己未。
② 《明仁宗实录》卷5,永乐二十二年十月庚戌。
③ [明]王鏊:《震泽集》卷20《亲政篇》。

相互合作。纵观明朝二百余年的内阁政治史,除了几个特殊的时期以外,内阁与司礼监双方在正统以后的绝大部分时间内基本保持和谐的关系,内外相维。

(四)双轨辅政体制的评价

作为双轨辅政的两大支柱,内阁与司礼监均不是决策机构,而是协助皇帝处理章奏的秘书和代言机构。内阁的票拟权虽有相对独立性和稳定性,可以影响中枢决策,但奏疏是由皇帝先阅后再下发内阁票拟。若皇帝对奏疏不满意,可以不下发内阁,不做处理,称为"留中"。内阁票拟能否被采纳,仍取决于皇帝的意见。皇帝可以通过司礼监传示口谕,规定票拟内容,或在票拟上呈批朱时,加以删改,称为"改票",或径由内批,称为"中旨"。至于司礼监的批红权,也并非为所欲为,肆意弄权。实际上,除了极个别皇帝,如明英宗(正统年间)、明武宗、明熹宗以外,明朝大部分皇帝还是会亲理政事的。只是奏疏繁多,若不分轻重,一一御览,会不胜其烦。因此,皇帝只批大事,如重要官员升除、天灾人祸、征伐兵事、紧急钱粮与工程等,而将小事令司礼太监代批。君臣分工明确,有利于提高效率。可以说,内阁与司礼监是"皇帝实现间接统治的代理人"[①],他们的权力被限制在内朝格局之中,处在皇帝有效甚至绝对控制之下,对皇权具有极强的依附性。因此,就政权系统的稳定性能而言,明朝双轨辅政制度的最大优点是既有力防止了权臣柄国,又使宦官集团受到了约束。这也是为什么张居正虽是明朝最强势的首辅,但亦以"尊主权"为第一要旨,并且只是在皇帝虚己委任的情况下才能有为于一时。而炙手可热的权阉,如刘瑾、魏忠贤,也能被皇帝轻松扳

---

① 胡丹:《明代宦官制度研究》,浙江大学出版社 2018 年版,第 103 页。

倒，绝无汉唐时期宦官易置君主如儿戏的现象。

整体而言，内阁对明朝政治起着一种维护、稳定与调节的作用。在防止或阻止皇权、宦官权腐化上，以及军国大事的决策与处理上往往能审时度势。例如在处理与蒙古的民族关系上，高拱、张居正等以贡市政策取得了边境安宁、百姓乐业的效果；在抗击倭寇上，内阁运筹帷幄，采取果断措施；在安置流民、发展社会经济方面，同样收效明显。特别是张居正改革，在加强皇权的旗帜下，间接提高了内阁的权力，吏治得以肃清，使官僚机构处于一种高效运作的状态。张居正之所以能够实现革新的目标，不仅取决于他个人的才识胆略，也离不开李太后、明神宗的信任，以及司礼监的配合，从而使内阁首辅能够在一定程度上扮演丞相的角色。

司礼监的积极作用同样不容忽视。特别是明朝中期以后，皇帝很少面见大臣，即使内阁与皇帝之间，也时常需要司礼监从中沟通、衔接，因而阁臣"希阔"，反而不如司礼太监与皇帝亲密。司礼太监可以代表皇帝出席内阁会议，不仅有权发表意见，也常常能左右最终讨论结果。如成化年间曾遇兵戎大事，"司礼太监怀恩等七人诣内阁会兵部议"[①]，怀恩的意见即成为阁议的结论。由于幼年即接受内书堂的教育，加上长期的政务培训，大多数司礼太监往往通达政事，熟悉朝章典故，不仅在御前供笔墨之役，还常被皇帝咨询。如太监萧敬，"知累朝制度，而且勤学善书，弘治间当国，甚惬时宜"[②]。

双轨辅政在有效巩固皇权、确保中枢正常运作的同时，也存在固有弊端，这就是在极端情况下，内阁与司礼监不能相互合作，即在双方权

---

① 《明史》卷182《马文升传》。
② ［明］郎瑛：《七修类稿》卷14《国事类·本朝内官忠能》。

力出现不平衡时,明政府中枢系统就会出现混乱,进而酿成政治危机。其制度原因是"内阁之拟票,不得不决于内监之批红",由此导致内阁与司礼监在地位上并非完全平等。而明朝中后期皇帝多数政治素质低下,容易被权阉蒙蔽,所以这种权力的不平衡常表现为司礼监势压内阁。例如王振、刘瑾、魏忠贤之流,在皇权的庇护下大肆侵夺阁权,内阁票拟如同虚设,甚至沦为司礼监批红的附属权力,"而相权转归之寺人"[①],进而导致宦官专权,不仅造成政局的动荡不安,也使国家机制偏离正轨。这是明朝双轨辅政体制的致命伤。当然,明朝司礼监完全压倒内阁的情况并不常见,通常两者处在一种相对平衡的状态,合作多于冲突,因此明朝才得以延续270余年。

---

① 《明史》卷72《职官志序》。

第九讲 总结创新的科技文化

明朝的科技与文化在继承和总结前代成就的基础上又取得了新的发展，文学艺术、哲学思想领域还出现了近代启蒙思潮。

一、科技成就,光耀史册

明朝科学和技术领域对前代成就加以继承和总结,又取得许多创新和发展。

(一)天文历法

明朝置钦天监,掌管观察天象、推算节气与历法等。钦天监每年冬至日呈奏来年历法,移送礼部颁行。明朝使用的《大统历》,是在元朝郭守敬等所著《授时历》的基础上制订的,其岁实规定为365.2425日,朔策规定为29.530593日。《大统历》虽然是当时非常先进的历法,但不是很精确,"成化以后,交食往往不验"[①],误差渐大。

明朝中期以后,一些学者通过研究,建议修正历法。值得称道的是万历年间郑世子朱载堉。朱载堉为明仁宗第六代孙,其父为郑恭王朱厚烷。他"笃学有至性",拒绝承袭王爵。他研究天文历法、音律学、数学等,是明朝最知名的科学家之一。万历二十三年(1595),他向朝廷进献"历算岁差之法,及所著《乐律书》"[②]。他创建了十二平均律,即在音律学上将一个纯八度按波长比例平均分成十二等份,每等份称为半音,各相邻两律之间波长之比完全相等。十二平均律是最主要的调音法,钢

---

① 《明史》卷31《历志一》。
② 《明史》卷119《诸王传四·仁宗诸子·郑王瞻埈》。

琴即据此定音。他首次解决了两千多年来音乐上追求的实现旋宫转调理论的难题，是世界科学史上的一大发明。他进献的《历学新书》，包括《黄钟历》和《圣寿万年历》，在研究《授时历》的基础上作了十余处的修改。如他坚持回归年长度古今不同的正确立场，并提出更精确的计算方法，其数值精确度超过了《大统历》。他编撰的历法，在木、土二星近日点黄经值和五星近日点每年进动值的总精度上也优于《大统历》。此外，还有一些"非历官而知历者"提出修历建议。但是，钦天监"泥于旧闻，当事惮于改作，并格而不行"①。

《郑和航海图》是在总结宋元牵星技术基础上，根据明初郑和下西洋实践而绘制的。图中不仅有普通的航海地图，而且有颇为完备的牵星记载，即通过观察北极星等星辰的海平高度来确定海上船舶在南北纬度上所处的位置。这是我国最早详细记载牵星术的重要图籍，反映出明朝航海天文学的较高水平。

（二）数学

明朝商业数学得到发展，珠算术广泛普及。明人所著数学书，现存至少有十几种。其中成书于景泰元年（1450）的吴敬所著的《九章算法比类大全》是一部杰出的数学著作。吴敬，"留心算术"，"采辑旧闻，率章详注，补其遗缺"②，撰成该书。卷首为乘除开方起例，并列举了194个应用问题的解法。卷一至卷十论及方田、粟米、衰分、少广、商功、均输、盈不足、方程、勾股、开方等，汇集了1000多个应用问题及其解法。应用问题中，或涉及利息计算，或涉及合伙经营，或涉及"就物抽

---

① 《明史》卷31《历志一》。
② ［明］吴敬：《九章算法比类大全》序。

分"，不少与商品经济有关。

中国古代数学的计算工具主要是算筹，元朝时出现珠算盘，使计算简易方便。明朝中期以后，随着商品经济发展，珠算盘的使用逐渐广泛，并最终代替了算筹。徐心鲁的《盘珠算法》、柯尚迁的《数学通轨》都绘有珠算盘图式，是现存最早对珠算术进行系统介绍的书籍。流传最广、影响最大的珠算著作是万历年间程大位的《新编直指算法统宗》(《算法统宗》)。《新编直指算法统宗》是一部应用数学书，解题时数字计算工作都是用珠算盘演算，所记珠算加减乘除歌诀行用至今。人称其"专为珠算而作，其法皆适于民用，故世俗通行"[①]。它的编撰和广泛流传，是中国古代计算方法由筹算改为珠算的标志。

（三）医药学

明朝涌现出大批医药学家和医药学著作。明朝医药学家，著名的明初有楼英、戴思恭等，明朝中期有虞抟、薛己、江瓘、徐春甫、汪机、高武等，明朝后期有万全、李梴、李时珍、杨继洲、方有执、缪希雍、王肯堂、武之望、陈实功、张介宾、陈司成、赵献可、李中梓、吴有性等。医药学著作数量繁多，包括综合性著作如虞抟的《医学正传》、王纶的《明医杂著》、江瓘的《名医类案》、龚信的《古今医鉴》、龚廷贤的《万病回春》、王肯堂的《证治准绳》、张介宾的《景岳全书》等；专科性著作，如内科有薛己的《内科摘要》、汪绮石的《理虚元鉴》等，外科与伤科著作有薛己的《正体类要》《疬疡机要》《外科枢要》等，妇产科著作如薛己的《女科撮要》、武之望的《济阴纲目》等，儿科著作如薛铠的《保婴撮要》、万全的《育婴家秘》等，五官与口齿科著作如

---

① ［清］永瑢等：《四库全书总目》卷107《〈算法统宗〉提要》。

薛己的《口齿类要》和傅仁宇的《审视瑶函（眼科大全）》等。

明朝对传染病学特别是传染性发热疾患有了新认识。此前，中国古人由于对细菌、病毒缺乏了解，泛称传染性发热疾患为"瘟疫"，以为是"杂证"，"医书往往附见，不立专门"，又或以为是伤寒，"妄施治疗"①，基本无效，造成大范围流行和死亡。吴有性，字又可，南直隶吴县（今江苏苏州）人。居太湖洞庭山，为名医。崇祯十四年（1641），南北直隶、山东、浙江等地大疫，"以伤寒法治之不效"。吴有性通过诊治、研究，次年撰成《瘟疫论》二卷、补遗一卷。他将传染病病源归结为"戾气"（"杂气""邪气"），指出"疫者，感天地之戾气也。戾气者，非寒非暑，非暖非凉，亦非四时交错之气，乃天地别有一种戾气"②。他认为，"邪之所著，有天受，有传染"③，即"戾气"通过自然界空气或接触患者传染。他指出，"戾气"传染能导致疟疾、痢疾、大头瘟、虾蟆瘟等多种急性传染病，症状与伤寒相似而实异。他还创制"达原饮"方药，以治疗瘟疫。他的瘟疫学说已经接近近代发现细菌、病毒以后对传染病作出的新解释，标志着人类对传染病的认识达到新阶段。

李时珍的《本草纲目》是世界医药史上的一部巨著。李时珍，字东璧，湖广蕲州（今湖北蕲春）人。嘉靖秀才，三次参加乡试而"不售"。他出身于医学世家，遂从此放弃科举，一生多在家乡等地行医。针对历代本草著作"品类既烦，名称多杂"，他"穷搜博采，芟烦补缺"，历时近三十年，编成《本草纲目》。万历年间，其子将书进献朝廷，明神宗命刊行天下。

《本草纲目》共52卷，收药物1892种，"首标正名为纲，余各附释

---

① ［清］永瑢等：《四库全书总目》卷104《〈瘟疫论〉提要》。
② ［明］吴有性：《瘟疫论》下卷《伤寒例正误》。
③ ［明］吴有性：《瘟疫论》上卷《原病》。

为目,次以集解详其出产、形色,又次以气味、主治附方"[①],详细说明各药物的名称、形态、采集、加工、功效、区别等,并附方10000多个,另有插图1000多幅。《本草纲目》参考了历代本草著作和其他文献,对传统药物学作了相当完备的总结。更为可贵的是,该书收录了374种前人从未记述的药物,超过了前代任何一种本草著作。对于前人记载过的药物,该书也多有纠误补漏。书中所记药物、药方,不少是李时珍亲自采集、种植、考察、使用,甚至试服过的,准确性、科学性很高。《本草纲目》刊刻后备受重视,迄今仍不断翻刻、印刷,是中医的案头必备之书。它还传到朝鲜、日本等国家,被翻译成多国文字,是世界医药史上的杰出巨著。

(四)地理学

明朝在对边疆和域外地理考察研究上取得了新成绩。永乐至宣德年间,郑和率领庞大的船队七下西洋,其随从马欢、费信、巩珍分别撰写了《瀛涯胜览》《星槎胜览》和《西洋番国志》三书记载其事;《郑和航海图》绘出了长江口到非洲东岸的地理状况,这些著作都增加了中国人民对南洋群岛和印度洋一带地理知识的了解。此外,明初陈诚出使西域,撰《使西域记》;太监亦失哈多次视察黑龙江流域,对奴儿干地区地理状况有相当了解。明朝中叶以后,许多学者研究边疆和域外地理,留下相关著作,如董越的《朝鲜赋》、黄衷的《海语》、黄省曾的《西洋朝贡典录》、郑若曾的《筹海图编》、严从简的《殊域周咨录》、罗曰褧的《咸宾录》、张燮的《东西洋考》等,都是中国古代重要的边疆和域外地理专著。

[①] 《明史》卷299《方伎传·李时珍》。

明朝传统地图绘制技术有所进步。这主要表现在《杨子器跋舆地图》和罗洪先的《广舆图》两部作品中。杨子器，明朝中期官员，官至河南左布政使。《杨子器跋舆地图》绘于正德七年（1512）至八年，是以元朝朱思本《舆地图》为基础而绘成的，反映了明朝的全部版图。《杨子器跋舆地图》所绘海岸线、河系平面图形、河流流向以及主要湾曲都与今天的地图大体一致，标明的各行政区名的相对位置基本正确，长城、庙宇、陵墓、桥梁等名胜古迹也有醒目标示，开我国古代旅游地图的先声。《广舆图》完成于嘉靖二十年（1541）前后，作者罗洪先鉴于朱思本《舆地图》长宽各七尺，不便卷舒刊印，遂加以改编、补充，绘成40多幅小图成《广舆图》刊行。《广舆图》中，舆地总图及两直隶、十三布政司图等主要根据《舆地图》改绘，罗洪先又增绘了九边图、黄河图、海运图等，标志着我国在16世纪就出现了综合性地图集。后来的许多地图都以它为蓝本绘制，影响及于清朝。

明朝出现了杰出的地理学家徐弘祖和他的名著《徐霞客游记》。徐弘祖，字振之，号霞客，南直隶江阴（今属江苏）人。他自幼"特好奇书"，尤其是史籍、舆地著作。科举失利后，万历至崇祯年间，他频频外出旅游考察，足迹遍及全国各地，并写下珍贵的《徐霞客游记》。该书所记涉及民情风俗、民族关系、山川地貌，内容十分丰富，尤以对西南地区石灰岩溶蚀地貌的描述和研究内容最有价值。徐弘祖考察了西南地区洞穴100多个，厘订岩溶地形的类型及名称，把漏陷地形分为"眢井""盘洼"或"环洼"，大型溶蚀洼地订为"坞"，峰林地形称为"石山"。他指出了岩溶地形发育的地区差异，还对岩溶地形的成因加以分析，如指出漏陷地形是流水侵蚀或溶陷崩塌而成等。徐弘祖是我国有计划、有系统、大规模考察和研究石灰岩地貌的第一人，其考察和研究比欧洲人早130年至200年，是世界上研究石灰溶蚀地形（喀斯特地形）

的先驱。

（五）农学及农业技术

明朝农学出现了一部集大成之作——徐光启的《农政全书》。徐光启，字子先，号玄扈，上海人。万历进士，历官少詹事兼河南道御史、礼部右侍郎、礼部尚书等。崇祯五年（1632）五月，兼东阁大学士，"入参机务"。次年卒。徐光启"雅负经济才，有志用世"[①]，但政治上未能有大作为。不过，他在科学研究上成绩卓著，是明末最重要的科学家之一。万历年间，他与利玛窦等西方传教士交往，信仰天主教，学习西方先进科技知识，对天文、历法、数学、测量、农学等都有深入研究。《农政全书》编撰于天启五年（1625）至崇祯元年（1628），刊刻于崇祯十二年。该书共60卷，包括农本、田制、农事、水利、农器、树艺、蚕桑、蚕桑广类、种植、牧养、制造、荒政等12部分，征引历朝重要农书如《齐民要术》《农桑辑要》《王桢农书》等225种，并加以注评，记载了大量关于农业生产技术的知识，包括徐光启根据亲身试验和观察所自撰的农业生产技术知识约6万余字，占全书1/10。

明朝农业技术进步及有关认识的提高，表现在农作物品种增加、施肥技术进步、普及轮作复种制度等。

（六）水利工程技术

明朝对大运河的治理，能够合理引用水源，选择正确的河道位置以避开险滩，改善航行条件，治运工程技术有了提高。大运河山东段

[①] 《明史》卷251《徐光启传》。

会通河岸狭水浅，再加上黄河冲决，淤塞不通。永乐九年（1411），工部尚书宋礼疏浚会通河，筑坝截汶水，改流至地势居高的南旺，再按四、六水量比例，分南、北两路注入会通河，解决其水源问题。宋礼还"相地置闸"，节节蓄水，以利通漕。在淮安段，永乐十三年，漕运总兵陈瑄循沙河故道凿渠30里，称清江浦，使南来船只由此直达淮河，继而穿淮河入黄河，避免了原来漕船物品至此需陆运盘坝，进而逆淮水西行入黄河导致的耗损过大问题。其后，陈瑄又在徐州至淮安之间整治吕梁洪、百步洪，开辟了泰州白塔河航线。于是，大运河基本疏通，保证了南北漕运。会通河济宁至徐州之间一直沿用泗水南流，循昭阳湖西至徐州入黄河。这一段地势低洼，且常受黄河决口影响，淤塞运道。嘉靖四十四年（1565），总理河道工部尚书朱衡治理漕运，挑浚南阳新河，改善了济宁至徐州之间的运道。隆庆至万历年间，总理河道诸臣刘东星、李化龙、曹时聘等人又先后兴工，开凿260里泇河运河，代替原长330里的黄河运道，"尽避黄河之险"，"运道由此大通"①。

明朝对黄河的治理，运用疏浚河道、开分水河，以及"筑堤束水，以水攻沙"等工程技术和方法，成效显著。先是，正统十三年（1448），黄河在河南新乡决口，漫曹、濮，抵东昌，冲张秋，溃寿张沙湾，坏运河漕道。景泰三年（1452），左佥都御史徐有贞治理黄河，亲勘地形，挑广济渠，建通源闸，堵塞决口。其后，他又挑浚漕渠，"水患悉平"②。弘治六年（1493），黄河在山东张秋戴家庙再次决口，掣运河与汶水合而北行。右副都御史刘大夏首先疏浚上游河南仪封、祥符等地河道，分

---

① 《明史》卷85《河渠志三·运河上》。
② 《明史》卷171《徐有贞传》。

减水势，然后堵塞张秋决口，治服河水，明孝宗改张秋为"安平镇"。

明朝治理黄河以万历年间潘季驯最有成就。潘季驯，字时良，浙江乌程（今湖州）人。嘉靖进士。以御史巡按广东，"行均平里甲法"，广人因便捷而称赞。嘉靖至万历年间，他"四奉治河命，前后二十七年"。官至工部尚书兼右都御史。其中，万历四年（1576），黄河在南直隶桃源县（今江苏泗阳）崔镇决口，淮水被黄河驱迫南徙，淮扬一带被淹，"皆为巨浸"。万历六年，潘季驯第三次受命治河。在考察研究的基础上，他力排众议，提出"筑崔镇以塞决口，筑遥堤以防溃决"，"淮清河浊，淮弱河强"，"当藉淮之清以刷河之浊，筑高（家）堰束淮入清口，以敌河之强，使二水并流，则海口自浚"[①]。这就是"筑堤束水，以水攻沙"法。潘季驯循此法堵塞决口，高筑大堤，使黄、淮分流，只在海口处汇合入海，成功地解决了黄河决口泛滥、苏北田庄被淹、漕道淤塞等问题，后"连数年，河道无大患"[②]。

（七）宋应星及《天工开物》

明朝科学技术的另一项杰出成就是出现了百科全书式著作——宋应星所创作的《天工开物》。宋应星，字长庚，江西奉新人。万历举人，数次会试而不第。崇祯七年（1634）出仕，官至南直隶亳州知州，"所至有惠政"。《天工开物》撰成初刻于崇祯十年，分上、中、下三卷，计18篇，即乃粒（五谷）、乃服（纺织）、彰施（服装染色）、粹精（粮食加工）、作咸（制盐）、甘嗜（制糖）、陶埏（陶瓷）、冶铸（铸造）、舟车（船车）、锤锻（锻造）、燔石（烧炼矿石）、膏液（油脂）、杀

---

① 《明史》卷223《潘季驯传》。
② 《明史》卷84《河渠志二·黄河下》。

青（造纸）、五金（冶金）、佳兵（兵器）、丹青（朱墨）、曲蘖（酒曲）、珠玉，并有插图120多幅，生动地反映了当时农业、手工业生产设备的结构、操作方法及生产场景，对中国古代农业、手工业等各方面的科技成就进行了全面系统的总结和记述。《天工开物》问世后，不仅被国内学者广泛引用，还传到朝鲜、日本和欧美，在世界科技史上占有一定地位。

二、文学艺术，异彩纷呈

明朝诗歌和散文流派迭兴，小说空前繁荣，戏曲的传奇日盛，绘画和书法进一步发展，文学艺术异彩纷呈。

（一）诗文的复古与反复古

明朝文学家多诗文兼长，其诗文大部分时期在复古与反复古斗争中前行。但不同时期的诗文又有不同特点，诸派迭兴，发展曲折。

明初诗坛，刘基、高启最为知名。刘基，字伯温，浙江青田人。元末进士，仕为小官。后归顺朱元璋，辅佐其征战，为谋臣。明初，任御史中丞兼太史令，封为诚意伯。刘基的诗作，尤其是前期诗作，注重反映社会现实，同情人民疾苦，境界开阔，内容沉着，"超然独胜，允为一代之冠"[①]。高启，字季迪，自号青丘子，南直隶长洲（今江苏苏州）人。元末隐居不仕，入明官至翰林院国史编修。高启主张诗歌要兼采众长，提倡模拟。他的诗众体兼长，风格雄健豪迈。他的文学主张和创作，对

---

① ［清］沈德潜：《明诗别裁集》卷1《刘基》。

扭转元诗纤丽之风产生了积极影响，也为明诗拟古开了先河。

明初著名散文作家有宋濂、刘基、方孝孺等人。宋濂，字景濂，号潜溪，浙江金华人。元末拒绝了荐授翰林编修。后归朱元璋，常侍左右，备顾问。洪武前期，先后任翰林院学士、侍讲学士等，朝廷一切礼仪文字悉委之撰拟，"屡推为开国文臣之首"①。宋濂的议论性文章从容不迫，在活泼变化中透露出雍容华贵的气概。他特别擅长用精练传神的笔墨进行人物描写，写景散文清雅秀丽，寓言体散文多能针砭时弊。宋濂的散文在当时影响巨大，士大夫们造门乞文者接踵而至，外国贡使也知其文名，日本、安南、高丽等国曾出数倍价钱购买其文集。刘基的散文风格古朴雄放，锋利遒劲，又幽深秀丽，富有形象性。刘基与宋濂，诗文"并为一代之宗"②。除此之外，方孝孺的散文醇深雄迈，"每一篇出，海内争相传诵"③。

永乐以后，文坛出现了以"三杨"为代表的"台阁体"流派。"三杨"都是台阁重臣，他们创作了大量应制、酬答诗文，以歌颂帝王朝政、点缀升平。这类作品"大都词气安闲，首尾停稳，不尚藻辞，不矜丽句，太平宰相之风度"④，实际上内容空虚平庸，艺术上甚不足道。由于"三杨"的提倡，加上明朝前期文网较严，"台阁体"得以统治文坛，直至成化年间。

明朝中期，诗文领域复古主义潮流渐趋兴盛。成化、弘治年间的"茶陵派"是"台阁体"向复古主义过渡的文学流派，因其代表人物、大学士李东阳籍贯湖广茶陵（今属湖南）而得名。李东阳论诗提倡"轶宋

---

① 《明史》卷128《宋濂传》。
② 《明史》卷128《刘基传》。
③ 《明史》卷141《方孝孺传》。
④ ［清］钱谦益：《列朝诗集小传》乙集《杨少师士奇传》。

窥唐"①，主张宗法杜甫，学其"音响"与"格律"。他以阁臣主持文坛，官员士子趋之。"茶陵派"诗文雍容典雅，但内容贫乏，仍有"台阁体"的余波。

继之而起的前、后"七子"积极倡导复古主义。前"七子"是活跃于弘治、正德年间的李梦阳、何景明、徐祯卿、边贡、王廷相、康海、王九思，皆为进士、朝官，以李梦阳、何景明为代表。李梦阳，字献吉，号空同子，庆阳人；何景明，字仲默，号大复山人，信阳人。他们目睹"台阁体"之弊，要"力追雅音"，强调"文必秦汉，诗必盛唐"②，主张要像临帖那样模拟古人。他们此呼彼应，得到广泛赞词，取代了"台阁体"的统治地位。但其诗文多缺乏真情实感，往往"句拟字摹，食古不化"③。后"七子"指嘉靖年间的李攀龙、王世贞、谢榛、宗臣、梁有誉、徐中行、吴国伦，除谢榛以外皆为进士、朝官，以李攀龙、王世贞为代表。李攀龙，字于鳞，号沧溟，山东历城（今济南）人；王世贞，字元美，号凤洲、弇州山人，南直隶太仓州人。后"七子"持论与前"七子"相同，其诗文虽有一些反映社会重大题材、民生疾苦，笔力雄健的，但因刻意模拟，难免有似曾相识之感，也给文坛带来了复古模拟的坏风。

与此同时，也出现了一些反对复古的文学家。唐寅、沈周、文徵明、祝允明等吴中诗人即是其例。他们的诗风平易清新、卓然自立，表现出一定的时代特色。而从理论和实践上公然与复古主义对抗的是王慎中、唐顺之、茅坤、归有光等人。他们认为唐宋诸名家散文都原本"六经"，成就超过秦汉之文，因此极力推崇唐宋八大家散文，被称为"唐宋派"。

---

① ［明］李东阳：《怀麓堂集》卷28《镜川先生诗集序》。
② 《明史》卷286《文苑传二·李梦阳》。
③ ［清］永瑢等：《四库全书总目》卷171《〈空同集〉提要》。

"唐宋派"主张为文章"但直据胸臆，信手写出，如写家书"①，强调在师古时应有自己的思想和语言。"唐宋派"以归有光成就最高。归有光，字熙甫，号震川，南直隶昆山（今属江苏）人。嘉靖进士，隆庆年间官至南京太仆寺丞，留掌内阁制敕房。归有光的散文，能选取一些日常生活、家庭琐事，来表现家庭成员之间的深情；在艺术上，能以简洁、通顺的语言文字，传神地写出人物的音容笑貌。

继"唐宋派"后反对复古主义、影响较大的是李贽及"公安派"。李贽反对传统礼教，批判道学，在文学创作方面提倡"童心说"。他认为，一切表现"童心"的文章都是好文章，模拟抄袭者不过是"假言"。只要能表现真情，不论是传奇、院本、戏剧、小说，都是天下"至文"②。李贽的散文摆脱了传统古文的格局，思想大胆解放，笔锋深刻犀利，极富特色。万历年间，文坛有袁宗道（字伯修）、袁宏道（字中郎）、袁中道（字小修）三兄弟，湖广公安（今属湖北）人。他们深受李贽影响，主张诗文要"变""真"，文学应随时代而变化，表现真感情、真性灵，在当时有很大影响，形成"公安派"。"公安派"把心灵当作创作源头，忽视社会实践，诗文逐渐流于纤巧轻浮。继"公安派"而起的是"竟陵派"，代表作家钟惺和谭元春都是湖广竟陵（今湖北天门）人。"竟陵派"也反对复古，赞同"公安派"抒写性灵的主张，主张以"孤诣""孤怀"为诗的最高境界，使诗歌走上了更为狭窄的道路。

明朝末期，一些文人纷纷组织社团，切磋学术，议论朝政。如张溥、张采组织复社，陈子龙、夏允彝等人组织几社，艾南英等人组织豫章社等。在文学上，复社、几社主张兴复古学，倾向于推崇前、后"七子"；

---

① ［明］唐顺之：《荆川集》卷4《与茅鹿门主事书》。
② ［明］李贽：《焚书》卷3《童心说》。

豫章社则推崇"唐宋派"。

(二)小说的空前繁荣

明朝小说创作体现着由群众集体创作到文人加工整理,再到作家个人创作的发展特点,无论是长篇小说还是短篇小说都空前繁荣,在文学史上取得与唐诗、宋词、元曲并列的地位。

1. 长篇小说的繁荣

元末明初,罗贯中、施耐庵在群众集体创作的基础上,经过再加工,分别写成具有划时代意义的伟大作品——历史演义小说《三国演义》和农民起义小说《水浒传》。

《三国演义》全名《三国志通俗演义》,是我国第一部章回小说,也是最早的长篇历史小说。它以陈寿的《三国志》及裴松之注为依据,以民间早已流传的三国故事和三国戏为素材,经作者罗贯中创造性地编著而成。罗贯中,名本,号湖海散人,山西太原人。据传,元末他曾在张士诚起义军幕府作宾,很有抱负。明朝建立后,他改而从事小说创作,落落寡合,不知所终。《三国演义》描写了从东汉末年黄巾起义到西晋灭吴统一全国这一历史时期的斗争故事。小说通过对各个统治集团尤其是魏、蜀、吴三国兴衰过程及其相互间政治、军事、外交斗争的描写,真实地反映了统治阶级内部的争斗和军阀混战给人民带来的巨大灾难,体现出反对分裂、渴求和平的强烈愿望。《三国演义》在处理历史真实与艺术塑造的关系上,为历史小说的创作提供了成功范例。书中的主要人物、主要事件、历史年代和职官都有史实做依据,"七分实事,三分虚构,以致观者往往为所惑乱"[①]。作者以精练的笔墨,浮雕式勾勒出每个人物形神统一的容貌特征。另外,小说描写近百年史事,艺术结构既宏伟壮阔,又完整严密。《三国演义》影响很大,明中叶以后许多作者仿效其创作方法编著历史演义小说,现今保存的明朝历史演义小说有 20 多部,以冯梦龙的《新列国志》为代表。

《水浒传》又名《忠义水浒传》,是我国第一部描写农民起义的长篇小说。它也经历了历史记载、民间传说和文人加工三个阶段。作者施耐庵,或称其为杭州人,或称其原籍苏州,后迁淮安,与元末农民起义有一定联系。另外,《水浒传》也有署名罗贯中的,或署名施耐庵、罗贯中。《水浒传》以形象的笔墨,描写了北宋徽宗年间宋江领导的梁山起义从酝酿、发生、壮大至失败的全过程。小说展示了北宋末年的社会图景,揭露了上自朝廷,下至州县的大小官吏残害人民的罪行,揭示出农民起义都是"官逼民反"的现实。在艺术上,《水浒传》成功地塑造出一批栩栩如生的典型形象。小说能紧密联系人物的身世、遭遇来展现人物性格,显得自然、合理,"人有其性情,人有其气质,人有其形状,人有其声口"[②]。《水浒传》结构完整而富于变化,前七十回写梁山事业由小变大,七十一回以后则写义军走向招安的过程,有开端,有发展,有高潮,有结局。小说用极纯熟的古代白话写成,语言洗练明快,准确通俗,个性化明显。《水浒传》对后世的影响巨大而深远。它对明清农民起义产生过巨大的鼓舞作用,水浒故事为各种文学样式提供了丰富素材,不少人还创作出《水浒传》续书。

明朝初期到明朝中期一百多年间,朝廷文化专制政策导致文学作品

---

① [清]章学诚:《丙辰札记》。
② [清]金圣叹:《水浒传》序三。

大多内容贫乏，艺术刻板，小说创作趋于沉寂。明朝中期以后，小说创作走向繁荣，在长篇小说方面产生了我国第一部杰出的浪漫主义神魔小说《西游记》和第一部由文人独创的世情小说《金瓶梅》。

《西游记》是又一部群众创作和文人创作相结合的作品。作者吴承恩，字汝忠，号射阳山人，南直隶山阳（今江苏淮安）人。嘉靖中期，补岁贡生，就读于南京国子监，后任长兴县丞。他在唐朝玄奘西天取经的真实事件和民间流传的西游故事基础上，经过艺术加工，写成《西游记》。小说通过神魔故事，曲折而尖锐地揭露了古代，特别是明朝社会的黑暗和统治者的堕落凶残。《西游记》最大的思想价值，在于精心塑造了神话英雄孙悟空的形象。在孙悟空身上，体现着我国古代人民追求理想不折不挠的斗争意志和乐观主义精神、蔑视和反抗统治者剥削和压迫的英雄气概以及聪明智慧等优秀品质。小说以神魔为主要描写对象，运用大胆想象和夸张，创造出一个神奇瑰丽的神话世界，充满浪漫主义色彩。小说在塑造人物形象时，善于将人物的思想性格与动物特有的形态、习性相结合，使之具有鲜明个性。另外，小说文笔诙谐、幽默，富有讽刺意味。《西游记》流传甚广，影响很大，后面出现了大量神魔小说，比较有名的是许仲琳的《封神演义》等。

《金瓶梅》是我国第一部由作家个人创作的长篇小说，约作于隆庆至万历年间。作者署名为兰陵笑笑生，后人推测可能是王世贞或屠隆等。《金瓶梅》借《水浒传》中西门庆与潘金莲偷情之事为线索，加以发展敷衍，成为我国第一部以揭露统治阶级荒淫糜烂生活为中心的长篇世情小说。它以西门庆这个富商、恶霸、官僚为中心，描写了上自擅权朝廷的太师、下到市井为非作歹的地痞无赖等各色人物，全景展现了明朝中后期的黑暗现实，为读者提供了非常丰富的社会真实资料。《金瓶梅》的绝大部分情节和内容是作者根据所处时代的社会生活构思出来的，因而现实性和生活气息大大加浓。小说能把人物放到典型环境中，刻画出多层次、立体的性格。小说大量使用日常口语，并融合许多方言、成语、歇后语等，使人物形象鲜明，更接近真实生活。不过，《金瓶梅》虽然对种种丑恶现象进行了揭露，但缺乏批判意识，人物尽管各具形态，但都是灰色、病态的；取材不当，缺乏典型概括和选择剪裁，尤其是有大量色情描写。

此外，明朝长篇小说中还有一些公案小说，著名的有李春芳编的《海刚峰先生居官公案传》、余象斗的《皇明诸司公案》等。

2. 短篇白话小说的兴盛

明人模拟宋元话本创作了不少白话短篇小说，即"拟话本"。到了明末，产生了冯梦龙的"三言"和凌濛初的"二拍"等白话短篇小说集，其思想内容、艺术成就比宋元话本更为深刻、成熟。

"三言"是《喻世明言》《警世通言》《醒世恒言》的合称。作者冯梦龙，字犹龙，别号龙子犹，又号墨憨斋主人，南直隶长洲人。崇祯初补为贡生，曾任福建寿宁知县。他受李贽等人影响，强调通俗文学蕴含的真挚情感和巨大的教化作用，主张小说创作应有艺术集中和概括。他一生著述很多，是明朝致力最勤、成就最大的通俗文学家。"三言"刊行于天启年间，各收小说40篇，包括宋、元、明话本，明人拟话本，以及冯梦龙自己的创作，其中三分之二是明人作品。"三言"中，恋爱婚姻题材占很大比例，还有不少篇章描写了商贾和手工业者的故事，有的篇章揭露了忠奸斗争等，反映出作者抨击传统礼教、赞扬青年男女追求幸福生活，肯定工商业者发财致富和彼此友谊，以及歌颂民众拥护反奸的思想感情，呈现出近代启蒙思潮的色彩。艺术上，与宋元话本相比，"三言"更多是对现实生活的具体真实描写，生活气息浓厚。作品大多情节曲折，结构严密。

"二拍"是《初刻拍案惊奇》《二刻拍案惊奇》的合称。作者凌濛初，字玄房，号初成，别号即空观主人，浙江乌程人。明末曾任上海县丞、徐州通判。他应书商要求编写"二拍"，每集40篇，皆刊于崇祯年间。"二拍"模仿"三言"，描写男女爱情，刻画手工业者和商人生活，揭露黑暗现实，但成就不如"三言"。

"三言""二拍"问世后，明末抱瓮老人选出其中明人作品40篇，增删润饰，编成《今古奇观》，这是一部明人拟话本选集。在"三言""二拍"的影响下，明末清初出现了大批拟话本，但多模拟，思想内容和艺术成就都无法与其相比。

3. 承前启后的文言小说

明朝文言小说的创作也相当盛行。明初有瞿佑的《剪灯新话》和李祯的《剪灯余话》，明朝中期以后有陶辅的《桑榆漫志》《花影集》、邵景詹的《觅灯因话》、宋懋澄的《九籥别集》等，各收数篇至数十篇文言小说。这些小说有的揭露了黑暗社会现实，有的抨击了传统礼教。它们继承了唐宋传奇精神，又为清朝《聊斋志异》的出现准备了条件，在中国文言短篇小说发展史上具有承前启后的作用。但是，总的来说，它们所反映的社会生活的深度、广度及艺术水平，都远不如唐宋传奇。

（三）杂剧衰落与传奇日盛

明朝戏剧主要有杂剧和传奇两种形式，杂剧渐趋衰落，传奇则日益兴盛，明朝后期在剧坛占据了主导地位。

明初，统治者加强对思想文化的控制，要求戏剧成为宣传传统伦理道德的工具。明太祖把"四书五经"比作五谷、衣裳，把元人高明的杂剧《琵琶记》比作富贵之家不可缺少的山珍海味。《大明律》严禁戏文涉及历代帝王后妃、忠臣烈士、先圣先贤，违者杖之。因此，明朝开国后100多年间，杂剧创作不能正常发展。

明朝中期，反映现实、具有一定思想内容的杂剧作品有所增加。杂剧多采用对唱、合唱，有的作品兼用南、北曲，甚至全用南曲。代表性杂剧有康海的《中山狼》、王九思的《杜子美沽酒游春》和《中山狼院本》、徐渭的《四声猿》等。其中，徐渭，字文长，号青藤道士，浙江山阴人。幼年即有文名，为诸生，屡试不第。嘉靖年间，投浙闽总督胡宗宪幕中抗倭。后困贫，以诗文书画自给。徐渭多才多艺，高伉狷洁，自谓"吾书第一，诗次之，文次之，画又次之"①。杂剧《四声猿》包括四个剧目，分别叙写了祢衡在地府痛骂曹操、月明和尚度柳翠、花木兰代父从军、黄春桃扮男考中状元的故事，对权奸和黑暗政治进行了无情的揭露和痛斥，对女子才能加以高度赞扬，具有鲜明的现实针对性和反传统礼教意识。在艺术上，《四声猿》突破了杂剧体制，情节根据内容而或长或短，语言豪放奔逸，气势雄奇。到了明朝后期，崇尚南曲风气日盛，北曲唱法失去听众，杂剧走向衰微。

明初传奇的体制和势力都比不上杂剧。明朝中期以后，传奇逐渐形成篇幅长、题材广、情节曲折、辞采丰富、人物描绘细腻的新型戏剧，一剧往往长达几十出，上场人物皆可有唱，唱腔兼采北曲。成化及弘治年间，传奇代表作有丘濬的《五伦全备记》、邵灿的《香囊记》，多宣扬传统伦理道德。嘉靖年间，出现了许多具有一定社会意义的优秀作品，代表作有李开先的《宝剑记》、传为王世贞的《鸣凤记》和梁辰鱼的《浣纱记》等。其中，《浣纱记》又名《吴越春秋》，描写了范蠡、西施

---

① 《明史》卷288《文苑传四·徐渭》。

悲欢离合的爱情故事,剧本把爱情和政治结合起来描写,让主人公把国家兴亡放在首位,打破世俗贞操观束缚,难能可贵。《浣纱记》剧本宾白骈散互用,曲辞妙语连珠。全剧用魏良辅新改进的昆山腔演唱,声腔细腻舒徐、圆润柔美,对昆曲传播与发展有极大影响。这样,传奇逐渐从杂剧手中夺得霸主地位,标志着古典戏曲的进步与成熟。

万历以后,传奇创作达到高潮。由于音律见解和创作思想差异,当时出现了两个彼此对立的戏剧流派:吴江派,强调戏剧创作要讲究音律,多用民间俚语,以沈璟为代表;临川派,强调戏剧创作不应受形式、格律的拘束,提倡以"意趣神色"为胜,抒发个人情感,重视语言文采。沈璟,南直隶吴江(今江苏苏州)人。他著有《南九宫十三调曲谱》等论著,作传奇17种,有名的是《义侠记》《博笑记》《红蕖记》,在当时剧坛影响很大,有些戏曲作家模仿他的风格,被称为"吴江派"。但其传奇重形式,轻内容,艺术上较平淡。临川派成就最高者为汤显祖。汤显祖,字义仍,号海若、若士,江西临川(今抚州)人。万历进士,历官南京礼部祠祭司主事、遂昌知县等。他深受李贽影响,追求摆脱专制束缚的合理"真情"。其传奇作品有五部,即《紫箫记》《紫钗记》《还魂记》《南柯记》和《邯郸记》。除《紫箫记》外,其他四种都有做梦情节,合称"临川四梦"。其中,《还魂记》全名《牡丹亭还魂记》,习称《牡丹亭》,最为有名。《牡丹亭》以话本小说《杜丽娘记》为基础而创作,剧本通过杜丽娘因情而死、由情而生的浪漫情节,揭露出"真情"与"天理"的矛盾,歌颂了青年男女为实现理想、追求幸福所作的不屈斗争。全剧用笔细腻,情节曲折,在剧情发展中逐步揭示人物性格,人物形象栩栩如生。全剧曲辞诗化优美,说白精彩传神。《牡丹亭》是中国戏剧史上杰出的爱情喜剧,是继《西厢记》后一部里程碑式作品。

在戏剧声腔方面,明初统治者把南戏加上弦索,成为官腔推行全国。

但是，各地尤其是江浙、湖广一带，都在当地语音和民歌小曲基础上建立了自己的戏剧声腔。明朝中叶，形成海盐腔、余姚腔、弋阳腔、昆山腔竞胜局面。昆山腔起初限于昆山一带，嘉靖年间魏良辅参考北曲和弋阳、海盐故调，加以改革创新，变"平直无意致"为"跌换巧掇"[①]。昆腔改革后，得到文人大夫的欢迎，逐渐走向全国。弦索官腔和北曲遂趋衰亡，其他诸腔也相形见绌。

（四）继往开来的绘画与书法

1. 绘画

明朝山水画科最为发达。明朝前期，由于统治者的喜好，南宋院体山水画成为宫廷画家的追逐目标，普通士大夫画家也多学习这种画法。其代表是戴进。戴进，字文进，浙江钱塘（今杭州）人。原为工匠，制金银器。后改学绘画，宣德年间以善画被征入宫。其山水画能吸收众家之长，主要是继承南宋院体的工细、雄健和水墨淋漓的画风，所谓"山水得诸家之妙，大率摹拟李唐、马远居多"[②]。戴进有许多追随者，形成"浙派"。其中以吴伟最为有名。吴伟，字士英，号小仙，湖广江夏（今湖北武汉）人，曾应召入宫。其画近受戴进影响，远承马远、夏圭遗法，笔墨豪爽健劲，喜作大幅。

明朝中期以后，占据山水画坛主流的是吴派。吴派山水，属于文人画体系，强调"画有士气"。其画法上远探北宋董源、巨然诸家，近追元朝四家。代表画家是苏州的沈周、文徵明。沈周，字启南，南直隶长

---

① ［清］余怀：《寄畅园闻歌记》，［清］张潮《虞初新志》卷4。
② ［清］孙岳颁：《佩文斋书画谱》卷55《戴进》。

洲人。出于诗画及藏书世家，终生未仕。他中年以前画法谨细，多画小幅，"所为率盈尺小景"，得"细沈"之称。40岁以后，他多作大幅，"粗枝大叶，草草而成"①，阔大雄浑，洒脱简练。文徵明，长洲人。正德末年，以岁贡生荐试吏部，授翰林院待诏。他是沈周学生，"兼总诸家之长"。其画风早年细致清丽，中年用笔粗放，晚年粗细兼具，清润自然。不过，其粗放之作更受推崇，有"粗文"之说。

大约同时，苏州有两位著名画家，即唐寅、仇英，画风介于浙派与吴派之间。唐寅，字伯虎，一字子畏，号六如居士。弘治举人，会试时受科场舞弊案牵连下狱，从此放浪形骸，以诗酒绘画为事。他广学宋元诸家，多吸收李唐画法，造景不分雄伟险峻、平远清幽，都是小中见大，粗中有细。仇英，初为漆匠，后学画。其山水画多为青绿重彩，无论大幅小幅皆结构谨严。

其后，称雄山水画坛的吴派画家极多。影响最大的是明末华亭派（松江派）。华亭派山水画用笔洗练，墨色清淡，代表人物是董其昌。董其昌，字玄宰，号思白，南直隶华亭人。万历进士，改庶吉士，授编修。天启年间，官至南京礼部尚书。崇祯年间，起故官，掌詹事府事。董其昌的山水画取董源、巨然、米芾及倪瓒、黄公望之长，讲究笔致墨韵。所作山水树石，清润秀逸，烟云流动，平淡自然而又沉着痛快，"风流蕴藉，为本朝第一"②。董其昌著有《画旨》，专论绘画。他提出山水画南北宗之说，主张南宗山水画是文人画，有书卷气，有天趣；北宗山水画无天趣可言，不应效法。其画论在探索中国画派渊源上有开创意义。董其昌政治地位高，交游广，是当时画坛领袖，其绘画风格及理论有很大

---

① ［清］孙岳颁：《佩文斋书画谱》卷56《沈周》。
② ［清］孙岳颁：《佩文斋书画谱》卷58《董其昌》。

影响。

明朝花鸟画相当繁荣。明朝前期，工整艳丽花鸟画占主导地位，其代表是宫廷画家边景昭和吕纪。边景昭，字文进，永乐、宣德年间为宫廷画家。其花鸟画精于勾勒，墨彩沉着，禽鸟形态颇为传神。吕纪，弘治中宫廷画家。其花鸟画初学边景昭，后仿唐宋名家，笔致工整，设色精丽，造型生动。从明朝中期开始，水墨写意花鸟画兴起，代表画家有沈周、唐寅等。嘉靖以后，工整艳丽花鸟画风衰微，水墨写意花鸟画兴盛，代表画家有陈淳、徐渭等。徐渭作画，山水、花卉、人物、走兽、虫鱼、瓜果等无一不能，尤擅长花鸟。他用笔恣肆狂放，泼墨汪洋淋漓，不求形似而求生韵，"超逸有致"。徐渭是明朝水墨写意花鸟画集大成者，对后世影响很大。明朝后期，水墨写意花鸟画占据了花鸟画坛的主导地位。

明朝人物画画法基本上继承前代，多学北宋李公麟白描，或继承宋朝画院传统，工笔细密，设色浓丽。所绘题材除历史人物外，多画士大夫与仕女。杰出的人物画家，明初有宫廷画家倪端、商喜、谢环、戴进等；明中叶有吴伟、唐寅、仇英、文徵明等。明朝后期，有所谓"南陈（洪绶）北崔（子忠）"和善画人物肖像的曾鲸。陈洪绶，字章侯，号老莲，浙江诸暨人。崇祯末入赀为国子监生，召为舍人，专替皇室临摹历代帝王像。其画人物取法李公麟、赵孟𫖯等，但多创新，笔调古拙，形象怪僻，"有秦汉风味，世所罕及"[①]，对清朝扬州八怪等画家都有影响。

2. 书法

明朝许多帝王重视书法，帖学盛行，书法也得到发展。明朝书法家众

---

① ［明］朱谋垔：《画史会要》卷4《陈洪绶》。

多，仅《佩文斋书画谱》所载就有1500多名，超过了书法盛行的唐朝。

洪武年间书法家，著名者为"三宋"，即宋克、宋璲、宋广，都是由元入明者。他们的书法广学晋、唐，不拘一家，纵横变化。永乐、宣德年间，征选善书者入宫，书写内制、外制，要求书法方正、光洁、乌黑、大小一律，形成以雍容遒丽为特色的台阁体书法，代表是"二沈"即沈度、沈粲。

明朝中期，台阁体书法逐渐呈现刻板僵化的风貌。成化、弘治以后，书法家纷纷探索书法艺术新风格。尤其是祝允明、文徵明、王宠等人，大多书画兼擅，书法摒弃台阁体，上追晋、唐，形成吴门书法。祝允明，字希哲，号枝山，长洲人。弘治举人，嘉靖初官至应天府通判（故称祝京兆）。祝允明楷书法钟繇、"二王"、智永、虞世南、欧阳询、褚遂良、赵孟頫，行草宗王献之、智永、褚遂良、怀素、张旭等。在此基础上，其书法变化出入，天真纵逸。文徵明隶书法钟繇，篆书学李阳冰，草书师怀素，行书仿苏轼、黄庭坚、米芾以及王羲之，可与赵孟頫媲美。然最为人称道的是他的小楷，他年九十犹作蝇头楷，人以为仙。王宠擅长楷、行、草书，早年师蔡羽，后来主要宗王献之、虞世南。此外，如王守仁专踪晋人法，丰坊追魏晋草法，陆深仿李邕、赵孟頫，徐霖兼善篆、楷、行、草，其榜书师颜、柳，也是明朝中期书法的代表。

明朝后期，书法家众多，各种书法风格竞奇争艳。最有名的书法家是邢侗、张瑞图、董其昌、米万钟，合称"明末四大书家"。邢侗，万历进士，官至陕西行太仆卿。其书法宗唐宗晋，得王羲之笔意，丰沉雄健。张瑞图，万历进士，天启年间以礼部尚书入阁。其书法取法钟繇、王羲之而又能脱出，泯功力于拙朴，藏奇媚为丑怪。米万钟，万历进士，崇祯年间官至太仆寺少卿。其行草得米芾家法。他"尤善署书"，笔法粗拙丰厚,"擅名四十年,书迹遍天下"①。董其昌是一位习古的集大成者,书法以行草为最多,而"最得意在小楷书"②。他的书法寓生秀于朴茂苍拙,追求自然平淡风格,与赵孟頫的遒媚圆润判为殊观,以此胜赵书一筹。此外,明朝后期著名的书法家还有徐渭、黄道周、倪元璐等。

三、官史衰落,私史活跃

明朝官修史学衰落,中后期私修史学逐渐兴盛,尤其是野史发达,一些史学家如王世贞、李贽等还提出值得重视的史学主张。

(一)官修史学的衰落

明朝国家没有设置专门的史馆,对史学活动也不重视。不过,朝廷纂修纪传体《元史》、编修实录等还是值得一提。

洪武元年(1368)十二月,在获得元十三朝实录后,明太祖下令纂修纪传体《元史》,以左丞相李善长为监修,前起居注宋濂、漳州府通判王祎为总裁,起"山林遗逸之士"汪克宽等十几人为纂修官。次年二月,开局于天界寺。八月,完成了除顺帝朝以外的本纪、志、表、列传。洪武三年二月,再因获得北平、山东等地采求的遗事资料,明廷重开史局,仍以宋濂、王祎为总裁,征"四方文学士"朱右等为纂修官,续修《元史》。七月,书成。合并前后二书,"复厘分而附丽之,共成二百一十卷"③,即《元史》。《元史》记载成吉思汗元年(1206)到元至

---

① [明]朱谋垔:《续书史会要·米万钟》。
② [明]董其昌:《画禅室随笔》卷1《评书法》。
③ [明]宋濂:《宋学士文集》卷1《元史目录后记》。

正二十八年（1368）共 160 余年的历史，取材于元十三朝实录、《经世大典》等，保存了许多珍贵史料，尤其是天文、地理、历、河渠四志反映了当时科学技术水平，具有较高价值。当然，它也存在取材不足、编次失当、考证疏漏、记事失实等弊病。

纪传体《宋史》编修于元顺帝时。全书详于北宋，略于南宋，对宋、辽、金"各与正统"，且篇幅繁冗，又不乏记载错乱等问题。明人不满，要求重修《宋史》的呼声很高。正统末年，周叙请重修宋史，朝廷许其自撰，"铨次数年，未及成而卒"[①]。嘉靖年间，廷议更修宋史，以礼部尚书严嵩主持，也未成功。

明朝国家编纂纪传体本朝史的活动发生在万历中期，由当时的大学士陈于陛倡导。陈于陛，隆庆进士，选庶吉士，授编修。万历初年，预修明世宗、明穆宗两朝实录，官至礼部尚书。他援宋朝故事，上疏请修纪传体本朝史。万历二十二年（1594）三月，受命任副总裁，主持编纂。不久为阁臣，仍管修史事。史馆撰史，"颇有成绪"。但两年后陈于陛死，次年三大殿火灾，修史活动被中止，"史亦竟罢"[②]。不过，还是留下了焦竑《国史经籍志》等成果。

明朝实录编修成绩较好。明初沿袭旧制，设史官掌修国史。每逢皇帝去世，嗣君即任命正副总裁及纂修诸官，编写前朝皇帝实录。明朝共修成明太祖到明熹宗 13 朝实录，记载了 15 位皇帝的事迹（建文朝附于明太祖朝实录中，景泰朝附于明英宗朝实录中）。《明实录》以编年体形式，按年、月不间断地记录了各朝政治、军事、经济、文化、民族、外交等各方面活动，对诏令奏议、百司重要案牍、大臣生平事迹等也择要

---

① 《明史》卷 152《周叙传》。
② 《明史》卷 217《陈于陛传》。

选载。这些记载，既有档案作依据，又有史官等编撰的起居注、时政记、日历等作底本，一般较为准确，是研究明史的最基本史料。

《明会典》是明朝官修的专记典章制度之书。弘治十年（1497）三月，明孝宗敕阁臣徐溥纂修会典，十五年书成，正德四年（1509）由李东阳重校刊行，共180卷，是为"正德《明会典》"。嘉靖年间，明世宗命阁臣霍韬等续修，补充弘治十五年到嘉靖二十八年（1549）内容，然未颁行。万历四年，明神宗下令校订补辑两朝会典，至万历十五年成，共228卷，称"万历《大明会典》"。《明会典》以先文职衙门后武职衙门的顺序，详细叙述宗人府、吏、户、礼、兵、刑、工、都察院、通政使司以及五军都督府等衙门的职掌与事例，内容丰富，"凡史志之所未详，此皆具有始末，足以备后来之考证"[①]。

（二）私家修史的活跃

明朝前期、中期，由于政治、文化专制束缚，人们"不敢言朝廷事"，私人修史较为消沉，私修史书很少，"史学因以废失"[②]。嘉靖以后，私修史书兴盛，野史杂记大量出现，呈现出重视当代史、史书丰富繁荣的景象。

明朝私修纪传体史书，改修前代史者有王洙的《宋史质》、柯维骐的《宋史新编》和王惟俭的《宋史记》等。叙述本朝史者，著名的有郑晓的《吾学编》、何乔远的《名山藏》、邓元锡的《皇明书》等。郑晓，嘉靖进士，官至刑部尚书。他"谙悉掌故，博洽多闻"[③]。《吾学编》共69

---

① ［清］永瑢等：《四库全书总目》卷81《〈明会典〉提要》。
② ［清］顾炎武：《亭林诗文集》卷5《书吴潘二子事》。
③ 《明史》卷199《郑晓传》。

卷，记事大体起自洪武，迄于正德，史料丰富，是明人私修国史的代表作之一。何乔远，万历进士，官至南京工部右侍郎。《名山藏》共109卷，记事始于洪武，终于隆庆。邓元锡，嘉靖举人。《皇明书》共45卷，记事起自明太祖，止于明世宗。

明朝私修编年体史书，记述前朝史事的有陈桱的《通鉴续编》、薛应旂的《宋元资治通鉴》等。记本朝史事者有薛应旂的《宪章录》，陈建辑、沈国元订的《皇明从信录》，朱国祯的《皇明大政记》，文秉的《烈皇小识》等。薛应旂，嘉靖进士，官至浙江提学副使。《宪章录》46卷，记事上起洪武，下迄正德，保存了一些明朝中叶以前的史料。陈建，嘉靖举人，官信阳县令。他著有《皇明通纪》，记元末至明正德史事，又作《续纪》补记嘉靖、隆庆两朝。沈国元，诸生，合并陈建二书，并补万历朝史事，成《皇明从信录》40卷。该书常引用当时重要敕令奏章，保存了不少史料。朱国祯，万历进士，天启年间官至礼部尚书兼东阁大学士。《皇明大政记》36卷，叙述明初至隆庆朝史事，颇为详细。文秉，崇祯年间礼部左侍郎兼东阁大学士文震孟之子。《烈皇小识》8卷，记崇祯朝史事，对党争、农民起义以及明清间和战记载尤为详细。

明朝私修纪事本末体史书，主要有陈邦瞻的《宋史纪事本末》《元史纪事本末》和高岱的《鸿猷录》等。高岱，嘉靖进士，曾任刑部郎中等职。《鸿猷录》共16卷，记述元末朱元璋起义到明嘉靖年间兵事共60件，取材多为时人奏疏案牍及传记、墓志等，保存了不少有价值的史料。

明朝私修典章制度史书数量稍多，以王圻的《续文献通考》、徐学聚的《国朝典汇》、陈仁锡的《皇明世法录》为代表。王圻，嘉靖进士，历官知县、御史。《续文献通考》共254卷，所记年代与宋人马端临的《文献通考》相接，上起南宋嘉定年间，下止明万历年间，尤详于明朝典制。徐学聚，万历进士，官至福建巡抚。《国朝典汇》共200卷，记载洪武至隆庆朝的典章制度,"以六部分标,记载颇为繁富"①。陈仁锡,天启进士,官至右谕德。《皇明世法录》共92卷,涉及兵制、漕运、边防、征战等明朝大政,有一定价值。

明朝私修人物传记史书特别盛行,其中人物较多、具有较大代表性的是焦竑的《国朝献征录》、李贽的《藏书》《续藏书》。焦竑,字弱侯,南直隶江宁(今南京)人。万历进士,授翰林院修撰。为人耿直无隐,遭上司嫉恨而贬官,后归家不出,专心著述。曾参与陈于陛主持撰修纪传体本朝史,撰成《国史经籍志》。焦竑所撰的《国朝献征录》共120卷,是明朝人物传记资料汇编,所收人物上起洪武,下迄嘉靖,搜采极博。李贽是明朝后期著名的思想家、文学家、艺术家,也是著名的史学家。他的史学思想具有鲜明的反传统特色。他认为,史书是一定社会政治的产物,史学家要通过编纂和评价历史来表达自己的政治见解,"六经"不过是儒家编纂的先秦史书。他提出"变易匪常"的史论标准,认为历史评论的标准要随社会发展而变化,不能以孔子是非为是非。其著作《藏书》共68卷,记载战国到金元各代历史人物近800名,《续藏书》27卷,记载明朝自开国到万历年间人物400多名。李贽按自己的史学观点对人物进行分类、评述,尤其肯定一些因时改革、起过一定作用的历史人物,体现出进步的史学思想和实践。

明朝私修史书中还有一个突出门类是野史杂记。尤其是嘉靖以后,随着修史风气日盛,野史杂记大量涌现,"不下数百种"②。它们所记内容广泛,涉及明朝社会各个方面,虽然不乏"荒唐无据之谈"③,但是也有相当多的可信珍贵史料,可补正史记载的不足。其中上乘者当属王世贞的

---

① [清]永瑢等:《四库全书总目》卷83《明朝典汇》。
② [清]刘承干:《明史例案》卷2《王横云史例议上》。
③ [清]永瑢等:《四库全书总目》卷126《〈筒籍遗闻〉提要》。

《弇州史料》、沈德符的《万历野获编》。王世贞是后"七子"之一，也是有作为的史学家。他接受"六经皆史"说，提出"六经"是"史之言理者"，"史"的作用大于"经"。他分析国史、野史、家史的优缺点，主张应综核官私各种记载，加以全面考订。在史书编纂上，他力主秉笔直书。王世贞勤于读书著述，"其考核该博，固有自来"[①]，开创了嘉靖以来实事求是考订史料的风气，使明朝写史风气为之一变，并直接影响了明末清初的浙东史学。《弇州史料》计100卷，记载、考订明朝历史，史料价值较高，清朝官修《明史》时将其作为重要参考书。沈德符，万历末举人。其祖父、父亲皆以进士起家，他随寓京师，收集了许多朝野掌故。其后，他根据所收集资料和记忆所及，著《万历野获编》正编二十卷、续编十二卷。该书记载明朝史事，尤详于嘉靖、万历时期，上涉朝章典故，下及风土人情，琐事遗闻无不毕陈，是研究明史的重要参考资料。

四、互争高下的程朱理学和王学

明朝以程朱理学为官方哲学。明中叶以后，王学崛起，宣扬"心即理""致良知""知行合一"等命题，得到士人普遍欢迎。至王学后学，王畿等人空谈心性，"遁入于禅"；泰州学派李贽等人倡言个性，蔑视礼教，其思想很快风行全国，几取程朱地位而代之。明朝哲学思想领域的斗争，主要是程朱理学的客观唯心主义与王学的主观唯心主义的斗争。当然，也有一些唯物主义哲学家提出一些新的命题，把唯物主义和辩证

---

① ［明］谢肇淛：《五杂组》卷13《事部一》。

法发展到了新的高度。

（一）明朝初期程朱理学独尊

明朝以程朱理学为官方哲学。明太祖"一宗朱氏之学，令学者非五经孔孟之书不读，非濂洛关闽之学不讲"①。至永乐十二年（1414）十一月，明成祖下令，编集《五经四书大全》《性理大全》二书。次年九月，书成，明成祖将其分为《五经大全》《四书大全》《性理大全》三部，亲为作序，颁行天下。三部《大全》汇集的主要是程朱派学者尤其是朱熹对"五经四书"的阐释，以及他们的性理著作和语录。明成祖编定三部《大全》的目的，是使"家孔孟而户程朱"②，用程朱理学统一思想。明朝科举考试分为三场，第一场"试经义"最重要，要求考生以三部《大全》汇集的程朱派对"五经四书"的阐释来撰写经义之文（"八股文"）。这样，程朱理学一统天下，处于独尊地位。

明朝前期，士人们为了科举功名，多埋头苦读程朱理学著作。理学家们也多墨守程朱，"笃践履，谨绳墨，守儒先之正传，无敢改错"③。明朝前期重要的理学家曹端，字正夫，人称月川先生，河南渑池人。永乐举人，官霍州、蒲州学正。曹端主张"学欲至乎圣人之道，须从太极上立根脚"④。他说的"太极"就是"理"，认为这是世界的本原。他提出，"理"驭"气"，"太极自会动静"，修补了朱熹的理气观。曹端提倡"务躬行实践，而以静存为要"。他讲学于河南、山西等地，士人宗之，

---

① ［清］陈鼎：《东林列传》卷2《高攀龙传》。
② ［明］胡广等：《性理大全》附《进书表》。
③ 《明史》卷282《儒林传一》。
④ ［清］黄宗羲：《明儒学案》卷44《诸儒学案上二·学正曹月川先生端》。

推为"明初理学之冠"①。另一位理学大家薛瑄,字德温,号敬轩,山西河津人。永乐进士,天顺时官至礼部右侍郎,入阁预机务。薛瑄"一本程朱",认为理在气中,理、气无先后之分,修正朱熹"理在气先"的说法。他认同"性"是人伦之理即"理","修己教人,以复性为主"②。复性的方法,主要是居敬穷理。薛瑄开创"河东之学",门徒遍及山西、河南、关陇一带,蔚为大宗。与薛瑄并有时名的是吴与弼,字子传,号康斋,江西崇仁人。他读程朱之书,有时名。天顺初,被征至京,授左春坊左谕德。吴与弼认为,圣贤所言、所行,"无非存天理,去人欲"③。要学圣贤,就不能舍此外求。他主要讲身心修养,变化人的气质,"寻向上功夫",杂入了心学因素。吴与弼开创了"崇仁学派",门下弟子众多,形成"江门心学""余干学派"等支系。

明初独尊程朱理学,使人们不能自由地对其研究、探索,直接导致了程朱理学的僵化。而士子们以死记硬背程朱的某些名言、格语作为科举考试的敲门砖,却不像程朱等人那样身体力行,也造成程朱理学在人们心目中的形象日坏。这样,明朝中期,程朱理学日渐式微。

(二)明朝中期心学的崛起

心学自南宋陆九渊创立后,与程朱理学共同构成宋、元理学的两个主要流派。明朝中期,程朱理学逐渐不适应社会的需要。于是,陈献章复倡心学。至王守仁心学创立后,更风靡一时,几欲取代程朱理学的官方哲学地位。

---

① 《明史》卷282《儒林传一·曹端》。
② 《明史》卷282《儒林传一·薛瑄》。
③ [明]吴与弼:《康斋先生文集》卷11《日录》。

陈献章，字公甫，别号石斋，广东新会白沙里人。正统举人，三次会试不第。成化五年（1469），被荐授翰林院检讨。他先从学于吴与弼，后潜心读书，被誉为"真儒复出"，"四方来学者日进"[①]。陈献章开始也宗奉程朱，"读书穷理"，但"累年无所得"。其后，他转向心学，继承了陆九渊"心即理"的观点，说："君子一心，万理完具。事物虽多，莫非在我。"[②] 即万事、万物、万理归根到底都是我"心"的产物。其为学主静坐，"静中养出端倪"[③]，"端倪"是心之本体，即虚灵明觉的心体。

陈献章的受业弟子，最著名的是湛若水。湛若水，广东增城甘泉都人。弘治进士，嘉靖时官至南京吏、礼、兵部尚书。湛若水受张载"气"一元论的影响，认为"宇宙一气"，理气、性气只是存在形式不同，无本质区别。他提出"心""事""理"三者合一，"万事万物莫非心"[④]，站到了心学阵营。他提倡"随处体认天理"，主张从事事物物上体认"天理"、本心的精微，与陈献章心学一致。湛若水久仕高级学官，生平所建书院很多，弟子甚众。不过，江门心学"孤行独诣，其传不远"[⑤]。

王守仁，字伯安，自号阳明子，浙江余姚人。弘治进士，历任刑部、兵部主事。正德元年（1506）冬，因忤权阉刘瑾，谪为贵州龙场驿丞。正德十一年，擢南赣巡抚。因镇压当地农民起义，升右副都御史。正德十四年，平定宁王朱宸濠叛乱。嘉靖初，升南京兵部尚书，封新建伯。后以两广总督讨平思恩、田州土酋叛乱，镇压大藤峡民众起事。王守仁心学的创立有一个很长的过程。他"学凡三变"，"始泛滥于词章"，遍读朱熹等人著作，"循序格物，顾物理、吾心终判为二，无所得入"，于

---

① 《明史》卷283《儒林传二·陈献章》。
② ［明］陈献章：《白沙子》卷1《论前辈言铢视轩冕尘视金玉》中。
③ ［清］黄宗羲：《明儒学案》师说《陈白沙献章》。
④ ［明］湛若水：《湛甘泉先生文集》卷20《泗州两学讲章》。
⑤ 《明史》卷282《儒林传一》。

是读佛、道之书,迨被谪贵州龙场驿丞,他身处逆境,愤懑之余,"忽悟格物致知之旨、圣人之道,吾性自足,不假外求",创立心学。这是前"三变"。在龙场驿创立心学后,他"一意本原,以默坐澄心为学的";巡抚江西等地,他"专提致良知三字";嘉靖初,他居家授徒,"所操益熟,所得益化,时时知是知非,时时无是无非,开口即得本心,更无假借凑泊"。这是学成后"三变"[①]。

王守仁继承了陆九渊的"宇宙便是吾心,吾心即是宇宙"的思想,提出"身之主宰便是心,心之所发便是意,意之本体便是知,意之所在便是物"[②]的主张。认为作为精神意识的"心"是第一性的,"心即理也","心外无物,心外无事,心外无理"[③]。"致良知"是王守仁心学的核心。所谓"良知",就是人心固有的善性,就是"天理"即传统伦理纲常。王守仁说,除圣人之外,一般人容易为物欲所蔽,因此他提倡"致",即克灭私欲的认识和修养功夫,使"良知"得以明白或恢复,人人都按照传统伦理纲常去行事。他说:"世之君子惟务致其良知,则自能公是非,同好恶,视人犹己,视国犹家,而以天地万物为一体,求天下无治,不可得矣。"[④]"知行合一"是王守仁心学的另一重要命题。王守仁的"知"就是"良知"的内在感悟,"行"就是"良知"的外在表露,"知之真切笃实处即是行,行之明觉精察处即是知"[⑤]。他特别强调"知行合一","正要人晓得一念发动处,便即是行了,发动处有不善,就将这不善的念克倒了,须要彻根彻底,不使那一念不善潜伏在胸中。此是我

---

① [清]黄宗羲:《明儒学案》卷10《文成王阳明先生守仁》。
② [明]王守仁:《王阳明全集》卷1《语录·传习录上》。
③ [明]王守仁:《王阳明全集》卷4《文录一·书一·与王纯甫二》。
④ [明]王守仁:《王阳明全集》卷2《语录二·传习录中·答聂文蔚》。
⑤ [明]王守仁:《王阳明全集》卷2《语录二·传习录中·答顾东桥书》。

立言宗旨"①。

王守仁创立心学的背景,是当时程朱理学日益不适应社会需要,各地各种形式的反抗和叛乱连绵不断,社会矛盾激化。因此,他提倡"心即理",宣扬"致良知",强调"知行合一",目的是要人们遵守传统伦理道德,"去心中贼",缓和激化的社会矛盾,维护明朝的专制统治。尽管王学与作为官方哲学的程朱理学不合,甚至不乏对立,但其宗旨是一致的,因此得到了统治阶级的认可和提倡。隆庆元年(1567)四月,明穆宗下令追赠王守仁为新建侯,谥文成。万历十二年(1584)十一月,明神宗下令将王守仁与陈献章、胡居仁"从祀孔庙"②,肯定了王学延续儒学道统之功和地位。

王守仁心学集宋、明以来主观唯心主义大成。它宣扬"心即理""致良知""知行合一"等命题,显然比高唱"格物穷理""读书穷理"的程朱理学更为简易直接。王守仁反对程朱理学"知先行后"主张,强调"行"的重要性,提倡学以致用,这在明朝中期以前学风空疏的环境中是可取的,也是比较进步的思想。王学与程朱理学对立,强调个人"心"和个体的主观能动性,又具有摆脱传统束缚的精神,隐含一定的平等和叛逆色彩,对明朝中后期以至明清之际的思想发展都有积极影响。

(三)明朝中后期王学的流传与风行

王学在明朝中后期广泛流传。王学较朱学更为简易直接,"精微"新巧,让士人耳目一新。而且王守仁平定宁王叛乱,镇压南方少数民族和农民起事,事功显赫,并四处传播其学。王守仁弟子甚众,又广泛弘扬

---

① [明]王守仁:《王阳明全集》卷2《语录二·传习录下》。
② 《明神宗实录》卷155,万历十二年十一月庚寅。

其学。因此，明朝中后期王学风行天下，几欲取代程朱理学的官方哲学地位。《明儒学案》按地域将王门学者分为浙中、江右、南中等六个学案，另有受王学影响的泰州学案等。其中，以浙中王门、江右王门以及泰州学派影响为大。

浙中王门是指王守仁家乡余姚及附近士人形成的王学流派，著名学者有王畿、钱德洪。王畿，字汝中，别号龙溪，浙江山阴人。年少举于乡，后受业于王守仁。嘉靖进士，授南京兵部主事，进郎中。钱德洪，字洪甫，浙江余姚人。王守仁平定宁王叛乱后归家，钱德洪偕数十人从学。嘉靖进士，官至刑部员外郎。王畿与钱德洪亲受王守仁教育最久，王守仁归越，从学者众，往往先由他们二人辅导，而后卒业于王守仁，因此被称为"教授师"。王守仁有"无善无恶心之体，有善有恶意之动，知善知恶是良知，为善去恶是格物"所谓"四句教"，其实是王学体系不完善处之一，王畿、钱德洪理解不同。王畿认为，心、意、知、物只是一事，若悟得心是无善无恶，则意、知、物俱是无善无恶；若说意有善恶，毕竟心体还有善恶在。钱德洪则认为，心体原是无善无恶的，但人有习心，意念上便有善恶在，格物、致知、诚意、正心、修身等正是复性的功夫。王畿之学，重在求"真"，讲学、著述多用"真体""真性""真知""真修""真根子""真种子"等提法。他主张禅与儒"其致一也"，论学多标举禅理。他强调"四无"，认为良知"当下现成，不假工夫修证而后得"；"致良知原为未悟者设"，讲"致"就是"犯手做作"。王畿"林下四十余年，无日不讲学，自两都及吴、楚、闽、越、江、浙，皆有讲舍"，莫不以其为"宗盟"①，是传播王学最得力的学者。王畿之学，近于禅学。王学因其与泰州学派之传"而风行天下"，亦因

---

① ［清］黄宗羲：《明儒学案》卷12《浙中王门学案二·郎中王龙溪先生畿》。

其与泰州学派"而渐失其传"①。钱德洪主张"四有",以力辟王学空疏倾向、恢宏师说为己任。他批评王畿之学"养成一种枯寂之病",主张于应酬中求本体,"只须于事上识取本心乃见"。他的修养论是"无欲",提倡正心、诚意的"慎独"。钱德洪的理学思想对王学做了一些修饰,以便于流传。他"在野三十年,无日不讲学。江、浙、宣、歙、楚、广名区奥地,皆有讲舍"②,也使王学得到广泛传播。

江右王门指明朝江西地区的王守仁弟子形成的学术流派。他们人数最多,其中有的偏于守成,被视为王学正传,以邹守益为代表;有的重在标新立异,有离异师说之嫌,以聂豹、罗洪先为代表。邹守益,嘉靖时官至南京国子监祭酒。他信守师说,以发明"致良知"为宗旨,称"不睹不闻是指良知本体,戒慎恐惧所以致良知也"③。邹守益日事讲学,"四方从游者踵至",对王学的流传作出了贡献。黄宗羲称"阳明之没,不失其传者,不得不以先生为宗子也"④。聂豹,嘉靖时官至兵部尚书。他提出"归寂"说,主张外"事"以求"心",舍"动"以求"静",从"未发"中体认"良知",因而遭到同门非难,被视为"禅悟"。罗洪先认为,心体本寂,万物本静,"主静"所以"致良知"。

泰州学派是王学流传久长的一支,因其开创人王艮为泰州人而得名。王艮,字汝止,号心斋,南直隶泰州安丰场(今江苏东台)人。他出身于灶丁,家贫不能学,后受业王守仁。作为一位平民出身的学者,王艮没有被王学的思想束缚,而是对其积极因素进行了发挥。从王守仁的"心即理"出发,王艮认为,"天地万物一体",人性之"体"就是天性

---

① [清]黄宗羲:《明儒学案》卷32《泰州学案一·前言》。
② [清]黄宗羲:《明儒学案》卷11《浙中王门学案一·员外钱绪山先生德洪》。
③ [明]邹守益:《东廓邹先生文集》卷5《答曾弘之》。
④ [清]黄宗羲:《明儒学案》卷16《江右王门学案一·文庄邹东廓先生守益》。

之"体",因此人性也不假安排,顺着天性做即可。由此,他提出"百姓日用之道","圣人之道,无异于百姓日用。异此者谓之异端"[①]。王艮还宣传"安身立本"的"淮南格物",要求维护人的吃饱穿暖等生存权利和尊身、爱身、保身等人的尊严,"成己成物",人己平等,爱人敬人。他重视内悟和内省,认为"心地"既无善无恶,因此不须为善去恶,惟在"超悟""百姓日用即道"而笃行。王艮的哲学思想中透露出民本主义倾向和要求平等、反对专制统治的愿望,获得了下层群众的广泛支持和同情,在当时影响超过了王守仁后学的其他流派,"风动宇内,绵绵数百年不绝"[②]。泰州学派著名学者不少,继承王艮的有其族弟王栋,二子王襞,弟子林春、徐樾等;徐樾弟子有赵贞吉、颜钧;颜钧弟子有何心隐、罗汝芳;王襞弟子有李贽。他们在不同程度上对王艮的思想加以发展,"以赤手搏龙蛇","掀翻天地","非名教之所能羁络",是"前不见有古人"[③]的反礼教专制先锋,泰州学派成为中国古代社会后期的第一个启蒙学派。

泰州学派后学中思想最突出的是李贽。李贽,号卓吾,福建晋江人。嘉靖举人,选河南辉县教谕,万历时官至云南姚安知府。李贽的世界观承袭王学和佛教的观点。他说:"心即是境,境即是心,原是破不得的。"[④]他认为,"妙明真心"化生宇宙万物。他继承泰州学派的民本主义倾向和要求平等、反对专制统治的思想,并将其进一步发展。他大胆揭露文化专制带来的蒙昧,提出"是非无定质、无定论"的观点。他反对以孔子之是非为是非,否定"六经"的神圣性。李贽反对传统等级观

---

① [明]王艮:《重镌心斋王先生全集》卷3《语录》。
② [明]王艮:《明儒王心斋先生遗集》附《弟子师承表序》。
③ [清]黄宗羲:《明儒学案》卷32《泰州学案一·前言》。
④ [明]李贽:《续焚书》卷1《复陶石篑》。

的先天决定论,认为人是天赋平等的,并主张男女平等。他还大胆提出君民平等观:"圣人知天下之人之身,即吾一人之身,我亦人也,是上自天子,下至庶人,通为一身矣。"[1]他揭示了传统礼教通过理学家们的仁义说教而绞杀"童心",使人"失却真心",变成了假人。他指出,"童心"是"绝假纯真、最初一念之本心也"、"真心",提出要复"真心",做"真人"[2],即冲决传统伦常束缚,实现个性解放。李贽肯定"穿衣吃饭即是人伦物理",公开表示承认人的私心。与此同时,他又无情地揭露理学家们"阳为道学,阴为富贵,被服儒雅,行若狗彘"[3]。李贽对封建权威的蔑视、传统伦理道德的否定和个性解放的追求是前所未有的,在当时影响很大,"后生小子喜其猖狂放肆,相率煽惑"。明朝统治者对李贽的"异端"思想很是害怕,以"敢倡乱道、惑世诬民"的罪名将其逮捕,其著作"尽搜烧毁,不许存留",收藏者"并治罪"[4]。不久,李贽在狱中自杀。李贽死后,其书"益传","名益重"[5]。李贽成为明清时期早期启蒙思潮的先驱和旗帜,对中国思想界有很大影响。

(四)明朝后期对王学末流的批判与调和朱王

明朝后期,虽然程朱理学还是官方哲学,但王学尤其是王学后学风行天下,成为思想界的宗主。王学后学或空谈心性,"遁入于禅";或倡言个性,蔑视礼教,破坏固有的统治秩序,危及明朝统治。在这种情况下,一些学者,如东林学派的顾宪成、高攀龙等人,对王学加以批判,

---

[1] [明]李贽:《李温陵文集》卷18《明灯道古录》。
[2] [明]李贽:《焚书》卷3《童心说》。
[3] [明]李贽:《续焚书》卷2《三教归儒说》。
[4] 《明神宗实录》卷369,万历三十年闰二月乙卯。
[5] [明]李贽:《续焚书》附汪本钶《续刻李氏书序》。

兴复程朱理学。而另一些学者，如明末两大师刘宗周、黄道周等人，或宗王学，或宗朱学，但是又都批判王学后学，调和朱王。

东林党人是万历年间兴起的地主阶级政治反对派集团。他们目睹了严重的统治危机，要求改良政治。他们中的许多人大力讲学撰著，提倡程朱，排斥王学，崇尚实学，形成东林学派。代表人物是顾宪成和高攀龙。顾宪成认为，"理"是万物本原，"理在气先"。他把"理"也称作"太极"，"太极生天生地之本，阴阳生天生地之具"①。他指出，"性即理也"，因此人性是善的。他排斥王学"无善无恶"说，极力反对"见成良知"，提倡"躬行""重修"的修养功夫。他与王学后学管志道等人多次论辩，对王学加以理论批判。高攀龙认为，"理"是万物本原，"气"是生成材料，"性即理"，做学问"起头要知性，中间要复性，了手要尽性，只一性而已"②。高攀龙主张"修悟并重"，"半日读书"，"半日静坐"。高攀龙提倡"实学"，呼吁士人把从书本中学到的"治国平天下"之术运用到政治实践中。顾、高等人在无锡东林书院等地讲学议政，"远近名贤同声相应，天下学者咸以东林为归"③，一定程度上兴复了程朱理学。

刘宗周，万历进士，崇祯年间官至左都御史，明亡后参与抗清斗争。他曾讲学于家乡浙江山阴城北蕺山，学者称其为蕺山先生，黄宗羲等都是他的学生。刘宗周继承了"气"一元论，以之为世界本原。但他又把人的自我意识的"独"看作与王守仁的"良知"相同，既是宇宙本体，又是道德和认识的基础。他说："独之外别无本体，慎独之外别无工

---

① ［明］顾宪成：《小心斋札记》卷16。
② ［明］高攀龙：《高子遗书》卷8下《与许涵淳》。
③ 光绪《无锡金匮县志》卷6《东林书院》。

夫。"① 他提倡"慎独"的道德修养论，并把"慎独"与"敬诚"相联结，试图补救王学后学趋宗于禅而带来的"不诚"之病。刘宗周成为明朝王学殿军、陆王心学总结者。黄道周，天启进士，崇祯年间官至少詹事兼侍讲学士，南明时参加抗清斗争。黄道周倾向于朱学，以"太极"为世界的本原，"性命之原，本于太极"②。他还提出"至善"的"性""包裹天下"，"可经理世界"，"此是万物同原"③。"性"兼有"理"和"心"的性质，反映出他也调和朱王。他提倡"修己以敬"，主张"慎独"即"内心省察"的心性修养方法。刘宗周、黄道周的思想体系都复杂而杂糅，反映了理学走向衰微。

（五）唯物主义与辩证法思想的发展

程朱理学尤其是王守仁心学将唯心主义发展到新阶段，一些进步思想家开展反对理学唯心主义的斗争，将唯物主义与辩证法思想推进到新的理论高度。

明朝中期反对理学唯心主义、倡导朴素唯物主义的思想家代表是罗钦顺、王廷相。罗钦顺，弘治进士，嘉靖年间官至南京吏部尚书。罗钦顺是张载"气"一元论哲学的继承者和发挥者。他把物质性的"气"当作世界本原，指出"通天地，亘古今，无非一气而已"④，"气"永远处于运动之中，"莫或使之"，"理"是"气"运动的一种必然规律，不能离开"气"而独立存在。他认为，人与物同秉"气"而生，因此也同秉"气"之"理"而为"性"，人性的内容不外乎仁、义、礼、智等传统伦

---

① ［清］黄宗羲：《明儒学案》卷 62《蕺山学案·忠端刘念台先生宗周》。
② ［明］黄道周：《洪范明义》卷上《访箕章第一》。
③ ［明］黄道周：《榕坛问业》卷 1。
④ ［明］罗钦顺：《困知记》卷上。

理道德，从中可看出程朱的影响。在认识论上，罗钦顺承认外界客观事物的实在性，认为事物按自己的规律运动。他批判陆王心学及佛教禅宗，指出天地万物的变化是自然作用，与人的活动及"心""顿悟"无关。王廷相，弘治进士，嘉靖年间官至兵部尚书兼左都御史。他也继承并发展了张载的"气"一元论，指出"气"是宇宙中唯一实体，"二气感化，群象显设，天地万物，所由以生也，非实体乎？""气"的变化，"未尝减也"①。这是关于物质不灭的明确命题。王廷相指出，人心具有思维作用，但必须通过感官经验才能有所认识，因此他强调"行"的重要性。他批判理学唯心主义者轻视实践，"多失时措之宜"，"皆于道有害"②。王廷相认为，人性是有生以后才有的，是以身体的生理条件为基础的。

明朝后期，随着农业、手工业生产的发展和商品经济的繁荣，以及西方传教士来华，国内兴起了自然科学研究热潮，尤其是出现了会通古今中西、会通哲学与各门科学的综合研究的倾向。方以智是突出代表。方以智，字密之，南直隶桐城（今属安徽）人。青年时"接武东林，主盟复社"③。崇祯进士，任翰林院检讨。明亡后削发为僧，人称药地和尚。他兴趣广泛，博览群书，于哲学、文学、语言学等都有一定见解。他接触到传教士带来的西方近代科学知识，加以学习研究。他论学术，区别"通几""质测"和"宰理"，"质测"研究"物理"，概指自然科学；"宰理"研究"治教"，指社会政治学说；"通几"研究"所以为物之至理"，指哲学。他认为，"质测即藏通几者也"，即"质测"具体知识中蕴涵了"通几"所探求的原理，"通几护质测之穷"，即"通几"可以帮助克服"质测"的局限和片面，予其理论指导。他肯定西方传来的

---

① ［明］王廷相：《慎言》卷1《道体篇》。
② ［明］王廷相：《王氏家藏集》卷27《与薛君采二》。
③ ［清］王士祯：《感旧集》卷3《释弘智》。

自然科学知识，指斥宋明理学都不过是唯心主义的幻觉而已，否定"蹈虚谈空"的学风。方以智肯定整个宇宙是统一的物质存在，提出"盈天地间皆物也"①，作为物质本原或原始物质的"气"是"不坏"即永恒不灭的，可以转化成其他各种形态。他把"火"看作"气"构成分子的一种最根本属性，认为"气"的运动根源于"火"，创立了"火—气"一元的唯物主义自然哲学，为朴素唯物主义一元论充实了新内容。他认为，事物变化源于内部矛盾性，"尽天地古今皆二也，两间无不交，则无不二而一者，相反相因，因二以济"②，矛盾双方互相依赖，又互相斗争，相反而相成，表达了对立转化的思想，把朴素辩证法发展到一个新阶段。

---

① ［清］方以智：《物理小识》自序。
② ［清］方以智：《东西均·三征》。

第十讲
越来越世俗化的宗教

明朝的宗教以佛教、道教为主,伊斯兰教、天主教、民间秘密宗教等各种宗教多元并存,世俗化日益加深。

一、宗教风貌别具一格

传播流衍 270 余年的明朝宗教，大体有以下几个特点：

第一，最高统治者采取既提倡和保护又整顿和限制的宗教政策，而以整顿和限制为主。

明朝统治者以程朱理学（儒学）为官方哲学，但也多数崇信佛教和道教。他们一方面提倡和保护佛教、道教，大量发放僧道度牒，允许私度者存在，大肆修建寺院，听任各地私建寺院，频繁举办斋醮法事，崇信僧人、道士，编刻佛、道藏经等，以神道设教，利用它们来维护明朝的统治。另一方面也对佛教、道教加以整顿和限制，甚至严禁，各朝控制出家人数、抑制寺观经济的方针一直没有改变，"即使暂时有所放松，但很快（或在本朝，或在后朝）即有所纠改"①，抑制佛教、道教势力的发展和膨胀，防止其危害明朝统治。对于伊斯兰教，统治者优容与约束并用，实际上实行的还是既提倡和保护又整顿和限制的政策。天主教于万历年间传来，统治者多采取限制政策，以发生在万历四十四年（1616）的南京教案为甚。对于民间秘密宗教，明初即制定严禁和镇压政策，限制其势力发展。

第二，各种宗教多元并存，而以佛教、道教为主。

---

① 何孝荣：《明代佛教政策述论》，《文史》2004 年第 3 辑。

明朝统治者对各种合法宗教兼容并蓄，允许其存在，使它们都获得了一定的发展空间。以佛教、道教为例。正统年间"男女出家，累千百万"，"修盖寺观，遍满京师"①。成化年间，发放度牒至37万张，全国僧、道"共该五十余万"②，数额庞大，而私度者尚不知其数。成化十七年（1481）以前，京城内外仅敕赐寺观就有639所，"后复增建，以至西山等处相望不绝"③。据不完全统计，明朝时南京有名可数的佛寺200余所，北京有名可数的佛寺达810所。伊斯兰教在明朝前期普遍传播，新疆地区穆斯林逐渐占据主要地位，明朝中期以后，中国伊斯兰教10个民族形式和两大系统成型。天主教随着耶稣会等传教士东来，在万历年间传入中国，崇祯年间已经传播到13个省，教友有十五六万人。白莲教等民间秘密宗教虽然遭到严禁和镇压，但是一直在民间流传。明朝中期以后，罗教、黄天教、弘阳教等相继而起，到明末仅有明确名称的教派即达80种左右。明朝多种宗教多元并存，一定程度上奠定了后世乃至当今中国五大宗教并存共处的基础。

第三，宗教融合思想和现象普遍。

明朝以程朱理学为官方哲学，因此佛教、道教都努力向程朱理学（儒学）靠拢，提倡三教同源、三教一理、三教一家，使其为自己的合理性、合法性提供依据，同时援儒入佛、道，试图丰富和发展各自的宗教思想。佛教、道教内部，各宗派也互相吸收和融合。明太祖"诏天下沙门讲《心经》《金刚》《楞伽》三经，命（僧）宗泐、如玘等注释颁行"④。这样，佛教讲僧多以融合诸宗学说为特色，禅僧也多兼习佛教经典。明

---

① 《明英宗实录》卷183，正统十四年九月丁酉。
② ［明］倪岳：《青溪漫稿》卷13《止给度一》。
③ 《明宪宗实录》卷260，成化二十一年正月己丑。
④ ［明］葛寅亮：《金陵梵刹志》卷2《钦录集》。

末四大高僧皆禅、教兼通,不专属于某一个宗派。诸宗融合会通成为明朝佛学的鲜明特色,至清朝遂形成融合型佛教,成为今天中国汉地佛教的基本形态。道教正一道天师张宇初、净明道名道赵宜真都重视全真道的教义和内丹修炼,结合诸派符箓道法;全真道著名道士王道渊在南宗内丹学基础上,融摄全真北宗之学,形成自己的炼养体系,融合趋势也成为清朝以后中国道教的基本样貌。至于伊斯兰教,明朝中期以前,中国穆斯林学习的是舶来的阿拉伯文和波斯文宗教经典,到了明朝后期,王岱舆、张中、伍遵契等人大力从事汉文译著,把传统的伊斯兰教认主学同中国传统的儒、释、道相结合,促成了中国内地回族等族伊斯兰宗教学说体系的建立。天主教传教士尽管对佛教、鬼神信仰等极力抨击,但对儒学以及中国一些习俗等加以吸收、包容,制定出本土化适应传教策略,以合儒、补儒相标榜。而白莲教、罗教等民间秘密宗教,基本上都是杂糅和吸收儒、释、道三教的思想和教义的产物。

第四,传统宗教衰落,新兴(新传来)宗教蓬勃发展。

作为中国传统宗教的佛教、道教,到了明朝,无论是教义教理,还是宗派传承、教派创立,都没有什么发展。以作为明朝宗教主体的佛教来说,明太祖下令分天下寺院为禅、讲、教三类:禅即禅宗;讲即禅宗以外的其他宗派,主要包括华严、天台、法相诸宗;教则包括从事瑜伽显密法事,为生者祈福弥灾、为死者追荐亡灵等活动。对僧人也相应地将其分为禅、讲、教三类,要求他们各务本业。明太祖还颁布《申明佛教榜册》、僧人《避趋条例》,严令"禅者禅,讲者讲,瑜伽者瑜伽",三者"各承宗派,集众为寺"[①]。经过分寺清宗,明朝中期以后,从事瑜伽法事仪式的教僧逐渐占到僧团的半壁江山,佛教呈现"山林佛教""死人

---

① [明]葛寅亮:《金陵梵刹志》卷2《钦录集》。

佛教""经忏佛教"特质。佛教各宗衰微,"自宣德以后,隆庆以前,百余年间,教律净禅,皆声闻阒寂"①。号称晚明佛教复兴代表的明末四大高僧,在教理教义上也只是提倡诸宗融合、三教同源,并没有什么创新。道教除武当派以外,没有其他有影响的新教派出现。而原有的各教派中,只有正一道天师派、全真道龙门派等少数教派传承有人。道教理论,除了承袭宋元旧说以外,至多加上一些诸宗融合、三教合一等内容,发展有限。而新兴(新传来)的宗教,包括伊斯兰教、天主教、民间秘密宗教则蓬勃发展。伊斯兰教在明朝前期普遍传播,明朝后期回族等族掌教制度转变,中国伊斯兰教开始走向成形和完善。天主教因传教士奉行适应政策,并以欧洲近代科学技术作为传教载体,在中国迅速传播。甚至有传教士认为,如果明朝不亡,基督教在罗马全盛时期的荣耀也许就能在中国成为现实。白莲教在明初传承不绝,明朝中期以后,罗教兴起,迅速风靡,其他民间秘密宗教创始人纷纷仿效借鉴,民间秘密宗教遂呈繁盛之势。

第五,各种宗教进一步世俗化,成为庶民的宗教。

宗教世俗化是相对于宗教神圣性而言的,通行的理解就是宗教日益关心"此岸"的人类事务,而不再专门以服务和向往神的世界为宗旨。明朝各种宗教的传播和发展,明显地体现出日益世俗化的特征。以佛教为例,明朝教僧即瑜伽僧独立成类,并专业化,为民众有偿从事超荐亡魂等佛教法事,"教僧占到整个僧侣总数的将近半数"②。明末四大高僧掀起晚明佛教复兴的浪潮,积极实践大乘佛教精神,关注佛教发展乃至民生社会。而佛教三大名山的兴起,至清朝形成四大名山,成为明清以后

---

① 陈垣:《明季滇黔佛教考》,中华书局1962年版,第13页。
② [日]龙池清:《明代的瑜伽教僧》,载日本《东方学报》(东京)1940年第11册第1期。

中国佛教的主流取向。这些都是佛教进一步世俗化的突出例证。藏传佛教、印度密教在汉地的传播，也主要是适应和应付明朝皇室崇奉密教、斋醮祈福的需要。道教多神崇拜、内丹炼养及积善立功等宗教观念进一步在民间扎根，并与儒学、佛教的通俗之说融会，和民间传统的宗教、迷信观念结合，对百姓的生产和生活产生了广泛影响。佛教、道教进一步世俗化，日益深入民众的生活，逐渐从教理的佛教、道教走向信仰的佛教、道教，从僧侣的佛教、道士的道教走向庶民的佛教、道教，在中国佛教史、道教史上的地位、价值等都值得重视和肯定。至于伊斯兰教，本来就是教俗不分、入世性极强的宗教，它与穆斯林的生活紧密相连。白莲教、罗教等民间秘密宗教更是地道的世俗化宗教。

总之，与明朝社会一样，明朝宗教也处于从古代向近代新旧交替的十字路口。不过，明朝宗教的转变也因清军入关而被暂时打断。

二、佛教的衰落与复兴

明初统治者支持汉传佛教，使禅、讲、教各宗派得到恢复和发展。明朝中期以后，佛教保持了相当的规模，表面繁盛，但实际上进一步衰微，佛教更加世俗化。

（一）佛教各宗的概况

1. 禅宗

明朝时，禅宗仅存临济、曹洞两支，虽时有禅师大家出现，但教义、宗派都没有创新。明初临济宗的代表是楚石梵琦，为大慧宗杲的五传弟子，元朝后期先后住持浙江诸大寺。洪武元年（1368）、二年，两次应明太祖之召，到南京参加蒋山法会。梵琦继承宗杲的"看话禅"，延续临济禅传统，"嬉笑怒骂，无非佛事"①。他主张禅净一致，并栖心于净土，在当时声望很高，被称为"国初第一宗师"。明朝中后期，临济宗有名的禅师为笑岩德宝，其晚年即隆庆万历年间居北京柳巷，以禅道接引诸方学者，名震海内。德宝将"看话禅"与净土念佛结合，主张"念道即是念佛，念佛即是念心，自心能成自己佛"②，提倡念佛禅，认为如此话头便会自成。德宝之后有幻有正传，正传门下有密云圆悟、天隐圆修、雪峤圆信三位名僧，他们都在江南传禅。"三圆"中以圆悟影响最大，圆悟自万历后期先后住持江浙诸刹，大振宗风，有剃度弟子300余人，嗣法弟子12人。他发挥"见性成佛"的旨趣，重视临济宗"棒喝"宗风。弟子汉月法藏对其提出批评，认为"文字禅"没溺于语言，"棒喝禅"没溺于无言，后者危害更大。法藏主张继承和发扬宗杲的"看话禅"，复兴禅学。法藏著有《五宗原》，认为一个圆相为万佛之源，禅宗五家各出圆相之一面，圆相具五家宗旨。圆悟和法藏二人及其弟子论争不已，至清世宗以皇帝身份干预，法藏之说被禁毁。

明初曹洞宗有雪轩道成，但无甚建树。至明末，有无明慧经、无异元来、永觉元贤等禅僧大振曹洞宗风。慧经于万历后期住持江西黎川寿昌寺，他提倡"看话禅"，力行农禅结合，"迨七旬，尚混劳侣，耕凿不息"③。元来于明朝后期先后住持江浙闽多所寺院，弟子云集，缙绅景附，时称"明兴二百年来，宗乘寥寥，得和尚而丕振，猗与盛哉"④。元来重视

---

① ［明］宋濂：《宋学士文集》卷8《楚石禅师六会语序》。
② ［明］释德宝：《月心和尚笑岩集》卷3《答京中缙素道旧发书入山请师回京复祈法要》。
③ ［明］释德清：《憨山老人梦游集》卷28《新城寿昌无明经禅师塔铭》。
④ ［明］释元来：《无异元来禅师广录》卷35。

"参话头"，又鼓励禅僧多读佛典，禅教并重。元贤于明末清初在福建、浙江等地住持寺院。他调和禅教，会通儒释，并撰《洞上古辙》总结曹洞宗学说。

2. 净土宗

明朝净土宗由于僧俗名流的大力弘扬而得以广泛传播，净土法门成为各宗的共同信仰。明初禅僧楚石梵琦主张"禅净一致"。其他高僧如启宗大佑、鄞江妙叶、无碍普智，及明朝中后期的一元宗本、幽溪传灯等，都宣传净土思想。晚明四大师之一的云栖袾宏，隆庆万历年间住杭州云栖寺，着重持名念佛，以念佛为最重要法门，建立净土道场，在当时影响很大，被推为"莲宗八祖"。此外，明朝还有居士宣扬净土思想。如袁宏道著《西方合论》十卷，阐述禅净双修要旨和念佛三昧真义。

3. 天台宗

明朝初期，天台宗比较沉寂，主要在东溟慧日系统中传播。慧日于元末住持杭州上、下天竺寺，明初应明太祖召参加蒋山法会，讲授天台教义，被尊为"白眉法师"。无碍普智是慧日的弟子，"优于讲说"，活动于洪武、永乐年间，"门风大振"。晚年住持松江延庆寺。他"专修净业"[①]，被尊为天台宗第二十六祖。明朝中期以后，天台宗名僧有万松慧林、千松明得、百松真觉。慧林早年习禅，主张台禅双修，并融摄华严思想，对天台宗后来的发展产生了很大影响。明得从学于慧林，真觉又为明得的弟子。明朝后期，天台宗稍得振兴，幽溪传灯被誉为"中兴之祖"。万历年间传灯住天台山幽溪高明寺，他重立天台祖庭，大开讲习。他会通儒、释，统一天台宗与华严宗等佛教义学之旨，为天台性具论辩

---

① ［明］释如惺：《大明高僧传》卷3《杭州龙井寺沙门释普智传》。

护,被尊为天台宗第三十祖。

4. 华严宗

明朝前期、中期,华严宗式微,只有一些兼讲华严的僧人,影响不大。明朝后期,华严宗有所复兴,出现了遍融真圆、雪浪洪恩、月川镇澄、汰如明河等具有影响力的僧人。真圆于嘉靖后期至万历年间常住庐山、北京,宣讲华严,兼传禅学,提倡用自我心理调节来代替一切佛教修行,并将此作为禅与华严的契合点。镇澄于万历年间在五台山等地弘传华严,"万指围绕"。他兼弘禅、教,提倡禅与华严融合。洪恩精通《华严》《般若》《法华》《心经》《楞严》等佛经,万历年间在南京大报恩寺等处三演《华严经疏》,七讲《华严玄谈》。洪恩讲经,能够适应不同听众,融通禅、教,以自己的理解发挥经文,受到时人的普遍欢迎,"继席者以百计,秉法而转教者以千计"[1]。东南法席之盛,"无出其右"。明河是洪恩的再传弟子,以华严教义疏解《楞伽》《楞严》二经,听者甚众,名声大振。他又广搜资料,著成《补续高僧传》二十六卷。

5. 律宗

明朝前期、中期,律宗湮没无闻。万历年间,古心如馨在南京古林寺以及五台山等地传戒弘律,著有《经律戒相布萨轨仪》一卷。如馨有徒众近万人,嗣法十二,"接席分灯,相继弘扬,律学所以遍行天下也"[2],被称为"中兴律祖"。三昧寂光是如馨的弟子,精研毗尼,崇祯年间复兴宝华山隆昌寺律宗道场,著有《梵网经直解》四卷及《十六观经

---

[1] [清]钱谦益:《列朝诗集小传》闰集《雪浪法师恩公》。
[2] 释仁友:《金陵马鞍山中兴律祖事迹考》。

忏法》。他"足迹遍海内，临坛演戒百有余所"①，弟子众多，被尊为律宗"千华派"始祖，是明末清初振兴律宗的重要人物。

6. 唯识宗

明朝前期，唯识几乎成为绝学。正德以后，才出现研习兼弘扬的僧人，如鲁山普泰、雪浪洪恩、高原明昱、绍觉广承等。正德年间普泰在北方弘传唯识妙义，渐开唯识之风，并传至南方。洪恩主弘华严，旁及唯识，编《相宗八要》一书，是研习唯识的阶梯。明昱，万历年间先后在南京、北京、杭州等地讲唯识学，有《成唯识论俗诠》《相宗八要解》《成唯识论随注》等，人争传习，为"明朝唯识宗的一大家"②。广承在崇祯年间于杭州莲居庵讲唯识，"双弘性相，启迪英贤"③。广承的弟子灵源大慧、新伊大真、辨音大基等皆精研唯识，讲演著述，传承不绝。另外，名儒王肯堂撰《成唯识论证义》等，也对唯识学有所研究。

总的来说，明朝佛教虽然出家人数庞大，修建寺院众多，保持表面的繁盛，但各个宗派在教义、支派上都缺乏创新，仅有的知名僧人也主要是各宗"理论的可靠传播者，而不是继往开来的创造者"④，甚至各个宗派多传承乏人。而占到僧团半壁江山的是教僧，他们在教理思想上不做深究，也不以明心见性为本宗，只以超荐亡魂为主要事务。于是，当时佛教呈现出"山林佛教""死人佛教""经忏佛教"的样貌，实质上更为衰微，进一步世俗化。

---

① 喻谦：《新续高僧传四集》卷28《明金陵宝华山隆昌寺沙门释寂光传》。
② 郭朋：《明清佛教》，福建人民出版社1982年版，第171页。
③ ［明］释幻轮：《释鉴稽古略续集》卷3。
④ 魏道儒：《中国华严宗通史》，江苏古籍出版社2001年版，第10页。

（二）明末四大高僧

明朝后期，一些有识高僧不满佛教衰微至极，起而倡导振兴佛教，改革佛教，掀起晚明佛教复兴浪潮。他们的代表，就是被称为"明代四大高僧""晚明四大师"的云栖袾宏、紫柏真可、憨山德清、蕅益智旭。

1. 云栖袾宏

袾宏，字佛慧，号莲池，俗姓沈，浙江仁和（今杭州）人。嘉靖末年出家。隆庆五年（1571），在杭州云栖古寺旧址结茅以居，弘法传教，"法道大振，海内衲子归心"，云栖"遂成丛林"①。万历末年圆寂。袾宏主张禅教合一，参禅者"先宜看教"，否则"通宗不通教，开口便乱道"②。他认为，禅、净虽属不同宗派，但皆为方便法门，可同时修习，读经、参禅的最终目是往生净土，净土念佛可以总括禅、教，是求得解脱的最好方式。袾宏主张佛、儒、道"理无二致"，"三教同源"，佛教高于儒、道。袾宏的佛学思想具有调和性和兼容性，受到佛教内外普遍推崇，净土宗推他为"莲宗八祖"，华严宗以他为唐朝名僧圭峰宗密座下第二十二世。

袾宏大力振救佛教。他著《阿弥陀经疏钞》，提倡净土法门；令僧众读诵《梵网戒经》及比丘诸戒品，著《沙弥要略》《具戒便蒙》《梵网经疏发隐》，"发明"戒律，立修行基础；编《禅关策进》，与《高峰语录》等并刊，"以示参究之诀"③。他还规范水陆法事仪轨、戒杀放生仪轨等，"给现代的中国佛教仪礼奠定了基础"④。此外，他还与传教士等论辩，

---

① ［明］释德清：《憨山老人梦游集》卷 27《云栖莲池宏禅师塔铭》。
② ［明］释袾宏：《云栖大师遗稿》卷 3《答问》。
③ 喻谦：《新续高僧传四集》卷 43《明梵村云栖寺沙门释袾宏传》。
④ ［日］镰田茂雄：《中国佛教史》，关世谦译，新文丰出版社 1982 年版，第 243 页。

批判罗教等民间秘密宗教，护持佛教。袾宏在当时有很大影响，被誉为"法门之周孔"，对明末佛教改革和复兴作出了重要贡献。

2. 紫柏真可

真可，字达观，晚号紫柏，俗姓沈，南直隶吴江人。嘉靖末年出家，四处参学，佛学大进。万历三十一年（1603），真可被牵连进"妖书案"。不久，死于狱中。真可一生复兴古刹15所，但拒任住持。他立志复兴禅宗，主张禅教合一，于诸宗均有造诣。他指出，"宗、教虽分派，然不越乎佛语与佛心，传佛心者谓之宗主，传佛语者谓之教主"①。他主张性相圆融一体，而终归禅宗。他指出，儒、佛、道皆得于"湛然圆满而独存"的先天"妙心"，致力于调和三教，反对互相攻击。

真可总结当时丛林"盲师资七大错"，认为是"佛法大患"②。为此，他交游讲学，希望将其消除，振兴佛教。《大藏经》以往皆为烦重的梵筴式，不利于流通和阅读，真可倡刻方册装，采用通行且轻便的一般书本式装帧，此即我国第一部方册本大藏经——《嘉兴藏》（《径山藏》）的由来。真可关心国事民生，出入京城及各地，结交官员士人。他把营救获罪的憨山德清和因反对矿监税使而被逮捕下狱的南康太守吴宝秀，加上编修明朝的《传灯录》，视为自己的三大任务（"三负"）："若释此三负，当不复走王舍城矣！"③真可以出世身做入世事，成为晚明佛教复兴运动中与德清并称的积极救世且救法的左翼派佛教大师，对近代人间（生）佛教运动的形成有开创新风之功。

---

① [明] 释真可：《紫柏老人集》卷6《法语》。
② [明] 释真可：《紫柏老人集》卷3《法语》。
③ [明] 释德清：《憨山老人梦游集》卷27《径山达观可禅师塔铭》。

3. 憨山德清

德清，字澄印，号憨山，俗姓蔡，南直隶全椒（今属安徽）人。嘉靖末年出家。万历初年，居五台山，修行证悟。万历十一年（1583），隐居于东海牢山（今山东青岛崂山）。万历二十三年，遭诬陷私造寺院，被发配到广东雷州充军。遇赦后，结庵庐山五乳峰下，专修净业。天启年间圆寂。德清主张禅教一致，"佛祖一心，教禅一致"①。他认为性相一致，性相、禅教本无差别。他重视净土念佛的作用，认为"净土一门，修念佛三昧，此又统摄三根、圆收顿渐，一生取办，无越此者"②，主张在参禅的同时要兼修净土，甚至认为念佛即是参禅。他指出，儒、佛、道可以互相诠解、补充，主张三教一致。

德清积极复兴佛教。在牢山隐居期间，当地罗教盛行，"绝不知有三宝"，德清弘法传教，改变了这种状况。充军雷州期间，德清恢复禅宗祖庭南华寺，为"曹溪中兴祖师"。他关注社会民生，居牢山时，山东灾荒，德清将李太后所赐建庵的三千两银子散施于灾民，后又将寺中斋粮尽数赈灾；充军期间，他劝化平息民变，说服采珠太监李敬约束采珠船，保护地方生灵。德清复兴佛教，关心国事民生，突破了明朝中期以来佛教消极应世的格局，树立起晚明佛教复兴的大旗，成为近代人间（生）佛教的重要思想来源。

4. 蕅益智旭

智旭，字振之，号蕅益，俗姓钟，南直隶吴县人。天启年间出家，四处参访听讲，遍阅律藏。后住浙江孝丰灵峰寺等处。清顺治年间圆寂。

---

① ［明］释德清：《憨山老人梦游集》卷6《示径山堂主幻有海禅人》。
② ［明］释德清：《憨山老人梦游集》卷19《云栖大师了义语序》。

智旭力主禅教一致，参禅者应学习佛教经典。他重视戒律，主张禅、教、律统一，"禅者佛心，教者佛语，律者佛行"①。智旭参学诸宗，尤重净土，认为净土念佛最为圆顿方便法门，"为佛祖者，以《华严》《法华》《楞严》《唯识》为司南，而通此诸典，又藉天台、贤首、慈恩为准绳……然后融入宗镜，变极诸宗，并会归于净土"②。智旭认为，佛、儒、道同源于"自心"，提倡三教并用、互补。

智旭选择克己的律师生活形态，以阅藏、著述为业，含涉禅、律、教、净土；遍通性相、大小戒律，"融会诸宗"，希图依靠各宗共力来复兴佛教。他集天台、参禅、念佛诸法门于一身，鼓吹净土信仰的殊胜，对后世佛教影响很大。他还通过宗教修持，如发愿、礼忏、持咒、烧身等，祈求佛法复兴，末世弊端尽革。智旭"不只是明末不出世的思想家，更是一位杰出的佛教信仰修行者"③。

（三）佛教三大名山

佛教传入中国后，虽然历代都修建了大量佛寺，一些佛寺为各宗派祖庭，但信徒尤其是社会大众朝拜礼佛起初并无固定而集中的场所。南宋时期，五山十刹显赫一时，香火鼎盛。到了明朝，随着佛教衰微和世俗化加强，信徒逐渐形成了参拜三大名山、祈求三大菩萨的习惯，三大名山香火尤盛。

1. 五台山

五台山位于山西省东北部。因"五峰耸出，顶无林木，有如垒土之

---

① ［清］释智旭：《灵峰宗论》卷2《示世闻》。
② ［清］释智旭：《灵峰宗论》卷2《示真学》。
③ 释圣严：《明末中国佛教之研究》，关世谦译，台湾学生书局1988年版，第11页。

台",故名;又因"岁积坚冰,夏仍飞雪,曾无炎暑",名"清凉山"[①]。北魏时期,佛教传入五台山。文殊,全名文殊师利,是大乘佛教中最以智慧著称的菩萨,又称为"大智"文殊菩萨。中国僧俗人等根据《大方广佛华严经》等关于文殊师利菩萨在东北方清凉山(五顶山)与其眷属诸菩萨一万人住坐说法的记载,将五台山比附为文殊菩萨道场。到了唐朝,李唐皇室发迹于山西,推崇五台山文殊道场,不仅建寺造像,而且派人礼拜。由此,五台山文殊道场得到举国公认。文殊由高高在上的菩萨,变为心诚即可见到的圣者,引发僧俗竞来礼拜。宋元时期,皇室官员、僧俗人等继续崇礼五台山文殊道场,五台山文殊信仰广泛流行。

明朝帝王后妃大多尊崇五台山佛教。明成祖将藏传佛教噶玛噶举派大宝法王噶玛巴却贝桑布(哈立麻,法名得银协巴)送往五台山大显通寺,为其修寺造像。明英宗赐给五台山《大藏经》六部。万历时,李太后在五台山敕建大塔院寺及护国佑民释迦文佛舍利宝塔,明神宗在狮子窝修建洪福万寿藏经楼阁,在龙泉寺复建万圣阁,母子共颁赐了八部《大藏经》,有力推动了五台山佛教的发展。一些大臣也崇奉、护持五台山佛教。这样,五台山佛教走向兴盛。明朝时五台山寺院多达100余所,其中新建30余所,修葺10余所,著名的有显通寺和广宗寺(铜瓦殿)等。高僧大德云集,诸宗竞秀,名僧有碧峰宝金、孤月净澄、大巍净伦、澄芳远清、憨山德清、妙峰福登等,以及藏传佛教大宝法王噶玛巴却贝桑布、格鲁派大慈法王释迦也失等。香火旺盛,朝山进香、游览观光者"四海云涌",五台山成为佛教"三大名山"之一。例如,妙峰福登发愿铸造渗金三大土像、铜殿三座,"送三大名山"[②],说的就是文殊菩萨及五

---

① [明]释镇澄纂修,释印光增修:《清凉山志》卷1《总标化宇》。
② [明]释德清:《憨山老人梦游集》卷30《敕建五台山大护国圣光寺妙峰登禅师传》。

台山、普贤菩萨及峨眉山、观音菩萨及普陀山。憨山德清在一篇文章中也说:"三大士现身十方,普度众生",在中国"以三大名山为法身常住道场","而峨嵋僻处西蜀,远在一隅。唯五台、普陀,对峙南北,为十方众僧之所归宿,往来道路,不绝如缕"①。

2. 峨眉山

峨眉山,亦作峨嵋山,位于四川省南部。因主峰大峨与二峨"两山相对如蛾眉"而得名。佛教大约在东汉时传入峨眉山,唐朝峨眉山佛教已初具规模。普贤,是大乘佛教中具足无量行愿的菩萨,又称为"大行"普贤菩萨。僧俗人等根据《大方广佛华严经》关于贤胜菩萨在西南方光明山与其眷属诸菩萨三千人住坐说法的记载,及峨眉山昼有"佛光"、夜有"圣灯"的传说,将光明山比附为峨眉山,贤胜菩萨说成普贤菩萨,从而把峨眉山与普贤菩萨信仰联系起来。唐朝君王对峨眉山多有敕赐修建。宋朝统治者大肆赏赐,宋太宗施铸二丈高普贤铜像,安于峨眉山白水寺,并下诏重修白水、黑水、华严、中峰和光明五寺。铜像的安放,标志着峨眉山普贤道场的正式形成。

明太祖重建峨眉山光相寺,殿覆铁瓦,故又名铁瓦殿,并铸普贤铜像于其中。明英宗敕赐峨眉山灵岩寺《大藏经》一部。明神宗、李太后尤重峨眉山佛教,多次赏赐,仅《大藏经》就赏赐了三部。王公大臣也护持峨眉山佛教。如,万历年间,僧人妙峰福登铸造普贤铜像及铜殿,沈王慷慨解囊,巡抚王象乾、税监丘乘云也积极捐助。明朝峨眉山出现了前所未有的建寺潮,寺院多达170余所,佛教盛极一时。高僧云集,禅净并存,以禅宗为主。著名者如别传慧宗、通天明彻、无穷真法等。

---

① [明]释德清:《憨山老人梦游集》卷26《高邮州北海台庵接待十方常住记》。

朝山进香者络绎不绝,"四方缁白朝礼者无虚日"①。峨眉山成为佛教"三大名山"之一,万历年间礼部尚书李长春说:"盖闻震旦国中有道场三:曰峨眉,曰五台,曰普陀,鼎立宇内,为人天津梁。"②

3. 普陀山

普陀山位于浙江省东北部舟山群岛南端的莲花洋中。佛教传入普陀山的时间较早。观音,意译为"观自在""观世音自在""观世音"等,意为通过观察世间声音而明心见性,循声救苦,是大乘佛教中具大慈悲心的菩萨,又称为"大悲"观音菩萨。西晋时,僧俗人等就根据《大方广佛华严经》关于观音菩萨住南方补怛洛迦山的记载,将此山比附为观音菩萨应化道场。至五代后梁贞明二年(916),日本高僧慧锷从五台山得观音像,乘船回国,行至此处洋面,船触礁不能行,乃敬置观音像于潮音洞侧,居民筑庵奉之,称"不肯去观音院"③,为普陀山供奉观音像之始。宋朝统治者大肆崇礼表彰,如宋神宗增建不肯去观音院,赐额宝陀观音禅寺,宋宁宗赐钱修饰殿宇,御书圆通宝殿、大士桥赐之。海内外信众纷至沓来,香火日盛,普陀山正式成为观音菩萨道场。本来在印度佛教中观音菩萨为男身,显大丈夫相。宋朝以后,为适应女性苦难众多的社会现实和女性内心慈忍柔和的特性,中国观音菩萨逐渐被塑为女相。元朝统治者不仅遣使礼拜观音菩萨,而且饭僧、建寺、免税,普陀山香火更盛。

明朝前中期,因倭寇不断骚扰东南沿海,普陀山寺院两度遭毁坏,观音菩萨像先后迁往府城、县城。隆庆年间,倭患平息后,僧人修复殿

---

① [明]傅光宅:《峨山修改盘路记》,见许止净《峨眉山志》卷6《王臣外护》。
② [明]李长春:《峨眉大佛寺落成颂并序》,见许止净《峨眉山志》卷6《王臣外护》。
③ [清]许琰:《普陀山志》卷5《灵异》。

宇,重振观音道场。万历年间,明神宗、李太后以"观音治东海,而东海灵应尤异","特垂意"普陀山①。他们多次遣使至山,赏赐《大藏经》等,敕建、赐额"护国永寿普陀禅寺",敕改海潮寺为"护国镇海禅寺"(今法雨寺)。王公大臣、宦官、地方官员等也捐施财物,礼拜修建。这样,普陀山观音道场得到迅速恢复与发展。修建了大量寺院,著名的有普陀寺、镇海寺、慧济庵等。僧徒会聚,诸宗竞传,名僧有大基行丕、祖芳道联、真松、一乘真表、大智真融、天然如寿、宝莲如光、奇峰真才、朗彻性珠、文玉寂美等。"上自帝后妃主、王侯宰官,下逮缁侣羽流、善信男女,远近累累,亡不函经捧香,博颡茧足,梯山航海,云合电奔,来朝大士"②,甚至超过了五台山和峨眉山。

明朝佛教出现"三大名山",到清朝加上九华山地藏菩萨道场,终而形成"四大名山",代表了明清以后中国佛教的主流取向。僧俗信众"选择最为简单易行的方法",向膜拜的各大菩萨"索取当下所需,满足膜拜者个人的世俗要求"③,清晰地反映出佛教进一步世俗化、成为庶民佛教的态势。

(四)藏传佛教和印度密教在内地的传播

藏传佛教和印度密教也在北京等内地有一定程度的流传。

1. 藏传佛教在内地的流传

明太祖、明成祖均崇信藏传佛教。洪武年间,明太祖迎请藏地"有

---

① [明]周应宾:《普陀寺碑记》,见[明]周应宾《普陀山志》卷14《艺文》。
② [明]屠隆:《补陀洛迦山记》,见[明]周应宾《普陀山志》卷14《艺文》。
③ 潘桂明:《中国佛教思想史稿》第三卷,江苏人民出版社2009年版,第802—803页。

道僧"惺吉坚藏等七人到南京鸡鸣寺设坛作法，镇压其地原为万人坑而散发出来的"妖气"。明成祖召请藏传佛教噶玛噶举派黑帽系第五世活佛噶玛巴却贝桑布（哈立麻）来南京，在灵谷寺设普度大斋，为已故的明太祖及马皇后"资福"，又在山西五台山"建大斋"，"资荐"刚去世的徐皇后。他封噶玛巴却贝桑布为"大宝法王"，"领天下释教"，请其入宫讲经传法，"授无量灌顶"①。明成祖又召请萨迦派故元帝师后裔贡噶扎西（昆泽思巴）来南京，封为"大乘法王"，"领天下释教"。贡噶扎西也为明成祖"传授灌顶和经咒加持、教诫、随许等诸多佛法，使其心满意足"②。明成祖还召请格鲁派创始人宗喀巴，宗喀巴派弟子释迦也失代替入朝，被封为"西天佛子"。据说，释迦也失用医药和传授灌顶为明成祖治好了重病③。释迦也失归藏后，永乐二十二年（1424）明成祖再次召请。

明朝中期，最高统治者特别崇信藏传佛教，尤以明武宗为甚，由此，藏传佛教继元朝后再次盛行于北京。宣德时期，京中供养藏僧千余人。释迦也失应明成祖第二次召请来北京后，明宣宗封其为"大慈法王"。正统初年，主政的张太后也崇奉藏传佛教，大量藏僧留住北京。成化年间，明宪宗尤其崇奉藏传佛教，封授藏僧为法王者达13位。明宪宗死后，礼部统计，"传升大慈恩等寺法王、佛子、国师等职四百三十七人，及喇嘛人等共七百八十九人"④。明武宗崇奉藏传佛教至极，不仅自封为

---

① ［明］巴卧·祖拉陈瓦：《贤者喜宴》，转引自邓锐龄《〈贤者喜宴〉明永乐时尚师哈立麻晋京纪事笺证》，载《中国藏学》1992年第3期。
② 参阅阿旺贡噶索南：《萨迦世系史》，转引自《元以来西藏地方与中央政府关系档案史料汇编》第一册，中国藏学出版社1994年版，第109页。
③ 参阅杨贵明、马吉祥：《藏传佛教高僧传略》，青海人民出版社1992年版，第273页。
④ 《明孝宗实录》卷4，成化二十三年十月丁卯朔。

"大庆法王"，铸金印，"定为天字一号云"①，而且造寺禁中，"诵习番经，崇尚其教，常被服如番僧，演法内厂"②，一副藏传佛教僧人做派。他大肆封授在京藏僧，封法王9位，其中在京者8位，西天佛子、灌顶国师等法号则更多。朝廷对在京藏僧厚加供养，"玉食锦衣，坐受尚方之赐，棕舆御杖，僭用王者之仪"③。嘉靖以后，诸帝不再大量供养、封授藏僧，藏传佛教在京势力顿衰。

各朝频繁举办藏传佛教法事，为皇室祈福驱邪，以及满足其奢侈淫逸生活的需要。宫中有番经厂，是举办藏传佛教法事的场所。景泰年间，景泰帝"逐日修斋设醮"。成化年间，宫廷佛事越发频繁。藏僧札巴坚参、札实巴等"以秘密教得幸"，"每召入大内，诵经咒，撒花米，赞吉祥"④。明武宗亲自参与宫中藏传佛教法事，还令宫女聆听。万历年间，宫中举办藏传佛教法事，番经厂场地不足，就在隆德殿大门内"跳步叱，而诵梵呗者十余人"⑤。

最高统治者带头在北京修建藏传佛教寺院，如大隆善寺、大慈恩寺、大能仁寺、大护国保安寺、宝庆寺等。万历时袁宏道游览大隆善寺，"观曼殊诸大士变像，蓝面猪首，肥而矬，遍身带人头，有十六足骈生者，所执皆兵刃，形状可骇，僧言乌思藏所供多此像"⑥。不少内地汉人也信奉藏传佛教，出家的人数众多，如成化二年（1466）发放僧人度牒，其中给藏僧行童发放度牒3400张，"有中国之人习为番教，以图宠贵"⑦。还有的民众在家信奉其教，如天顺年间有藏僧"短发，衣虎皮，自称西天活

---

① 《明武宗实录》卷64，正德五年六月庚子。
② 《明武宗实录》卷121，正德十年二月戊戌。
③ 《明孝宗实录》卷2，成化二十三年九月丁未。
④ 《明宪宗实录》卷53，成化四年四月庚戌。
⑤ ［明］刘若愚：《酌中志》卷16《内府衙门职掌》。
⑥ ［明］袁宏道：《袁宏道集笺校》卷17《崇国寺游记》。
⑦ 《明宪宗实录》卷58，成化四年九月己巳。

佛弟子，京城男女礼拜者盈衢"①。

除北京之外，藏传佛教也在南京、五台山等地流传。如噶玛巴却贝桑布、释迦也失先后居留在五台山，说法传教。释迦也失在五台山建了6座寺院，被誉为在汉地首建格鲁派本宗之人。其后，很多藏僧到五台山传教，五台山成为内地藏传佛教的重镇。

2. 印度密教在内地的流传

印度密教是佛教在8世纪时吸收印度教和民间信仰而逐步形成的佛教派别。13世纪，密教在印度本土消亡，一些密教僧人"多经克什米尔诸地而避入西藏，部分则逃至尼泊尔一带"②。元末明初，先后有印度密教僧人来到中国传教，其中撒哈咱失里－智光系和实哩沙哩卜得啰系两支印度密教在北京、南京、五台山等地流传，势力较大，当时称为"西天教""西竺教"。撒哈咱失里－智光系灯焰相续，传承不绝，从元末至明朝中期可知者即有五代传承，僧团数百人，保持相当规模。实哩沙哩卜得啰系印度密教在明朝前期流传，至明朝中期再未见其踪迹。他们都积极为皇室服务，举办密教法事。朝中大臣、宫中宦官以及民众不少信其教，并助建多所寺院。宫中有西天经厂，是举办印度密教法事的场所。

三、道教的式微

道教在明朝有一定的势力，但实质上却进一步衰微，更为世俗化。

---

① 《明英宗实录》卷299，天顺三年正月辛卯。
② 释圣严：《印度佛教史》，台湾法鼓文化事业股份有限公司1997年版，第302页。

（一）正一道

明朝的道教分为正一道、全真道两大派，前者是符箓派的总合，后者是丹鼎炼养派的代表。正一道以斋醮祈禳为职事，与民俗联系紧密，比全真道更适应统治者伦理教化的需要，因而受到支持。但正一道除天师派以外，其他各派多传承难继。

正一道中，明廷礼遇天师派。洪武时期，明太祖封第四十二代天师张正常为大真人，令其掌天下道教事。其后诸帝多依明太祖旧制，加封正一道首领真人封号，正一天师由道教一派的首领升格为整个道教的教主，取得了前所未有的尊贵地位。各朝皇帝不断召见天师，频繁命其主持斋醮法事。以明成祖为例。永乐五年（1407），明成祖命第四十三代天师张宇初于朝天宫主建玉箓大斋，以超度亡灵。次年，明成祖命传延禧法箓，建延禧大斋五坛。第四十四代天师张宇清于永乐十年嗣教，获明成祖召见，命其设醮于朝天宫。次年，明成祖命其到龙虎山就大上清宫建金箓大斋七日。永乐十五年，诏张宇清往福建灵济宫修建祈谢金箓大斋。永乐十六年，召张宇清入京，命他在武当山玄帝神像建祠，又命他治浙江潮患。永乐十八年，召见张宇清，命其率道士修玉箓大斋，又建普度醮于京中灵济宫。次年，明成祖命张宇清建星辰坛、保安醮及祈谢大斋。明朝规定，天师三年一朝觐，每次朝觐和为帝王修建斋醮，例有赏赐，包括金银钞币、圭佩玉带、印章、冠服宝剑、度牒等。龙虎山大上清宫是历代天师奉祀香火之地，天师府是天师府第，明朝统治者屡赐钱修缮。除了天师，不少正一道道士也受到统治者的恩宠，尤其是明宪宗朝和明世宗朝，正一道士以道术和方术获得荣宠的人数最多。

天师张宇初对道教教义思想有所探讨。他以老子为道教宗源，继承道教传统的教义思想，提出"以太虚为体"的天道观。他反对正一派唯重符箓科教的宗风，主张各派道士皆须循全真道性命双修之道，试图将符箓内外丹统一于一源。其《道门十规》第三条说："近世以禅为性宗，道为命宗，全真为性命双修，正一则唯习科教。孰知学道之本，非性命二事何？虽科教之设，亦惟性命之学而已。"①张宇初以心、性为儒、释、道共同之源，倡导三教归一，"融儒入道"。

　　正一道还有净明、清微、神霄、上清、灵宝诸派，但多数鲜有高道传承。净明派代表人物，明初有赵宜真，得北派内丹之传，主张以论心性、内丹为主，阐述并发挥全真北派内丹与清微雷法，以符箓祈福消灾闻名于世，被净明派尊为第五代嗣师。其后，净明派还有名道刘渊然、邵以正。刘渊然师从赵宜真，得全真、清微两派真传，相传能"呼召风雷"，洪熙时获赐号"长春真人"，宣德初进"大真人"，被尊为净明派第六代嗣师。他的徒弟邵以正，得其道秘，正统时迁左正一，领道教事，景泰时封"通妙真人"，多为朝廷举行大禳祈。清微派在明朝渐归于全真、净明等派，北京《东岳庙志》列有清微历代祖师，可知该庙一直传承清微，为清微派祖庭。神霄派在明初有名道周玄真，洪武四年（1371）授领神乐观事。嘉靖时，该派有陶仲文，因善祈祷和房中术，颇受明世宗宠信，封"秉一真人"，官礼部尚书，加三孤，封恭诚伯，风光一时。上清派，明初有任自垣，永乐十一年授武当玉虚宫提点，宣德三年（1428）升太常寺丞。明朝中期以后，上清派祖山茅山被全真及其龙门支派渗入，三宫五观中只有三宫传茅山宗坛。灵宝派，明朝中期，阁皂山传箓嗣教宗师第五十代至五十二代李半仙、张尊礼、黄谷虚先后被朝廷授予灵官称号，嘉靖时期阁皂山灵宝派衰落。

---

① ［明］张宇初：《道门十规》。

（二）全真道

明朝的全真道不显于时，全真道士多隐修于山野，云游于江湖，罕有显贵于朝堂的。不过，全真道教派尚有分化，丹书时有出现，表现出少许的发展。

明初，全真道有能履践真功、阐发教旨的道士，著名的有何道全、王道渊。何道全主张内炼成仙，超脱生死，提出"养拙""坐活环""磨炼心地"等具体的修炼方法，认为"且室静则外魔不入，心静则内魔不起，内外清静，表里莹彻，乃是道人活计"①。他倡导真功与真行结合，注重修外行。王道渊在南宗内丹学的基础上，融合了全真北宗之学。他从体用角度阐发性与命的关系，认为体用一源，显微无间，"方可谓之道，缺一不可也"。在具体修炼方法上，王道渊以持戒收心、惩忿窒欲为入门之要，其主张与南、北二宗合流的李道纯学说相接近。

明朝初年，全真道出现了宣称由张三丰创立的武当派。张三丰，名全一，一名君宝，号三丰，辽东懿州（今辽宁阜新）人。据说，他于元末师从火龙真人，为陈抟道孙，游湖广、陕西、四川等地，"复入武当，历襄、汉，踪迹益奇幻"②。明太祖、明成祖多次遣使寻访，均无所获。天顺、成化、嘉靖、天启各朝先后加封号，其声望日高，成为继吕洞宾后最富魅力的"活神仙"。关于张三丰的著述，《明史》著录的有《金丹直指》《金丹秘诀》各一卷。清朝道光年间，李西月编成《张三丰全集》八卷，除部分是李西月自撰和他撰窜入外，多数是明朝流传的张三丰著作，基本反映出宗奉张三丰教派的道教思想。

张三丰提倡儒、佛、道合一，认为三教皆以"道"为本源，三教

---

① ［元］何道全：《随机应化录》卷下。
② 《明史》卷299《方伎传·张三丰》。

"同此一道也","夫道者,无非穷理尽性,以至于命而已矣"[①]。《张三丰先生全书》以内炼成仙为纲宗,其中多为丹诀丹论,基本上属于北宗先性后命、性命双修一脉。筑基炼己是内丹炼养的入门功夫,张三丰认为炼己功夫重在扫除杂念,使元神独照。他指出,药物是内丹修炼的基础,内药指自身中所生元精,外药指身外虚空中真一之炁(同"气"),"内药养性,外药立命,性命双修,方合神仙之道"。《张三丰先生全书》主张先全人道,后成仙道,认为采战御女、男女双修都是"旁门邪径"。

张三丰的学说、行径多源自全真道,但他当时似未创立宗派,后来弟子们奉其为祖师,形成所谓的武当派。这一派以真武大帝为祖师,并尊为雷部至尊天神,习武当内家拳技。张三丰的弟子,俗家一系有沈万三、余十舍、陆德原等,据说均善黄白术(炼丹术);道士弟子有丘玄清、卢秋云、刘古泉、杨善澄、周真德、王宗道、李性之等人。丘玄清为武当山五龙宫住持,因为贤才被荐,历官御史、太常卿,为明朝全真道士中少有的官居高位者。卢秋云、刘古泉、杨善澄、周真德一同求学于张三丰,称"太和四仙"。王宗道,曾奉明成祖命寻张三丰,封为"圆德真人"。李性之,据称正德间入武当山,遇张三丰,被传以丹道。武当派在教义、教制、宗风等方面均与传统的全真道有所不同,是明朝新出的全真道支派。

另外,全真道"正宗七派"中,龙门派还保持着势力,出现了以戒律密传为特征的龙门律宗,明初有陈通微、周玄朴等第三、四代传人。明朝中期,周玄朴将戒法传与张静定,将宗派传与沈静圆,至第五代遂分为张、沈两派。嘉靖三十七年(1558),京师久旱,龙门派第四代崂山道士孙玄清祈雨应验,诏赐"护国天师左赞教主紫阳真人",成为嘉

---

① [明]张三丰:《张三丰全集》卷1《大道论上篇》。

靖朝全真道士最显荣者。后孙玄清自立"金山派",又称"崂山派",为龙门支派。其余六派仅南无派可考传承,明末传至第十二代。

万历时期,全真道中出现了陆西星创立的内丹东派。陆西星先习儒,屡不第。他自称吕洞宾降临住宅,授以丹诀,于是隐居在栖霞山,撰丹书十余种。在内丹方面,他主张性命双修,从筑基炼己、摄性修性入手。他认为,修养心性必须要有良好的心境,而清心之要莫过于遣欲,即除净心中的私心杂念。炼修心性后,才可临炉采药,行男女双修之法。在金丹命术方面,他主张"真火无候,大药无斤",不拘泥于烦琐法度,以顺乎自然、勿忘勿助为要。陆西星虽宣扬内炼成仙,对内丹学有所发挥,但未出家,不拜师,未受戒得箓,于全真诸派之外自成一家。

(三)道教与民众生活

明朝的道教与民间信仰相混融,民众普遍信仰道教神灵,其重要的大型群体性信仰活动表现是朝山进香和庙会游神等。

明朝民众朝山进香活动遍布各地,地方性道教神灵都有自己的辐射范围和香客群,香火兴盛一方,一些具有全国性的道教神灵更是吸引各地民众前往朝拜祈祷,朝山进香规模很大,参加人数动辄数千上万,甚至数万。尤其是围绕碧霞元君、真武大帝信仰,明朝形成了泰山、武当山两大全国性道教信仰进香基地。如武当山,因明成祖对真武大帝的推崇而被封为"大岳""玄岳",成为道教第一名山,吸引了全国各地的朝山信众。苏州、松江、常州等地的朝礼信众,每年春天组成进香船只约百十艘,有时甚至多达数百艘,每船乘载二三十名香客,"每进香一人,人悬一灯"[①],浩浩荡荡,在无锡县北门外的北塘莲蓉湖集合(当时称为

---

① [明]王永积:《锡山景物略》卷4《北塘香灯》。

"齐帮"），选择吉日起航，往返需两三个月不等。这种大规模的武当山民俗信仰活动在明朝持续了上百年，无锡"北塘香灯"水上盛会成为一年一度的民俗节日。

随着道教神灵职能的日渐丰富，再加上神魔小说的推波助澜，各地庙会活动非常繁荣。寺庙本是宗教信仰的场所，来者首先是香客信众，因而庙会最热闹的地方往往是该庙之神最受崇拜、香火最盛的地方。一些具有正统性和国家性的道教神灵，如城隍、东岳、真武、妈祖、关帝等，因拥有遍布全国的庙祠，围绕这些神祠，每年在这些神灵的诞日或其前后皆会有醵钱迎赛（集资抬神像游行）、演剧献艺等活动，形成规模浩大、热闹非凡的庙会。如针对城隍的"三巡会"，针对东岳的东岳庙会，针对文昌帝君的"文昌会"和梓潼庙会，针对刘猛将的"天曹神会"，针对五通神的"五方贤圣会"，针对妈祖的"花爆会"，等等。

民间祭祀道教神灵的仪式中，越来越多地融入娱乐的成分。尤其是大型的迎神赛会、庙会，具有观赏性、娱乐性的戏剧杂技之类的娱乐活动成为不可或缺的重要部分。演戏之外，奉神像出巡是另一项引人注目的娱乐活动。其形式除妆神扮鬼、表演杂技之外，还有高跷、旱船、花鼓灯等。由于道教神灵的庞杂多样，频繁的进香、庙会活动逐渐嵌入到民众的日常生活中，不仅具有宗教信仰的功能，还具有商业贸易和文化娱乐的功能，体现出了特定时节和场合的狂欢精神。① 如京师燕九节，正月十九，据说是全真道士丘处机的生日，全真道士成百上千，"结圜松下，冀幸一遇之"，民众也"致浆祠下，游冶纷沓，走马蒲博"②，一同狂欢，道教信仰和游乐已经结合在一起了。由此可见，道教已经深刻地影

---

① 参阅赵世瑜：《狂欢与日常——明清以来的庙会与民间社会》，生活·读书·新知三联书店 2002 年版，第 192—204 页。
② ［明］刘侗、于奕正：《帝京景物略》卷3《白云观》。

响了民众生活，更加世俗化。

四、伊斯兰教的发展

明朝前期，伊斯兰教继续在中国传播。中期以后，中国伊斯兰教步入内部发展、成形和完善的新阶段。

（一）明朝前期伊斯兰教的继续传播

伊斯兰教于唐朝传入中国，元朝时得到大规模传播。但是，元朝伊斯兰教只在中书省及各行中书省、路等一、二级政区传播，未深入到三级以下政区。到了明朝，政府主持开始把一些穆斯林迁徙、安插到华北、江南等地区，并向中小城市、乡镇等三级政区发展，从而形成了州、县等行政区的穆斯林广泛分布。包括南京为中心的江南地区、河套为中心的甘宁青地区、长安为中心的关中地区、云南地区以及北京为中心的冀鲁豫地区，都出现了穆斯林的踪迹。明朝中期以后，实行海禁政策，西方殖民者逐渐控制了海上航线，瓦剌等蒙古各部更是阻断了中国同西域的联系，穆斯林大规模来华及伊斯兰教在中国的大规模传播基本停止。从地域角度来看，明朝伊斯兰教分布呈现出大分散、小集中、遍布三级政区的格局。

新疆地区穆斯林占主要地位也是在这一时期形成的。史载，明朝新疆地区主要有土鲁番、哈密等国，分布着维吾尔（畏兀儿）等民族，也有一部分回族。明朝之前，新疆地区的民族主要信奉佛教。永乐六年（1408）五月，土鲁番僧人清来率其徒来京朝贡方物，明成祖"欲令化导番俗",授为国师、僧纲司官等①。明朝中期以后,穆斯林在维吾尔等民族居住区中已普遍分布,维吾尔等民族开始信仰伊斯兰教,普传方式与内地迥异。成化五年(1469),土鲁番首领阿力自称"速檀"即苏丹,表明该地区已改信伊斯兰教。不久,土鲁番攻占哈密,哈密此时尚信佛教。弘治后期,哈密国王陕巴卒,"立其子速坛拜牙即为忠顺王"②。拜牙称"速坛"即"速檀"。至此,伊斯兰教在新疆地区占据了主导地位,在中国的大规模传播也告一段落。

(二)明朝中期以后十个民族形式和两大系统的成形

明朝中期以后,中国伊斯兰教进入内部发展和完善阶段,逐步形成了十个民族形式以及两大系统。中国信仰伊斯兰教的十个民族有维吾尔族、哈萨克族、乌孜别克族、塔吉克族、柯尔克孜族、塔塔尔族、回族、撒拉族、东乡族和保安族等,这些民族是具有近代民族基本特征的民族共同体。根据民族特性以及地区分布,中国的伊斯兰教又可分为回族等族系统(包括回族、撒拉族、东乡族、保安族)和维吾尔等族系统(包括维吾尔族、哈萨克族、乌孜别克族、塔吉克族、柯尔克孜族、塔塔尔族)。回族等族系统主要生活在中国内地、甘肃、青海一带,他们主要以和平的方式传播伊斯兰教,将伊斯兰教的基本教规、教义、生活习惯同中国传统儒家思想结合起来,受以儒家文化为主的汉族文化影响较大。维吾尔族等族系统主要分布在新疆,他们多是通过宗教战争等方式以政治的力量推进伊斯兰教的传播,他们与伊斯兰教国家的联系密切,受汉族文化的影响较小,更多地融入本民族或相似民族自有的信仰,展现出

---

① 《明太宗实录》卷79,永乐六年五月辛酉;《明史》卷329《西域传一·土鲁番》。
② 《明武宗实录》卷6,弘治十八年十月丙辰。

不同于回族等族系统的特征。

明朝伊斯兰教两大系统,其中回族等族系统同中央政府的联系密切,受汉文化影响较大,在明朝社会生活中活跃;新疆维吾尔族等族系统带有浓重的民族色彩,在明朝社会生活中影响较小。

(三)明朝后期回族等族经堂教育的兴盛与汉文译注的发表

随着中国伊斯兰教各民族共同体的逐渐形成,内地伊斯兰教的不适应问题也日益突出,如构成宗教结构的一些主要因素,在宗教理论体系、教育制度、教派等方面尚不具备。为了改变这种状况,明朝后期,一些穆斯林学者开始推行伊斯兰教经堂教育,以汉文译注伊斯兰教著作,促进了中国伊斯兰教的发展和完善。

经堂教育指在清真寺内传授伊斯兰教宗教知识和培养伊斯兰教职业人士的教育,又称回文教育或寺院教育。一般认为,经堂教育由嘉靖、万历时期的陕西人胡登洲创建。胡登洲,幼年学儒,长大后向阿訇学习伊斯兰教经典、阿拉伯文,后赴麦加朝圣。他鉴于中国伊斯兰教"经文匮乏、学人寥落","慨然以发明正道为己任"[1]。他将伊斯兰教的教学模式与中国传统私塾教育结合,先在家中,后在清真寺,免费招徒,讲授阿拉伯文和伊斯兰教经典。经堂教育迅速得到各地穆斯林的积极响应,逐渐在教学结构、课程设置、授课方式、学习考察等方面形成了一套完备的制度。到明末,已经发展到凡有清真寺的地方都有经堂教育的程度。经堂教育的展开,培养了大批学、德、行、言具备的经生,他们大量被各礼拜寺延聘担任经师,动摇了伊斯兰教三掌教世袭制的基础,此为历史的一大进步。

---

[1] 冯增烈:《〈建修胡太师祖佳城记〉碑叙》,《中国穆斯林》1981年第2期。

伊斯兰教汉文译注在唐朝即已出现，而真正大规模、系统化的汉文译注开始于明末，以南京、苏州为中心的江南地区，以王岱舆贡献较大。王岱舆，别号真回老人，自幼学习伊斯兰教，熟读《古兰经》和《圣训》，涉猎儒学、佛教、道教等。他试图结合其他各家思想，诠释和阐发伊斯兰教义，译有《正教真诠》《清真大学》《希真正答》等。其后，明末清初张中、伍遵契也是重要的译注者。他们的译注包括了伊斯兰教宗教哲学与宗教典章制度，在中国逐步建立起一种新的、更适应中国社会需要的伊斯兰哲学体系，促成了中国内地回教等伊斯兰教宗教学说体系的建立。

五、天主教的传播

基督教最早在唐朝传入中国，当时称为景教。元朝时景教、天主教再次在中国传播。到了明朝，天主教在中国开始大规模传播，并扎根发展。

（一）利玛窦等耶稣会士的传教活动

15世纪末、16世纪初，西欧资本主义处在原始资本积累时期，迫切需要发展海外贸易和殖民掠夺，于是包括中国在内的东方世界，由于以富饶闻名，成为其重要目标，葡萄牙、西班牙、荷兰等欧洲殖民者纷纷东来。天主教（16世纪欧洲西部的基督教即公教发生了马丁·路德、加尔文等倡导的宗教改革，创立了新教，天主教为其旧教部分）传教士也陆续随欧洲殖民者东来，进入中国传教。具体执行将天主教传向中国使命的，主要是西班牙教士罗耀拉于1534年创立的耶稣会。

最早来到中国传播天主教的是耶稣会士方济各·沙勿略，他先后到达印度、马六甲、日本，之后准备在中国内地传教，但不幸于嘉靖三十一年（1552）底病死在广东台山县南的上川岛，未能登陆。其后，陆续有传教士试图进入中国传教，但均遭广东地方官府拒绝。万历元年（1573）被罗马教廷委任为第二任远东巡视员的意大利籍耶稣会士范礼安开始转变在中国的传教策略，他要求传教士们学习中国语言，穿中式服装，习中国风俗，以减小在中国的传教阻力。为此，范礼安从印度调来罗明坚、巴范济和利玛窦等几位年轻的传教士。万历十一年，罗明坚偕利玛窦前往广东肇庆，肇庆知府王泮准许其久居与传教，并自由往来于广州、澳门等地。罗明坚等在肇庆建立了明朝第一座天主教教堂，即后来被称为仙花寺的礼拜堂。后罗明坚返回澳门，利玛窦独自在肇庆传教。

利玛窦（Matteo Ricci），1552年生于意大利一个贵族家庭，少年时入耶稣会学校学习，1571年加入耶稣会。利玛窦在中国传教，注意遵循中国人的习俗，获得了初步成功，到万历十三年底在肇庆发展中国教徒达20多人，是传教士在中国内地皈化的第一批天主教徒。利玛窦深知，要想在中国顺利传教，需得到士大夫阶层的支持，因此用较为先进的西方近代科技开路成为他们在华传教的重要策略之一。万历十一年，利玛窦绘制中文世界地图《山海舆地全图》，由知府王泮督促，刊印出版。他还将浑天仪、时晷、机械钟等赠予当地官员，获得官员们的好奇和钦佩。传教士们还努力将基督教理翻译成中文，如将《天主十诫》翻译刊印、罗明坚撰写中文《新编天主实录》等。

不久，利玛窦等人转到韶州（今韶关），获准建造住宅和礼拜堂，韶州官绅纷纷前来拜访。利玛窦等传教士经过中国士大夫提醒，改变原来的僧人打扮，而换成受人尊敬的儒士装束，往来结交传教，为官绅民众所钦重。利玛窦认识到，若要更好地传教，需要取得明朝廷的许可。

第十讲 越来越世俗化的宗教

万历二十三年，他动身前往北京，但未成而滞留于南京，不久转回南昌。在南昌，他宣传近代地理学，进献西洋日晷、钟表等器物，得到江西巡抚陆万垓的赏识，又结交建安王、乐安王，一时声名远播。万历二十六年，利玛窦带着传教士郭居静到达北京，但未得官方接见。次年，还南京。南京第一个皈依的天主教徒是一位七十多岁的秦姓人，取教名为保禄。他的儿子是南京一位都指挥使，后随父入教，取教名为马丁。其家族以及一些亲戚也相继皈依，成为南京第一批天主教徒。

万历二十八年，利玛窦、庞迪我等传教士第二次进京。他们以朝贡的名义，呈"天帝图像一幅、天帝母图像两幅、天帝经一本、珍珠镶嵌十字架一座、报时自鸣钟两架、万国舆图一册、西琴一张等物"[①]，引起了明神宗的兴趣。明神宗"嘉其远来，假馆受飧，给赐优厚"。于是，利玛窦传教团在北京居住下来，"公卿以下重其人，咸与晋接"[②]。在传教过程中，利玛窦等人推行天主教本土化适应策略，在生活方式、带有基本思想和概念的术语、伦理道德、具有意识形态的礼仪和习俗等方面，尽力适应中国社会现实，解决有着深刻欧洲宗教文化背景的基督教的中国化问题。如在伦理道德方面，他们用儒家纲常中的仁、德、道等概念，来比附并解释天主教伦理，在其中国式教义问答中，刻意忽略掉十诫之中的六条，天主教所行七件圣礼之中则被省去六件。在礼仪习俗方面，对于中国人祭祖、祀孔，利玛窦等主要以中国人只是对祖先、孔子表达敬意来看待，而非偶像崇拜，因而中国基督徒从事这些礼仪活动是被允许的。利玛窦在礼仪问题上的观点，成为当时大多数在华耶稣会士的普遍态度，耶稣会传教士在中国各地的传教局面也逐渐打开，官绅民众颇

[①] 韩琦、吴旻校注：《熙朝崇正集 熙朝宗案》，中华书局2006年版，第20页。
[②] 《明史》卷326《外国传七·意大里亚》。

多受洗入教者。

万历三十八年,利玛窦在京去世,明神宗同意安葬其于平则门外二里沟滕公栅栏。至此,天主教传播取得了不小的成绩,开教之处发展到七地,即肇庆、韶州、南昌、南京、北京、上海、杭州,全国范围内的天主教徒达 2500 多人。①

(二)利玛窦之后耶稣会士的传教活动

利玛窦死后,接任负责耶稣会在中国传教的是龙华民。在其领导下,耶稣会在华传教重心开始由士大夫阶层转向平民阶层。借助此前利玛窦打下的良好基础,奉教人数大量增长。至万历四十一年(1613),全国范围内有教徒 5000 名,天启七年(1627)则增长到 13000 人。②

蓬勃的传教形势,让传教士们对中国社会的容忍程度过于乐观。龙华民对利玛窦的适应性本土化传教策略并不完全认同。尤其是意大利籍传教士王丰肃主持的南京教会,不顾中国"礼仪之防"的忌讳,吸纳女教徒,男女教徒时常聚会,一起读经祈祷,举行规模宏大的天主教仪式。原有教堂无法容纳礼拜者,王丰肃又在洪武冈孝陵卫附近修建了更大的教堂。这引起了南京城内部分保守官员士绅与市民的强烈不满和担忧。万历四十四年五月至十二月,南京礼部侍郎沈㴶从天主教是儒学异端、尊大宣传、变乱中国制度、违背中国风俗,以及新教堂威胁皇陵和龙脉等角度,攻击天主教"暗伤王化",扰乱明朝统治秩序。沈㴶派人先行抓捕了南京传教士和部分教徒,并要求抓捕北京传教士,将传教士从速

---

① 参阅[法]谢和耐:《中国与基督教——中西文化的首次撞击》(增补本),耿昇译,上海古籍出版社 2003 年版,第 26 页。
② 参阅[法]荣振华:《在华耶稣会士列传及书目补编》下册,耿昇译,中华书局 1995 年版,第 800 页。

驱逐。官员徐光启、李之藻、杨廷筠等人或上疏，或撰述，为天主教辩解，全面批驳沈㴶等人的攻击。明神宗对相关奏疏先是留中不发，至万历四十四年十二月下令："王丰肃等立教惑众，蓄谋叵测，可递送广东抚按，督令西归。其庞迪我等，礼部曾言晓知历法，请与各官推演七政，且系向化来，亦令归还本国。"①令下，各地天主教遭到查禁，不少传教士被驱逐出境，还有一些传教士则隐匿躲藏，教堂被查封毁坏，原本由利玛窦开创的传教事业一时转入低潮。这就是"南京教案"。

沈㴶，泰昌时入阁，因与首辅方从哲是同乡，彼此交好。天启元年（1621），叶向高被起用为首辅，明廷对天主教的查禁也趋于和缓。隐匿的传教士复出，一些被驱逐的传教士重新返回，建立教会、教堂。同时，越来越多的传教士被派来中国。当时辽东危急，明廷任用传教士，制造红夷大炮等火器，禁教令在相当程度上失效。天启七年，传教士们在嘉定举行会议，决定继续遵从利玛窦的传教策略。原先传教区因传教士数量少而集中于两京、广东、江南等区域，此后许多传教士被派到内陆及偏远地区传教。在京中，传教士们还积极在宫中传教。至崇祯十年（1637），后宫已有18位嫔妃受洗，崇祯十五年达50余人。崇祯末年，宫廷及在京官员中奉教之风已相当流行，传教士们"传教十三省（当时全国止十五省，唯云、贵未传到），教友约十五六万，内有大官十四员，进士十人，举人十一名，秀才生监数百计"②。传教士们甚至认为，如果明朝不亡，基督教在罗马全盛时期的荣耀也许就可能在中国成为现实。

---

① 《明神宗实录》卷552，万历四十四年十二月丙午。
② 萧若瑟：《天主教传行中国考》卷4，载《中国天主教史籍汇编》，台湾辅仁大学出版社2003年版。

(三)明朝天主教的"三大柱石"

对于来华传教士及天主教,当时中国各阶层人士绝大部分人无所见闻,不知其事。而有所见闻者,主要是极少部分的都市官员士绅和民众。他们或持反对态度,激烈的甚至制造出"南京教案",或衷心信服其学问及技术,或信奉其教,或兼而有之。当时皈依天主教的达官名士中,尤以徐光启、李之藻、杨廷筠对天主教的传播贡献最大,被誉为明朝天主教的"三大柱石"。

徐光启是"三大柱石"之首。他最早在韶州教书时接触到天主教,后来在南京和传教士利玛窦、罗如望交往,受洗礼成为教徒,教名保禄。万历三十二年(1604)中进士后,他供职翰林院。当时利玛窦居京传教,他不时前往请教,合译《几何原本》。万历三十五年冬,他邀传教士郭居静至上海传教,为其在自己寓所西面建教堂。其后,他推荐传教士熊三拔等多人修历。"南京教案"时,他上疏批驳沈漼等人对天主教的指斥和攻讦。天启年间,他力请多铸红夷大炮。崇祯年间,他奏准修历,多推荐任用传教士。被擢入阁后,他也用天主教一定程度上影响了明思宗的宗教信仰。他的家人、亲戚、门生也多受洗入教。至明亡,上海地区建有礼拜堂135所,约万人奉教。

李之藻,浙江仁和人。万历进士,授工部员外郎。官至南京太仆寺少卿。他于万历二十九年在京结识利玛窦,跟随其钻研西学,对天主教教义也愈加认同。万历三十八年,他"幡然受洗"①,教名良,是利玛窦在华皈化的最后一名天主教徒。其后,他邀请郭居静到杭州开教,并为其扫清传教障碍。万历四十一年,他推荐传教士庞迪我、龙华民、熊三拔、

---

① [意]艾儒略:《大西利先生行迹》,转引自赵晖《耶儒柱石——李之藻、杨廷筠传》,浙江人民出版社2007年版,第58页。

阳马诺等协助修历。"南京教案"发生时,他为天主教和传教士辩护。崇祯二年(1629),他将来华传教士著述及士大夫译著辑成《天学初函》,在杭州刊刻出版,为中国第一部天主教丛书,流行一时。

杨廷筠,浙江仁和人。万历进士。天启四年(1624)四月,官至顺天府丞。后因魏忠贤弄权而致仕。万历三十年他在京任职时,与利玛窦往来,对天主教教义颇感兴趣。万历三十九年,他屏妾异处,躬行教诫,受洗入教,教名弥格尔。不久,其阖家奉教,亲朋、宗族随其入教者以百计。他出资修建教堂4处,还向传教士提供居所及日常生活所需,出资刊刻传教士所著书籍。"南京教案"爆发后,他与徐光启、李之藻一同护教,尽力保护在华天主教传播事业。其后,他专心协助教士传教和慈善事业,出资修建新教堂,参加宗教活动,对天主教在中国的传播贡献颇多。

六、民间秘密宗教蓬勃兴起

明朝民间秘密宗教蓬勃兴起,到明末有明确名称的教派达80种左右,其中有影响的有白莲教、罗教、黄天教、闻香教、西大乘教、弘阳教、三一教等。

(一)白莲教

白莲教最早创立于南宋初年,又称白莲宗,崇奉阿弥陀佛,要求信徒念佛持戒。元朝时,白莲教蓬勃发展。元末社会矛盾激化,白莲教徒以"弥勒佛当有天下"相号召,组织群众,发动农民大起义,最终推翻了元朝统治。

明太祖朱元璋作为元末农民起义的最终胜利者，深知民间秘密宗教的力量，在取得政治、军事胜利后，他迅速转变立场，公开对白莲教展开攻击。早在元至正二十六年（1366）进攻张士诚的檄文中，他即公开斥责白莲教徒"误中妖术，不解其言之妄诞，酷信弥勒之真有，冀其治世，以苏困苦，聚为烧香之党，根蟠汝、颍，蔓延河、洛。妖言既行，凶谋遂逞，焚荡城廓，杀戮士夫，荼毒生灵"①。明朝建立后，明太祖对白莲教等民间宗教严厉查禁。洪武三年（1370），他颁诏，"白莲社、明尊教、白云宗、巫觋扶鸾祷圣，书符咒水诸术，并加禁止，庶几左道不兴，民无惑志"②。其后，这一禁令写入《大明律》："凡师巫假降邪神，书符咒水，扶鸾祷圣，自号端公、太保、师婆，及妄称弥勒佛、白莲社、明尊教、白云宗等会，一应左道乱政之术，……为首者绞，为从者各杖一百、流三千里。"③

洪武以后，各朝基本遵循对白莲教的严禁政策。但白莲教在民间的势力依旧庞大，在城乡地区建立了许多秘密据点，部分领导者继续组织群众展开反抗现行秩序的斗争。如明朝前期有洪武年间的蕲州王玉二起义、新淦彭玉琳起义，永乐年间的江西李法良起义、山东唐赛儿起义。明朝中期以后，白莲教发生了分化。首先在教义上，白莲教吸收了其他民间宗教教义，尤其受罗教"五部六册"的影响，尊崇弥勒净土，崇拜"无生父母"，宣扬往生"真空家乡"。其次，白莲教内部发生了分化，出现了许多支派，有些支派仍被当作反抗现行统治秩序的工具。明朝中期以后的白莲教起义频繁发生，其中规模较大的有成化年间的荆襄流民起义，万历年间徐州赵一平和孟化鲸起义、福建瓯宁吴建和吴昌暴动等。

---

① ［明］王世贞：《弇山堂别集》卷85《诏令杂考·高帝平伪周榜》。
② 《明太祖实录》卷53，洪武三年六月甲子。
③ 《大明律》卷11《礼律一》。

有些支派首领依附当局，参与政治斗争，如嘉靖时期山西白莲教首领李福达谒见和结交公卿，聚敛财富。明末白莲教起义规模最大者为天启二年（1622）五月山东徐鸿儒在郓城起义。"旬日之间，远迩响应"[①]，起义军迅速攻克郓城、邹城、滕县、峄县，"众至数万"。十月，徐鸿儒被俘，起义失败。迨明末农民大起义爆发，遍及各地的白莲教徒纷纷加入起义大军，投身于推翻明王朝黑暗统治的斗争，而以白莲教单独号召民众的起义已大为减少。

（二）罗教

罗教由正德时期山东人罗清创立，又称罗祖教、罗道教、悟空教、无为教。罗清，又名罗梦鸿等，法名普仁，法号悟空，山东即墨（今青岛）人。出生于贫苦军户家庭，幼丧父母，由叔婶养大。青年时从军，到北直隶密云卫服役，过着凄苦的戍军生活。成化六年（1470），他以子孙顶役，自己退伍，"一心修行办道"，思考摆脱生死苦痛之道。他参佛访道十年，但不得其解。成化十八年，据说突然悟出"无为大道"——罗教由此诞生。其后，他四处传教，曾被官府下狱，但贵族、官员、太监等都纷纷归其门下。他还觐见了明武宗，被封为"无为宗师"。正德四年（1509），他撰著的经卷"五部六册"，即《苦功悟道卷》、《叹世无为卷》、《破邪显证钥匙卷》（上、下）、《正信除疑无修证自在宝卷》、《巍巍不动泰山深根结果宝卷》，正式刊行，标志着罗教正式创立。

罗清受禅宗顿悟说影响，吸收道教清静无为以及白莲教等宗教成分，提倡"真空家乡，无生老母"八字真诀，以"无生老母"（又作"无生父

---

① 《明熹宗实录》卷22，天启二年五月丙午。

母")作为创世主和人类始祖,以顿悟无为作为修行方法,提倡"不住斋、不住戒、逢世救劫,因时变迁"的无为法[1]。罗清宣扬,无生老母在无极净土的"真空"创造了宇宙,生下伏羲和女娲,生殖繁衍出人间96亿皇胎儿女,其中4亿已经返回真空家乡,还有92亿仍沦落人间,受苦受难。他提出,无生老母幻化为吕祖、观音等,或遣弥勒佛、老君等下凡,救苦救难,以使92亿皇胎儿女回到永恒、真实、圆满的真空家乡,与真正的父母相聚,获得"无生"的永生。

罗教的教义迎合了当时贫苦民众强烈希望摆脱各种苦难、过上理想生活的心理和愿望,修行方法简易直截,很有迷惑性和吸引力,因此在下层民众中迅速传播,信徒尤其以运河两岸的漕运水手为主,势力逐渐遍及直隶北部、山东、河南和大江南北。明王朝将罗教视为邪教,严厉查禁。万历十五年(1587),左都御史辛自修言,"白莲教、无为教、罗教蔓引株连,流传愈广,踪迹诡秘,北直隶、山东、河南颇众",请"严行访拿",明神宗"报可"[2]。万历四十三年,礼部"言近日妖僧流道,聚众谈经,醵钱轮会,一名捏槃教,一名红封教,一名老子教,又有罗祖教、南无教、净空教、悟明教、大成无为教,皆讳白莲之名,实演白莲之教","愚夫愚妇,转相煽惑",要求"严为禁止"[3]。明廷将"五部六册"封版烧毁。佛教高僧憨山德清、云栖袾宏、密藏道开等都公开批斥罗教,以其为异端,指出"为害殆有盛于白莲者"[4]。

罗教虽遭受到明廷的严禁与佛教界批斥,但仍有很大发展。嘉靖六年(1527),罗清死后,罗教分为三支,一支在罗姓本姓家族传承,一

---

[1] [明]罗清:《苦功悟道卷》卷1《祖师行脚十字恩情妙颂》。
[2] 《明神宗实录》卷182,万历十五年正月庚子。
[3] 《明神宗实录》卷533,万历四十三年六月庚子。
[4] [明]释道开:《藏逸经书标目·五部六册》。

支在罗清异姓弟子中传承，一支在罗清弟子僧人中传承。明朝后期，罗教传播也从运河两岸及于江西、福建等地，并在清朝为青帮所吸收利用。罗教"五部六册"等宝卷，及"真空家乡，无生老母"八字真言等，也为后期其他民间秘密宗教人士所模仿、利用和信奉。因此，罗教对其他民间秘密宗教的创立实有开创、引领之功，是明朝民间秘密宗教之母。

（三）黄天教

黄天教由嘉靖年间直隶人李宾创立，又名皇天教、黄天道。李宾，直隶怀安（今属河北）人。他年轻时入伍，一只眼睛在战争中受伤，所以创教后被称为"虎眼禅师"。在军中因被诬陷欠粮草而入狱，受尽苦难，逐渐对宗教产生兴趣。退伍后，他拜罗教徒周玄云为师，修习无为法。嘉靖三十七年（1558），他宣布"悟道成真"，自己是普明佛转世，编著《普明如来无为了义宝卷》《清静真经》等宝卷，创立黄天教。李宾死后，教权先后由其妻王氏（道号普光）、两个女儿（道号普净、普照）、次女之女（道号普贤）接管，合称为黄天教五位"佛祖"。

黄天教教义源于宋元时期道教的内丹派，受白莲教、罗教影响，主张性命兼修，结丹成佛，宣传圆融三教，尊奉佛教、"佛祖"，又讲究夫妇双修，宣称"无生老母住在三十三天中黄天，名为真空家乡"①，表示要普度92亿皇胎儿女，返回真空家乡。黄天教还宣称世界要经历十八劫，才能成为一个全新美好的世界。

黄天教先在大同、宣府一带流传，明末传入京畿地区，"京师府县，以至穷乡山僻都有"②。明末，还出现了由浙江西安人汪长生创立的长生

---

① 《军机处录副奏折》，道光十二年五月九日曹振镛奏折。
② [清]颜元:《存人编》卷2《第五唤》。

教,宣传黄天教义,在江浙赣等地流行。黄天教起初不反对现存制度秩序,甚至大力颂扬皇权,要求教徒安于现状,修身养性,以求长生。到了清朝,由于清廷在北方的残暴统治,黄天教开始从事反抗政府的活动,遭到了清廷的严厉打击。

(四)闻香教

闻香教由嘉靖末年顺天府蓟州(今属天津)人王森创立,又称大乘教、东大乘教。王森,本姓石,名自然,因排行第三,又称石三郎,原为顺天府蓟州皮工。王森受在蓟州流传的罗教(大乘教)影响,嘉靖四十三年(1564)自立教门。他宣称早年曾救过一只妖狐,妖狐断尾相谢,传下异香,遂创立闻香教。他又自称法王石佛,亦名其教为大乘教。后因其教发源于京东盘山,为与罗清之女罗佛广的罗教(大乘教)及京西保明寺西大乘教相区别,遂称其教为东大乘教。

王森没有创作出闻香教经典,该教的主要经典《皇极宝卷》是其弟子所撰,反映了王森的宗教思想。闻香教继承罗教教义,推崇"真空家乡,无生老母",还继承了罗教的内丹修炼思想,主张修炼内丹,复性圆明。另外,闻香教信仰三世三佛说,宣称世界分为三个时期,即燃灯佛的过去世、释迦牟尼佛的现在世和弥陀佛的未来世,人类处于释迦牟尼佛统治的现在世的末劫,弥陀佛降生于石佛口王家,以解救苦难众生。王森子王好贤,自称"弥勒教主"。

王森创教后,即迁往滦州(今河北滦县)石佛口,并以此为据点传教。至万历中期,东大乘教传播至各省,据说徒众不下200万人。对此,《明史》记载说:"蓟州人王森得妖狐异香,倡白莲教,自称闻香教主,其徒有大小传头及会主诸号,蔓延畿辅、山东、山西、河南、陕西、四川。"① 王森以"会"为基层组织单位,设有总会首、总传头、会首、传头等名目,管理与组织教徒,传递消息,收取香钱。万历十三年(1585),王森被告发下狱,"论死,用贿得释"。出狱后,他进入京师,结交外戚、宦官,行教自如。后其弟子李国用脱教自立,宣称用符咒召鬼。两教相仇,闻香教自此分裂。另一弟子高映臣,在清凉山欲拥王森起事,致使王森被捕。万历四十七年,王森死于狱中。王好贤继掌教权,"蹑其教,徒党益众",势力进一步扩大。天启二年(1622),王好贤与其弟子徐鸿儒、于弘志约定在中秋带领各地教徒同时起义。但因计划泄露,徐鸿儒在郓城徐家庄提前起义,被明廷镇压。于弘志在武邑白家屯起义,因势弱被俘,"凡举事七日而灭"。王好贤背约而逃,后被官府捕杀。

徐鸿儒起义失败后,王森长子王好礼、次子王好义等未受过重牵连,他们及其后裔继续以石佛口为据点传教。王森弟子张翠花为闻香教北京教区总传头,在北直隶地区传教,张翠花弟子米贝创立龙天教,弓长创立大乘天真圆顿教,皆是闻香教的支派。王森另一弟子周印创立棒槌会,活跃于直、鲁、豫三省,具有广泛的群众基础,下设五会,"气候相通,共数十万"②。

(五)西大乘教

西大乘教起源于隆庆年间,由尼僧归圆在京西黄村皇姑寺(顺天保明寺)创立。归圆为皇姑寺第五代住持,少年出家,隆庆四年(1570)入皇姑寺,开始吐经造卷,创立大乘教。至万历元年(1573),她撰成

---

① 《明史》卷 257《赵彦传》。
② [明]方孔炤:《全边略记》卷 11《腹里略》。

《销释大乘宝卷》、《销释显性宝卷》、《销释圆通宝卷》、《销释圆觉宝卷》(二册)和《销释收圆行觉宝卷》,流传甚广。

西大乘教继承罗教教义,崇拜无生老母,强调无生老母第一次临凡转化为保明寺开山祖师"吕菩萨",第二次转化为归圆,归圆以民间秘密宗教信仰中的最高女神自居。另外,西大乘教教义带有浓厚的道教色彩,宣称西王母是无生老母的化身。西大乘教以皇姑寺为基地,通过举办法会、刻印经卷等方式传播教义,在京畿地区影响甚大。许多达官显贵都信奉该教,甚至明神宗生母李太后都是西大乘教的信徒。西大乘教是明朝后期公开盛行的民间宗教,声名显赫。

(六)弘阳教

弘阳教,又称混元弘阳教、红阳教,由韩太湖在万历年间创立。韩太湖,又名春坡,法号飘高法师,北直隶曲周(今属河北)人。万历十六年(1588),因家乡发生旱灾,无以为生,出家为僧。后在河南拜混元门弘阳教"王师父"为师,钻研教义,又转金山寺修行,据说豁然开悟,创立弘阳教。

韩太湖自称罗祖转世,仿照罗教"五部六册",著《混元弘阳临凡飘高经》《弘阳苦功悟道经》《弘阳叹世经》《弘阳悟道明心经》《弘阳显性结果经》等。弘阳教信奉混元老祖、无生老母、飘高祖师,宣扬三阳劫变,过去是青阳,现在是弘阳,未来是白阳。韩太湖自称是飘高祖师化身,由混元老祖、无生老母派遣而来拯救世人,化解弘阳劫难。弘阳教注重道场仪式,在其宝卷中明确提到设道场,启建弘阳法会,与罗教不讲究经教仪式、不注意像设有所区别。

韩太湖创教后,万历二十三年进入北京布道传教。他广交权贵,得到了一些太监的支持。他在内经厂大量刊印弘阳教经卷,弘阳教也因此在北京地区迅速传播,并逐渐发展到华北、东北等地。弘阳教创立初期,信徒多为上层人士,后转变为以社会下层劳动群众为主。明末,弘阳教进一步传播,发展势头远远胜于其他民间宗教。

(七)三一教

三一教由林兆恩在嘉靖年间创立。林兆恩,字懋勋,号龙江,福建莆田人。出身于官宦世家,博览群书。因屡次乡试不中,转而研究"心身性命之学",求师访道。嘉靖二十七年(1548),受道士点化,遂一心学道。三年后,他宣称得明师,"授以真诀",创立三一教。他协助抗倭,收葬因倭害、瘟疫而死者数万,耗尽巨万家财,名声大振。他被信徒不断神化,被尊为"夏午尼氏",三一教堂内供奉孔子、老子、释迦牟尼、林兆恩四位偶像。

林兆恩从儒家立场出发,倡导三教合一,又以王守仁心学为指导,对儒、释、道三家经典重新诠释,建立了以儒家纲常人伦为本,道教修身炼性为入门,佛教虚空本性为极则,以世间法、出世法一体化为立身处世准则,以归儒宗礼为宗旨的三教同归于心的思想体系。林兆恩的三一教吸引了众多的知识分子和各阶层人士,"江以南、方内外之士群然北面而师之"[①]。万历二十六年林兆恩死后,其信徒"所在设讲堂香火,朔望聚会。其后,又加以符箓醮章、祛邪捉鬼,盖亦黄巾、白莲之属矣"[②],三一教转化为民间秘密宗教团体。

---

① [明]何乔远:《名山藏》卷96《本士记·林兆恩》。
② [明]谢肇淛:《五杂组》卷8《人部四》。

● 第十一讲

多民族，共融合

明朝是在推翻元朝蒙古贵族地主阶级统治的基础上建立的汉族地主阶级政权。明朝统治者奉行"大一统""内中国而外夷狄""华夷一家"等民族观，对周边各少数民族实行"威德兼施"、"因俗而治"、朝贡互市、教育和移民等政策，推动了中国统一多民族国家的发展进程。

一、大一统的民族政策

明朝的疆域,既包括了直接统治的两京、十三布政使司和都司卫所管辖的区域,也包括了辽阔的羁縻朝贡边疆民族地区。明朝统治的民族,除了人口数目庞大、占据绝对主体的汉族以外,还包括人口数目不等的蒙古族、藏族、维吾尔族、壮族、彝族、女真族等数十个少数民族。明朝的民族关系,与统治者推行的民族政策密切相关。明朝前期,明太祖、明成祖继承和发展了周秦以来"大一统""内中国而外夷狄""华夷一家"等民族观,确立了政治上"威德兼施""因俗而治",经济上朝贡互市,文化上教育和移民等民族政策,形塑了明朝民族关系。

(一)"威德兼施"和"因俗而治"

明朝统治者对各少数民族推行"威德兼施"的政策,即一方面保持军事上的慑服、镇压,另一方面安抚施惠,软硬两手并用。明太祖指出:"治蛮夷之道,必威德兼施,使其畏感,不如此不可也。"①

明朝统治者重视军事威慑。从明初开始,针对北方边外的蒙古势力,明廷设置各都司和行都司,下辖众多卫所,集兵近50万,占当时全国总兵力的四分之一,初步建立北边军事防御体系。永乐以后,北边防御内

---

① 《明太祖实录》卷149,洪武十五年十月丙申。

缩至今长城一线，逐渐建成辽东、蓟镇、宣府、大同、延绥、宁夏、甘肃、山西、陕西九个军镇，即九边，强化北边防御体系。明朝以长城为屏障，厚集重兵，对北边蒙古形成以威慑防御为主、军事进攻为辅的政策。对边内少数民族，明朝在其聚居地区内外也遍置卫所，以强大的武力威慑为统治基础。而在进行统一边疆、平服少数民族叛乱起事时，明朝也动用武力，加以军事征伐和镇压。

明朝统治者对边地少数民族安抚施惠，以招抚为先，"怀之以德"，尽可能地避免军事行动。在明廷招抚下，边地少数民族纷纷来降附。明朝对降附的各少数民族大小首领多封爵授官，对首领及部民厚加赏赐，使其获得经济实惠。在明朝"威德兼施"、重视招抚的政策下，仅洪武年间归降的蒙古族民就不下七八十万。他们定居内地，成为明朝的臣民。

"因俗而治"是明朝在保持和维护各少数民族内部原有制度、生产和生活方式、风俗及信仰等基础上，在各族聚居地区建立起与朝廷的政治隶属关系。明太祖诏令，对各少数民族的统治"当顺其性"，"顺而抚之"，"彼得遂其生，自然安矣"[①]。为此，明朝根据各少数民族地区不同的情况，分别采取羁縻卫所、土司和政教合一等统治制度。如在北方边外，明廷于东部设朵颜、福余、泰宁等兀良哈蒙古三卫，东北设建州、奴儿干等女真诸卫，西部嘉峪关外设蒙古、撒里畏兀儿等关西七卫，任命其部族首领为卫所指挥、千百户、镇抚等，令其仍旧统领部众，定期到京朝贡，卫所官职世袭，但须经朝廷封授，为羁縻卫所。而在湖广、四川、云南、贵州、广西等西南地区，分布着苗、瑶、壮、彝、黎等几十个少数民族，明朝"踵元故事"，仍实行土司制度，分别设置宣慰司、宣抚司、安抚司、招讨司、长官司、军民府、土府州县等，任命其部族

---

① 《明太祖实录》卷59，洪武三年十二月戊午。

首领分别为长，或为世袭土官，或为流官，定期朝贡，听朝廷任命和地方文武官员约束。至于政教合一，则主要推行于藏区。明朝针对藏传佛教首领同时也统辖其地政治权力的现实，"多封众建"，封藏传佛教三大派首领为三大法王，自行传承；又根据地方政教势力，分封阐化王等五王，其承袭须由朝廷封授；其下则有西天佛子、大国师、国师等。这些人既是掌管一方的地方首领，又具有佛教僧人的身份，因此政教合一，因俗而治。

（二）朝贡互市

朝贡就是藩属国、周边臣属的少数民族按照中国中原王朝规定的时间、频率、贡使人数，以一定名义遣使携带贡品赴京觐见，中原王朝则根据朝贡方官职与贡品价值进行相应赏赐。朝贡体现的是政治上对中国中原王朝的藩属、臣属关系，兼有浓厚的经济交流色彩。明朝臣属的边地少数民族都有朝贡义务。各少数民族首领按照朝廷要求，或亲自或派人赴京朝贡。他们携带的贡品，主要是内地所缺的马匹、玉石、香料、药材、工艺品等土特产品。明廷赏赐的物品，则是金银、彩币、绸缎、茶叶、器物等少数民族地区生产生活所需者。为了鼓励各少数民族首领前来朝贡，明廷赏赐的物品价值往往是贡品的数倍。

不仅如此，各少数民族来朝贡时，一般都携带远多于贡品的土特产品，明廷允许他们在所居住的京师会同馆买卖，即"各处夷人朝贡领赏之后，许于会同馆开市三日或五日"，"各铺行人等将物入馆，两平交易"①。朝贡使团返回途中，也可在边地专门市场，与当地商人继续交易。由于朝贡有厚利可图，因此各少数民族首领大多朝贡积极，有的甚至在

---

① 万历《大明会典》卷108《礼部六十六·朝贡四》。

朝贡次数、使团人数、贡品方物等方面都大大突破限制，常使明廷感觉经济负担沉重。明朝各少数民族的朝贡，无疑在一定程度上满足了他们的经济要求，也增强了各少数民族归附臣属的向心力。

但是，朝贡的经济交流规模毕竟很小，而且参与、得利者主要是明朝皇室和那些少数民族上层首领。广大少数民族民众有大量的马匹等土特产品，他们还生产了不少手工业品。但是，他们缺少金银钱钞、丝绸布绢、米麦五谷、茶叶食盐、陶瓷铁器等各种日常生产、生活用品。汉地军队、驿站等则需要大量马匹，民众生产、生活用品也需要一些少数民族土特产品补充。于是，明廷在朝贡之外，还在与少数民族交界处开设马市、茶马互市和木市等集市，允许各族与内地汉人进行物品交换，互通有无。

通过朝贡和互市，明朝推动了汉地与各少数民族地区的经济交流，促进了各少数民族地区的经济发展和社会进步，更实现了明朝对这些地区的稳定统治和多民族国家的发展进步，收到了武力达不到的政治效果。

（三）教育和移民

明朝民族政策最具特色的内容是教化，即通过在各少数民族地区推行儒学教育和移民，推广普及中原思想文化，提高各少数民族的文化水平，巩固明朝统治。

明朝建立后，在全国建立各级学校，推广儒学（程朱理学），提高民众的文化水平，强化思想统治。同时，明朝也将儒学教育推广到少数民族地区。明太祖不仅下令各少数民族首领送子弟入国学、府州县学，更是下令在少数民族聚居地区设立各级学校，教化各部族首领子弟和民人子弟。洪武二十八年（1395）六月，明太祖谕礼部曰："边夷土官，皆世袭其职,鲜知礼义,治之则激,纵之则玩,不预教之,何由能化!其云南、四川边夷土官皆设儒学,选其子孙弟侄之俊秀者以教之。"①这样,云南、四川、贵州等少数民族土官地区陆续设立府州县学,北方少数民族卫所普遍设立卫所学,民间设社学,与内地学校一样教授"四书五经"等儒学经典及程朱理学,以及《大诰》《大明律》等。明廷明确规定,土官子弟必须入学学习,提高文化和道德素质,才能承袭官职。"如不入学者,不准承袭"②。

  明朝还将中原汉人大量移民至各边地少数民族地区杂居。主要有两类,第一类是军事移民,即在边疆大量建立军事卫所,派遣汉人官兵携带家眷长期屯戍;第二类是迁移大批汉族农民等前往边疆地区居住耕种。如洪武年间云南在籍人口 25.9 万余人,而明朝在此所设卫所官兵及其家属人数相当。贵州在永乐年间建省,弘治年间在籍人口 25.8 万余人,而卫所官兵及其家属超过 26 万人,移民已经超过了当地原住少数民族和汉族人口。大量的中原汉人被动或主动地移民,加强了边疆的开发,促进了各少数民族地区的经济文化发展。如四川建昌(今凉山彝族自治州)一带,彝族等族聚居,明太祖在此设建昌等军民指挥使司,调京卫及陕西兵数千人往戍,又下令将当地人编入卫所军籍。由于长期汉土杂居,至明朝中期,汉语、汉文已成为当地主要交流手段。这无疑维护了明朝统治,推进了多民族国家发展进程。

  总的说来,明朝民族政策制定、完善于明朝初期,取得了很好的成效。但是,明朝中期以后,统治者多昏庸荒怠,各种社会矛盾激化,以"威德兼施""因俗而治"为核心的民族政策得不到很好执行,朝贡互市、

---

① 《明太祖实录》卷239,洪武二十八年六月壬申。
② 《明史》卷310《土司传·湖广土司》。

教育和移民等政策也断续推行,导致民族矛盾日益激化。尤其是明朝统治者虽然标榜"华夷一家",但实际奉行的还是大汉族主义思想,维持的是其汉族地主阶级统治,因此其民族政策本质上还是民族歧视和民族压迫政策。明朝统治者不能从根本上理顺民族关系,解决民族矛盾,北方蒙古势力袭扰绵延于有明一代,明末女真族崛起建立后金(清)政权,都加速了明朝的灭亡。

尽管如此,在明朝大部分时期,各民族还是处于和平相处的状态,即使个别时期有一些少数民族不断袭扰、抗争明朝的行为,但各民族之间仍互相往来,各少数民族基本认同中原文化,服从明朝统治。在此基础上,明朝民族关系改善,各民族交往交流交融进一步深化,大大推动了中国统一多民族国家的发展进程。

二、对北方蒙古族的抚和防

有明一代,北边蒙古势力的侵扰始终是最大的威胁。明朝统治者对蒙古族"威德兼施",征伐、防御并用,同时开展朝贡互市。

(一)明朝前期的和战

元朝灭亡以后,元顺帝带领蒙古贵族及残余部众逃往长城以外,"引弓之士,不下百万众"[①],依旧保持着相当实力,与新生的明朝政权作军事对抗与政治对立,史称北元。鉴于此,洪武初年,明太祖对北元"乘胜北击"。如洪武二年(1369),明太祖命常遇春、李文忠等北击开平

---

① [清]谷应泰:《明史纪事本末》卷10《故元遗兵》。

（元上都），大败北元之军，元顺帝再北逃应昌（在今内蒙古赤峰市克什克腾旗西北达里湖西岸）。洪武三年，明太祖又派大将徐达、李文忠等兵分两路，攻克应昌。当时元顺帝已死，其太子爱猷识理达腊北逃旧都和林（今蒙古国后杭爱省杭爱山南麓），北元势力基本退往漠北。此后，明太祖调整对北元战略，"来则御之，去则勿追"①，以防御为主。洪武二十年，明军再次大规模出击。次年，明军在捕鱼儿海（今贝尔湖）附近大败北元军，元主脱古思帖木儿等仅以数十骑遁去。此后，北元内部不断仇杀，"不复知帝号"。由于漠北险远，且北元蒙古部族流动性强，于是明太祖在边地集重兵防御，明朝与蒙古处于僵持状态。

永乐时期，北元部将鬼力赤"篡立，称可汗，去国号，遂称鞑靼云"②。蒙古形成鞑靼、瓦剌、兀良哈三部，鞑靼在东，瓦剌居西，兀良哈则占辽东，三部互相争夺，并各自与明朝建立关系。明廷对蒙古各部仍是恩威并施，维持均势，分化瓦解。永乐六年（1408），鞑靼知院阿鲁台杀鬼力赤，迎元朝宗室本雅失里为汗。鞑靼拒绝通好，杀明使，南下扰边。永乐七年，明成祖遣淇国公丘福率兵10万征鞑靼，结果全军覆没。次年，明成祖遂率军50万亲征鞑靼，在斡难河大败本雅失里，重创鞑靼。不久，本雅失里被杀。阿鲁台向明朝称臣纳贡，明廷封其为和宁王。其后，鞑靼逐渐强盛，扰掠明边。永乐二十年、二十一年、二十二年，明成祖又三次亲征，阿鲁台或被击败，或闻讯远遁，其"部曲离散"，后被瓦剌首领脱欢袭杀。

瓦剌部在永乐前期向明朝朝贡。永乐七年，明成祖封瓦剌三部首领马哈木为顺宁王，太平为贤义王，把秃孛罗为安乐王。次年，鞑靼遭明

---

① 《明太祖实录》卷78，洪武六年正月壬子。
② 《明史》卷327《外国传八·鞑靼》。

成祖亲征重创，瓦剌势力趁机崛起。永乐十年，马哈木攻杀本雅失里，后又扣留明使，南下扰边。永乐十二年，明成祖亲征瓦剌，在土剌河大败马哈木。此役后，瓦剌定时朝贡，不复南犯。马哈木死，明成祖封其子脱欢为顺宁王。

仁宣时期，明廷大幅度调整对蒙古政策，"顺则抚之，逆则御之"，以求北边和平与安定。如明仁宗戒谕边将"慎毋贪功生事"，"违命获功，吾所不赏"①。明宣宗甚至亲撰《帝训》曰："驭夷之道，守备为上。"②明廷加大对蒙古族的招抚力度，如对来归首领依次授予镇抚、千户、百户、指挥佥事等职，经济上厚加赏赐，对北方蒙古族民众请屯垦者发给农具、车、牛等，积极支持。总之，仁宣时期，明朝与北边蒙古部族整体处于和平安好状态。

（二）明朝中期的"北虏"肆虐

明朝中期，瓦剌、鞑靼先后兴起，大肆攻掠明朝边境，先后酿成"土木之变""庚戌之变"。明蒙关系紧张，以战为主，间或通贡。

正统初年，延续对蒙古各部的羁縻怀柔政策，明蒙双方保持友好关系。瓦剌迅速崛起，先是，宣德九年（1434），瓦剌脱欢袭杀鞑靼阿鲁台，"并其众"；不久，脱欢又袭杀贤义、安乐二王，统领鞑靼、瓦剌。脱欢势力大增，"欲自称可汗，众不可"，于是立元帝后裔脱脱不花为可汗，"自为丞相"③，掌握实权。正统四年（1439），脱欢死，子也先嗣位，称太师淮王。也先继续向西进攻，控制了嘉峪关西沙洲、哈密等卫，又

---

① 《明仁宗实录》卷15，洪熙元年五月辛巳。
② 《明宣宗实录》卷38，宣德三年二月。
③ 《明史》卷328《外国传九·瓦剌》。

东进辽东征服兀良哈部,撤除了明朝牵制和防范蒙古的东、西羁縻卫所屏障,成为元朝以后实力最大的蒙古族首领。也先逐渐对明朝有了不臣之心,但表面上仍维持朝贡。按制,瓦剌贡使每年不过50人,也先骤增至2000人,攫取经济利益。

正统五年以后,太监王振逐渐专权。为立边功自固,王振开始改变对边疆少数民族地区的和平怀柔政策,发动麓川之役,削弱了北边防御力量。对于瓦剌也先的扩张侵扰,明廷仅要求边将"谨饬边备",不加干涉。对也先越制朝贡,明廷也听任由之,尽力赏赐,以求笼络。也先更为轻视明朝。正统十四年春,他派2000人到北京贡马,却冒称3000人请赏。王振命礼部按贡使实数赏赐,又减其马价,引起也先怨恨。七月,也先大举内犯,大同等地败报不断。明英宗在王振裹挟下,集军50万,仓促亲征,终于酿成"土木之变",明英宗被俘。

其后,也先兵围北京。景泰帝继位,命于谦等负责防卫,取得北京保卫战的胜利。景泰年间,于谦等人积极防御,相机战守,有效地抵抗了瓦剌进攻。此时,明朝关闭贡市,瓦剌经济、民生受损。阿剌知院、脱脱不花皆主张与明朝议和。也先也由于军事失利,被迫同意与明朝讲和。景泰元年(1450)八月,也先送还明英宗。不久,明蒙恢复通贡互市,关系暂时好转。瓦剌内部争杀不断,也先杀脱脱不花,自称可汗,阿剌知院又杀也先,鞑靼部孛来"复杀阿剌,夺也先母、妻并其玉玺",瓦剌自此衰落,"部属分散,其承袭代次不可考"[①]。

天顺时期,鞑靼部重新崛起,孛来、毛里孩等"雄视部中"[②],不时南下掠边。明朝国力衰弱,基本采取"慎固封守"的策略。成化年间,蒙

---

① 《明史》卷328《外国传九·瓦剌》。
② 《明史》卷327《外国传八·鞑靼》。

古诸部以河套地区为根据地,逐渐形成"套寇"。明廷整顿边防,慎固防御,相机出击。如成化元年(1465),明朝派遣杨信、项忠等统军10万征剿河套。成化二年,鞑靼内部混战。后获胜的毛里孩遣使,请求通贡和好。明宪宗许其朝贡,戒令遵依约束。至成化后期,鞑靼可汗小王子达延汗逐渐掌权,对内整顿,对外扩张,势力大盛。

弘治、正德、嘉靖年间,达延汗及其后继者不断攻击明朝边境,深入内地,屠戮抢掠,造成严重的"北虏"问题。尤其是嘉靖年间俺答部频频南下,严重威胁明朝边境安全。明朝积极防御,"慎封疆,守要害,设险自固,以逸待劳"①。自弘治以来,明廷断绝蒙古互市,蒙古经济、民生面临极大困难。为摆脱经济困境,蒙古各部不断要求通贡互市,明朝均不理会。嘉靖二十九年(1550)六月,俺答率大军攻明,酿成"庚戌之变"。俺答兵退后,明廷遂在大同开立马市,又于延绥、宁夏等地就近开市。但俺答等不停攻掠。嘉靖三十一年九月,明世宗诏罢马市。"自是,敌日寇掠西边,边人大困"②,明军虽全力防守,但败多胜少。

(三)明朝后期的和议通贡

明蒙长期的对立与战争对双方都是不利的,通贡互市、和平相处无疑成了共识。隆庆五年(1571)三月,明穆宗封俺答为"顺义王",其夫人三娘子为"忠顺夫人",明朝许其朝贡,在宣府、大同、延绥、宁夏、甘肃等处开设官方马市,又允许边民互市,自由贸易,此即"俺答封贡"。其后,俺答汗不再扰边,并严格约束部民,明蒙关系得到了极大改善。万历年间,俺答汗死,三娘子按照蒙古习俗,先后嫁给俺答汗

---

① [明]杨一清:《杨石淙文集·東西涯先生》,[明]陈子龙《明经世文编》卷118。
② 《明史》卷327《外国传八·鞑靼》。

长子黄台吉、黄台吉长子扯力克、扯力克长孙卜失兔,掌管其众,约束部人,执行与明友好政策。

万历末期,三娘子去世,蒙古鞑靼各部又陷入分散争斗状态。不久,鞑靼察哈尔部林丹汗(达延汗八世孙)逐渐统一蒙古各部。为了制约新崛起的辽东女真势力,明朝收买笼络林丹汗,对抗后金,林丹汗也借此不断向明朝索赏。后金加大对蒙古的争取,或联姻,或诱降,或军事打击,漠南蒙古各部多降附后金。崇祯年间,皇太极两次统帅大军击败林丹汗,明朝也无力相救。不久,林丹汗死于西逃途中,蒙古各部为后金收服。这样,明朝与蒙古部族的关系也走到了尽头。

三、西南地区的抚剿和改土归流

在湖广、四川、云南、贵州、广西等西南地区,分布着苗、瑶、壮、彝、黎等几十个少数民族。明朝统治者的民族政策在西南少数民族地区推行最为全面,招抚和征剿并用,推行改土归流,明朝前、中期民族关系的处理效果较好。

(一)明朝前期的招抚怀柔

明初,国家防御重点在北元蒙古,对南方各少数民族主要以招抚怀柔为主。如洪武元年(1368)二月,明太祖遣军平两广,告诫"若先遣人,宣布威德,以招徕之,必有归款迎降者,可不劳师旅,慎勿杀掠"[①]。洪武四年,明太祖遣讨四川明昇政权,谕令部伍严纪律,禁杀掠。洪武

---

① 《明太祖实录》卷30,洪武元年二月癸卯。

十五年，征云南，明太祖也戒谕诸将重点打击故元梁王及大理段氏等贵族官员，而招抚其部落民众。随着西南割据势力陆续被消灭，明太祖进一步以怀柔招抚，推行"威德兼施"的政策。其措施包括：首先，完善土司制度，因俗而治。洪武年间，"西南夷来归者，即用原官授之"①，维持和完善土司制度。其次，宽减少数民族地区赋额，赈济灾民，如平定云南后，明太祖下令，"辨方物以定其贡赋，视民数以均其力役，疏其节目，以宁便其人"②。遇水旱灾害，减免其赋税劳役。再次，兴办学校，发展少数民族地区教育。明朝先后在湖广、云贵、四川、两广等少数民族地区开办儒学；平定云南后，明太祖下诏"府、州、县学校宜加兴举"；明太祖还以特恩、岁贡与选贡等方式，鼓励土司送子弟进国子监学习，加以教化。

明成祖继续推行"威德兼施"政策，又注重实效。一些土司首领，如思南宣慰使田宗鼎、思州宣慰使田琛攻杀叛乱，明成祖平定后，改二地分别为思南府、思州府，并设立贵州布政司，进一步改土归流，"其布政司官属俱用流官，府以下参用土官"③。对于归顺的少数民族，明成祖授予官职以招抚，对抚而复叛的少数民族首领则坚决镇压。

宣德时期，明廷撤兵放弃交趾，在西南各省休养生息，并招抚各族。明廷还在西南地区增设土司，如宣德三年（1428）设湖广剑南长官司。对于民族地区的反叛仇杀，明廷一般也是先行招抚，不成功则再派兵征剿。如宣德三年四月，麓川宣慰使思任发夺南甸州等地，有司请征讨，明宣宗谕曰："蛮夷仇杀，自古有之，但遣人抚谕。"④后因招抚无效，云

---

① 《明史》卷310《土司传》。
② ［明］程本立：《巽隐集》卷4《黔宁昭靖王庙碑》。
③ 《明太宗实录》卷137，永乐十一年二月辛亥。
④ 《明宣宗实录》卷41，宣德三年四月甲戌。

南总兵官多次请兵征讨,明宣宗才同意出兵。

(二)明朝中期的镇压

正统初年,明廷对西南各族延续以抚为主的政策。但王振专权后,对其起事叛乱改以武力镇压。如正统六年(1441),王振怂恿英宗,发兵15万征麓川。正统七年、十三年,明廷又两次兴兵征麓川。麓川之役旷日持久,大大损耗了明朝国力。景泰时期,明廷对南方少数民族地区"可剿则剿,可抚则抚"①。如贵州苗族大规模起事,明廷撤回征剿官军,命地方官宣布朝廷恩威,赏赐土官土人。

由于此前招抚效果不彰,天顺以后,明廷对南方各少数民族的起事叛乱转以剿为主,多采用武力镇压。如天顺元年(1457),广西瑶、壮等族起事,首领黄公好自称"铲平王",明廷命广西总兵官柳溥率军进剿。天顺三年,田州吕赵杀知府岑鉴,自称"太平王",明廷遣监察御史吴祯选调官军进剿。景泰时期,广西大藤峡瑶族首领侯大苟率众起事。天顺年间,明英宗从北方前线调兵征剿,官军"所向无摧折,积尸盈野,流血成川"②。成化年间,明宪宗又命韩雍等率军围剿,俘获侯大苟。正德、嘉靖年间,大藤峡瑶、壮等族起事在明廷持续血腥镇压下,最终被平定。

这一时期,明廷在平定一些少数民族叛乱后,也推行改土归流。如四川芒部(今云南镇雄),明初设立土司管辖。正德、嘉靖时期,芒部首领陇氏仇杀反叛。嘉靖五年(1526),明军平叛后,将芒部改土归流,设镇雄府。后芒部首领再叛,谋复土司统治。明廷会集贵州、四川两省

---

① [明]于谦:《忠肃集》卷3《南征类》。
② 《明英宗实录》卷340,天顺六年五月庚子。

兵力，终而平定，坚持改土归流。但这一举动引起周边乌撒、毋响等土司疑惧，他们也发动叛乱。嘉靖九年，明廷不得不革除镇雄府，恢复芒部土司制度，叛乱平息。再如，嘉靖七年王守仁征讨广西大藤峡起事后，明廷重筑思恩府，设隆安县，置流官。明廷又在大藤峡设武靖州，命土官岑邦佐为土知州。

（三）明朝后期的反抗纷起

明朝后期，对西南民族地区坚持以剿为主的政策。配合征剿，推行改土归流，而这又往往引起土司首领的抵制和反抗。其中，规模最大、最激烈的抗争属川南一带的都掌蛮（活动在今四川宜宾一带的少数民族）。由于明朝在条件未成熟时对川南地区改土归流，加之地方官吏贪暴，引起都掌蛮人的强烈不满与反抗。隆庆六年（1572），都掌蛮攻陷四川眉州、江安等地，"羽书相望于道，远近震惊"。万历元年（1573），明神宗征调官军、土兵14万镇压都掌蛮人，"下寨栅六十有奇，燔营舍七千所，擒斩俘获四千六百有奇，得酋王三十六人，招安二千三百人"[①]，都掌蛮人口被屠杀殆尽。万历中期平定播州杨应龙叛乱，则是对土司最大的一次征伐。播州平定后，明廷将播州一分为二，改土归流，"属蜀者曰遵义府，属黔者为平越府"[②]。

天启、崇祯时期，明朝国势倾颓，西南少数民族首领起事叛乱更为活跃。明廷招抚难有效果，因此极力镇压。如天启元年（1621）九月，四川永宁宣抚奢崇明反于重庆，陆续攻陷泸州等十余地。十月，围攻四川省会成都，"全蜀震动"。贵州水西宣抚安邦彦也起而反叛，攻陷毕节

---

① [明]诸葛元声：《两朝平攘录》卷2《都蛮》。
② 《明史》卷312《四川土司传二》。

等地，围攻贵阳，一时西南地区叛乱纷起。明廷命四川巡抚朱燮元调集兵力，全力征剿，不久平定奢崇明叛乱。而贵州叛乱，明军起先征剿不利，苗族土司趁机参与反叛。天启四年正月，安邦彦攻杀巡抚王三善，"贵阳三十里外，樵苏不行，城中复大震"①。崇祯元年（1628），明廷起用朱燮元总督云、贵、川、桂四省，统一协调指挥。叛兵力攻永宁，朱燮元斩杀奢崇明、安邦彦，并对水西土司进行招抚。之后，明廷对当地进行改土归流，建立流官统治。

其间，岭南地区少数民族起事，明廷也武力镇压。如天启元年，广西怀集八排瑶民起事，都司蔡一申率兵镇压。天启四年，怀集瑶族再次联合反抗，知县杨崇忠领兵镇压。但瑶族民众于崇祯十一年（1638）又起反抗，广西修仁等地的壮族也相应而起。明廷顾此失彼，已无法扑灭起事，直至明亡。

四、西北地区的经营与失控

明朝西北地区包括今甘肃、青海、新疆等省区，分布着蒙、藏、回、维吾尔等多个少数民族。明初，在西北地区推行军政合一和因俗而治相结合的统治政策，各族与明朝建立朝贡互市的和平关系。明朝中期以后，瓦剌、土鲁番先后侵占嘉峪关西诸卫，明朝失去对关外的控制。

（一）明朝前期的军政合一和因俗而治

洪武初年，甘肃、青海被北元占据，新疆基本处于察合台后裔统治

---

① 《明史》卷316《贵州土司传》。

之下。洪武二年（1369），明朝大将徐达、常遇春进军甘肃。经庆阳之役，明军重创北元军，将其逼退至张掖一带。但漠北北元军仍频繁南下，侵扰兰州等地。洪武三年、五年，明太祖又两次命徐达等出击，最终平定甘肃。洪武五年，明军在西宁附近击败北元岐王朵儿只班。洪武七年，镇守撒里畏兀尔地方的北元宁王卜烟帖木儿也遣使归降。此后，明军兵临青海各地，或伐或抚，逐渐将青海各族纳入明朝统治。

控制西北地区以后，明太祖在其地广设卫所，确立了"断蒙古右臂"的战略方针。在甘肃西部，尤其是河西走廊一带，先后设立甘州（在今甘肃张掖）、肃州（在今甘肃酒泉）、凉州（在今甘肃武威）、山丹、永昌、镇番（今甘肃民勤）、庄浪诸卫和高台、镇夷（今甘肃高台西北）、古浪等卫所，重兵屯戍，"北拒蒙古，南捍诸番，俾不得相合"[①]，分隔蒙、藏，也保障了明朝对西域的交通顺畅。青海东部、甘肃南部的黄河、湟水、洮水一带，是这一地区的政治中心区域，居民以藏族为主，蒙、回等民族杂居，明初设河州（今甘肃临夏）、洮州（今甘肃临潭）、岷州（今甘肃岷县）、西宁四卫，"土官与汉官参治，令之世守"[②]，为卫所制下的土司制度。明太祖又分封其子肃王于甘州、庆王于宁夏，加强对西北镇守。同时，他注意招抚。洪武二十一年，明太祖遣人往西域，招抚别失八里（今新疆吉木萨尔北破城子），别失八里随派使臣来贡。此外，明太祖令卫所实行屯田。洪武三年开始，明廷在河西、陇右大规模屯田，又推行开中法。至洪武三十年，凉州、西宁、永昌、肃州、庄浪等卫所屯田，"累岁丰熟，以十之二输官，八分给与士卒"[③]，使部队军兵粮食出现盈余。明廷还尊重西北各民族的宗教信仰，并加以扶持，使

---

① 《明史》卷330《西域传二·西番诸卫》。
② 《明史》卷330《西域传二·西番诸卫》。
③ 《明太祖实录》卷249，洪武三十年正月戊辰。

其"阴助王化",为明朝统治服务。不过,由于明太祖将经营西北作为防御蒙古之助,因此对西北的经营范围仅限于河西走廊一带。

永乐年间继续大规模经营西北,设卫招谕。在嘉峪关西,明廷增设赤斤蒙古、沙洲等卫,又主动遣使往撒里畏兀尔招谕各部。明廷恢复洪武时撤销的安定、阿端、曲先三卫,任命其酋长为指挥使。明成祖对西北的经营,一直延伸至新疆东部。如永乐元年(1403),明成祖招抚哈密安克帖木儿。次年,封为忠顺王,并开马市互易。永乐四年,明廷置哈密卫,以其首领马哈麻火只等为指挥。哈密卫"管辖三种夷人,一种回族,一种畏兀儿,一种哈剌灰"[1]。终永乐朝,哈密连年入贡。至此,明廷在嘉峪关外共设立了安定、阿端、曲先、罕东、沙州、赤斤蒙古、哈密等七卫。除哈密卫以外,其他各卫都由其部族首领为卫所官员,统领部众,为羁縻卫所。明成祖又主动招抚西域柳城、火州、土鲁番、别失八里等部,扩大了明朝在西域的影响。永乐四年,明成祖遣使护送别失八里使臣回国,顺道赐彩币予柳城酋长及火州王子。永乐十一年,他又派使招谕火州,西域各部遣使回贡。对于西北部族的叛乱,明成祖一般先行招抚,后加镇压。

仁宣时期,对西北各民族主要实行抚谕笼络政策。明仁宗甫即位,即遣使诏赐哈密忠顺王。宣德时,也多次给哈密赏赐。对于主动来归的西北少数民族,明廷授官赏赐。不仅如此,明廷还派人出使,笼络慰问西北各族。如宣德七年(1432),明宣宗遣使出使西域哈烈等地,谕曰:"益顺天心,永笃诚好,相与往来,同为一家。"谕哈密忠顺王、忠义王,及沙洲、赤斤蒙古二卫等:"困即来。"[2] 展现出"华夷一家"的民族观,

---

[1] [明]严从简:《殊域周咨录》卷12《西戎·哈密》。
[2] 《明宣宗实录》卷86,宣德七年正月丁卯。

促进了与西北各族的友好关系。对于西北少数民族的起事叛乱,明宣宗以防范为主,宽大为怀。他戒谕西北诸将,严兵保境,加强边防,"勿贪功妄动,以开边衅"①。

总之,明朝前期,国力强大,对西北各地恩威兼施,措施得力,当地形势安定,汉、蒙、藏、回、维吾尔等各族杂居共处,融合发展。

(二)明朝中期以后的失控

正统时期,瓦剌势力兴起,进兵西北地区,侵掠诸卫,明朝不能援救。哈密遭瓦剌侵掠,忠顺王母率部逃至赤斤苦峪。沙州卫先徙苦峪,后被明朝全部收入塞内,"居之甘州","沙州遂空",其他卫"亦渐不能自立"②。景泰时期,西北诸卫向瓦剌与明廷两面都遣使通好。明朝命各处总兵严加防范,"相机守战"③。天顺时,瓦剌分裂,实力衰弱,明廷始积极经营,"兴复哈密"。天顺初,明英宗遣人出使哈密、撒马尔罕、亦力把里。天顺七年(1463),明英宗又分别派使出使哈烈、撒马尔罕、哈实哈儿、土鲁番、哈密等部。

成化初,明廷将哈密忠顺王母及其部众送回原居地。但此时哈密西邻土鲁番又崛起,向东扩张。成化八年(1472),土鲁番攻陷哈密。明廷责令土鲁番退还,土鲁番不听。成化至弘治初,哈密又几次被土鲁番侵占。明孝宗先是削减土鲁番赏赐,拒绝其入贡,后又下令"闭嘉峪关,绝西域贡,令诸夷归怨"④土鲁番。结果,明廷的削赏绝贡政策,反而激起西域各部族离心倾向,他们转而归附土鲁番。弘治八年(1495),明

---

① 《明宣宗实录》卷113,宣德九年十月壬申。
② 《明史》卷330《西域传二·西番诸卫》。
③ 《明英宗实录》卷233,景泰四年九月庚午。
④ [明]罗曰褧:《咸宾录》卷3《哈密》。

军收复哈密。但哈密屡遭兵火，残破不堪，明军难以长期驻守，不久撤军。寄居苦峪、肃州等地的哈密部众也逐渐归附土鲁番，明廷扶持哈密卫统领诸番的愿望破灭。

土鲁番继续东扩，赤斤卫难以抵敌，迁入肃州南山，"其城遂空"。沙州卫在正统年间内徙后，明朝于其故地设罕东左卫。正德年间，罕东左卫也因土鲁番侵逼，迁入肃州塞内。至此，嘉峪关西七卫尽失，河西走廊战火连绵。嘉靖年间，明廷被迫对西域开关通贡，同时整军守备。"番酋许通贡，而哈密城印及忠顺王存亡置不复问，河西稍获休息"①，西北局势稳定下来。但明廷的势力收缩至河西一带，在西域的影响也日益式微。

五、"多封众建"的藏区

明朝在藏区外围设置卫所，在藏区则推行"多封众建"的政策，大量封授藏传佛教各派及地方首领，"因俗而治"，确立朝贡和茶马互市，加强了汉、藏联系和交流。

（一）"多封众建"

藏区主要包括青海、西藏及川西、甘南等地，其民族以藏族为主，信奉藏传佛教。洪武二年（1369），明太祖平定陕西后，派人前往藏区招谕。洪武三年五月，故元帝师喃加巴藏卜遣使朝贡。洪武七年，吐蕃高僧答力麻八剌及故元帝师八思巴之后公哥坚藏巴藏卜也遣使来朝，明太祖封答力麻八剌为灌顶国师，公哥坚藏巴藏卜为圆智妙觉弘教大国师。

---

① 《明史》卷329《西域传一·土鲁番》。

在此基础上，明太祖设置朵甘卫指挥使司、乌思藏卫指挥使司。洪武七年，明朝在河州设立西安行都指挥使司，统辖河州、朵甘、乌思藏三卫。洪武十年，明廷撤西安行都指挥使司，朵甘卫、乌思藏卫指挥使司皆升为行都指挥使司，前者管辖今青海、四川甘孜、阿坝及西藏昌都等藏区，后者管辖今西藏大部分地区，均下设宣慰司、招讨司、万户府、千户所等各级机构。在阿里地区，明太祖又设置俄力思军民元帅府。

针对藏区政教合一、藏传佛教首领控制当地政治的现实，明廷放弃了元朝独尊萨迦派的做法，实行"多封众建"政策，即对各教派首领按其影响均予以分封和扶持。时萨迦派承元帝师余绪，在后藏仍保有一定势力；噶玛噶举派对前藏部分地区和西康大部分地区有相当影响；格鲁派得到帕竹地方政权扶植，势力日盛；宁玛派等则势力不大。明成祖先招噶玛噶举派黑帽系第五世活佛噶玛巴却贝桑布（哈立麻）入朝，永乐五年（1407）封为"大宝法王"（原为元朝给萨迦派领袖八思巴的封号）；永乐十一年，又招萨迦派故元帝师后裔贡噶扎西（昆泽思巴）入京，封为"大乘法王"，礼亚于"大宝法王"；明成祖还招格鲁派创立者宗喀巴，宗喀巴派弟子释迦也失代替入朝，永乐十三年明成祖封释迦也失为"西天佛子"。至宣德年间，封释迦也失为"大慈法王"。这样，明廷封藏传佛教三大派首领均为法王，加以尊崇，扶持利用。大慈法王不久人死爵绝，大宝法王、大乘法王传承不绝，虽未规定其朝贡，"然终明世，奉贡不绝云"[①]。

法王之下，明朝又封授藏区有一定政治势力的五位政教首领为王，包括：乌思藏帕木竹巴（今西藏桑日一带）灌顶国师吉剌思巴监藏巴藏卜为"阐化王"（帕竹噶举派），灵藏（今四川德格、西藏昌都一带）灌

---

① 《明史》卷331《西域传三·大宝法王、大乘法王》。

顶国师著思巴儿监藏为"赞善王"，馆觉（今西藏昌都贡觉）灌顶国师宗巴斡即南哥巴藏卜为"护教王"（可能和噶玛噶举派有较深关系），必力工瓦（今西藏拉萨东北墨竹工卡止贡一带）僧人领真巴儿吉监藏为"阐教王"（止贡噶举派），思达藏（今西藏日喀则吉隆境内）僧南渴烈思巴为"辅教王"（萨迦派）。王之下，又封授了诸多僧人为西天佛子、大国师、国师、剌麻、禅师、都纲等。明廷对他们"悉给以印诰，许之世袭"①，把各教派和地方势力都纳入中央政府管辖之下。

与此同时，明廷在藏区设置驿站。永乐五年，明成祖命阐化王与护教王、赞善王等川藏诸族"复置驿站，通道往来"。永乐十二年，明成祖又命各王等"共修驿站，诸未复者尽复之"。于是，藏区"道路毕通，使臣往还数万里，无虞寇盗矣。其后贡益频数"②。

明朝前期制定的"多封众建"治藏政策为后世统治者所继承。明朝中后期，藏区各王、西天佛子、大国师、国师等高级官员袭替与传承，均须报朝廷审核与确认，明廷也继续册封藏区有影响的部族首领，予以大量赏赐。明廷"因俗而治"，实现了对藏区的统治。

（二）朝贡和茶马互市

明朝前期规定，受封藏族僧俗首领须按期向朝廷进贡，明朝则给予赏赐。藏族官民进贡的物品有马匹、皮毛、藏绒、药材、藏香、铜佛等土特产品和手工艺品，明廷回赐的物品有金银钱钞、绸缎布匹、衣服、粮食、茶叶、佛像等各种生产和生活用品，回赐物品的价值往往数倍于其贡品。因此，藏族各级僧俗官员、民众踊跃朝贡。明朝中期，西藏地

---

① 《明史》卷330《西域传二·西番诸卫》。
② 《明史》卷331《西域传三·阐化王》。

方与明朝中央的贡赐关系进一步发展，一些原本不在封授、朝贡之列的藏族僧俗人等也前来朝贡，求取朝廷封授和赏赐，进行经济交流。如景泰二年（1451）六月，"乌思藏些蜡寺绰吉监粲各遣人来朝贡马，赐僧衣、钞币、食茶"；天顺五年（1461）四月，"乌思藏麦朋等寺都纲刺麻番僧也失言千等来朝，贡氆氇、方物，赐宴及彩币、表里、钞锭等物有差"①。其中"些蜡寺""麦朋寺"即是格鲁派拉萨三大寺之色拉寺、哲蚌寺，可见格鲁派兴起后，这一宗派的大寺院也接受了明朝封给的都纲等僧官职务，并向明朝通贡，与明朝建立政治臣属、经济交流关系。

明廷对藏区僧俗人等的朝贡规定原本宽泛，一些近边藏族首领遂冒用名义进贡，甚至一些汉人让子女学习藏语，冒充藏人，混入朝贡人群，求取赏赐和贸易利益。明朝中期，朝廷为此负担沉重，遂不断下令审核朝贡人身份，同时订立细则，限制朝贡规模。如正统七年（1442）十月，明英宗下令四川官员审查藏区朝贡人员，"果系本地番僧，方听赴京，然多亦不许过三五人。其假托诈冒者拘留，所在奏闻处治"②。成化元年（1465）九月，礼部反映说：藏族僧俗朝贡，宣德、正统年间不过三四十人，景泰年间"起数渐多"，但也不过三百人，天顺年间达到二三千人，"及今前后络绎不绝，赏赐不赀，而后来者又不可量"。明廷重申，"今后仍照洪武旧例，三年一贡"，"所遣之人，必须本类，不许过多。所给文书，钤以王印，其余国师、禅师等印皆不许行"③。成化四年三月，明廷再次强调藏区朝贡制度，但似乎都效果一般。至成化六年四月，明廷对藏区朝贡作出更为细致具体的规定：明确各王和不同藏区的入贡年例和线路，即赞善、阐教、阐化、辅教四王（护教王宣德年间入贡后绝嗣）

---

① 《明英宗实录》卷205、卷327，景泰二年六月辛未、天顺五年四月己丑。
② 《明英宗实录》卷97，正统七年十月癸巳。
③ 《明宪宗实录》卷21，成化元年九月戊辰。

三年一贡，每王遣使百人，多不过一百五十人，由四川路入，国师以下不许贡；长河西、董卜韩胡二处一年一贡，或二年一贡，遣人不许过百；松、茂州地方住坐藏僧每年亦许三五十人来贡；"其附近乌思藏地方，入贡年例如乌思藏，亦不许（过）五六十人"①。四川藏族土官，如天全六番招讨司、长河西安抚司等遇三年朝觐时，许入贡一次。甘肃、青海藏僧受封者，许一年一朝贡。其后，藏区僧俗官民仍多逾制朝贡，明廷也不断重申制度，加以限制和规范，贡赐制度一直持续维系。

所谓茶马互市，就是藏区僧俗官民用马或者其他土特产品交换汉地茶叶等物资的经济活动。"番人嗜乳酪，不得茶，则困以病"②。洪武年间，明廷先后在秦州（后改西宁）、河州、洮州、四川永宁（后废）、碉门、雅州（后移于岩州）等地设茶马司，建立官营茶马互市。藏区僧俗人等携马来市，将马卖给明朝官方，明朝每年因此获得百余匹至数千匹不等的马匹。为了获得更多且数量稳定的马匹，洪武中期，明太祖下令向藏区征收马税，"计其地之多寡以出赋"，如3000户则3户共出1马，4000户则4户共出1马，"定为土赋"③。这样，藏区各部族按制输马，朝廷以茶给之，茶马互市由传统的自由贸易向强制性"马赋差发"转变。洪武二十六年（1393），明廷向藏区各部族颁发金牌信符，令届时由官兵查验，各部族每三年按照规定数额缴纳马匹，明廷按规定比价以茶交易，正式确立了差发马制度。"彼其纳马，不曰易茶，而曰差发，如田有赋，如身有庸，以示职贡无可逃。国酬以茶，不曰市马，而曰劳赏，谓因其供贡，而赉予之"④。这一制度下，明朝一年可得马万余匹。正统末

---

① 《明宪宗实录》卷78，成化六年四月乙丑。
② 《明史》卷80《食货志四·茶法》。
③ 《明太祖实录》卷151，洪武十六年正月辛酉。
④ ［明］张萱：《西园闻见录》卷70《兵部十九·马政前》。

年，因一些官员贪残剥削，尤其是瓦剌军队侵掠，藏区不少部族逃躲流徙，金牌散失，而官军忙于征战转饷，也无暇运茶，差发马制度难以维系。于是，明廷停止茶马金牌和茶马互市，听令藏人以马入贡。

成化初年，明军缺马，明廷又恢复差发马制度和茶马互市，每年用茶四五万斤，易马数百匹，多不过千匹。弘治十五年（1502），杨一清到西北督察马政，恢复金牌信符之制，继续茶马互市，明朝获马渐多。至嘉靖三十年（1551）正月，明世宗"诏给西番诸族勘合"①，改行勘合制。纳马时间也由三年一次改为一年一次，藏区僧俗官民纳马数额逐年递增。万历二十九年（1601），兵部议定，西宁、河、洮、岷、甘、庄浪六茶司"共易马九千六百匹，著为令"，规定限额。天启时，"增中马二千四百匹"②。崇祯年间，西北等地农民起义兴起，官营茶马互市遂告终结。

在官营茶马互市的同时，明朝与藏区还一直存在民间茶马贸易。

明朝通过政治军事上建立卫所、"多封众建"，经济上确立朝贡和茶马互市，维护了明朝在藏区的统治，"以故西陲晏然，终明世无番寇之患"③，加强了汉、藏各族的政治、经济、文化联系和交流。

六、东北诸部族的招抚与决裂

明朝东北部主要有蒙古、女真等族。明朝前期，大力招抚蒙古和女真等部，在东北设立羁縻卫所等，加强统治。明朝后期女真族崛起，建

---

① 《明世宗实录》卷369，嘉靖三十年正月丁未。
② 《明史》卷80《食货志四·茶法》。
③ 《明史》卷331《西域传三·朵甘乌思藏行都指挥使司》。

立后金（清）政权，后金（清）军屡败明军，明朝也在清军和明末农民大起义的夹击下覆灭。

（一）明朝前中期经营东北

东北地区主要分布着蒙古、女真等族，明初统治者将东北视为防御蒙古的左翼防线，大力招抚征伐，设立羁縻卫所，推行朝贡互市。

洪武年间，不断派人赴东北招抚各部族。洪武三年（1370）九月，明廷招降故元辽阳行省平章刘益。四年二月，刘益降附，明廷设置辽东卫。七月，改设定辽都卫指挥使司，"总辖辽东诸卫军马，修治城池，以镇边疆"[①]。洪武八年九月，定辽都卫改为辽东都指挥使司，作为明朝管辖整个东北地区的最高军政机构。其后，东北南部的各支故元军事力量陆续归附明朝。在东北北部，故元辽阳行省左丞相、太尉纳哈出拥兵金山（今吉林怀德），不仅数度拒绝明朝招降，而且多次南下攻击明军，明太祖遂派兵征讨。至洪武二十年五月，在明军打击下，纳哈出投降，明军得其所部20余万人，故元在东北的残余势力基本瓦解。

明初遁踞漠北的北元势力，分为鞑靼、瓦剌、兀良哈三大部。其中，兀良哈部割据东北，活动于今大兴安岭以东、松花江以西、西拉木伦河以北一带，原役属于北元纳哈出势力。纳哈出降附后，洪武二十一年，兀良哈蒙古各部也降附明朝。洪武二十二年四月，明朝于此置泰宁、朵颜、福余三卫指挥使司，"以居降胡"[②]。兀良哈三卫仍以其首领为各级军官，为羁縻卫所。不久，兀良哈复叛。明成祖即位后，复遣使招抚。永乐二年（1404）四月，三卫首领入京朝贡，明成祖正式任命他们分别为

[①] 《明太祖实录》卷67，洪武四年七月辛亥朔。
[②] 《明太祖实录》卷196，洪武二十二年四月辛卯。

各卫官员，又根据他们举荐任命其部族大小头目为卫所各级官员。三卫官员称，有马八百余匹，"留北京，愿易衣物"，明成祖命有司第其高下，"给价偿之"①。此后，兀良哈三卫每年向明朝遣使朝贡，明廷皆赏赐丰厚。明廷还在开原、广宁等处开设马市，许其互市。

对于东北女真各部，明廷也加以招抚。永乐元年，明成祖遣人往谕奴儿干部，海西女真、建州女真、野人女真诸部"悉境来附"。明成祖分别授予其首领为官，又厚加赏赐，相继在当地建立了奴儿干、建州等大小羁縻卫所100余个。永乐七年闰四月，根据女真官员请求，明成祖令在黑龙江设立奴儿干都指挥使司，作为黑龙江、乌苏里江流域最高一级的地方军事行政机构。奴儿干都司地域辽阔，自建立后不断增设卫所，多时至384卫、24所、7地面、1寨。明朝政府在此常年派官驻军，轮番戍守。各族部民按制向明廷朝贡马匹、貂皮、海东青等土特产品，明廷则给予丰厚赏赐。明成祖还在东北设立马市，许其贸易。

仁宣时期继承明初对东北各族的招抚通贡政策。宣德时期，又增设宁远卫、广宁前屯卫所等，增强在东北的防御力量。对于各部民族的反抗与劫掠，明廷也是先行招抚，慎重出兵。

明朝中期，蒙古瓦剌、鞑靼先后兴起，兀良哈、女真等部族为其所制及影响，常侵扰明边。明朝仍加意抚谕赏赐，试图瓦解其与蒙古的联系，维持东北边地的和平。如景泰三年（1452）四月，建州左卫指挥等官"初为脱脱不花王所掳"，至此主动来归，明廷赐其衣物、钞币、彩缎、牛羊、房屋等大量物品。泰宁卫都督佥事革干帖木儿"效顺中国，传报房情"，明廷赏赐优厚，"加赐彩币、绢布"②。对其侵扰掠夺，明廷

---

① 《明太宗实录》卷30，永乐二年四月己丑。
② 《明英宗实录》卷242，景泰五年六月戊戌。

也加强防御，征伐打击。如成化二年（1466）九月，建州女真首领董山从庆云堡向西入明边，大肆抢掠。明宪宗命整饬边备都御史李秉"选将练兵，酌量贼势，调遣剿杀"①。李秉战而驱之，董山入贡谢罪，明宪宗奖谕之。正德、嘉靖前期，兀良哈部频侵袭边。嘉靖二十二年（1543）十月，兀良哈部"假以叩关求乞，攻围墓田谷"②。明廷断其贡市，罢旧设三卫马市及新设木市。其后，兀良哈三卫逐渐被鞑靼吞并。

（二）明朝后期女真族的崛起和明清战争

成化以后，明朝与女真保持着稳定的贡赐关系，大体维持和平局面。但女真各部相互争夺，混战不已。明朝采取"分而治之"的策略，即通过分别扶持、打压各部族，使之相互制衡。明朝又利用女真各部的经济依赖，以绝贡、闭市等方式，对其加以约束、抑制。隆庆时期，明廷拔擢李成梁镇守辽东，"大修戎备，甄拔将校，收召四方健儿"③。万历时，明廷又修筑宽甸、长甸、大甸等六堡，将防线推至女真境内。建州女真部落首领王杲率部犯边，李成梁亲自督师征剿，"毁其巢穴"，斩首千余。

万历中期，建州女真努尔哈赤乘乱崛起，逐渐统一女真各部。他以女真部众创建八旗制度，创制满文，满族共同体趋向形成。万历四十四年（1616）正月，努尔哈赤称汗登位，建立后金政权，正式与明朝决裂。其后，明朝和后金在辽东展开激烈争夺，明朝在辽东不断遭遇失败，逐渐失去疆域和统治权。后金皇太极时期，降服漠南蒙古各部，漠南蒙古

---

① 《明宪宗实录》卷34，成化二年九月乙未。
② 《明世宗实录》卷280，嘉靖二十二年十一月乙卯。
③ 《明史》卷238《李成梁传》。

脱离对明朝的臣属，成为后金的臣属和助益。

　　崇祯九年（1636）四月，皇太极宣布即皇帝位，改国号为清。在此前后，他建立蒙古八旗、汉军八旗，改进老满文为新满文，又改族名女真为满洲。从此，满洲族（简称满族）名称正式出现在中华和世界史册上。清军（后金军）先后五次从北部毁长城而入，袭扰明朝京畿、山西、山东等地，兵锋甚至到达苏北一带。明朝精兵宿将被歼灭殆尽，军民士气摧毁无余。满族建立的清朝和明末农民大起义军一起，推翻了明朝的统治。

第十二讲 西来东往：明朝的中外文化交流

明朝时期，中国文化继续在朝鲜、日本、越南等汉字文化圈国家及其他亚非国家传播，双方的文化交流进一步发展。而最引人注目的是明朝后期，随着天主教传教士东来，西方的天主教、哲学、艺术和自然科学等开始大规模传入中国，给中国带来了欧洲近代文化，中国文化也传播到欧洲、拉丁美洲。因此，明朝的中外文化交流步入了一个新的阶段。

一、中国文化进一步影响朝鲜

明朝时期对应朝鲜半岛历史上的高丽朝（918—1392）末期和李朝（1392—1910）前期阶段。中朝友好往来继续发展，中国文化进一步影响着朝鲜。

（一）对中国各项制度的移植和模仿

中国是东亚首屈一指的文明古国，各项制度的设立和发展远远早于朝鲜等国。因此，朝鲜自立国起，就基本移植和模仿中国的各项制度。

高丽朝积极移植和模仿唐朝政治制度，所谓"高丽一代之制，大抵皆仿乎唐"[①]。高丽末年，开始移植和模仿明朝的政治制度。至李朝，太祖李成桂命人编《经济六典》，仿明朝建立制度。世祖令人编《经国大典》，其后各朝续加修订，成宗二年（1471）向全国颁布。《经国大典》"远据《周官》，近本《大明会典》"[②]，是李朝五百余年政治等各项制度的根本依据。

李朝中央机构为议政府，以领、左、右三议政合议，号为三公。一般政务由吏、户、礼、兵、刑、工六曹分别掌管，与明朝六部制相似。

---

① ［朝］郑麟趾：《高丽史》卷84《刑法志一》。
② 杨鸿烈：《中国法律对东亚诸国之影响》，中国政法大学出版社1999年版，第101页。

地方机构,初分五道,后改为八道,道下设牧、府、郡、县,也多移植和模仿中国制度。

高丽朝刑法起初采用《唐律》,"参酌时宜而用之"。李朝以《大明律》为准则,《经国大典·刑典》"用律"条下明注"用《大明律》"。

在教育制度方面,高丽朝仿唐朝,中央设国子监,有六学,各置博士、助教等官。后因《周礼》之言,国子监改名成均馆。李朝中央最高教育机构仍称成均馆,直属礼曹。成均馆下设五部学堂,模仿所谓周朝五学之制。地方牧、府、郡、县各有乡校。士大夫子弟七八岁入私塾书堂,学汉文和习字,十五岁入乡学或四学,攻读数年,应第一次科举合格者,取得生员进士称号,升入成均馆。

(二)中国理学、宗教在朝鲜的传播

1. 理学

儒学很早即传入朝鲜半岛。高丽末年,郑梦周兼任成均馆学官,在明伦堂讲程朱理学。他"横说竖说,无非当理,推为东方理学之祖"①。另一著名理学家郑道传两次出使明朝,著有《佛氏杂辨》,批判佛教,提倡理学。

李朝尊奉程朱理学。李朝前期,理学家辈出,著名的有金宗直、金时习、赵光祖、徐敬德、李彦迪、李滉、李珥等。李滉,字景浩,号退溪,1528年进士及第,历任博士、修撰、副提学、两馆大提学等职。李滉主张"天地之间有理有气","理为气之帅,气为理之卒"②,坚持了程朱的理本体论。他从"理"具有体、用两重性出发,指出"理动则气随

---

① [明]佚名:《朝鲜史略》卷6《高丽纪》。
② [朝]李滉:《陶山全书》第三册《天命图说》。

而生,气动则理随而显"①,对朱熹"理"乘"气"而动静的理论进行修正。李滉被称为朝鲜理论儒学的宗师和程朱理学的忠实继承人,其理学即退溪学对朝鲜理学的发展有重大影响。其后,继承其学说的有柳成龙、金诚一、郑逑等人,形成为岭南学派。

李珥,字叔献,号栗谷。他于1564年入仕,曾出使中国,历官大司谏、大司宪、户曹判书、大提学等。李珥认为,"理者气之主宰","气者理之所乘"②;"理""气"不能分离,天地万物都是阴阳二气相互作用的结果,是李朝程朱理学的主气派代表。承其学说者,有金长生、郑晔等,形成与岭南学派相抗衡的畿湖学派。李滉和李珥共同形成李朝理学的双峰,程朱理学得到广泛传播,不仅渗透在朝鲜半岛历史发展进程中,而且浸润于近现代民众生活里,影响巨大而深远。

16世纪中后期,王守仁心学也传入朝鲜。朝鲜士人郑齐斗阐发"致良知"观点,形成朝鲜阳明学派。

2. 佛教

佛教于4世纪从中国传入朝鲜半岛,高丽时期达到全盛,形成五教两宗。高丽末期,恭愍王笃信佛教。一些禅僧于元末赴中国请教,禅宗尚能维持表面的繁盛。而教宗没有扬名天下的高僧已无法振作。

李朝尊奉程朱理学,裁减寺院,合并宗派,严格度牒发放,佛教衰颓至极。但是,由于一些国王和王室女性信佛甚笃,加上僧侣的弘传及后来的勤王做工,李朝前期佛教还保持了一定规模。如李明宗前期,垂帘听政的文定王后笃信佛教,恢复僧试,发放度牒,任命僧普雨为判禅宗事都大禅师,使佛教有所恢复。李宣祖时,值壬辰战争,休静、惟政

---

① [朝]李滉:《增补退溪全书》第二册《答郑子中·别纸》。
② [朝]李珥:《栗谷全书》卷9《答成浩原》。

等高僧组织八道僧侣为义兵，抗击日本侵略军。李朝鼓励僧兵士气，下令给斩敌首级的僧侣以僧科及格特状，交不出敌首者也发给度牒，任命僧兵首领为官。休静，出家后官至教宗判事兼禅宗判事，住金刚山、妙香山，法誉风靡。壬辰战争起，他组织僧侣义兵抗击，王京恢复后，封正三品上卿。据说，他的弟子达1000余人，出名者有70余人。光海君、仁祖时，休静又先后征集僧侣营造王宫，修建各地山城，以僧兵抵抗后金侵略等。17世纪中期以后，李朝形势安定，统治者又开始大力抑制佛教，朝鲜佛教又走入了低谷。

3. 道教

道教于7世纪初传入朝鲜半岛。高丽朝受宋朝影响，供奉道教祭神，设立许多道教殿署，频繁举行祈福祭祀。道教也逐渐与朝鲜民族固有的神教汇融，在民众生活中发挥影响。

李朝限制佛教、道教，也将高丽时期诸道观裁撤，仅留大清观。但李太祖为祈祷求福，又于1394年在松都建昭格殿，作为综合道观。李世祖时，升昭格殿为昭格署。昭格署有三清殿、太一殿、直宿殿、十一曜殿等，分别祭祀道教诸神。壬辰战争时，昭格署毁于兵火。此前，大清观已于李世宗时被废。这样，李朝的道教殿署都被废止了。

壬辰战争时，援朝抗日的明朝将领把关羽信仰传入朝鲜，在各地建立关王庙。战后，明朝政府宣称战时得关公灵助。李宣祖令礼曹在兴仁门外依照明朝制度建立了巨大的关王庙。此后，关羽崇拜慢慢地渗入到朝鲜民众信仰之中。

另外，中国城隍祭祀也存在于朝鲜民间，并广为举行。

（三）中国语言学和文学艺术对朝鲜的影响

1. 语言学

朝鲜的书写文字原本使用汉字。15世纪中期，李世宗命申叔舟、成三问等人研究明朝《洪武正韵》，又反复向中国人请教，在朝鲜语语音基础上，创制出训民正音，制定出新的朝鲜文字。训民正音在不少方面与中国语言学有密切联系：第一，它根据发声顺序将语音分为"初声""中声"和"终声"，认为三声"合而成字"，与中国古代音韵学将语音分为"声母"和"韵母"以及韵母又可分为"元音""辅音"等几个音素的原理颇为相似。第二，它和中国古音韵书，如《洪武正韵》等都把字母分为五音，并设了两个半音，分类法相同，所属字母的语音性质也颇相似。第三，它把语音分为全清、次清、全浊、不清不浊等类型，而当时朝鲜语音中没有全浊音，这是受到中国音韵学，特别是《洪武正韵》的影响。第四，受中国音韵学影响，它有平、上、去、入四声的规定，而当时朝鲜语言中似无此区别。第五，它"象形而字仿古篆"，字形也与汉字有共同点，未完全摆脱汉字影响。

训民正音的创制，在15世纪朝鲜半岛所达到的文化成就中占有非常重要的地位。它推动了用"谚文"（训民正音）翻译汉文书籍的活动，促进了中朝文化交流。

2. 文学

高丽朝文人创作汉文学形成普遍风气。他们推崇中国诗文，汉唐诗文，特别是苏东坡的诗文在高丽朝十分受欢迎。一些高丽文人还来华学习，提高汉文学水平。高丽末期颇负盛名的文学家李穑，在元朝中科举第二甲第二名，任翰林院文学承仕郎，同知制诰兼国史院编修官，后归国,著有《牧隐集》。朝鲜人称其"为诗文,操笔即书,略无凝滞"①,为高丽文学三大家之一。

李朝建立后,中朝文人交流进一步加强。每当明朝使节到达,朝鲜文人即与他们交往,讨教切磋。朝鲜文人将他们与明使唱和的诗作汇刻为《皇华集》,在朝鲜流通。一些朝鲜文人还利用到明朝的机会,与中国文人唱和,并大量采购汉文书籍,"或旧典,或新书,或稗官小说,在彼所缺者,日出市中,各写书目,逢人便问,不惜重直购回"②。这些有助于朝鲜汉文学的提高。

李朝前期,一般文人仍以创作汉诗文为主,汉诗文进入全盛时期。当时,朝鲜汉诗文可明显地分为两派,即义理派和辞章派。义理派为了阐述义理,往往创作汉诗文,代表人物有金宗直、李滉、李珥、徐敬德等。李滉著有《退溪集》,所作诗文被奉为朝鲜儒家文学的楷模;李珥著有《栗谷文集》。辞章派在李朝前期作家辈出,成就最突出,代表人物有权近、朴訚、徐居正、金时习、白光勋、许晔、权韠、金尚宪等。朴訚著有《挹翠轩遗稿》,"其诗气格放逸,可与黄太史(黄庭坚)雁行。文亦雅捷,大逼西汉",为"东国第一"③。徐居正的诗受李奎报影响较大,是当时有名的汉诗文作家。金时习一生作汉文诗万余首,为朝鲜诗人中作品最多者。朝鲜前期的汉诗文,先后由徐居正、申用溉编选成集,称《东文选》。

中国小说,如《太平广记》《剪灯新话》《三国演义》《水浒传》等也传入朝鲜。一些朝鲜文人受此影响,创作出一批汉文小说。如金时习仿《剪灯新话》创作《金鳌新话》,许筠仿《水浒传》创作《洪吉童传》,林悌创作短篇小说《元生梦游录》《愁城志》《花史》《鼠狱说》等,均在

---

① [朝]郑麟趾:《高丽史》卷115《李穑传》。
② [清]姜绍书:《韵石斋笔谈》卷上《朝鲜人好书》。
③ [朝]朴訚:《挹翠轩遗稿》郑斗卿序。

朝鲜文学史上占有一定地位。

3. 艺术

李朝前期处于中国北宗画的全盛期。15至16世纪前期，李朝画坛巨匠中当推安坚、崔泾、李上佐。安坚曾反复鉴赏安平大君收藏的中国名画，作品受郭熙、夏圭、马远画法的影响。崔泾承马远、李公麟画法，人物画与安坚的山水画齐名。李上佐宗承南宋院体画画风，学习马远的构图及画法。16世纪后期，朝鲜山水画一方面继承安坚派画风，另一方面又表现为具有中国南宋院体画及明朝浙派画风。李朝前期最具中国浙派风格的画家为金明国，其作品大部分是典型的浙派画风，特别是后期的狂态画风。16、17世纪之交，中国南宗画开始影响李朝画坛。画家李桢曾出使北京，接触过南宗画，作品透露出南宗画气息。

赵孟頫书体自元朝影响高丽书坛，至李朝成为朝鲜书法艺术的主导风格。李朝前期，李文宗擅长楷书，深得晋人奥妙，并取法子昂，笔致遒劲，出神入化。郑道传、黄喜等在赵体基础上又习米（芾）法，兼具霸气与秀丽。权近、申樯等则脱离赵体，另成一派。申樯所书汉城崇礼门匾额，深得欧阳询书法精髓。安平大君集以上诸家之长，无论楷、行、草，还是篆、隶，均冠绝一时。壬辰战争中，中朝交往更加密切，明书法家文徵明、祝枝山、王宠、董其昌等书体在朝鲜流行起来。此后，朝鲜书坛众家纷呈，但赵体仍是主流。

（四）中朝自然科学及技术的交流

1. 历法、数学和医药学

高丽朝先用唐朝《宣明历》，后改行元朝《授时历》。李朝奉明朝正朔，用明朝《大统历》。李世宗时，命郑麟趾参考《授时历》《大统历》，撰成《七政算内篇》。自此，朝鲜有推策之法。由于历法长期不修，逐渐出现误差。李宣祖时，派郑斗源到中国访求历法。郑斗源于1631年归国，带回《治历缘起》《天文略》等中国天文学著作。

高丽朝仿唐朝实行科举制，设算科，并在太学中置算学博士，学习、研究中国数学。李朝亦然，将中国《九章算术》《算学启蒙》等列为必读书目。16世纪，中国的算盘及珠算书籍传入朝鲜，成为朝鲜社会生活中通用的计算工具。

高丽朝在科举中设医科，置医学博士，并不断从中国搜购医书、药品。李朝也重视中医学，设典医监，生徒主要学习中国医籍，如《仁斋直指方》《伤寒类书》《医方集成》《补注铜人经》等，医科三年一试。在李朝提倡下，中医书籍大量介绍到朝鲜。如，1415年《铜人图》流入后，当年即被刊出。1448年李朝从中国购回《东垣十书》等书，李朱学说遂盛行于朝鲜。通过对中医药学的广泛深入探究，李朝医家取得很大成绩。金礼蒙等编《医方类聚》365卷，内容包括临床各科及证治92门，先论后方，收方5万余，约950余万字。该书广征博引中、朝古医籍153种，其中保存了40种已佚中医古籍，堪称15世纪以前中医医方大成。许浚等编《东医宝鉴》25卷，参考中医书籍83种、朝医书籍3种，分内景、外形、杂病、汤液、针灸五部分，选方丰富实用，内容简明扼要，对介绍中国医学作出了贡献。

2. 农业技术、火药技术

李朝积极翻译中国农书，如《农桑辑要》《农政全书》等。一些朝鲜学者参考中国农业技术和农书，撰写朝鲜农学著作，如郑招的《农事直说》、朴趾源的《课农小抄》、徐有榘的《林园经济十六志》等。同时，李朝大力推广中国农业技术。李太宗时,多次推广《农桑辑要》中饲养牲畜、桑蚕及种植水稻之法。李朝还按照《农政全书》制造水车十数具,"并与用法,颁于八道两都"①。此外,朝鲜积极引进中国农作物种子及栽培技术。如高丽朝末期引进中国棉花种子及栽培技术,取得成功,李朝时棉花种植遍布朝鲜半岛。李朝又引进中国碱地所种稻种,在沿海碱地推广。

1373年,为清剿倭寇,高丽朝向明朝请求支援武装水军的器械、火药、硫黄、焰硝等。军火属于禁止外运之物,但次年明太祖同意了朝鲜的请求,中国火药遂大量输入朝鲜。与此同时,朝鲜人崔茂宣寻找到中国商人李元,请教火药配制技术,并试验成功。1377年,高丽政府设立火㷁都监,崔茂宣为提调官,制造火药。崔茂宣总结火药和火器原理,编写《火药修炼之法》。这是朝鲜历史上第一部有关火药、火器的专著,对15世纪朝鲜火药、火器继续发展作出重要贡献。

3. 印刷术

中国印刷术传入朝鲜后,13世纪前半期,朝鲜发明铸字模,用铜铸活字,既方便耐久,又美观整齐。李朝进一步发展金属活字。1403年,李太宗令置铸字所,以《诗经》《尚书》《左传》等作字本,铸出数十万铜活字,为癸未字。其后,李朝陆续改进,铸出庚子字、甲寅字等铜活字,甲寅字质量最好,被称为"朝鲜万世之宝"。1436年,朝鲜在世界上首次铸造了铅活字。朝鲜金属活字印刷技术不久又传回中国。15世纪末至16世纪,无锡、苏州、南京等地陆续用铜活字、铅活字印书。中朝印刷术的交流促进了两国文化的发展。

---

① 朝鲜《李朝正祖实录》卷16,正祖七年七月癸巳。

二、与日本的双向文化交流

明朝时期对应日本历史上的室町时代（1336—1573）、安土桃山时代（1573—1603）至江户时代（1603—1867）初期阶段。中国文化继续东传，对日本文化的发展产生较大影响，同时日本文化也开始影响中国，两国文化交流的双向性日益明显。

（一）中日僧人的往来

在明朝中日文化交流中，两国僧人的往来，尤其是日本僧人频繁入明，扮演着重要角色。

明朝日本僧人来华可考者达110余人，按其来华方式可以分为两类。第一类是明初到永乐二年（1404）两国实行勘合贸易前的入明求法僧。当时，两国没有建立正常的外交关系，一些日本僧人继承前辈传统，自己来华，体验中国禅林生活，领略中国风趣，学作可与明人媲美的诗文。如绝海中津自洪武元年（1368）入明，在明居住十余年，学佛于高僧宗泐，余暇则学诗，所作清婉峭雅，不露日本痕迹。明太祖召见，与他作诗唱和。和绝海一起入明的汝霖良佐除学佛外，也习诗文，宋濂曾为其诗文稿作跋。

第二类是永乐二年到嘉靖二十六年（1547）中日勘合贸易中的遣明使僧。据统计，其间日本共派遣勘合船17次。由于当时日本以五山为中心的禅僧汉文修养最高，对中国了解也最多，因此日本政府往往以他们充任遣明使、副使等，或作他们从僧。遣明使僧在华停留期间，除了从事勘合贸易以外，还要进行一些文化交流活动：请明朝官吏、士人为其诗文、语录作序跋，撰写塔铭、像赞等，与他们赠诗唱和；游览中国名区胜地,激发创作灵感,"举而形于题咏";向明朝请赐及到各地觅购中国书籍。

当然,还有一些中国僧人,或以私人身份,或为官方使节,前往日本,多应请与五山僧人等唱和交流,为传播中国文化作出了贡献。还有一些其他人员,如贸易商人、谋生贫民等往来中日之间,也对两国的文化交流作出了贡献。①

(二)中国文化对日本的影响

1. 文学艺术

室町时代,日本五山文学即主要以京都和镰仓的五山十刹为中心而发展起来的汉文学兴盛。五山僧人学习、创作汉文学,一些人还越海求教于明人。如绝海中津著有《蕉坚稿》1卷,日本人称其"非但古昔、中世无敌手也,即近代诸名家亦恐弃甲宵遁"②,是日本五山文学双璧之一。绝海的法嗣鄂隐慧奯也擅长汉诗文,著有《南游稿》。汝霖良佐回国后,对五山文学的影响也很大。足利义满担任室町幕府将军后,整顿五山制度,规定五山僧人学习汉文,入山为僧必须汉文考试及格。统一全国后,室町幕府又派遣五山僧人为使者赴明。五山僧人的汉诗文造诣深厚,基本上摆脱了日式汉文的腔调,五山文学也呈现出与明朝文学相似的风格。明初,五山僧人作诗为文多模仿明朝活着的大文学家,如高启、宋濂等人。明朝中期,中国文坛出现了前、后"七子"文学复古运动。此风所及,日本文学界也推崇唐宋名家诗文,注释的书也很多。明

---

① 参阅[日]木宫泰彦:《日中文化交流史》,胡锡年译,商务印书馆1980年版,第511—615页。
② [日]江村北海:《日本诗史》,日本岩波书店1991年版,第487页。

第十二讲 西来东往：明朝的中外文化交流

朝后期，日本文坛也出现了摆脱古文窠臼、独抒性灵之风。

在汉文学占据日本文坛主导地位的同时，日本和文学也深受中国文学影响。当时，和文学大量采用中国故事，意译、改编中国小说者也不乏其作。

室町前期，仿宋、元画风的水墨山水画风靡。奠定日本水墨山水画基础的是禅僧如拙及其弟子周文，而集其大成的则是周文弟子雪舟等杨。雪舟等杨11岁入京都相国寺为僧，拜周文为师，同时临摹宋、元画作。1467年，他随遣明使到中国，向名扬当时的画家学画，"相随传设色之旨，兼破墨之法"①。此后，他广泛接触自然风物，大量写生，完成了从师法古人到师法自然的转变。归国后，他先后在大分、山口创建天开图画楼，创作出许多不朽作品。其弟子和私淑弟子遍布日本各地。至室町后期，土佐光信将中国画技法运用于大和绘，使大和绘复兴，形成日本画坛上的土佐派。狩野正信也吸收中国水墨画技法，发展大和绘，曾任幕府宫廷画师。其子狩野元信继承父风，折衷和汉，集狩野派画风大成。狩野派将"由水墨画开创的新的造型美与大和绘的彩色主义相调和，成为以后日本画各种各样发展的起点"②。

日本禅僧与明朝书家的交流，推动了日本书法艺术的发展。如绝海中津在明向禅僧竹庵学楷书，书法挺拔俊秀，时人交口称赞。鄂隐慧奯"书法卓绝，善写楷书"③。1401年，仲芳中正入明，因善楷书，曾奉明成祖命写"永乐通宝"钱文。嘉靖年间，日本书法家策彦周良两次入

---

① ［日］雪舟等杨：《破墨山水图》序，［日］汤谷稔《日明勘合贸易史料》，日本国书刊行会1983年版，第193页。
② ［日］家永三郎：《日本文化史》，日本岩波书店1998年版，第116页。
③ ［日］木宫泰彦：《日中文化交流史》，胡锡年译，商务印书馆1980年版，第605页。

明,与中国文士切磋诗文、书法。当明使到达日本时,日本僧人也向他们讨要墨宝。这些书法交流,对日本书法艺术的普及和提高有很大影响。至江户初期,日本书坛出现了"宽永三笔":近卫信尹,书法豪迈跌宕,有宋黄庭坚劲拔之风;本阿弥光悦,书法丰满优婉,糅合了平安文化的雅韵及桃山时代特有的豪放之趣;松花堂昭乘(亦称游本昭乘),耽于空海书风,书体洒脱,不落俗套。"宽永三笔"是日本书法继"三笔""三迹"之后飙发的又一奇葩,是中日书法艺术交流的结晶。

2. 理学、宗教

南宋以后,中国僧人多禅儒兼习,日本禅僧也受此风影响。室町初期,一些日本禅僧专攻理学经典,形成儒学的五山禅僧派。而一直以家传秘抄的汉、唐古注为衣食之源的博士也吸收理学,对新、旧注采取折中态度。战国时代,公卿、博士和禅僧逃附地方大名,使理学逐渐普及于地方。五山禅僧到各地讲理学,形成以九州的萨摩和肥后为中心的萨南学派和以四国的土佐为中心的海南学派。萨南学派的创始者禅僧桂庵玄树,1467年随遣明使到中国,"出入学校,受朱子学",在华七年,"内外精蕴,莫不通悟"[①]。归国以后,他在肥后、萨摩等地宣扬理学,并倡刊朱熹《大学章句》,这是日本刊行程朱理学著作的开端。

江户时代,对理学传播发挥重要作用者首推藤原惺窝。藤原惺窝初为京都相国寺僧,兼习禅儒。在朝鲜程朱理学学者金诚一影响下,他用日语以理学观点注解全部"四书五经"。其后,他还俗结婚。1600年,他应幕府将军德川家康之召到江户,弘阐理学。藤原惺窝门下培养了一大批著名儒士,如林罗山、松永尺五、堀杏庵、那波活所等。林罗山独

---

① [日]伊地知季安:《汉学纪源》卷2。

第十二讲 西来东往：明朝的中外文化交流

尊程朱理学，强调三纲五常和大义名分思想，排斥佛教、耶稣教，幕府将军德川家康任其为侍讲，参与幕府机要。亲藩大名德川义直在忍冈建孔子庙，林罗山举行释奠仪式，并主讲《尚书》，德川家光亲自出席。这样，程朱理学受到江户幕府统治者的尊崇，成为日本官学，达到全盛。

中国佛教自隋唐时期传入日本，其后持续传播和影响日本。室町时代，日本禅宗临济派的据点——五山成为日本宗教、学术中心。此派僧侣在当时政坛上很活跃，多为幕府的政治顾问。他们除干预政治、外交、贸易等，在艺术、学术领域也起着指导作用。日本禅宗曹洞派不如临济派活跃贵显，只在农民之间扩大它的影响。中日僧人的往返交流，使禅宗对日本影响进一步加大，"在禅僧的日常修行中，直到饮食起居，都要不折不扣地再现中国禅宗寺院的规则"[①]。

3. 自然科学

日本自9世纪中叶以来一直沿用唐朝《宣明历》。1401年，幕府将军足利义满遣使入明纳贡。次年，明朝遣使日本，"班示《大统历》，俾奉正朔"[②]。虽然日本没有很快使用该历，但私习者大有人在，为江户时期日本编成《新勘授时历》等书及日本改行此历打下了基础。

中国算盘可能在明朝中期传入日本。明朝后期，日本人毛利重能两次到中国学习数学，携算盘归国，在丰臣秀吉家中和军中使用，又命工匠仿造。随着算盘的流行，中国的各种运算方法和口诀也传入日本。与此同时，中国的算学著作也传入日本。毛利重能最先在日本传授明朝程大位《算法统宗》，1622年编《割算书》，是现存和算的第一部名著。其弟子吉田光由采取《算法统宗》要点和应用部分，并加入当时流传的

---

① [日]家永三郎：《日本文化史》，日本岩波书店1998年版，第114页。
② [日]瑞溪周凤：《善邻国宝记》卷中。

算法，于1627年编成《尘劫记》，多次刊行。桥本正数和弟子泽口一之根据传入的元朝朱世杰《算学启蒙》研究天元术，引起日本学界研究热。其中，成就最大者即是被誉为"算圣"的关孝和。关孝和精心研究天元术，独立发现了行列式、数字系数方程解法、不定方程解法等，为日本和算的主要奠基人。

中医药学在日本有很大影响。日本人来中国者，"若古医书，每见必买，重医故也"[①]。一些日本医生专门到中国来学习中医药学，推动了日本医药学的发展。如妙心寺僧田代三喜于1487年来明朝学医，拜月湖为师，攻李杲、朱丹溪学说。1498年归国，在日本首先倡导李朱学说。曲直濑道三为其弟子，1545年到京都设启迪院，传授医学，门徒甚众，著《启迪集》，成为日本汉医后世派的骨干。后世派名医辈出，当时为将军、诸侯侍医者甚多，影响遍及日本。与后世派对立的有古方派。日本名医坂净运于1492年入中国学习，八年后携回《伤寒杂病论》，大力宣扬仲景学说。永田德本承坂净运之学，反对曲直濑道三提倡的朱李学说。其后，古方派长期流行，也影响很大。中国医药学在日本的传播，也促进了日本本草学的研究。1607年，《本草纲目》传入日本。五年后，林罗山编成摘要5卷，依据《论语》"多识于草木鸟兽之名"之语，取名《多识篇》，传布各地。曲直濑玄溯从《本草纲目》中"摭至要之语"，又增添药品，撰成《药性能毒》。此后，日本陆续出现了《本草纲目》的各种版本，日本的本草学著作也开始大量出现。

---

① ［明］胡宗宪：《筹海图编》卷2《倭好》。

4. 手工制造技术

伊势陶工五郎大夫祥瑞于1510年随遣明使来到中国，学制瓷之法。1513年，他携带大批高岭瓷土回国，在肥前伊万里开窑，烧制釉面平滑的白瓷，销售全国。1616年，朝鲜陶瓷匠师李参平在佐贺县有田郡开窑，烧制青花瓷器、五彩和白瓷刻花等，明显受到中国技术和风格影响。此外，日本僧人不断访问中国，带回许多天目茶碗，受到热烈欢迎。濑户窑受此影响，也仿制很多黑釉天目茶碗，称为"濑户天目"。

明朝堆红堆黑漆器制作技术传到了日本。所谓堆红堆黑，就是在器物上先用红漆或黑漆涂抹数层，然后以雕刀镂刻人物、花卉、鸟兽、楼阁等各种花纹。日本人习得此技，仿制了许多漆器。

室町时期五山各禅寺竞相刊刻佛教经籍、僧人语录、儒学书籍等，都有中国雕工参加。当时所刊各书大抵为宋、元版的覆刻，即非覆刻，也多酷似宋、元之版。著名的中国雕工，有陈孟千、陈伯寿、陈孟荣、俞良甫等。他们还培养了日本刻手，在日本雕板史上发挥重要作用。

（三）日本文化在中国的传播

随着日本社会生产力的发展，中日文化间双向交流的性质至明朝开始明显，日本的一些手工业技术和兵器使用技术传入了中国。

日本的折扇、泥金漆等制作技术传入中国，为中国仿制。折扇起源于日本，北宋时已传入中国。明朝永乐以后，日本折扇大量输入中国，中国得以仿制，"天下遂通用之"[①]。日本漆器和漆器制作技术开始都由中国传入。9至10世纪时，日本发明了泥金画漆之法（日本称"莳绘"）。

---

① ［明］张燮：《东西洋考》卷6《外纪考·物产》。

明朝宣德年间，派漆工杨埙赴日学得此法，所作"漂霞山水人物，神气飞动，真描写之不如，愈久愈鲜也"①，人称"洋倭漆"，为世所珍。

日本刀法、鸟枪制造和使用技术传入中国。日本炼铁技术最早从中国学得，经过长期研制，日本制造出了锋利无比的日本刀，并创造出"左右跳跃，奇诈诡秘，人莫能测"的日本刀法，倭寇借以逞于一时②。嘉靖年间，戚继光在实战中得悉日本刀法，"又从而演之"，提高了部队作战能力，并在所著《纪效新书》中特载"日本刀谱"。后来，茅元仪《武备志》、程宗猷《耕余剩技》都载有日本刀法。鸟枪又称鸟嘴铳、鸟铳，嘉靖年间其制造、使用技术主要从日本传入了中国。但是，明朝起初仿制不精，使用也不得要领，影响了部队战斗力。其后，一些明朝将领和兵器专家又对日本鸟枪制造、使用情况进行细致观察和研究，制造出掣电铳、迅雷铳、自生火铳等改进型鸟枪，并提出一些对付日本鸟枪的战法，提高了军事技术。

三、中国文化在越南的传播

明朝对应越南历史上陈朝（1225—1400）末期、胡朝（1400—1407）、明朝短暂统治（1407—1427）、后黎朝（1428—1789）前中期及莫朝（1527—1677）分立时期。中越两国的文化交流有了进一步发展，中国文化继续在越南传播。

---

① ［明］郎瑛：《七修类稿》卷47《事物类·杨埙》。
② ［明］程宗猷：《单刀法选·单刀说》。

第十二讲 西来东往：明朝的中外文化交流

（一）越南对中国各项制度的移植和模仿

陈朝政治制度多移植和模仿中国，大抵以唐、宋为依归。明朝讨平胡朝后，在越南设置郡县，推行中国政治制度。后黎朝继续移植和模仿中国政治制度。在中央，后黎初以左、右相国平章军国重事，次有吏、礼二部，又沿陈朝旧制置中书、黄门、门下三省。1466年，黎圣宗仿明制设立六部，部置尚书、左右侍郎等；又置六寺，寺置寺卿、少卿等。在地方，后黎朝初分全国为东、西、南、北、海西五道，道下设路、镇、州、县。黎圣宗还仿明制分全国为承宣十二道（后增为十三道），各置都、承二司，废诸路、镇，并设为府、州、县仍旧。1471年，黎圣宗在十三道又添设清刑宪察使司。三司之设，与明朝基本相同。

黎朝的刑法制度折中于唐、宋、元、明，极为缜密。其刑法用五刑，即笞、杖、徒、流、死，并有"十恶""八议"诸条，与中国基本相同。

陈朝教育制度仿唐、宋，中央、地方都设立学校。明朝占领越南期间，广设学校。后黎太祖仿明制在京城设国子监，选官员子孙及凡民俊秀之人入学学习，在地方设路学（府学），选民间良家子弟入学，立师儒教训。

（二）中国理学与宗教在越南的传播

越南与中国长期交往，儒家学说很早就传入越南。宋、元之际，程朱理学也传入越南。明朝占领期间，明政府将尊奉程朱理学政策推广于越南。1419年，明朝政府在各学校颁布《五经大全》《四书大全》《性理大全》等书，以此为科举取士标准。后黎朝独尊儒学，提倡程朱理学。黎太宗不仅实行科举取士，而且刊刻《四书大全》，使程朱理学在越南日趋兴隆。后黎朝前期，名儒辈出，其中以阮廌、阮秉谦、潘孚先、吴士连、申仁忠最为著名。越南学者指出:"到了黎朝,儒教取得了统治地位,成为封建制度的正统思想体系。"①

8世纪以后,越南佛教主要受中国佛教的影响。陈朝采取儒、佛、道三教并重政策,佛教迅速发展。1381年,陈朝曾命大滩国师督僧人壮者为兵,以击占城(今越南中南部),可见僧人之众。后黎朝独尊儒学,限制佛教,考试和淘汰僧道。1461年,后黎朝禁止擅造寺观。后又令矫正民间溺信佛教流弊,监视僧侣行踪。佛教逐渐失去往日声光,衰颓不振。另一方面,中国宋明以来的诸宗融合倾向也影响着越南佛教。如,越南17世纪竹林派禅,渐渐带有净土教色彩。越南莲宗由竹林派中分支兴起,思想源于南宋白莲宗,承继宋明以来禅教净融合的风气。

陈朝尊奉道教,历代国王和王族多有舍尊荣为道士者。1368年,陈裕宗召至灵道士玄云赴京,"问以修炼之法",赐所居洞曰"玄天洞"②。黎季犛为了篡夺陈朝政权,还令道士阮庆劝废帝禅位东宫,"奉道入仙籍",移居"葆清宫",自为"太上元君皇帝"③。最后的少帝也被黎季犛逼迫出家,"奉道教"。当时道教与统治阶级上层关系密切,道教兴盛。后黎朝抑制道教。黎太宗、黎圣宗或考试僧道,或禁止擅造寺观,越南道教渐陷于不振。

(三)中国文学、史学对越南的影响

越南古代一直使用汉字,文学以汉文学为主流。陈朝汉文学兴盛,国王、朝臣、文士多能诗善文,作品数量和质量都超越前代。陈朝末年,

---

① 越南社会科学委员会编:《越南历史》,北京大学东语系越南语教研室译,人民出版社1977年版,第323页。
② [越]吴士连:《大越史记全书》卷7《陈纪三·裕宗》。
③ [越]吴士连:《大越史记全书》卷8《陈纪四·废帝》。

著名的汉诗文作家有陈艺宗、黎季犛等人。后黎朝时期，提倡儒学，用科举取士，汉文学进入全盛时期。后黎朝之初，汉文学代表作家为阮廌。阮廌文学造诣湛深，著作宏富。所作《平吴大诰》气势磅礴，堪称一代雄文。黎圣宗时，越南汉文学达巅峰状态，代表人物为其本人。他爱好文学，曾邀集东阁大学士申仁忠等28人组成文学团体"骚坛"，互相唱和。黎圣宗著作较多，不乏名篇佳构。其后，越南著名汉文学家有阮秉谦。他学识渊博，精于数理，享有盛誉。

受中国影响，陈朝成立国史院，任命史臣记载、撰写越南历史。后黎朝更注意国史的编撰。陈朝、黎朝先后命黎文休、潘孚先撰《大越史记》及续编。越南《四字经》赞曰："文休孚先，才长于史，本纪纂修，汉之班固。"黎太祖命文臣撰《蓝山实录》。1479年，黎圣宗命吴士连纂修《大越史记全书》，后又加入本纪实录，共24卷，成为当时越南一部较为完备的国史。

（四）中国自然科学对越南的影响

陈朝后期使用元朝颁给的《授时历》。陈宪宗时，改用越南《协纪历》。1401年，黎季犛建立胡朝后，行《顺天历》，实仍用《授时历》。明朝在越南重置郡县时，行《大统历》。后黎朝造《万全历》，实仍是《大统历》。

越南自李朝一直仿效中国，举行算学考试，遴选专门人才。1404年，胡朝举行乡试，试法仿元，第五场试书、算。后黎朝时，也一直考试算学。这样，中国数学在越南广泛传播。明末清初，中国算盘传入越南，推动了越南数学的发展。

后黎朝仿明朝设立医官制度。在民间，也设医疗机构济生堂。1403

年负责济生堂的阮大能是针灸专家。中国的医籍,如李梴的《医学入门》、张介宾的《景岳全书》、冯兆张的《冯氏锦囊秘录》等传入越南,提高了越南医药学水平。如越南无名氏著《新方八阵国语》即取材于《景岳全书》。潘孚先于1432年著《本草植物纂要》,其中大部分是中国出产的药材,表明中国药材大量出口越南,且为越医所采用。

(五)中越手工及兵器技术的交流

越南从中国学得陶瓷烧造技术。后黎朝时期,陶瓷烧造技术进一步发展,陶瓷色泽、花纹都较丰富,渐趋成熟。当时,越南古窑多集中于北部。北宁是著名的陶瓷产地,据说该地主要陶窑是从老街迁入的中国陶工于1465年创建的。越南另一个制瓷中心藩朗出现于16世纪前半期,有人把它比作"越南的景德镇"。

中国雕版印刷技术于10世纪传入越南。后黎朝时期,越南运用雕版印刷技术,大量刻印书籍。河内是越南政治、经济、文化中心,也是刻书中心。嘉禄县人、后黎朝探花梁如鹄于1443年、1459年两次奉使入明,学习中国刻书技术,回国后传授给乡人,嘉禄县刻工遂挟技走向全国。越南刻工为纪念梁如鹄功绩,尊奉他为刻字业祖师。

明朝,越南建筑技术传入中国,其突出表现是阮安对营建北京的贡献。阮安,字阿留,越南人。永乐五年(1407)明军平越南时被俘,入南京为阉。他有巧思,善谋画,尤长于土木营造。永乐年间,明成祖决定迁都北京。当时,北京宫殿、城池、府署等皆由他参与设计修建。其后,正统元年(1436)十月,议修九门城楼,由阮安负责,仅以京师聚操之卒万余人,两年三个月完工。他又受命重建奉天、华盖、谨身三殿和乾清、坤宁二宫,以及各部诸司公宇,修缮北京城墙等。史称其"修

第十二讲 西来东往：明朝的中外文化交流

营北京城池九门、两宫三殿、五府六部诸司公宇，及治塞杨村驿诸河，皆大著劳绩。工曹诸属，一受成说而已"①。

黎澄，陈末权臣黎季犛长子，胡朝时官至左相国。永乐五年被明军俘获，送入南京。他熟知越南火器制造技术，明朝政府任命其为行在工部营缮司主事，专督造兵仗局铳箭火药。正统十年，官至工部尚书。在黎澄督导下，兵仗局制造出"用托"（没有照门、准星及枪托）的"神枪"等火器，对提高明军战斗力发挥了一定作用。明朝军队编制也受其影响，京军"三大营"中的"神机营"即专门操演越南火器。其后，明朝军中凡祭兵器，并祭黎澄，奉为"火药之神"。

四、中国与其他亚非国家的文化交流

由于明初郑和下西洋，以及明朝中期以后大规模南洋移民，明朝与其他亚非各国的文化交流也有一定发展。

（一）郑和下西洋和中国与亚非各国的文化交流

从永乐三年（1405）到宣德八年（1433）的近三十年间，郑和率领明朝庞大的船队先后七次出使西洋，遍访东南亚、南亚、西亚、东非30多个国家和地区，促进了中外文化交流。其具体表现有：

1. 中国历法、冠服及书籍的颁赠

郑和出使亚非诸国，"所至颁中华正朔，宣敷文教"，即颁给其明朝

---

① ［明］叶盛：《水东日记》卷11《阮太监修营劳绩》。

历法，宣传儒家礼教等中华文明。对于那些大多仍处于奴隶制或部落状态、文明程度远比中国落后的海外诸国，郑和等人颁中华正朔、宣传儒家礼教的意义，更多地在于使各国接受中华文明，促使其社会面貌向着接近中国的方向进化。正如明成祖所说："宣教化于海外诸番国，导以礼义，变其夷习。"①一些国家受到中华文化的影响，还有一些国家派使者甚至国王本人亲自到中国朝贡，加强了双方的文化联系和交流。

郑和使团还向各国给赐冠服。如永乐七年（1409）郑和代表明朝政府赐给满剌加国王冠带袍服，满剌加头目拜里迷苏剌的身份才由一个部落酋长正式转变为一个国家国王，也改变了当地"科头裸足语侏俪，不习衣冠疏礼义"②的原始部落状态。一些国家也主动向明朝政府请求给赐冠服，反映了中国文化对这些国家产生的影响。

郑和等人出使时，还给各国大量赠予图书。如永乐二年九月，明成祖命礼部装印《古今列女传》1万本，"给赐诸番"③。这显然对中国文化在各国的传播有积极作用。

2. 爪哇、旧港等地伊斯兰教的传播

当时东南亚国家大多数信奉佛教、印度教以及当地鬼神崇拜，伊斯兰教势力不大。郑和第一次出使西洋时，在旧港（今印度尼西亚苏门答腊巨港）消灭了海盗陈祖义，任命当地华侨、伊斯兰教徒施进卿为首领。在郑和的支持下，施进卿提倡伊斯兰教，伊斯兰教在旧港得到迅速传播。后来，郑和又到爪哇等地提倡伊斯兰教，使伊斯兰教在当地逐渐盛行。

---

① 明成祖：《御制南京弘仁普济天妃宫碑》，纪念伟大航海家郑和下西洋580周年筹备委员会、中国航海史研究会编《郑和史迹文物选》，人民交通出版社1985年版，第12页。
② ［明］马欢：《瀛涯胜览》卷首《纪行诗》。
③ 《明太宗实录》卷34，永乐二年九月辛亥。

第十二讲 西来东往：明朝的中外文化交流

伊斯兰教逐渐成为这些地区的主要宗教。

3. 航行见闻著作和艺术品的采撷

随同郑和出使西洋的人中，马欢著《瀛涯胜览》，费信著《星槎胜览》，巩珍著《西洋番国志》，这些航行见闻著作对郑和下西洋所到国家和地区的历史沿革、重要都会、地理形势、宗教信仰、风俗习惯、物产气候等做了详细描述，使中国人对亚非各国有了更多认识和了解，是明朝中外文化交流的名著和见证。

郑和等人还将各国一些富有民族特色的绘画、雕刻等艺术品带回中国。如南京静海寺有水陆罗汉像，"乃西域所画，太监郑和等携至，每夏间张挂，都人士女，竞往观之"[①]。北京金水河南池子南口段原有"飞虹桥"，"桥以白石为之，凿狮、龙、鱼、虾、海兽，水波汹涌，活跃如生"，为郑和等自西域带回，"非中国石工所能造也"[②]。

4. 农业、手工制造技术的交流

东南亚一些国家土地肥沃，雨量充沛，本应盛产米谷。但是，由于缺乏农业技术，当时如占城、暹罗、满剌加等国都是"人少耕种"。一些跟随郑和下西洋的人员留居各地，在当地传授中国水稻技术，使今日东南亚的许多国家成为世界产米地区。郑和等人还把中国的捕鱼、种果等农业技术传入各国。在柯枝（今印度西南部柯钦一带），当地渔民捕鱼的网称中国网，相传是郑和下西洋时中国水手教会的。在印度尼西亚巴厘，传说郑和的一个厨师带去了少量的白葱和荔枝，在当地种植成功。

东南亚许多国家原来没有或少有砖瓦建筑，郑和从中国带去了砖瓦，

---

① ［明］顾起元：《客座赘语》卷9《诸寺奇物》。
② ［明］刘若愚：《酌中志》卷17《内府规制纪略》。

帮助他们盖起了砖瓦建筑。郑和等人还在各国修建了许多佛教寺塔和伊斯兰教清真寺,如暹罗的三宝寺塔、礼拜寺、西塔,以及旧港、爪哇、马来半岛和菲律宾等地穆斯林华人社区的清真寺等,把中国建筑技术介绍到海外各国。

中国青花瓷器、宣德炉等,不少原料因郑和下西洋而来自海外,这些原料的使用技术也糅入青花瓷器、宣德炉等制造技术中。不仅如此,为了方便与海外各国的贸易,郑和下西洋时所带的大量瓷器在器形、纹饰等方面还根据各国习惯而特别设计。永乐、宣德时期,景德镇烧造的青花瓷上已开始使用回文(阿拉伯文、波斯文)和梵文作为装饰图案。这些都反映了中外文化交流的成果。

5. 海外动植物的引进

因郑和下西洋,亚洲、非洲一些国家前来进贡,一些有特色的动物被引进到中国。如榜葛剌(今孟加拉国)、麻林(今肯尼亚马林迪,或说为坦桑尼亚基尔瓦·基西瓦尼、索马里)、天方(今沙特阿拉伯麦加)、阿丹(今也门亚丁)等国先后进贡麒麟(长颈鹿)。这种仅产在索马里和埃塞俄比亚、过去在中国一直被视作祥瑞的异兽,至此为中国人亲眼所见,成为当时一大盛事。明初留下的外国使者贡麒麟图有两三幅,画中的长颈鹿惟妙惟肖,文人学士所作的瑞应麒麟诗据传内阁所藏即有16册之多。再如,木骨都束(今索马里摩加迪沙)进花福鹿(斑马),有人画《福鹿图》,收在宣德年间编撰的《异物图志》中。此外,忽鲁谟斯(今伊朗霍尔木兹)、木骨都束先后进狮子,忽鲁谟斯进金钱豹、西马,卜喇哇(今索马里布腊瓦)进千里骆驼和鸵鸟,古里(今印度科泽科德)进糜里羔兽(印度羚羊)等。这些海外动物的引进,既为中国文学艺术提供了新素材,也丰富了中国人的动物学知识。

第十二讲 西来东往：明朝的中外文化交流

此外，郑和等带回海棠、五谷树、娑罗树等海外植物，种植于各地，也丰富了中国人的植物学知识。

（二）华侨、华人移民和中国与亚非各国的文化交流

明初实行海禁，但是东南沿海的商人、海盗以及贫民等往往违禁往来于中国与南洋之间，进行走私贸易，不少人寓居海外，成为新华侨。16世纪中期以后，明朝开放海禁，每年都有成千上万的福建、广东移民进入南洋等地。同时，葡萄牙、西班牙、荷兰等西方殖民者在中国东南沿海以及南洋一带进行殖民活动，诱迁、掳掠华人到南洋，有的甚至卖到非洲、拉丁美洲。华侨、华人在亚非各国的流寓往来，把中国文化带入当地，同时他们也会把亚非各国的文化或多或少地带入中国，促进了中外文化的交流。

1. 语言文字的交流

大量华人移居暹罗，尤其以闽、粤人为多，使泰语中汉语包括闽、粤方言词汇大大增加。移居马来半岛的华侨在当地也保留大量汉语，特别是闽南方言词汇，至19世纪中期以后终于形成"中华—马来语"。闽南话、客家方言中，也吸收了不少马来语和印度尼西亚语借词。在菲律宾语中，特别是他加禄语（菲律宾官方语言）中，也有许多来自汉语，主要是闽南方言的借词，这也与流寓菲律宾的华侨、华人有关。

2. 中国艺术的传播

菲律宾各地天主教堂的早期宗教人物油画像和塑像多出自华侨美术家、画匠或石雕匠之手，"中国人以他们所熟悉的观音菩萨的形象雕塑圣

母马利亚，把耶稣和他的圣徒雕塑成东方人的模型"[1]。明初盛行的工笔人物和勾勒派的花鸟画技被传到伊朗，明式工艺美术中的云龙凤鹤纹饰也是同时代伊朗绘画和工艺美术中常见图样。

福建布袋戏被华侨、华人带到印度尼西亚，用马来语或爪哇语等方言说唱，17世纪时流行于西爪哇万丹和巴达维亚（今印度尼西亚雅加达）等地。中国皮影戏于12世纪从东南沿海传入印度、埃及和伊朗。1517年，奥斯曼土耳其苏丹从开罗带回一个皮影戏，皮影戏在土耳其流行起来。16世纪，皮影戏传入希腊和北非。

3. 医药学的相互影响

中国医药学传入印度尼西亚，中医被当地人称为先生（Singse）。一些中医医术高明，甚至应邀为荷兰总督夫人治病。印尼的许多药材输入中国。李时珍的《本草纲目》、张燮的《东西洋考》、马欢的《瀛涯胜览》等书都收录了不少印度尼西亚药材，丰富了中国医药学。

中国医药不仅受到马来西亚华侨的喜爱和信赖，而且为其他种族如马来人、印度人等所欢迎。同时，马来西亚的一些药材传入中国。如明朝都府参军俞博奉使满刺加，历时三年，不仅学得卜龟术，而且带回两种马来西亚药品：治疗内伤的"阿止儿"和治疗金疮的"阿息"，在社会上产生一定影响。

中医药于14世纪中期以后在泰国影响日增。当时，暹罗阿瑜陀耶王朝国王的御医是中国人，阿瑜陀耶城最受尊敬的医师是中医。两国医师互相取长补短，泰国医师或使用中医诊治方法和中药，中国医师或吸收泰医的草药。泰国的一些药材，如乌爹泥、苏木等还传入中国。

---

[1] 陈台民：《中菲关系与菲律宾华侨》第一册，香港朝阳出版社1985年版，第270页。

第十二讲　西来东往：明朝的中外文化交流

4. 农业、手工制造技术的交流

菲律宾华侨在当地垦田种粮，饲养禽畜，捕鱼捉虾，把中国农业技术带入菲律宾。华侨向菲律宾人介绍使用水牛、黄牛、犁耙等，菲律宾人的犁是中国式的。中国水车、水磨等生产工具和应用技术，也是由华侨引入菲律宾，被广泛使用。印度尼西亚华侨在万丹等地从事农业，种植水稻、胡椒等，把中国先进的生产技术传至印尼。

中国手工制造技术也传入各国。首先是日常生活必需品制造技术。菲律宾华侨凡衣服、彩缯、木器、铁器、雕造品、石灰、瓦器、盐渍品等，都是自己经营制造。时人称华侨是卓越的工人，在所有技术和交易上都很熟练。流入泰国的闽、粤籍手工业者，也带去了制造铜铁器皿、制茶、制糖、加工豆类食品等技术，方便了他们自己及泰国人民的生活。

其次是陶瓷烧造技术。缅甸人用陶、瓦等器，"其工匠皆广人，与中国侔"①。14世纪暹罗速古台瓷器仿河北磁州瓷烧制，制造技术的细节从中国学得。14世纪中期，浙江龙泉青花瓷器输入暹罗，暹罗人大为喜欢，遂请来中国工人定居于宋加洛附近生产瓷器，是为宋加洛瓷器。16、17世纪，伊朗沙法维王朝阿拔斯大力发展瓷业，把几百名中国瓷匠及其家眷迁到伊朗，定居于伊斯法罕，并教授伊朗同业者，后来制造出优良的青白瓷器。

第三是印刷技术。1593年，华人龚容在马尼拉开办了第一家印刷厂，第一次在菲律宾使用雕版印刷术。其后，菲律宾的印刷业始终由华侨独占。大约过了十五年，才有菲律宾人参加。

---

① ［明］朱孟震：《西南夷风土记》。

5. 中国生活习俗的影响

华侨、华人对亚非各国人民的生活习俗影响很大。例如，在衣着方面，中国丝绸为各国人民所喜爱，中国式衣服很受欢迎。渤泥国（今文莱）"君臣士民之服颇效中国"[①]。据《皇明四夷考》记载，暹罗人"腰束嵌丝帨加锦绮"。暹罗人还喜欢用中国丝绸制成沙笼（筒裙），暹罗农民常穿中国式的衣裤、开襟衣等。在非洲，中国的绸缎成为各国统治阶层必不可少的衣料。各色缎绢、纱罗行销印度洋西岸，风靡赤道非洲，其中不少是由中国船运去的。

中国青花瓷器在各地也普受欢迎。爪哇"国人亦喜中国青磁器"[②]。加里曼丹文郎马神人"初盛食以蕉叶为盘，及通中国，乃渐用磁器。又好市华人磁瓮，画龙其外，人死，贮瓮中以葬"[③]。马来西亚柔佛"王用金银器盛食，民家磁器"[④]。在非洲，从亚丁湾南岸索马里和埃塞俄比亚边境的古城遗址，直到南非东部德兰士凯海岸的废墟，到处都有出土的明朝瓷器、瓷片，可见当地使用中国瓷器之风。

在岁时、娱乐习俗方面，华侨的舞狮、闹元宵、清明扫墓等活动也对各国人民的生活产生了影响。

五、天主教传教士来华与中西文化交流

明朝中外文化交流中，最引人注目的是耶稣会士来华传布天主教，

---

① ［明］罗曰褧：《咸宾录》卷6《南夷·渤泥》。
② ［明］马欢：《瀛涯胜览·爪哇国》。
③ ［明］张燮：《东西洋考》卷4《西洋列国考·文郎马神》。
④ ［明］张燮：《东西洋考》卷4《西洋列国考·柔佛》。

同时给中国带来了欧洲文化,中国和欧洲之间开始了大规模文化交流。

(一)明朝后期天主教在中国的传布

16世纪后期,随着西方殖民者东来,天主教耶稣会士也来到中国传教。嘉靖三十年(1551),耶稣会士、西班牙人方济各最先到达中国,第二年死于广东上川岛。此后陆续来到中国的耶稣会士有意大利人范礼安(1578)、罗明坚(1579)、利玛窦(1582),葡萄牙人孟三德(1585)、罗如望(1588),意大利人郭居静(1594),葡萄牙人李玛诺(1596),意大利人龙华民(1597),西班牙人庞迪我(1599),意大利人熊三拔(1606),法兰西人金尼阁(1610),葡萄牙人阳玛诺(1610),意大利人艾儒略(1613)、毕方济(1613),日耳曼人邓玉函(1621)、汤若望(1622)等几十人。利玛窦等耶稣会士推行本土化适应策略,在中国传教,逐步取得成功。其间,虽然发生了"南京教案",但不久明朝又允许传教士传教。至崇祯末年,全国教友达到十五六万,在宫廷及在京官员中奉教之风已相当流行。

为了宣传天主教教义,耶稣会传教士在中国撰著、刊布了一些宗教著作。如罗明坚著《天主圣教实录》,利玛窦著《天主实义》,庞迪我著《受难始末》,艾儒略著《天主降生言行纪略》,阳玛诺著《圣经直解》,或介绍天主教的各种说教和诫条,或以天主教的教义为根据攻击其他宗教思想或意识形态体系,是他们在中国传播天主教的重要工具。

(二)西方自然科学、语言学、艺术与哲学的传入

来华耶稣会传教士多为饱学之士。为了吸引中国人信奉天主教,他们在传教的同时,也介绍欧洲的天文历法、数学、机械工程与物理、火

器技术、地理、医药等自然科学，语言学，音乐、绘画与建筑等艺术，以及属于哲学门类的逻辑学等较为先进的西方人文社会科学文化，讲述西方的风土人情，推进了中西文化交流。

1. 天文历法

耶稣会士与中国知识分子合作，译著了很多西方天文历法著作，著名的有《乾坤体义》《天问略》《崇祯历书》等。《乾坤体义》由利玛窦与李之藻共同翻译，介绍了公元前4世纪至公元2世纪以后流行于欧洲的亚里士多德—托勒密体系天体理论。《天问略》是阳玛诺作品，介绍了西方天球理论。《崇祯历书》的编译与明末所用《授时历》不准有关。自崇祯二年（1629）至崇祯七年，先后由徐光启、李之藻、李天经等与耶稣会士庞迪我、熊三拔、龙华民、邓玉函、汤若望、罗雅谷等编译，五次进呈皇帝，总计包括西方历书46种137卷。与明朝行用的《授时历》相比，《崇祯历书》精确度大有提高，但因朝廷意见分歧，明末并未行用。

耶稣会士向中国传入了西方天文仪器。利玛窦初至肇庆，向当地官民展示世界地图，"开始用铜和铁制作天球仪和地球仪，用以表明天文并指出地球的形状"，"指出太阳的位置、星球的轨道和地球的中心位置"①。天启二年（1622），汤若望将经过伽利略改良的新式望远镜带入中国，天启六年撰《远镜说》，对其原理、制法及应用等加以介绍，崇祯七年在中国第一次将其制造出来。崇祯二年，明朝决定设历局翻译历书、修订历法，徐光启提出制造七政象限大仪六座、列宿纪限大仪三座、平悬浑仪三架、交食仪一具、列宿经纬天球仪一架、万国经纬地球仪一架等天文仪器。这都是依据西法提出的。

---

① ［意］利玛窦、［法］金尼阁：《利玛窦中国札记》，何高济等译，中华书局1983年版，第182—183页。

2. 数学

耶稣会士将许多西方数学书籍译成中文。如徐光启与利玛窦合译的《几何原本》《测量法义》，李之藻与利玛窦合译的《圜容较义》《同文算指》，徐光启与罗雅谷合译的《测量全义》，邓玉函编译的《割圆八线表》《大测》等。其中，《几何原本》根据利玛窦的老师、德国数学家克拉维斯所注的欧几里得《原本》译出，原书本15卷，利玛窦翻译了6卷。它介绍了系统的欧洲平面几何学知识，明清的许多数学工作者学习过此书，受到其影响。《同文算指》主要根据克拉维斯的《实用算术概论》译出，论整数及分数的四则运算等，第一次介绍了欧洲的笔算，算法与今天十分接近。在西方数学知识影响下，一些中国士人也撰写了若干介绍西方数学的书籍，如徐光启撰《测量异同》《勾股义》，孙元化撰《几何用法》《几何体论》《泰西算要》《西学杂著》等。

3. 机械工程和物理学

耶稣会士罗明坚、利玛窦等带来了以机械为动力的钟表，当时称自鸣钟。明末人记载："（利玛窦）所制器有自鸣钟，以铁为之，丝绳交络，悬于虡，轮转上下，戞戞不停，应时击钟有声。器亦工甚。"[①] 随着钟表的传入，国际通行的二十四小时制也传入了中国，钟表零件与运行对中国的机械制造也提供不小的启发。

耶稣会士还翻译了《泰西水法》《远西奇器图说》等机械工程和物理学著作。《泰西水法》由熊三拔、徐光启合译，是关于欧洲农田水利技术的专著。后来徐光启的《农政全书》曾加采录。《远西奇器图说》由邓玉函口授、王徵译绘而成，是系统介绍欧洲机械工程学的著作，书中讲

---

① ［明］顾起元：《客座赘语》卷6《利玛窦》。

到重心、比重、杠杆、滑车、轮轴、斜面等原理，以及应用这些原理来起重的器械等。在此基础上，王徵研制各种器械，如"自行车""轮壶"等，撰成《新制诸器图说》。

4. 火器技术

明军原有火器没有准星，命中率不高，威力有限。明朝中后期，西方枪、炮及其技术传入中国。枪称鸟铳，其管形枪体长约三尺，"十发有八九中，即飞鸟之在林，皆可射落"[①]。炮有多种，主要的是来自葡萄牙的"佛郎机"和来自荷兰的"红夷炮"两种。佛郎机以铜或铁制成，"长五六尺，大者重千余斤，小者百五十斤，巨腹长颈，腹有修孔。以子铳五枚，贮药置腹中，发及百余丈，最利水战。驾以蜈蚣船，所击辄糜碎"[②]。鸟铳和佛郎机约在正德至嘉靖年间传入中国，红夷炮则在万历以后。红夷炮也有铁、铜两种，"长二丈余，重者至三千斤，能洞裂石城，震数十里"[③]，威力甚大。西方火器及其技术传入中国的途径，除了耶稣会士介绍，还有战争中缴获，以及直接或间接购买。

一些耶稣会士还为明朝政府铸造西式火器。如天启二年（1622）罗如望、阳玛诺和龙华民曾被明政府下令制造铳炮。崇祯后期，汤若望也曾被明政府下令铸造西式火器。汤若望还与中国人焦勖合作，写成介绍西式火器制造、使用方法的专书《则克录》（又名《火攻挈要》）（1643），是当时介绍西方火器技术诸书中最为重要的一部。

---

① ［明］戚继光：《练兵实纪·杂纪》卷5《军器解上·鸟铳解》。
② 《明史》卷92《兵志四·火器》。
③ 《明史》卷92《兵志四·火器》。

5. 地理学

早在万历十一年（1583），利玛窦定居肇庆时，中国官员见其教堂接待室墙上"挂着一幅用欧洲文字标注的世界全图"，大为惊奇，商请他把地图标注为中文，并新绘地图，"使中国正好出现在中央"，名《山海舆地全图》。官员得图后，照绘分赠友人，"并命令把其余的图送到各省去"①。这是西方地理学和地图学传入中国之始。此后，利玛窦又在南昌、南京、北京等地数次重绘该图。万历三十年，在李之藻的帮助下，利玛窦将世界地图翻刻放大，包含了更多的国家和内容，绘成《坤舆万国全图》。它打破了中国传统地理知识中中国为整个世界中心、旁皆小国的观念，将世界划分为五大洲，中国只是其中一小部分，开阔了中国人的眼界，在明朝士大夫中引起了巨大的影响与震动，人们争相传阅和翻刻。另外，它的印行也在中国传播了西方经纬制图法，促进了我国传统制图学向近代地图学的发展。

艾儒略著《职方外纪》（1623）及《西方答问》（1637）二书，向中国介绍西方地理学。龙华民有《地震解》，刻于天启六年（1626），用问答体论述地震的成因、先兆、强度等，颇受中国学者重视。

6. 医药学

耶稣会士除了在与中国官民交往中介绍欧洲医药知识以外，还在著作中谈及。如利玛窦《西国记法》主要谈记忆问题，但其中"原本篇"介绍了欧洲神经学知识。邓玉函《泰西人身说概》2卷，山东掖县人毕拱辰译，是一部介绍解剖学的专著，谈及人体运动系统、肌肉系统、循

---

① ［意］利玛窦、［法］金尼阁:《利玛窦中国札记》，何高济等译，中华书局1983年版，第179—182页。

环系统、神经系统与感觉系统等，使欧洲的人体解剖学开始传入中国。熊三拔撰《药露说》1卷，所论为西药制造术，其中对蒸馏、制造药炉等器均有图说。艾儒略的《职方外纪》《西方答问》、熊三拔的《泰西水法》则对欧洲医疗制度、设施等有所介绍。

7. 语言学

耶稣会士来中国传教，不可避免地要遇到语言的问题。一些人研究中国语言，向中国人介绍西方语言，著作有郭居静和利玛窦合编的《西文拼音华语字典》、利玛窦与罗明坚合编的《平常问答词意》、利玛窦撰《西字奇迹》以及金尼阁撰《西儒耳目资》等。这些语言学著作向中国人介绍了西方的拼音方法，较当时中国使用的反切法更为优越，特别是《西儒耳目资》对中国文字的音读作了深入分析，对中国音韵学贡献颇大。

8. 绘画、音乐和建筑艺术

欧洲油画及画法传入中国。如利玛窦到肇庆，传教室"挂着圣母画象"，来访的中国官民"始终对这幅画的精美称羡不止，那色彩，那极为自然的轮廓，那栩栩如生的人物姿态"①。利玛窦到南京，"所画天主，乃一小儿，一妇人抱之，曰天母。画以铜板为幀，而涂五采于上，其貌如生，身与臂手俨然隐起幀上，脸之凹凸处，正视与生人不殊"②。耶稣会士带到中国的西方绘画，有的还献给了皇帝。如利玛窦献给明神宗天主图像一幅、天主母图像两幅。崇祯年间，汤若望也曾向明思宗做过类似

---

① ［意］利玛窦、［法］金尼阁：《利玛窦中国札记》，何高济等译，中华书局1983年版，第168页。
② ［明］顾起元：《客座赘语》卷6《利玛窦》。

第十二讲　西来东往：明朝的中外文化交流

的进献。这些油画与中国的传统绘画明显不同。

欧洲乐器和音乐也传入中国。如利玛窦于万历二十八年（1600）底向明神宗进献了古翼琴（钢琴的前身），并由庞迪我向皇宫太监传授了演奏技巧，"他每天去皇宫给他们上音乐课"，"一名修士陪他同去"，"他们很有兴趣为他们演奏的乐曲配上中文歌词"。利玛窦利用这个机会，编写了八支歌曲，称为"古琴之歌"。"许多文人学士都要求神父送给他们歌曲的抄本，并高度赞扬歌中所教导的内容"①。利玛窦去世而在北京举行葬礼，"所有信徒都来了，点燃蜡烛和香增加了庄严气氛。首先举行当日的弥撒，奏起了风琴和其他乐器"②。

与此同时，耶稣会士也在各地修建了教堂等建筑，西方建筑艺术传入中国。早期传教士在澳门传教期间，即在澳门建有多处教堂。1572年澳门成立圣保禄学院，附设天主教堂，遗迹一直留存至今，即今俗称"大三巴"。再如肇庆天主教建筑，"中国人一看它就感到很惬意，这是座欧洲式的建筑物，和他们自己的不同，因为它多出一层楼并有砖饰，也因为它的美丽的轮廓有整齐的窗户排列作为修饰"③。北京利玛窦墓地建筑，"在花园的一端用砖修建了一座六角形带拱顶的小教堂。小教堂的每一边伸延着半圆形的墙圈出一块地方作为教会成员的墓地。在这块地的当中有四棵柏树，这在中国人和别国人一样都是哀悼的标志……挖出了一部分土，在穴中修建了一座大小合适的砖墓放置棺木"④。建筑风格、内

---

① ［意］利玛窦、［法］金尼阁：《利玛窦中国札记》，何高济等译，中华书局1983年版，第408、410页。
② ［意］利玛窦、［法］金尼阁：《利玛窦中国札记》，何高济等译，中华书局1983年版，第646页。
③ ［意］利玛窦、［法］金尼阁：《利玛窦中国札记》，何高济等译，中华书局1983年版，第182页。
④ ［意］利玛窦、［法］金尼阁：《利玛窦中国札记》，何高济等译，中华书局1983年版，第642—643页。

部装饰都与中国建筑不同。

9. 哲学

耶稣会士向中国传入西方哲学,以编译的《空际格致》和《名理探》二书最为著名。《空际格致》为传教士高一志(王丰肃)所作,主要是讲宇宙的基本元素,"西法以火、气、水、土为四大元行,而以中国五行兼用金、木为非。一志因作此书,以畅其说"①。《名理探》本是葡萄牙科英布拉大学诠释亚里士多德逻辑学的讲义,由傅汎济、李之藻等陆续译出。

综上所述,耶稣会士向中国传布欧洲的天主教、科学技术、语言学、艺术和哲学等知识,是中西文化交流史上第一次大规模的交流活动,对中国提高科学技术水平和文化素质,以及生产发展和社会进步都发挥了积极作用。不过,这次文化交流也有巨大的局限性。首先,耶稣会士向中国介绍欧洲的各种科技和文化,不过是为传教创造条件,因此他们对于科学技术的介绍往往不尽所知。如《几何原本》,利玛窦只肯译前6卷就是一例。为了宣扬基督教教义,耶稣会士在介绍西方科技文化时,还想方设法加进宗教神学的内容,有时甚至歪曲真相。其次,耶稣会士在政治和思想上都是保守的,而且多是专职的神职人员,他们并非各项科技文化的专家,所知有限,所传播的不少是中世纪甚至中世纪以前的知识,许多最新的欧洲科技文化成果没能介绍过来。如前述耶稣会士关于欧洲天体学说的介绍,即是宣扬亚里士多德—托勒密体系或第谷体系等旧学说,而对最新的哥白尼、伽利略学说则较少提及。最后,当时的明朝政府对传教士带来的欧洲科技文化,感兴趣并采行的主要是天文历算以及一些枪炮铸造技术,而对生产日用极有价值的科技文化知识则不

---

① [清]永瑢等:《四库全书总目》卷125《〈空际格致〉提要》。

第十二讲　西来东往：明朝的中外文化交流

关心，官员士人也只有徐光启、李之藻等极少数人热心吸收欧洲科学技术，大部分人则缺乏意识，态度消极，无动于衷。这样，就使明朝后期因传教士来华掀起的第一次大规模中西文化交流的作用和影响有限，终究未能对当时的中国文化和社会产生较大的影响。

（三）中国文化的西传

耶稣会士在中国开展传教活动，需得到欧洲教廷、耶稣会和各国官民的支持、协作和理解，为此他们又把在中国进行的调查研究所得以及见闻感受，不断采用写信、著书等方式通报给欧洲。这样，中国的一些国情民俗随之为欧洲人所了解，中国文化也因而传向了欧洲。

利玛窦晚年用意大利文将其在中国的传教经历记录下来，先经耶稣会会长审阅，再让他人阅读，以便向欧洲介绍有关中国的情况和在中国的传教事迹，使同会教友及有关人士从中有所收获。1614年，金尼阁将利玛窦手稿带回罗马，途中译成拉丁文，并加以补充，次年以《基督教远征中国史》为名在德国正式出版。该书相当详细地描绘了中国的地理位置、经济状况、手工业生产、政府机构、风俗习惯，以及人文科学、自然科学，还有宗教信仰等，受到欧洲广泛重视。该书出版后，在欧洲不胫而走，仅明朝灭亡前即在欧洲出版了4种拉丁文本、3种法文本，及德文本、西班牙文本、意大利文本和英文摘译本各1种。1942年出版的英文本题为《十六世纪的中国——利玛窦札记，1583—1610》，1983年中华书局出版了中译本名《利玛窦中国札记》。此外，利玛窦还把中国"四书"译成拉丁文寄回欧洲，在西传中国文化上发挥了作用。金尼阁于天启六年（1626）将"五经"译为拉丁文，并在杭州刊印。曾德昭于崇祯十五年（1642）在西班牙首都马德里出版《中华帝国志》，介绍

443

中国各方面情况，也在欧洲流传极广。

通过传教士媒介以及双方经贸往来，中国的瓷器、丝绸、茶叶等手工业品及生产技术等也传入欧洲。17世纪，中国瓷器大量运往欧洲，收藏中国瓷器成为17、18世纪欧洲社会的时尚。据统计，从明万历三十年（1602）至康熙二十一年（1682）的80年中，有1600万件以上瓷器被荷兰商船运至荷兰和世界各地。中国丝绸也大量运销欧洲，深受欧洲上层社会的喜爱。葡萄牙、西班牙"皆好中国绫缎杂缯"，"其土不蚕，惟藉中国之丝，到彼能织精好缎匹，服之以为华好"①。欧洲手工业者钻研丝绸生产技术。16世纪中期，法国里昂出现了能够生产中国风格丝绸的作坊。此外，中国茶叶等也不断运往欧洲，带去饮茶习俗。

总的来说，明朝通过耶稣会士及经贸往来进行的中国文化西传仅是开端，影响还不大。

六、与拉丁美洲文化交流的新篇章

中国与拉丁美洲远隔重洋，明朝以前双方经济文化交往不多。至16世纪后期，随着欧洲殖民活动的兴起，西班牙殖民者建立起墨西哥阿卡普尔科到菲律宾马尼拉的海上贸易通道，称马尼拉商帆（Manila Galleon）。由此，西班牙人得以和中国福建、广东等地来的商船在菲律宾进行直接贸易，把从中国商人那里获得的大批生丝、绸缎、瓷器等各种货物运往拉丁美洲，而一些中国商人、工匠、贫民也可通过马尼拉商帆到达拉丁美洲。这样，中国与拉丁美洲的交往和文化联系翻开了新的

---

① ［清］孙承泽：《春明梦余录》卷42《兵部一·闽省海贼》。

第十二讲 西来东往：明朝的中外文化交流

一页。

（一）农业、手工业技术的交流

拉丁美洲的一些农作物，如玉米、番薯、烟草、花生等种子和种植技术，由西班牙殖民者带到菲律宾，华侨、华人又把它们从菲律宾传入中国。中国的农业技术对拉丁美洲也产生很大影响。中国的种桑养蚕技术于中世纪时传入西班牙，至此西班牙殖民者又把种桑养蚕技术传入美洲大陆。1503年，他们首先在伊斯帕尼奥拉岛试行种桑养蚕。到1530年，墨西哥中南部养蚕业已有引人注目的发展。1600年，西班牙为保护宗主国丝织业，下令禁止所属殖民地种桑，墨西哥的养蚕业从此一蹶不振。

中国丝织技术传入墨西哥，导致了墨西哥丝织业的兴起。17世纪初，西班牙殖民者禁止墨西哥种桑养蚕以后，墨西哥丝织业完全依靠中国生丝的进口来维持。当时，在墨西哥城、普埃布拉和安特奎拉等地，丝织工场中劳动的手工业匠人不下1.4万人，丝织技术可以和任何欧洲产品相媲美。中国的瓷器也是拉丁美洲人民非常喜欢的日用品。普埃布拉城在17世纪上半叶有40多名陶工仿制中国瓷器，产品从造型到釉彩都可看出中国的影响。中国的造纸术、印刷术也经欧洲传入拉丁美洲，促进了当地文化的发展。1575年，墨西哥建成美洲第一家造纸厂。1539年，墨西哥创建了美洲第一家印刷厂。1584年，秘鲁也兴办了印刷厂。在印刷业初步发展的基础上，拉丁美洲殖民地的教育事业得以发展。1553年，墨西哥大学创立。

（二）中国丝棉织品和瓷器对拉丁美洲人民生活的影响

中国丝棉织品源源不断地输入拉丁美洲，丰富、美化了当地各阶层人民的生活。当时，从马尼拉开往阿卡普尔科的商帆，除少数年份外，都可以称为"丝船"，因为船中载运的货物以中国生丝和丝织品价值最大。1636年以前，每条商船登记载运的各种丝织品一般为三四百箱。1636年，一些商船载运的丝织品已超过1000箱。每当中国丝船到达阿卡普尔科以后，这里都要举行盛大的集市，墨西哥、秘鲁以及拉丁美洲其他国家的商人从四面八方拥来，把中国丝织品等货物运销到各地。当时，沿着南美海岸，无处不有中国丝绸踪迹。

中国丝绸受到拉丁美洲人士的喜爱，尤其为上层人士所喜欢穿用。在墨西哥城，"每天将晚五点钟，大道上就排列着有钱的妇人们的马车，她们穿着中国来的丝绸"①。1602年，秘鲁总督蒙特雷向西班牙国王报告说，那里民众生活豪华，都穿戴着漂亮的中国丝绸。从智利到利马，到处都有人公开销售和穿戴中国丝绸。随丝织品运来的中国棉织品，则因价廉耐用，满足了拉丁美洲劳动人民的要求。当时，从墨西哥炎热的低地城镇的印第安人，到首都饱食终日的克里奥耳人（拉丁美洲出生的西班牙人），日常衣服"都是中国货"。墨西哥、秘鲁的矿工也爱穿中国棉布和亚麻布衣服，甚至中国棉布输入的减少可以影响到墨西哥矿业的衰落。

中国瓷器在拉丁美洲也很受欢迎，是马尼拉商帆贸易中输入拉丁美洲的另一大宗商品。16世纪初，在巴西的葡萄牙殖民贵族家庭中已有人使用中国瓷器。到17世纪，巴西上层社会家庭中已广泛使用昂贵的中国

---

① ［美］派克斯：《墨西哥史》，瞿菊农译，生活·读书·新知三联书店1957年版，第99页。

瓷器，以装饰房间，充当赌注，甚至用来偿付殖民官员，抵部分现金。由于通过海上运来的中国瓷器价格昂贵，因此拉丁美洲人民开始在当地仿制。

（三）华侨、华人与中国文化在拉丁美洲的传播

16世纪末期中国和拉丁美洲贸易开始后，菲律宾华侨、华人与来自墨西哥的西班牙人有了接触和交往，不少人搭乘马尼拉商帆到达墨西哥、秘鲁等地定居，或往来做生意，西班牙人有时也把自己雇用的中国仆役和工匠带入拉丁美洲。早在16世纪，墨西哥城即出现了唐人街。到17世纪中叶，移入拉丁美洲的华侨估计已有五六千人。

移入拉丁美洲的华侨大多是工匠，他们把中国的各种手工技术直接传播到拉丁美洲。16世纪末，在西班牙王室允许下，数以千计的中国工匠，包括织工、裁缝、木匠、泥瓦匠、铁匠、金银首饰匠以及理发师等，从马尼拉陆续转往拉丁美洲做工。如17世纪墨西哥纺织中心克雷塔罗市的工场中，役使着相当数目的华工。墨西哥产银中心萨卡特卡斯矿区，同样役使着许多华工和华人奴隶。

华侨、华人也把中国生活习俗带到拉丁美洲。在建筑方面，墨西哥的一些房屋由于华侨、华人参与设计，带有了中国风格。在室内装饰方面，中国传统的清新高雅的东方格调也影响着当地，中国瓷器、家具、字画等成为上层社会夸耀财富的摆设。在游艺娱乐方面，中国的风筝、灯笼、鞭炮、灯花等传入拉丁美洲，也深受当地人民的喜爱。

第十三讲 芸芸众生：明朝人的日常生活习俗

明太祖自认为是周汉唐宋等汉族地主阶级统治者的后继者，因此下令恢复汉族传统的生活礼仪制度，对官民人等社会成员的服饰、居宅、婚姻、丧葬等日常生活各个方面都制定了详备而严格的礼仪制度。这些礼仪制度，后朝多重申遵行。但是，明朝中期以后，随着生产的发展、商品经济的繁荣，以及专制皇权的弱化、政治环境的宽松，社会各阶层逾礼越制现象逐渐盛行，各种礼仪等级制度被打破，官民人等的日常生活习俗日益呈现出缤纷之状。这一变化趋势也反映出明朝民众日益摆脱传统束缚、追求个性解放的进步倾向，以及明朝专制制度"天崩地坼"、社会由传统向近代转型的路径轨迹。

一、逾越等级、追求奢美的服饰习俗

（一）服饰制度

元朝统治者提倡和推行蒙古族服饰制度，"士庶咸辫发椎髻，深檐胡帽，衣服则为袴褶窄袖，及辫绵腰褶，妇女衣窄袖短衣，不服裙裳"，周汉唐宋以来的中原汉族服饰制度受到排斥和压制。明太祖以汉族地主阶级统治者自居，在攻克元朝大都后，即诏令"衣冠悉复唐制"，令士民皆束发于顶，官则乌纱帽、圆领衫、束带、黑靴，士庶则服四带巾、杂色盘领衣，不得用黄、玄，"其辫发胡髻、胡服胡语一切禁止"①。其后，明太祖又指出，"中国衣冠，坏于胡俗"，宣布"国家承元之后，取法周汉唐宋以为治"，下令禁"胡服"，"更定制度，凡官民男女衣冠服饰悉复中国之制"②。明朝服饰制度主要由洪武年间制定，后朝略有损益。

在服饰形制方面，明朝为官民人等制定了相应的本等服饰，禁止僭越。明朝文武官服饰有朝服、祭服、公服、常服等。文武官朝服定于洪武二十六年（1393），嘉靖八年（1529）稍有改动，用于大祀、庆成、元旦、冬至、皇帝生日及颁诏、开读、进表、传制等场合。文武官祭服定于洪武二十六年，嘉靖八年更定，为皇帝亲祀郊庙、社稷时，文武官

---

① ［明］朱睦㮮：《圣典》卷9《易俗》。
② 《明太祖实录》卷73、卷52、卷49，洪武五年三月是月、三年五月辛亥、二月甲子。

第十三讲 芸芸众生：明朝人的日常生活习俗

分献陪祀所服。文武官公服定于洪武二十六年，起初用于每日早晚朝奏事及侍班、谢恩、见辞，在外则每日公座服之，其后常朝止便服，惟朔望具公服朝参。文武官常服定于洪武三年，凡常朝视事，以乌纱帽、团领衫、束带为公服。其带，一品玉，二品花犀，三品金钑花，四品素金，五品银钑花，六品、七品素银，八品、九品乌角。洪武二十四年又定，公、侯、伯、驸马束带与一品同，杂职官与八、九品同。同年定，常服背绣动物，公、侯、驸马、伯服绣麒麟、白泽，文官一品仙鹤，二品锦鸡，三品孔雀，四品云雁，五品白鹇，六品鹭鸶，七品鸂鶒，八品黄鹂，九品鹌鹑，杂职练鹊，风宪官獬豸；武官一品、二品狮子，三品、四品虎豹，五品熊罴，六品、七品彪，八品犀牛，九品海马。大抵原则是，文官用飞鸟，"象其文彩也"；武官用走兽，"象其猛鸷也"[①]。

士庶百姓乃至娼妓也各有服饰形制。洪武三年，明太祖以此前"士民所服四带巾未尽善"，命制"四方平定巾式"，颁行天下，"令士人吏民咸如式制服之，皂隶伶人如初所定，以异其制"[②]。洪武二十四年，改定生员巾服式样，襕衫用玉色布绢为料，宽袖皂边，皂绦软巾垂带。庶民百姓，明初规定结婚时"许假九品服"。洪武六年，令庶人巾环不得用金玉、玛瑙、珊瑚、琥珀，帽不得用顶，帽珠只许水晶、香木。娼妓人等，洪武三年令乐艺着青"卍"字顶巾，系红绿褡褳，乐妓着明角冠，皂褙子，不许与民妻相同。

在服饰面料质地方面，明太祖规定，王公贵族、官员用锦绣、纻丝、绫罗，士庶百姓用绸、绢、素纱，商人用绢、布，农家有一人从事商贾，"亦不得衣绸、纱"，重农抑商意味明显。洪武二十五年，禁庶人穿

[①] ［明］丘濬：《大学衍义补》卷98《备规制·章服之辨》。
[②] 《明太祖实录》卷49，洪武三年二月甲子。

靴，而只许穿皮札鞡，北部边地民众因寒冷许穿牛皮直缝靴。正德元年（1506），禁商贩、仆役、倡优等服用貂裘。士庶之妻，洪武三年，令首饰用银镀金，耳环用金珠，钏镯用银，服浅色团衫，料用纻丝、绫罗、绸、绢。成化十年（1474），禁官民妇女僭用浑金衣服，宝石首饰。正德元年，令军民不许用销金衣服、帐幔，宝石首饰、镯钏。

在服饰尺寸大小方面，明朝服饰制度追求宽大，反对便易短窄，以求遵守古制。洪武二十三年二月定制，官员衣服宽窄以身为度，公、侯、驸马、文职衣长自领至边沿，离地一寸，袖长过手六寸，复回至肘，袖桩广一尺，袖口九寸。耆民、儒士、生员制同文职，惟袖过手，复回不及肘三寸。庶民衣长去地五寸，袖长过手六寸，袖桩广一尺，袖口五寸。武职官衣长去地五寸，袖长过手七寸，袖桩广一尺，袖口仅出拳。军人衣长去地七寸，袖长过手五寸，袖桩广不过一尺，窄不过七寸，袖口仅出拳。

在服饰颜色方面，洪武三年五月，明太祖下令，效法周汉宋朝，服色尚赤，官员服色以赤色为尊。明太祖还规定，玄、黄、紫三色为皇家专用，"凡官民人等服饰不得用"。洪武五年，令民间妇人礼服惟紫绁，不用金绣，袍衫只许用紫、绿、桃红及各种浅淡颜色，不许用大红、鸦青、黄色，带用蓝绢布。

明太祖制定的服饰制度，特点是贵贱有序，服饰有等。其后，历朝统治者均申明遵行，严禁逾制僭越。如正统十二年（1447）正月，明英宗表示，"官民服饰皆有定制"，禁止"僭用织绣、蟒龙、飞鱼、斗牛及违禁花样者"①。天顺二年（1458），明政府再下令禁止官民衣服用蟒龙、飞鱼、斗牛、大鹏、狮子、四宝相花、大西番莲、大云花样等图案及玄、

---

① 《明英宗实录》卷149，正统十二年正月戊寅。

黄、紫及玄色、黑、绿、柳黄、姜黄、明黄诸色。

(二) 服饰习俗

明朝服饰制度严格维护等级制度，要求官民服饰俭朴，因此明初士庶服饰用料较差，色彩单调，式样呆板划一，服饰的审美价值大打折扣。但是，追求美好奢华是人之天性，加上明朝中期以后经济、社会环境的变化，官民人等的服饰日益逾礼越制，呈现奢华美观样貌。

其实，早在明初，就已经有文武官员服饰逾越等级制度了。洪武六年（1373），礼部称，文武官常服"奢侈越制"，诏申禁之。明朝中期，文武官员服饰逾制越礼现象更为普遍。正统十二年（1447）正月，明英宗批评官员"有僭用织绣、蟒龙、飞鱼、斗牛及违禁花样者"。正德十六年（1521），明世宗登基诏书又称："近来冒滥玉带，蟒龙、飞鱼、斗牛服色，皆庶官杂流并各处将领夤缘奏乞，今俱不许。武职卑官僭用公、侯服色者，亦禁绝之。"[①] 嘉靖六年（1527），明廷因文武官员"滥服五彩装花织造违禁颜色"，下令禁止。

士庶人等打破服饰等级而服是服饰逾制的主要表现。这种现象也从明初开始出现。明朝中期，尤其是成化以后，服饰逾制现象更加广泛。如万历《新昌县志》卷4《风俗志·服饰》记载，当地成化以前"平民不论贫富，皆遵国制，顶平定巾，衣青直身，穿皮靴鞋，极俭素"，成化以后"渐侈，士夫峨冠博带，而稍知书为儒童者，亦方巾、彩履、色衣，富室子弟或僭服之"。嘉靖以后，士庶人等服饰逾制之风更甚。时有官员指出，"今天下承平既久，人习僭侈"，"其妇女身衣锦绣，首带金珠，贵贱不辨。逾礼犯分，莫甚于兹"；"今都城之中，衣轻乘肥，非

[①] 《明史》卷67《舆服志三》。

贵戚之臧获，即貂珰之仆夫"，"远近效尤，恬不畏法"①。到了明末，团龙、立龙等纹饰已成为普通百姓常用的花纹，甚至乐人也仿效士大夫在服饰上饰以禽鸟，倡优满头珠翠，隶卒脚登云头鞋，"人不以为异"②。

明朝服饰风尚的变化，还表现为士庶人等的服饰质地、式样、颜色等从初期的朴素、呆板、单调向中期以后的丰富、奢华、美观方向发展。明初士庶的服饰以素色为主，辅以青、黑，用料为绸布土缣，即使富人也难得穿夹色的绸缎；明朝中期以后，服饰用料考究，色彩绚丽，式样美观；明朝后期，士民竟以艳丽的服饰为尚。例如，南直隶溧阳县（今属江苏），嘉靖以前，"无纨绮之士，布衣衫裤，赤足芒鞋"；嘉靖时期，"帷裳大袖，不丝帛不衣，不金线不巾，不云头不履"③。再如万历《通州志》卷2《风俗》记载，南直隶通州（今江苏南通）士大夫明初"多素练衣、缁布冠"，有文名者"白袍青履"，而一般百姓所穿不过羊肠葛及太仓的本色布；万历时，罗绮已不为珍品，当地人一致追求的是吴绸、宋锦、云缣、驼褐等价高质美的面料，甚至"不衣文采而赴乡人之会，则乡人窃笑之，不置之上座"。明末妓女的服饰变化超过了士庶人等，一定程度上领导着穿着的潮流。史称秦淮名妓服饰以淡雅为主，其衫、袖变化随时而异，为世人所模仿，号称"时世妆"④。

崇祯末年，李自成起义军逼近北京，明思宗命太子、王子易服青布棉袄、紫花布裌衣、白布裤、蓝布裙、白布袜、青布鞋、皂布巾，扮作民人装束，以便避难。从这里可以看出当时一般百姓的服饰。

---

① 《明世宗实录》卷71、卷111，嘉靖五年十二月甲子、九年三月乙未。
② 万历《通州志》卷2《风俗》。
③ ［明］何乔远：《名山藏》卷100《货殖记·马一龙》。
④ ［清］余怀：《板桥杂记》卷上《雅游》。

二、突破身份、讲究豪丽的居宅习俗

（一）居宅制度

居宅也是体现社会成员身份地位和财富的重要标志。明初提倡"宫室有度"，对官民人等的居宅也有严格的等级制度。

洪武十七年（1384）十二月，明太祖"诏定官民居室器用之制"[1]，规定了各级官员和民众的居宅，包括房屋间架数量规格、覆瓦脊兽、梁栋檐饰、门窗枋柱等规制。洪武二十四年六月，明太祖诏令六部等"参考历代礼制，更定冠服居室器用制度"，对此前官民人等居宅规制加以调整，颁布天下："官民房屋，并不许盖造九、五间数，及歇山转角，重檐重栱，绘画藻井，朱红门窗。其楼房不在重檐之例。"[2]各级官员和民众居宅的具体规制是：公、侯、伯，前厅、中堂、后堂各七间，门屋三间，俱用黑板瓦盖，屋脊用瓦兽，梁栋斗栱，檐桷彩色绘饰，门窗、枋柱俱用黑漆油饰，门用兽面摆锡环；一品、二品，厅、堂各七间，屋脊许用瓦兽，梁栋斗栱，檐桷青碧绘饰，门屋三间，门用绿油兽面摆锡环；三品至五品，与二品同，但门用黑油摆锡环；六品至九品，厅、堂各三间，梁栋止用粉青刷饰，正门一间，用黑油铁环；庶民房舍，不过三间五架，不许用斗栱及彩色装饰，其余从屋虽十所二十所，随宜盖造，但不得过三间。

据实录记载，洪武二十八年十一月，明太祖下令编制《礼制集要》，收录朝廷有关"官民服舍器用等"规定，"申明禁制"；次年十一月，明

---

[1] 《明太祖实录》卷169，洪武十七年十二月乙未。
[2] 《明太祖实录》卷209，洪武二十四年六月己未。

太祖又令"翰林儒臣取唐、宋制度，及国初以来所定礼制，参酌损益"，编成《稽古定制》，对功臣等"房屋间架"等制度再加申明，"俾遵行之"。

（二）居宅习俗

虽然明太祖制定了严格的居宅制度，但一些官民仍逾制越礼而建居宅。实录记载，洪武二十八年十一月，大将蓝玉被指责"马坊廊房，悉用九五间数"，僭越违制。不过，在朝廷严禁和打击下，明朝前期官民人等居宅大体能遵守制度，等第分明。

明朝中期，官民居宅开始竞相追求崇广豪华，壮丽美观，在建筑规格、式样、装饰等方面不断突破朝廷禁制。正统六年（1441）十一月，明英宗诏称："洪武年间，官员军民之家，衣服居室，婚娶丧葬，一应礼仪，俱有定制。近年富豪之徒，争尚侈靡，贫下仿效，相习成风，甚至荡废产业，聚众构祸。"① 成化以后，官民居宅逾制越礼现象更为普遍。万历《兖州府志》卷31《风俗》记载，山东定陶县"国初宫室尚朴"，成化以后"富居华丽"。嘉靖《茶陵州志》卷上《风俗》记载，当地"国初宫室尚朴，三间五架"，成化以后，"富者之居，高广靡丽，比之宫室"。嘉靖以后，官民居宅奢僭倾向更甚。如苏州府吴江县，"邑在明初，风尚诚朴，非世家不架高堂"，"若小民咸以茅为屋"，"即中产之家，前房必土墙茅盖，后房始用砖瓦，恐官府见之，以为殷富也"；嘉靖年间，"富民之室，亦缀兽头，循分者叹其不能顿革"②。到了明末，官民居宅奢僭已是普遍现象，且遍及全国。如陕西咸宁县，"雕甍峻宇，在

---
① 《明英宗实录》卷85，正统六年十一月甲午朔。
② 乾隆《震泽县志》卷25《风俗一》。

在有之"①。

三、重视门第和聘礼的婚姻习俗

（一）婚姻制度

明朝以程朱理学为官方哲学，朱熹所著冠婚丧祭诸礼仪制度的专书《家礼》受到尊崇。但是，时移世易，《家礼》的礼仪制度规定并不能完全适用于明朝社会，因此明太祖令儒臣参酌儒家礼仪诸书，制定了各项礼仪制度，后编定为《大明集礼》等书，令官民严格遵行。至明成祖时，"颁文公《家礼》于天下"②，进一步申明礼制。明末官员王在晋说："其在家庭，冠婚丧祭，有文公《家礼》在，有《大明集礼》及《会典》在，吾儒当一一遵行。"③即反映了这种情况。

明朝规定，官民人等的婚姻礼仪依据《家礼》。但《家礼》没有问名、纳吉，只有纳采、纳币、请期、亲迎四项礼节，洪武元年（1368）定制用之。大体说来，明朝婚姻的成立，须经过纳采、问名、纳吉、纳征、请期、亲迎六道程序，称"六礼"，婚姻礼仪烦琐完备，等级森严。我们仅举品官和庶人的纳征礼仪为例，以见一斑。

所谓纳征，就是纳币，即男方请媒人奉送专门的书信及礼物至女方，女家接受书信及礼物，表示应允，标志两家婚成。其中品官纳征礼仪规定："纳成（征）礼如纳吉仪，加玄𫄸、束帛、函书。宾致辞曰：某官以

---

① 雍正《陕西通志》卷45《风俗·习尚》引《咸宁通志》。
② 《明史》卷47《礼志一》。
③ ［明］王在晋：《越镌》卷17《学政类·严礼节》。

伉俪之重，加惠某官，率循典礼，有不腆之币，敢请纳征。主婚者曰：某官贶某以重礼，某敢不拜受。辞毕，宾即以函书授主婚者，主婚者受书，以授执事者。主婚者之从者，亦以函书进授主婚者。主婚者受，以授宾。宾受书，以授左右讫，主婚者揖，就席立，（主）婚者之执事者各彻礼物"。庶人纳征礼仪规定："纳币之日，婿氏主婚者备书及礼物于庭，媒氏省视讫，遂奉以行。至女家，主婚者出迎，媒氏升堂，陈礼物讫，媒氏诣主婚者曰：吾子既修好于某某，使某请纳成（征）。主婚者曰：备物有加，敢不重拜。媒氏以书授主婚者讫，主婚者亦以复书授媒氏。"① 纳征的礼物，因官员品级、庶人贫富而有严格差别，不得混淆越制。如品官纳征，"一品、二品，玄𫄸、束帛，用青文绮三匹、红文绮二匹，礼服用山松特髻、大袖衫、霞帔、褙子，常服用珠翠漆纱冠、缘襈长袄、长裙四袭，钏镯皆用金，文绮、纱、绫罗各八匹，绢三十二匹，绵一百两，大红罗二匹；三品、四品，文绮、纱、绫罗各四匹，绢十六匹，大红罗二匹，绵六十两，余同二品；五品，玄𫄸、束帛，青红文绮、罗随所用，常服用缘襈长袄、长裙二袭，钏镯以银镀金，文绮、绫罗随用，共六匹，不用绵与大红罗，余同四品；六品、七品，常服，钏镯以银，文绮、绫罗随用，绢四匹，余同五品；八品、九品，不用山松特髻，通用庆云冠，常服缘襈长袄、长裙一袭，文绮、绫罗随用，绢二匹，钏镯同七品"。庶人纳征，"上户，漆纱庆云冠，首饰用银，桃红绢大袖衫，蓝青素霞帔，缘襈长袄、长裙二袭，用绢及细布，钏镯用银，彩绢八匹，纱罗六匹或四匹；中户，彩绢六匹或四匹，纱罗四匹或二匹，不用钏，余同上户；下户，彩绢二匹，不用钏镯、纱罗，余同中户"②。

---

① 《明太祖实录》卷37，洪武元年十二月癸酉。
② 《明太祖实录》卷74，洪武五年六月丙申。

第十三讲 芸芸众生:明朝人的日常生活习俗

《家礼》规定了婚姻年龄,"男子年十六至三十,女子年十四至二十"①。明太祖"令男必十五以上,女必十四以上,而后行(婚)礼,严禁指腹结襟"。其后,各朝均曾重申此制。如嘉靖九年(1530)十月,有官员要求"申明太祖之令",敕令各地男女满龄后方可结婚,"不许先期过聘"②。

明朝禁止重聘礼和婚礼大操大办。洪武五年(1372)三月,明太祖诏曰:"婚姻,古之所重,近代以来,狃于习俗,专论聘财,有违典礼。"③下令加以禁止。永乐二十二年(1424)九月,真定一女子先已收入聘礼,但其父母"利厚赀",竟又将其许聘给灵山卫指挥张忠为妾。明仁宗下令禁止,"法司罪主婚者,女子归先聘者"④。其后,各朝不断下令,禁止婚姻重聘礼和婚礼大操大办。实录记载,成化十七年(1481)四月,有官员指出,各地官员军民之家"婚姻丧葬,越礼僭分","乞申明累朝榜例,奏行禁约,犯者置诸重法";弘治七年(1494)五月,又有官员反映,"京官军民势豪之家,奢靡相尚。婚姻醮会,率用大样饼锭、糖缠高顶、狮人浑金衣服、宝石首饰,越礼僭分,无所不至","先年累有禁约","乞敕该部严加申明";嘉靖五年(1526)十二月,有官员说:各地"婚姻祭葬,饮食筵宴,尤为暴殄"。对此,朝廷均申明禁令。

明朝还规定,士庶人等四十以上无子者,许娶一妾。

---

① [宋]朱熹:《家礼》卷3《昏礼》。
② 《明世宗实录》卷118,嘉靖九年十月壬戌。
③ 《明太祖实录》卷73,洪武五年三月是月。
④ 《明仁宗实录》卷4,永乐二十二年九月乙酉。

（二）婚姻习俗

虽然明朝为官民人等规定了严格的婚姻礼仪制度，但从明初开始，婚姻中的逾制越礼行为就已存在，至明朝中期以后则更为普遍。还有一些婚姻习俗，如重视门第等则一直存在。

重视门第是明人婚姻习俗的突出特点。中国古代以礼法治国，等级观念强烈，因此婚姻讲究阀阅，特别强调门当户对。明朝此风沿袭不已，而以仕宦之家为突出。明初官员朱善给明太祖上《婚姻议》就说道："有国者重世臣，有家者重世婚。"如明朝中期程敏政《篁墩程先生文集》卷33《寿鲍君从远六十序》记载，南直隶歙县西部"多旧家"，棠樾鲍氏、双桥郑氏"两家文献略等，世为婚姻，非余姓所及"。陈循《芳洲文集》卷9《故太淑人萧母周氏墓碑铭》记载，江西萧、周二姓，"皆庐陵望族，以儒为业"，"其贤且智，无间内外，以类相从，世为婚配"。若门第不符，仕宦旧族则宁愿不为婚姻，有的甚至终生不嫁娶。钱谦益《列朝诗集小传》闰集《邢氏慈静传》记载，明朝后期太仆寺卿邢侗之妹邢慈静，山东临邑人，深得其母宠爱，"必欲字贵人"，结果直到邢慈静二十八岁，"始适武定人、大同知府马拯"，才找到门当户对的佳婿。市井编氓一旦富贵，也以与高门大族联姻为荣。天启时的权阉魏忠贤，视王侯将相如土苴，但对家乡肃宁旧族于氏则视"如王、谢"，"为侄求婚，非得于氏女不可"①。

明人婚姻普遍重聘礼。如果说婚姻重视门第阀阅主要是仕宦旧族、大族注重声名和面子的表现，那么重视聘礼则是几乎所有官民希望得到的利益和里子。明初，民间婚姻即"专论聘财，习染奢侈"，故而洪武

---

① ［清］纪昀：《阅微草堂笔记》卷2《滦阳消夏录二》。

第十三讲 芸芸众生：明朝人的日常生活习俗

五年（1372）颁行仪制，下令婚姻"务从节俭，以厚风俗"①。前述真定人将先已被聘女儿又改聘给灵山卫指挥张忠为妾，"利厚赀"，也是鲜明例证。明朝中期以后，社会皆以豪奢为尚，婚姻重财礼之风更盛，世家旧族、大族追求的婚姻重门阀、讲求门当户对之俗已经远不能与之比拟。如南直隶溧阳县，嘉靖以前，"婚娶但论门阀，媒妁定言，两不求备"；嘉靖以后"女家许聘，辄索财礼，男家既醮，乃论资装。稍不如意，非过期不归，则妇归见斥矣"②。甚至浙江浦江人生女者，"虑嫁奁不足，辄溺之"③。明朝后期，婚姻重聘礼之风达到极盛。谢肇淛批评说："今世流品可谓混淆之极。婚娶之家，惟论财势耳。有起自奴隶，骤得富贵，无不结姻高门，缔眷华胄者。"④市井编氓等底层人士一旦富贵，则结姻高门，从前者来说是重门第，后者则重的是财礼，最终"门第"向"财礼"低头屈服。

明朝官员士绅、商人乃至流氓无赖等纳妾重婚现象普遍。明朝规定，官民人等年四十以上无子者，许娶一妾。但是，官员士绅、商人富户以及流氓无赖等并不遵行，稍有资财者多纳妾，不少人纳妾数也大大突破朝廷规定。官员士绅违制纳妾如《明英宗实录》卷 289 记载，太平侯张軏"素侈靡，侍妾数十人"；《明武宗实录》卷 122 记载，英国公张懋"日事淫佚，侍妾百余人"；浙江金华潘希曾，弘治年间中进士后，"年未三十，虑嗣续未广"，夫人潘氏"为公纳妾数人"⑤；明人徐树丕《识小录》卷 1 记载，常州钱愫为诸生时，其妻辛勤供给，"备诸艰苦"，迨中举，钱愫"即买婢妾数人"，而虐待正妻；陆容《菽园杂记》卷 14 记

---

① 《明史》卷 55《礼志九》。
② ［明］何乔远：《名山藏》卷 100《货殖记·马一龙》。
③ 嘉靖《浦江志略》卷 2《民物志·风俗》。
④ ［明］谢肇淛：《五杂组》卷 14《事部二》。
⑤ ［明］程文德：《程文恭公遗稿》卷 19《诰封太夫人潘母叶氏墓志铭》。

载,刑部尚书俞士悦之子俞钦玉"轻财好色",置妾七人。地主、商人富户违制纳妾的相关记载有,南直隶歙县方弘静《千一录》卷23收录《家训》中称,"里中某甲以善富称,有一子一孙,子多疾,乃纳妾,更举一子,其长子亦举次孙",即有子孙仍纳妾;李开先的《李中麓闲居集》卷7《听选官高君合葬墓志铭》记载,商人高龙家族"富甲一邑",有"门下老贾"等助其经营。高龙"年三十",夫人刘氏"即劝纳妾,以祈生育",高龙遂纳二妾。小说《金瓶梅》中描写的开生药铺商人、流氓无赖西门庆,先后有二妻,又明娶暗勾强收,纳了六妾,诸妾原或为妓女,或为丫鬟,或为寡妇,供其淫乐玩弄。虽然西门庆的故事不能全当真,但《金瓶梅》作为我国古代第一部长篇世情小说,为我们提供了非常丰富的明朝社会真实资料,当时商人乃至流氓无赖等纳妾重婚现象可见一斑。

明朝还有世婚、冥婚、指腹婚等婚姻形式。明初禁世婚,但不久又弛禁,因此世婚兴盛。如,《菽园杂记》卷1记载,景泰年间进士、蓟州钱源,"本沙头郁氏子,郁与钱世连姻,钱无子,郁以一子为其后"。所谓冥婚,就是亡男亡女之间的婚姻,即为死去的人择偶、完婚。如山西石州,凡男子(女子)未娶(嫁)而死,其父母则求乡里女子(男子)死者配之,各项仪礼一如生者,"葬日亦复宴会亲戚"[①]。指腹婚,明初曾严令禁止,但并未见效。《菽园杂记》卷15记载,太仓曹用文、查用纯为朋友,恰巧其妾各怀孕,于是指腹为婚,后查生男,曹生女,"查以子赘曹为婿云"。

---

① [明]陆容:《菽园杂记》卷5。

四、大操大办、做法事超度的丧葬习俗

(一) 丧葬制度

明朝丧葬制度也以《家礼》相关制度规定为基础，又参酌其他儒书和时代变化而制定，后来编成《大明集礼》等，颁行全国。

《家礼》规定，丧葬以表达孝哀为目的，"勿以金玉珍玩置棺中，启盗贼心"，前来吊唁者，家属"送至厅事，茶汤而退"①，礼仪节俭朴素。但是，元朝以来，京师官民人等"循习元氏旧俗，凡有丧葬，设宴会亲友，作乐娱尸，惟较酒殽厚薄，无哀戚之情"。洪武元年（1368）十二月，明太祖下令"礼官定官民丧服之制"，加以"禁止"②，尤其不许大操大办。《家礼》规定，官民丧葬"不作佛事"③。明朝政府也严令，"丧葬必依《家礼》，擅作佛事者罚"④。

明太祖为官民丧葬礼仪制定出烦琐严格的制度。据实录记载，洪武三年七月，礼部尚书崔亮表示，"今丧葬之礼，自公侯卿大夫至于士庶，各有等第"，以"辨上下，防奢僭"。十月，礼部尚书陶凯"奏定品官坟茔之制"，对各品级官员坟茔面积、坟前石兽、使用碑碣等作出规定，"皆参酌古典，以为定制"。洪武五年六月，礼部又议定"官民婚丧仪物"，对官民人等婚姻、丧葬所用服装、物品、坟茔等作出进一步细化规定。品官、庶人丧葬礼仪程序大体相同，但是庶人礼仪极为简单平实。仅以坟茔形制而言，《明太祖实录》卷74记载，王侯、品官坟茔，

---

① ［宋］朱熹：《家礼》卷4《丧礼》。
② 《明太祖实录》卷37，洪武元年十二月辛未。
③ ［宋］朱熹：《家礼》卷4《丧礼》。
④ 《明神宗实录》卷157，万历十三年正月壬辰。

"功臣殁后封王，茔地周围一百步，每面二十五步，坟高二丈，四围坟墙高一丈，石人四，文、武各二，石虎、羊、马、望柱各二；一品，茔地周围九十步，每面二十二步半，坟高一丈八尺，坟墙高九尺，石人二，文、武各一，石虎、羊、马、石望柱各二；二品，茔地周围八十步，每面二十步，坟高一丈六尺，坟墙高八尺，石人、石虎、石望柱同一品；三品，茔地围七十步，每面一十七步半，坟高一丈四尺，坟墙高七尺，石虎、羊、马、石望柱同二品；四品，茔地周围六十步，每面一十五步，坟高一丈二尺，坟墙高六尺，石虎、羊、马、石望柱同三品；五品，茔地周围五十步，每面一十二步半，坟高一丈，坟墙高四尺，石羊、马、石望柱各二；六品，茔地周围四十步，每面一十步，坟高八尺；七品，茔地周围三十步，每面七步半，坟高六尺"。庶民坟茔，"周围十八步，每面四步半，祭物用豕，力不及者随家之有无"。

　　明初制定的丧葬礼仪制度，后朝不断重申遵行。据实录记载，正统六年（1441）十一月，针对官民服饰居宅、婚娶丧葬等"一应礼仪"，不守洪武年间"定制"，明英宗命"今后所司严加禁约"；景泰五年（1454）十二月，有官员提出，"风俗侈靡，所在当禁。乞命礼部申明丧葬婚嫁服舍旧制，榜示通衢"，景泰帝"从之"；弘治元年（1488）十月，有人提出，"官员军民之家，服饰器用，及丧葬礼仪，多僭分不循礼者"，明孝宗令"严加禁约"；嘉靖十八年（1539）十一月，又有官员提出，"我朝品官士民，自有礼仪定式，而冠婚丧祭，悉从文公《家礼》。今习俗相踵，奢僭逾分。宜申明遵守，必烦简得宜，士民两便"。

（二）丧葬习俗

　　虽然明朝制定了严格的丧葬礼仪制度，但是这些制度并没有约束住各阶层人士。从明初开始，官民人等丧葬礼仪逾越制度、设宴大操大办、使用僧道佛事、火葬等习俗就一直存在。明朝中期以后，这些习俗逐渐普遍化。

1. 丧葬礼仪逾越制度

上述各朝不断指斥官民人等丧葬逾越洪武"定制""旧制"，"僭分不循礼""奢僭逾分"等，就反映了这种现象。我们再举其中的坟茔逾制之例来说。实录记载，洪武二十九年（1396）十一月，明太祖针对功臣之家不守礼法制度，"以致覆亡"，特别指出他们逾越"坟茔碑碣丈尺，房屋间架"等。明朝中期以后，官民人等坟茔逾制现象更为普遍。实录记载，天顺六年（1462）七月，工部为南京吏部致仕尚书曹义造坟，"逾制十倍"，"僭分越礼"。明武宗时，一些受宠信的宦官死后，往往赐葬，所建坟墓遂"盛兴土木，华靡逾分，又有预修越制之工，以冀后来恩宠"。如太监张永死后，"坟建造违制"，"侈忕越制"。《明神宗实录》记载，原任工部尚书杨兆死，"盖造违式房坟"。天启年间，专权太监魏忠贤在香山碧云寺自建坟墓，"其制度之宏伟，物用之精好，不但仿佛诸陵，而间或过之，坟前以美石雕琢狮象诸兽，成行作队，无异陵制。而又分别文武二臣像，侍立左右，武像用甲胄，文像用朝冠朝衣"。广西道御史方大任指斥道："进忠一阉人耳，武弁侍立，容或有之，安得有朝冠朝衣之文臣？不知进忠异日欲居何位，而今用此耶？""此其奢侈僭逾，犯分干纪"[①]。

2. 丧葬大操大办，设宴作乐

洪武初年，明朝政府曾几次下令禁止丧葬大操大办，设宴作乐之风，

---

① 《明熹宗实录》卷32，天启三年三月戊申。

但并未生效。明朝中期以后,此风更甚。正统年间,京师"风俗浇漓","营丧破家"①。《明世宗实录》卷71记载,当时官民"婚姻祭葬,饮食筵宴,尤为暴殄"。到了明朝后期,丧葬重操办之风更为普遍。万历《安丘县志》卷9《风俗考》记载,当地"丧礼凡颇靡侈,用音乐愚民,或杂优戏"。时人张瀚记载,富人王举父亲的丧葬,"丧仪繁盛,至倩优侏绚装前导"②。谢肇淛也叹曰:"丧不哀而务为观美,一惑也。"③

3. 丧葬时做僧道法事

明朝佛教、道教进一步世俗化,成为庶民的佛教、道教,官民信仰浓厚,各家丧葬普遍做法事,所谓超度亡灵,佛教也被称为"死人佛教""经忏佛教"。嘉靖《洪雅县志》卷1《疆域志·风俗》记载,当地"丧葬,则多作佛事"。苏州吴江县,"凡丧家必多作佛事,导丧悉用音乐,习以为常"。后"其俗益炽,有兼用道士者"④。嘉靖年间,翰林院检讨殷士儋母郭氏临终,家人问:"做佛事?"郭氏说:"我通判女、儒家妇、翰林母,岂可邀福于空门!"⑤加以拒绝。从这个对话中,也可见当时官民人等丧葬一般都做佛事。谢肇淛慨叹,官民丧葬"礼不循而徒作佛事,二惑也"⑥。

4. 火葬习俗

明朝规定,官民丧葬皆行土葬。但是,在许多地方,百姓穷苦,无

---

① 《明史》卷162《陈鉴传》。
② [明]张瀚:《松窗梦语》卷7《风俗纪》。
③ [明]谢肇淛:《五杂组》卷14《事部二》。
④ 乾隆《震泽县志》卷25《风俗一·礼仪》。
⑤ [明]葛守礼:《赠翰林院检讨殷君暨配太孺人郭氏合葬墓志铭》,乾隆《历城县志》卷25《金石考三》。
⑥ [明]谢肇淛:《五杂组》卷14《事部二》。

力土葬，而行火葬。洪武五年（1372），明太祖诏称"古有掩骼埋胔之令，近世狃元俗，死者或以火葬，而投其骨于水，伤恩败俗，莫此为甚"，因而下令禁之，行用土葬。"若贫无地者，所在官司择宽闲地为义冢，俾之葬埋"[①]。但是，火葬之俗并未因为政府的禁令而止。嘉靖《浦江志略》卷2《民物志·风俗》记载，当地民人或因贫穷，或因传染恶疾，"往往付之火化"。谢肇淛的《五杂组》卷6《人部二》记载，明朝后期"吴越之民多火葬"。明末清初的顾炎武称，"火葬之俗盛行于江南"[②]。

5. 人殉

人殉本为奴隶制度下的残暴习俗，明朝却仍盛行。明朝前期，宫廷、王府普遍行用人殉。史称明太祖崩，"宫人多从死者"，建文、永乐年间相继优恤这些殉葬宫人之家，称"太祖朝天女户"。明成祖、明仁宗、明宣宗死，"亦皆用殉"。景泰帝被废为郕王后，身死，"犹用其制"，"盖当时王府皆然"[③]。至明英宗临终，表示不忍心用活人殉葬，下令废止。其后，宫廷、王府中的殉葬习俗才逐渐消失。不过，民间人殉和变相人殉（即殉节）在明朝一直存在。《明史·列女传》记载了大批妇女在丈夫死后自杀殉夫的事迹，她们或绝食饿死，或服毒吞金，或上吊自缢，或跳河投水，或触石撞岩，以求殉夫随葬。如《明史·列女传》记载，福清李广妻卢佳娘，结婚十个月，李广暴卒，卢佳娘乘家人不备，"潜入寝室自经"，得以殉葬；后其县有游政妻倪氏也殉夫随葬，"亦然"。明朝政府对殉夫妇女大加褒扬旌表，为树牌立坊，族谱和史志也大书特书，从而使人殉之风更加盛行。

---

① 《明史》卷60《礼志十四》。
② ［清］顾炎武：《日知录》卷15《火葬》。
③ 《明史》卷113《后妃传一》。

五、千奇百怪的陋习劣俗

（一）迷信

明朝社会生产力仍十分低下，人们的科学知识贫乏。为了避祸免灾，获得幸福吉祥，官民人等多求助于传统迷信，术士、巫者等趁机肆意行骗，使明朝社会中迷信盛行。

明朝社会中使用皇历，人们的一切活动均受其指导和影响。皇历每年由官府编撰、颁行，里面除了记载历法，还详细标明每一天甚至每一时刻的忌宜事项。明人顾起元的《客座赘语》卷1《国初历式》记载，明初历书中有"袭爵受封""祭祀祈福""求医治病""乘船渡水""登高履险""收敛货财"等项，"通者曰宜，不通者曰忌"。在官府颁行的皇历以外，民间市场上还充斥着其他许多同类书册，内容更为复杂。各阶层人士虔诚地相信这些皇历，几乎每户一册，旅行、动土等一切活动均取决于皇历上的规定。如谢肇淛称，其乡缙绅"凡事必择日"，"裁衣、宴会之类，无不视历"。甚至有苏州大户人家，儿媳临蓐欲产，"以其时不吉，劝令忍勿生，逾时，子母俱毙"[①]，酿成惨剧。对这一陋俗，耶稣会士利玛窦记载说："整个国家最普遍的一种迷信莫过于认定某几天和某几个钟头是好或坏，是好运气或坏运气，哪些时日要做或不做某些事，因为他们所做的每一件事、结果如何都取决于（皇历的）时间的规定。"[②]

---

① ［明］谢肇淛：《五杂组》卷2《天部二》。
② ［意］利玛窦、［法］金尼阁：《利玛窦中国札记》，何高济等译，中华书局1983年版，第88页。

第十三讲 芸芸众生：明朝人的日常生活习俗

明朝流行星相术，以星相术行骗者比比皆是。明初刘基即以星相术闻名，且留下不少逸事传说。明初另一位著名的星相术士为袁珙，据说辨识出释道衍（姚广孝）、燕王朱棣（明成祖）的前程，名噪一时。不仅普通百姓深信星相术，那些饱读诗书的官僚士大夫也不免受骗，往往在著述中对星相术士津津乐道。如陆粲的《庚巳编》卷1记载，正统年间虎丘半塘寺有盲僧，"善揣骨，言人贵贱祸福多奇中"；《五杂组》卷5《人部一》记载，皇甫玉"善相人"，"至以帛抹眼，摸其骨体，便知休咎，百不爽一"；杨子高"挟相人术走天下"，"其辨人贵贱贫富，历历如见，名遂大噪，家致万金"。对这一陋俗，利玛窦记载说："这里的人民非常关注以出生的确切时辰来判定他们的终身和幸福，因此每个人都要问清楚出生的准确时辰并精确记录下来。这类预告祝福的算命先生各地都非常之多，还有同样之多的自称懂得观察星象和摆弄迷信数字的人。其中有的也相面或看手相，还有的是根据梦或根据从谈话中挑出来的几个字眼或根据人坐时的姿势以及各种其他的方式来预卜吉凶。"[①] 星相术士或结伙行骗，以同伙的吹捧引人上当，或预先了解户籍册，通过基本正确地讲述以前发生的事，使人相信其能预卜未来。

明人还虔诚地相信风水术。据说刘基精于风水，明初的南京城址就是其根据阴阳原则选定的。永乐年间，明成祖长陵为江西风水师廖均卿等人所选。其后，历朝帝陵的选择均有风水先生参与。至明末，农民起义风起云涌，明思宗派人到陕西米脂平毁李自成的祖坟，希望借以割断李自成的帝王气。而李自成等农民军当初在攻占凤阳时，就焚毁了明祖陵。官员民众普遍相信风水术。明朝中期陈洪谟的《治世余闻》下篇卷

---

① ［意］利玛窦、［法］金尼阁：《利玛窦中国札记》，何高济等译，中华书局1983年版，第89页。

4称,"近来士夫多信地理"。利玛窦也记载:"当时的街上、客店以及所有其他的公共场所,都充斥着风水术士、星相术士等,人不分高低、平民与贵族,或读过书的和文盲,都在受害者之列,甚至城内的高官显宦以及皇上本人都不能例外。"①为了适应这种需要,明朝有大量的风水著述问世。据统计,明朝以前的风水著述不足30种,而有明一朝则出现了35种,数量多于前面任何一朝。

明朝另一较有影响的迷信劣俗为崇信巫觋,即在生病后不求医问药,而是请巫医来降神去邪。《菽园杂记》卷7记载,京城"间阎多信女巫","莫能制"。正德《顺昌邑志》卷1《风俗》称,当地人"崇尚鬼神,尊信巫觋,疾病罕延医药,专祀祈祷,淫祠遍于四境"。正德《松江府志》卷4《风俗》称,松江人"信鬼好祀,至今为然,而乡落为甚。疾病专事祷祀,有破产丧生而不悔者"。明朝后期的谢肇淛也记载说:"今之巫觋,江南为盛,而江南又闽、广为甚。"②可见明朝官民崇信巫觋之盛。

(二)赌博

明朝屡颁诏令,禁止赌博。洪武二十年(1387),明太祖诏谕全国,犯赌者一律"解腕"(砍手)。洪武二十二年下旨:"学唱的割了舌头,下棋、打双陆的断手,蹴圆者卸脚,犯者必如法施行。"打双陆是一种通过掷骰子移动棋子决定胜负的赌博游戏。洪武三十年颁行的《大明律》规定,凡赌博财物者,皆杖八十,摊场钱物入官,其开张赌场之人

---

① [意]利玛窦、[法]金尼阁:《利玛窦中国札记》,何高济等译,中华书局1983年版,第91页。
② [明]谢肇淛:《五杂组》卷6《人部二》。

同罪。正统年间，明政府下令，凡赌博者，处以"运粮口外"①罪罚。成化四年（1468），明政府逮捕赌徒郭猪儿等43人，除杖责外，都用150斤大枷，在街市上"号令三月"。其后，各朝多次下令，禁止赌博，不许开设赌坊。

但是，明朝皇帝带头赌博，使禁赌法令流于空文。如明太祖好下围棋，据说曾在输棋后把莫愁湖花园赏给徐达，这恐怕是明朝赌资最大的赌博。明宣宗爱斗蟋蟀，令苏州进贡。明朝中期以后，经济、社会环境的变化，使赌博之风渐盛，平民百姓与流氓无赖聚赌求胜，遍于各地。如嘉靖《尉氏县志》卷1《风俗》记载，当地"阛阓市井每以赌钱为事，赛神相聚之日尤众"，"倾家覆产无悔，亦每触禁被刑"。陆容说："斗叶子之戏，吾昆城上自士夫，下至僮竖皆能之。"叶子戏是纸牌博戏，叶子（纸牌）上印着图像，"一钱至九钱各一叶，一百至九百各一叶，自万贯以上，皆图人形。万万贯呼保义宋江，千万贯行者武松，百万贯阮小五，九十万贯活阎罗阮小七，八十万贯混江龙李进，七十万贯病尉迟孙立，六十万贯铁鞭呼延绰，五十万贯花和尚鲁智深，四十万贯赛关索王雄，三十万贯青面兽杨志，二十万贯一丈青张横，九万贯插翅虎雷横，八万贯急先锋索超，七万贯霹雳火秦明，六万贯混江龙李海，五万贯黑旋风李逵，四万贯小旋风柴进，三万贯大刀关胜，二万贯小李广花荣，一万贯浪子燕青"。叶子上印水浒梁山泊人物，"盖以赌博如群盗劫夺之行，故以此警世，而人为利所迷"②，也使人爱玩爱赌。

明朝后期，各地赌博之风更盛，官民人等乐赌不疲。万历时沈德符称，"今天下赌博盛行"③。明末清初的顾炎武也称，"万历之末，太平无

---
① ［明］沈德符：《万历野获编补遗》卷3《赌博厉禁》。
② ［明］陆容：《菽园杂记》卷14。
③ ［明］沈德符：《万历野获编补遗》卷3《赌博厉禁》。

事，士大夫无所用心，间有相从赌博者。至天启中，始行马吊之戏。而今之朝士，若江南、山东，几于无人不为此"①。马吊牌也是一种纸牌博戏，牌分为十万贯、万贯、索子、文钱四种花色，由四人玩赌，或说为后世麻将的起源。

流氓无赖常常互相勾结，开设赌局，引良人上钩。如康熙《上海县志》卷1《风俗》记载，明末清初当地"邑尚赌博，匪人纠合豪棍，中通营兵，开场伙赌。营兵更以重利银钱，恣情盘放。入其陷阱，鲜不破家"。

（三）嫖娼宿妓

明朝前期，官妓盛行。洪武、永乐年间，明政府曾把罪犯、元人俘虏的妻女和忠于建文帝诸臣的妻女及亲戚等发为官妓。明朝中期，官妓取消，娼妓遂完全由私人经营。

明朝严禁官员嫖娼宿妓，情节严重者"罢职不叙"。宣德三年（1428），巡按湖广御史赵伦与"乐妇通奸"，被夺官谪戍辽东。但是，明朝中期以后，皇帝带头嫖娼宿妓。明武宗在宫中建"豹房"，称"新宅"，"日召教坊乐工入'新宅'承应"，后又敕礼部移文，"取河间诸府乐户精技业者，送教坊承应"②，淫乐其中。他四处巡游，所到之处则掠良家妇女、娼妓充幸，弄得民间骚然。崇祯年间，明思宗也派宦官到南京、扬州买妓女数人入宫，甚宠之。在这种情况下，官员们也公开陶情花柳，肆无忌惮地嫖娼宿妓。崇祯年间，左都督田弘遇奉命赴普陀山进香，过南京时挟名妓陈圆圆、顾寿、杨宛以归，后陈圆圆又被送给辽东

---

① ［清］顾炎武：《日知录》卷28《赌博》。
② ［清］毛奇龄：《明武宗外纪》。

第十三讲 芸芸众生：明朝人的日常生活习俗

重将吴三桂。

民间嫖娼宿妓之风更盛于官场。《五杂组》卷8《人部四》记载，明初以官妓佐酒，宣德时下令禁止，"而缙绅家居者不论"，"故（娼妓）虽绝迹公庭，而常充牣里闬，又有不隶于官，家居而卖奸者，谓之土妓，俗谓之私窠子，盖不胜数矣"；到了万历年间，"娼妓布满天下，其大都会之地动以千计，其他穷州僻邑，在在有之，终日倚门献笑，卖淫为活"。明朝娼妓以北京、南京最盛，大同、扬州等地次之。北京作为都城，娼妓之多令人吃惊。正统时，有御史批评北京"风俗浇漓"，其中之一就是"优倡为蠹"①。万历时，谢肇淛又指出"燕云只有四种人多"，其中之一为"娼妓多于良家"②。南京自六朝以来，一直是风流才士、娼妓等聚居之处。明初，朱元璋更建十六楼以处官妓，盛极风流。明朝中期以后，南京为全国娼妓聚集的中心，"胭脂粉黛，翡翠鸳鸯，二十四楼，列秦淮之市"③。明末被称为"秦淮八艳"的陈圆圆、董小宛、柳如是、李香君、顾媚等人均色艺双全，名冠全国。大同为北边重镇，明初封代王于此，"所蓄乐户较他藩多数倍"，后官府禁官妓，"在花籍者尚二千人"，歌舞管弦，昼夜不绝，号"大同婆娘"，与"宣府教场""蔚州城墙""朔州营房"合称"口外四绝"。明朝后期，京城内外娼妓不隶三院者，"大抵皆大同籍中溢出流寓"④之人。扬州娼妓也名噪天下，扬州"瘦马"为举世所艳称。扬州娼妓以"二十四桥风月"为最集中处。张岱《陶庵梦忆》卷4《二十四桥风月》描述其地巷口曲折而狭窄，"寸寸节节"，名妓、歪妓杂处，"歪妓多可五六百人"。

---

① 《明史》卷162《陈鉴传》。
② ［明］谢肇淛：《五杂组》卷3《地部一》。
③ ［明］曹大章：《秦淮士女表》。
④ ［明］沈德符：《万历野获编》卷24《畿辅·口外四绝》。

六、一年四季的节令习俗

（一）春季

农历一、二、三月为春季，主要节令有元旦、立春、上元、清明等。

元旦，农历正月初一，为新的一年的开始。各家五更时起身，穿上盛装，摆设酒果香烛，接神，拜天地，祭祀祖先，奉酒为年长者祝寿，然后出见乡邻，交相贺新年。各家设宴招待乡里亲邻拜贺者，至初三、初五日止，有的延至二三月。北京人元旦出游，路遇亲友长辈，即叩头为贺。山东、北直隶的一些地方，民人举行"隆师"（生徒酬谢师傅）、"逆女"（迎归嫁女）、"追节"（定婚后男方按节给女方馈送礼物）礼。福建人在岁节后延请"有学识行艺可以师表者"教授子弟，开社学。

立春，二十四节气之首，古人以之为春节，在公历 2 月 4 日前后。各地举办迎春仪式。京城在东直门外五里立春场，建春亭。立春前一日，顺天府长官率僚属至东郊迎春。迎春时，勋戚、宦官、军官武士赴春场跑马，以较优劣。迎春仪式实际上又是大规模的文艺表演，非常热闹。如杭州迎春时，民众、演员等盛装于市，或观看，或表演，街上制扎彩亭，罗列各种商品，非常繁华，"远近之人，至期塞途充路，肩摩鳞集，群聚而观，视天气晴和，春仪繁盛，呼为富春，亦祈禳之意也"[①]。立春这天，各地人不分贵贱，皆咬萝卜，称"咬春"；"互相请宴，吃春饼和菜。以绵塞耳，取其聪也"[②]。

上元，正月十五日。上元之夜称元夕、元夜、元宵，各地有燃灯、

---

① ［明］张瀚：《松窗梦语》卷7《时序纪》。
② ［明］刘若愚：《酌中志》卷20《饮食好尚纪略》。

观灯之俗,上元节又称灯节。永乐年间,明成祖下令自正月十一日至二十日百官放假,"有要紧的事,明白写了封进来。民间放灯,从他饮酒作乐快活,兵马司都不禁,夜巡著不要搅扰生事,永为定例"[①]。民间大体十三日试灯,各家架松棚,悬彩缦,挂五彩灯,有的灯上还有灯谜供猜。十五日晚上,男女老少出门赏灯,歌舞达旦,称"闹元宵"。十六日,妇女纷纷出家门,结伴而行,"前令人持一香辟人",称"走百病"[②]。北京人还有摸城门钉、击太平鼓、跳百索、戴面具耍大头和尚等习俗。

清明,二十四节气之一,在公历4月5日前后。后将前一天寒食节的插柳、扫墓、荡秋千、放风筝等活动习俗延续至清明,于是清明既是节气,又是节日,寒食节渐被遗忘。各家门上插柳,架设秋千,头上簪柳或榴花,谓能避邪。各家还携带酒食扫墓,祭后择风景佳处享用祭物。当时各地春意盎然,生机勃勃,正是郊游踏青的好时光。张瀚《松窗梦语》卷7《时序纪》记载,杭州"阖城士女尽出西郊,逐队寻芳,纵苇荡桨,歌声满道,箫鼓声闻","乐而忘返"。

(二)夏季

农历四、五、六月为夏季,主要节令有浴佛节、端午、六月六等。

浴佛节,农历四月初八。在佛教为佛陀生日,又称佛诞节。各寺院举行法会,以香水灌洗佛像,"作糖豆遍馈礼佛者"[③]。民众入寺院烧香,拜馈僧人;采梧桐叶与米、谷做成乌饭,互相馈送。泰州妇女相约到尼庵拜礼及祈求子息、还愿。正德《琼台志》卷7《风俗》记载,当

---

① [明]沈德符:《万历野获编补遗》卷3《元夕放灯》。
② [明]沈榜:《宛署杂记》卷17《民风一》。
③ 嘉靖《江阴县志》卷4《风俗记三》。

地僧人以五香和蜜水洗佛,"善妇女集尼庵饮浴水,余分送檀越未至者"。

端午,农历五月初五,是农历三大节之一。各家门挂艾虎,儿童系五彩线,男子戴艾叶,女子画五毒符插钗头,以避邪凶。人们饮雄黄酒、菖蒲酒,做粽子互相馈赠,捉蛤蟆取蟾酥合百草为药。北方各地行"隆师""逆女""追节"礼。北京人于午前涌入天坛避毒,午后在天坛墙下骑马游戏。南方水多处,端午节最热闹的活动是赛龙舟。届时"飞旗伐鼓,交桨星驰","薄暮乃已"[①]。明朝赛龙舟之俗,以南京为盛,闽中次之。

六月六,农历六月初六,既非节日,又非节气,但是各地活动很有特色。宫中皇史宬古今通集库、銮驾库晒晾书籍、衣物等,锦衣卫驯象所牵象到城外洗浴,两岸围观者数万人。民间也晾衣晒书。罗田人设羹饭祭祀先人。太仓人吃馄饨与马齿苋。

(三) 秋季

农历七、八、九月为秋季,主要节令有七夕、中秋、重阳等。

七夕,农历七月初七晚。各家妇女在庭院里摆上瓜果酒菜等物祭祀织女,或拜牛郎。妇女用五色线对月穿七孔针,过者为巧;或丢巧针,白天将一盏水曝于日光下,"顷之水膜生面,绣针投之则浮"[②],以盏中针影的形状辨巧拙;或捉取小蜘蛛入盆中,"平明视,成茧者为得巧"[③]。新昌女子煮槿汤沐发。琼台人用纸糊衣裙首饰等祭祖,祭后焚化,曰"烧

---

① 万历《慈利县志》卷6《习尚》。
② [明] 刘侗、于奕正:《帝京景物略》卷2《城东内外》。
③ 嘉靖《建宁府志》卷4《风俗》。

冥衣"；富室斋醮，焚纸衣以赈孤鬼，谓"设施"[①]。

中元，农历七月十五日。道教节日，道观举行斋醮。佛教称为盂兰盆节，寺院举行法会，荐祭亡灵。各家在院中摆上瓜果麻谷等祭神，备牲礼上坟祭先。农人挂纸钱于田畔，以祈丰年，称"挂地头"。《帝京景物略》卷2《城东内外》记载，京师人祭祀先人完毕，就在墓旁掏挖"促织"（蛐蛐），本月"始斗促织"，"壮夫士人亦为之"。正德《琼台志》卷7《风俗》记载，琼台人放风筝，好事者制作大小风筝，"相担搭为胜负"。

中秋，农历八月十五日，又称团圆节。各家以月饼、瓜果等祭月，祭毕全家团坐共食之，或馈赠亲友，称赏月或玩月。妇女回娘家的，此日必返夫家团圆。福建龙溪、广东惠州妇女通过拜月卜吉凶；湖南常德人以月色明暗定湖鱼有无及来年元宵晴雨。

重阳，农历九月初九。北方各家以枣、面，南方各家用米粉，蒸五色糕，或插上菊花、彩纸花等，成花糕以食，或互相馈赠，有的还拿到集市上出售。人们带酒具、食盒登高，饮茱萸酒或菊酒。京师父母家迎出嫁女回家食花糕。北方的一些地方行"隆师""逆女""追节"礼。惠州人拜扫坟墓，一如清明之仪，儿童放风筝为乐。

（四）冬季

农历十、十一、十二月为冬季，主要节令有十月一、冬至、祭灶日、除夕等。

十月一，古人以之为冬季之始。皇帝颁布历法。民间各家上坟祭先，送寒衣，"坊民刻板为男女衣状，饰文五色，印以出售。农民竞以是月初

[①] 正德《琼台志》卷7《风俗》。

一日鬻去，焚之祖考"①。如果是新丧，则买白纸衣，据说"新鬼不敢衣彩也"②。大户人家开始辞退雇工，北京称雇工为"年作"，有谚语云："十月一，家家去了年作的，关了门儿自家吃。"③

冬至，北半球全年中白天最短、黑夜最长的一天，时间在农历十一月（公历12月22日或23日）。过了冬至，各地气候将进入最寒冷的阶段。京中百官戴暖耳入朝贺冬，吉服三日，具红笺互拜，"朱衣交于衢"，"一如元旦"④。各地官僚士大夫、亲友、近邻互相贺拜，荐先祭祖，仪如元旦。北直隶、河南等地行"隆师""逆女""追节"礼。江南太仓里巷会酒，名曰"分冬"。

祭灶日，农历腊月二十三或二十四日，俗谓灶神是在这一日上天向天帝汇报人间善恶。各家白天用竹枝等扫除屋里灰尘，夜晚用糖饼等祭灶，并荐草豆，以饲神马；备办酒肴美饭，互相宴请，称别岁或颁年饭。嘉靖《江阴县志》卷4《风俗记》记载，江阴人举行驱除疠疫仪式，"丐者二人傩于市，花面杂裳，傩翁、傩母偶而逐"。

除夕，农历腊月三十日晚，为一年的最后一天。各家祭祀祖先，换门神、桃符、春联，在檐端插芝麻秸，夜分烧苍术、松柴、避瘟丹等，燃放爆竹，"达旦相闻"，称"辞旧岁"。姻友之家，以酒果等物相馈赠。各家群聚欢饮，祝颂而散，称饮"分岁酒"，或围炉团坐，竟夜不寐，称"守岁"。这一天，北方行"隆师""逆女""追节"礼，并多嫁娶，"以为无忌"。

---

① ［明］沈榜：《宛署杂记》卷17《民风一》。
② ［明］刘侗、于奕正：《帝京景物略》卷2《城东内外》。
③ ［明］沈榜：《宛署杂记》卷17《民风一》。
④ ［明］刘侗、于奕正：《帝京景物略》卷2《城东内外》。